监督、调查、处置
法律规范研究

JIANDU DIAOCHA CHUZHI FALÜ GUIFAN YANJIU

吴建雄 主编

人民出版社

责任编辑：王青林
封面设计：胡欣欣
责任校对：刘 青

图书在版编目（CIP）数据

监督、调查、处置法律规范研究/吴建雄 主编. —北京：人民出版社,2018.8
ISBN 978－7－01－019395－3

Ⅰ.①监…　Ⅱ.①吴…　Ⅲ.①社会主义法制-建设-研究-中国
　Ⅳ.①D920.0

中国版本图书馆 CIP 数据核字（2018）第 111797 号

监督、调查、处置法律规范研究
JIANDU DIAOCHA CHUZHI FALÜ GUIFAN YANJIU

吴建雄　主编

人民出版社 出版发行
（100706　北京市东城区隆福寺街 99 号）

北京中科印刷有限公司印刷　新华书店经销

2018 年 8 月第 1 版　2018 年 8 月北京第 1 次印刷
开本：710 毫米×1000 毫米 1/16　印张：22.5
字数：360 千字

ISBN 978－7－01－019395－3　定价：68.00 元

邮购地址 100706　北京市东城区隆福寺街 99 号
人民东方图书销售中心　电话 （010）65250042　65289539

目　　录

导论　在学习研究中读懂监察法

　　监督、调查、处置,是宪法和法律赋予我国反腐败专责机关——监察委员会的基本职责。研究监督、调查、处置法律规范,必须立足于《中华人民共和国宪法》(以下简称《宪法》),着眼于《中华人民共和国监察法》(以下简称《监察法》)。

　　监察法把党内监督和国家监督统一起来,确立了具有鲜明中国特色的社会主义监察制度。这种监察制度既体现了中华民族传统制度文化,是对中国历史上监察制度的一种借鉴,也是对当今权力制约形式的一个新探索。正如有学者言:"由于新颖,必然生疏,以至于在对监察制度的理解上,一开始是不深入,甚至是有几分陌生的。"[①]这就要求我们沉下心来研读,结合实践理解,在学习研究中读懂监察法。切实领悟这部将党的领导写进法律的基本法、第一部组织法与程序法相结合的"特别法"的政治与法治意蕴,深刻把握正确实施的基本要义。

一

　　读懂监察法就要认清党和国家自我监督的政治性。《监察法》第二条规定了"坚持中国共产党对国家监察工作的领导",第三条将《宪法》规定的"中

---

　　① 转引自彭伶:《在浙江省法学会监察法学研究会成立大会上的讲话》,中国法学创新网2018年6月5日。

华人民共和国各级监察委员会是国家专门监察机关"细化为"各级监察委员会是行使国家监察职能的专责机关"。清晰地表明了监察委员会不同于行政机关、司法机关的性质和定位,从立法上实现了党内监督和国家监督的高度统一,彰显了"党规转向国法的重要变化"①。特别是"行使国家监察职能专责机关"的定位,与纪委作为"党内监督专职机关"的定位相匹配,表明了监察委员会实质上就是与纪委合署办公的反腐败工作机构,代表党和国家行使监督权。监察委员会作为政治机关,本质上是党的工作机构的属性定位,是《监察法》最鲜明的政治性特色。

监察机关是政治机关而不是行政机关或司法机关,学术界和实务界还存在不同的认识。有的认为,监察委员会所行使的权力具有强烈的行政权特征,监察机关大体上属于一种负责特别刑事侦查的司法机关;有的认为监察机关并非政治机关,而是兼具监督属性、行政属性和司法属性的机关等等。总的来看,这些观点或以现代代议民主宪制为参照,或用西方"三权分立"学说来考量,虽然能够在理论上实现逻辑自洽,但难以切合实际。我国不实行"三权分立"体制,而实行人民代表大会制度,即人民代表大会统一行使国家权力,下设政府、监察委、法院和检察院,分别行使行政权、监察权、审判权和检察权,这就决定了我们不能用西方"三权"即立法权、行政权、司法权为标准来评价监察机关的性质。研习监察委员会的性质定位,解读其核心价值、基本逻辑、结构功能等,不能照搬照抄西方政治学概念、政党政治学说和政治理论模式。而是要从中国特色社会主义政治理论与政治实践相结合的角度,回答监察法"为何制定、谁来执行、怎样实施"等问题,得出立足中国国情,体现中国特色,符合中国政治实际的科学结论。

监察法立法上的原创性和政治上的先进性集中体现了习近平新时代中国特色社会主义的立场、观点和方法。其一,监察法突出了坚持党的领导的政治立场。强调立法目的就是为了加强党对反腐败的集中统一领导,实现对所有行使公权力的公职人员的依法监察,健全党和国家监督体系,厚植党的执政基础,探索出一条自我革命、自我净化的有效路径,防止权力受到腐蚀,防止脱离

---

① 转引自陈光中:《〈监察法〉是党规转向国法的重要变化》,《中国新闻周刊》2018 年第 11 期。

人民群众,为建设廉洁政治提供制度保障。其二,监察法赋予了执法机构极强的政治属性。"我们党把党风廉政建设和反腐败斗争,提到关系党和国家生死存亡的高度来认识。"①这就决定了必须有与之相适应的组织载体。作为这一载体的监察委员会,不是行政监察、反贪反渎、预防腐败职能的简单叠加,而是在党的直接领导下,代表党和国家对所有行使公权力的公职人员进行监督,既调查职务违法行为,又调查职务犯罪行为,通过"依托纪检、拓展监察、衔接司法",实现"一加一大于二"的效果,这是中国特色的党和国家自我监督路径,是中国人民所独有的"知识产权"②。其三,监察法制定的工作方针体现"纪法合力"的政治特色。如监察法总则中的"以事实为根据、以法律为准绳"等规定带有普适性、通约性,与刑事诉讼法、行政诉讼法等规定相一致,但"从严监督、惩教结合、宽严相济"等内容,特别是根据新时代正风反腐的历史性变化,③强调着力构建"不敢腐、不能腐、不想腐"的长效机制,明显借鉴了党规党纪的制度创新,是政治话语的法律表述。

　　监察法作为政治(公权)领域的治理规范,就监察对象而言,特指所有行使公权力的公职人员。公职人员因行使国家权力而成为"特别义务人",既要接受相对一般公民更高更严的监督与尽职要求,又要让渡部分权利,履行接受监察、配合调查的法定(特定)义务。这就决定了我们不能用普通公民的权利保障理念看待监察法对公职人员的义务规定,不能用刑事诉讼法的既定制度来套用监察法相关程序。要认清监察调查与刑事侦查的本质区别,不能因为监察调查的强制性而与刑事侦查画等号。从执法主体看,调查者是与党的纪检机关合署办公的监察机关;从执法对象看,监察对象是行使公权力的公职人员,而不是普通的刑事犯罪嫌疑人;从执法内容看,监察机关调查的是职务违法行为和职务犯罪行为,不是一般刑事犯罪行为;从执法过程看,监察机关的调查既要严格依法收集证据,也要用党章党规党纪、理想信念宗旨做被调查人的思想政治工作,而不仅仅是收集证据,查明犯罪事实;④从执法特征看,普通

① 《习近平谈治国理政》,外文出版社2014年版,第390页。
② 贺夏蓉:《准确把握监察机关的政治属性》,《中国纪检监察报》2018年6月14日。
③ 高波:《实现中国特色政治话语"入法"》,《中国纪检监察》2018年第6期。
④ 贺夏蓉:《准确把握监察机关的政治属性》,《中国纪检监察报》2018年6月14日。

刑事犯罪一般以事立案,一旦案发,即进入刑事侦查诉讼程序,而职务犯罪案件一般以人立案,需要通过线索排查、证据收集、调查终结,移送检察机关后,才进入刑事诉讼环节。被调查人在未移送检察机关之前,还不是法定意义上的犯罪嫌疑人。[①] 监察机关对公职人员职务违法和职务犯罪的调查工作,除了还原、核查相关违法或犯罪事实,还要剖析违法犯罪人员的思想根源,开展严肃认真的思想政治工作,所体现的"惩前毖后、治病救人"的方针也有很强的政治性和政策性。对比分析可以看出,监察调查权是政治领域的执法权,而不是诉讼领域的侦查权,监察委员会是行使国家监察职能专责机关。

二

读懂监察法就要认清监察职权与监察程序的正当性。监察法总结了新中国成立以来反腐倡廉建设的基本经验,吸收了古今中外法治反腐文明成果。在职权配置与程序设置上适应了惩治和预防腐败的客观要求,揭示了腐败衍生的机理和规律。监察机关对所有行使公权力的公职人员进行监察,具有权力监督的彻底性;主要职能是调查职务违法和职务犯罪,开展廉政建设和反腐败工作,维护宪法和法律尊严,具有至高的维宪性;主要职责是监督、调查、处置,具有标本兼治、监察反腐的可期待性;主要权限包括谈话、讯问、询问、查询、冻结、调取、查封、扣押、搜查、勘验检查、鉴定、留置等,具有反腐手段的严整性。特别是用留置代替"两规",适应了腐败问题违规与违法交织的规律,破解了刑事强制措施难以突破职务犯罪的困局。

在监察职权配置与监察程序设置上,学术界和实务界也存在不同看法,认为宪法和监察法之下的监察机关是一个职权广泛的强力机关,应该有权力边界,应该遵循正当法律程序行使职权,以防止因制度缝隙太大而导致出现结构性的风险。这种担忧虽有一定道理,但现实根据不足。其实,监察法在职权配

---

① 参见吴建雄:《对国家监察立法的认识与思考》,《武汉科技大学学报(社会科学版)》2018 年第 2 期。

置和程序设置上,充分吸收了我国古代和现代法治国家的经验教训,高度重视权力配置的适格性和有限性。当代有关国家和地区都赋予了反腐败机构较大的监察权。瑞典议会监察专员有权对法律法规提出修改建议,还有权针对贪污腐败、玩忽职守的官员向法院起诉。香港廉政公署调查对象不仅针对公共机构以及公务员的贪污,也针对私营机构,调查权限包括逮捕、扣留和批准保释的权力,必要时亦可使用枪支和手铐等武力。与之相比,我国监察委员会的监察权可称得上"保守"了。① 在一般监察权限使用上,都设置了严格的程序规范。备受关注的留置措施,监察法规定仅适用于涉及案情重大、复杂的,可能逃跑、自杀等法定情形,需报上一级监委审批或备案,留置期限、场所等都严格限定,还明确作出符合相关人权保障要求的配套规定。从试点地区的情况看,由于留置措施的适用条件的程序规范比原职务犯罪侦查逮捕的规定更加严格,适用留置措施的比重比既往适用逮捕的比重明显下降。②

在监察范围上,也有学者作出扩大化理解,认为监察的对象除了行使国家公权力的公职人员,实际包括了所有公民甚至外国人。理由是在查处职务犯罪案件中,涉案人员和知情人员都必须接受调查等。应当指出,以零容忍态度惩治腐败是中国共产党鲜明的政治立场。监察法将所有行使公权力的公职人员纳入监察对象,体现了权力属于人民、人民监督权力的宪法原则。其确定的监察对象,符合我国的政治体制和文化特征,体现制度的针对性和操作性。对监察对象的理解,关键看他是不是行使公权力、履行公务,而不是看他是否有公职。没行使公权力、履行公务的任何一个公民或者自然人,都不是监察的对象。所谓监察,是对公职人员的监督、调查、处置。而接受和配合执法机关调查,是每个公民的法定义务,不能作为监察范围扩大化理解的依据。

监察法的一系列规定,体现了党内监督与国家监察的内在一致和高度互补。党的十八大以来,党中央坚持全面从严治党,在加大反腐败力度的同时,完善党章党规,实现依规治党,取得历史性成就。完善我国监督体系,既要加

① 姚文胜:《监察权是符合党和人民意志的宪定权》,《中国纪检监察报》2018年4月26日。
② 中国反腐败司法研究中心:《国家监察体制改革试点工作调查》,《求是》杂志2017年第23期。

强党内监督,又要加强国家监察。深化国家监察体制改革,成立监察委员会,并与党的纪律检查机关合署办公,代表党和国家行使监督权和监察权,履行纪检、监察两项职责,加强对所有行使公权力的公职人员的监督,从而在我们党和国家形成巡视、派驻、监察三个全覆盖的统一的权力监督格局,形成发现问题、纠正偏差、惩治腐败的有效机制,为实现党和国家长治久安走出了一条中国特色监察道路。制定监察法,就是通过立法方式保证依规治党与依法治国、党内监督与国家监察有机统一,将党内监督同国家机关监督、民主监督、司法监督、群众监督、舆论监督贯通起来,不断提高党和国家的监督效能。①

三

读懂监察法就要认清监察与相关法律衔接的源头性。监察法是我国第一部反腐败国家立法,也是一部体现党和国家自我监督的基本法律。在我国宪法之下的整个法律体系中,监察法处于源头性、引领性的重要地位。这就决定了在修改和调整相关法律的实践中,必须强调相关法律与监察法相衔接、相补充,修改的相关法律不能与监察法的规定相冲突。监察法出台后,涉及原有法律中对有关国家机关职权的划分需要作出相应的修改和调整。如刑事诉讼法、人民检察院组织法、检察官法等法律中关于检察机关侦查职务犯罪职责的有关规定需要进行修改。宪法和监察法对监察委员会的设立和与同级人大的关系都作了规定,需要相应在全国人民代表大会组织法、全国人民代表大会议事规则、地方组织法、监督法等法律中作出相应规定。改革后各级行政监察部门已并入监察委员会,监察法通过后同时废止行政监察法,目前还有若干法律中涉及行政监察机关名称、职能等内容,需要作出一揽子修改。通过立、改、废,形成科学有效、健全完备的反腐败法律法规体系,为夺取反腐败斗争压倒性胜利提供有力法治保证。

在监察法与刑事诉讼法相衔接的问题上,有学者从强化对监察委监督制

---

① 李建国:《关于〈中华人民共和国监察法(草案)的说明〉》,中国人大网 2018 年 3 月 14 日。

约的角度,提出了以修改刑事诉讼法来"校正"监察法的主张。认为修改刑事诉讼法应将监察人员在监察活动中的违法犯罪问题纳入检察机关查处范围。这一观点固然具有一定的合理性,但是,显然忽视了监察法在法律体系中的源头性地位。构建集中统一、权威高效的反腐败体系,全线打通纪法、法法衔接各环节,推进监察机关与司法执法机关有机衔接的制度创新,实现监察执法与刑事司法的流程贯通,是推进新时代监察体制改革、把监察制度优势转化为反腐败治理效能的必然选择。全国人大常委会讨论的《刑事诉讼法修正案》(草案),根据诉讼领域司法行为和司法者不可分开的特殊性,保留检察机关查办诉讼活动中司法人员涉嫌暴力取证、刑讯逼供、枉法裁判等职务犯罪侦查权,就是刑事诉讼法与监察法紧密衔接、实现"无禁区、全覆盖、零容忍"的具体体现。正如监察委员会调查活动难以直接进入诉讼领域实施监察一样,检察机关的诉讼法律监督也不能介入监察活动查办监察人员违法犯罪。"侦查所具有的专属性、强制性、独立性和公开性特点同样也是调查所具备的","由于监察(调查)案件尚未进入诉讼程序,检察(侦查)监督不能对监察案件适用"①,因而监察活动中监察人员的违法犯罪问题只能依照监察法规定,由监察机关查处,这是利弊权衡后比例原则的内在逻辑②。

有学者从保障案件当事人人权出发,认为监察委员会采用留置措施期间,限制了被调查人的自由,应该在修改刑事诉讼法时,允许律师介入监察留置案件。对于这个问题,只要从执法实践和立法价值两个方面来考量,就会发现律师不能介入监察案件的合理性与必然性。从执法实践看,监察法之所以没有规定律师介入,是因为留置期间,调查工作正处在证据尚未确定阶段,律师的提前介入虽有利于被调查人的人权保障,但存在极大的证据的风险,这种风险可能导致应该查证的腐败分子逍遥法外。因而保障被留置人的人权,可以通过其他方式加强监督,监察法除设置严格的程序规范外,还对采取全程录音录像实施监控,留置时间不得超过三个月,保障被留置人员的饮食、休息和安全,

---

① 参见陈卫东:《国家监察法与刑事诉讼法的关系讲座》,东南大学法学院网 http://Law.seu.cn/2018/0528/c9375a218079/page.htm,2018 年 5 月 28 日。

② 比例原则要求执法主体对执法行为作出一定的权衡,考虑执法行为的适当性、必要性,不要矫枉过正。

提供医疗服务等作了规定。从立法价值看，制定监察法的目的，就是要解决刑事诉讼法不能适应反腐败客观需要的问题。长期以来，我国反腐执法依据主要是刑事诉讼法。而刑事诉讼法无论从价值取向和程序设置上，都无法体现反腐败斗争的客观规律，因而出现查办腐败案件必须借用"两规"的党内措施的现象。这种法律资源的严重不足，成为制约反腐败斗争的重要瓶颈。制定监察法，就是要通过立法赋予监察委员会的职责权限和法定手段，破解反腐执法必须依赖党内"法规"的弊端。

四

读懂监察法就要认清监察授权与监察控权的人民性。从监察法的精神实质看，深化国家监察体制改革代表了最广大人民群众的根本利益和整体意志，恪守了一切权力来自人民、属于人民且为了人民的宪法原则，切实坚持并保证人民为中心的主体地位。它通过加强和改进国家政权建设，弥补在国家权力结构中，监察体系不够完善的短板，构筑起防止党在长期执政条件下权力异化和权力寻租的屏障。昭示了党和国家确保公共权力的人民性、确保人民赋予的权力永远为人民谋利益的价值追求和坚定决心。

监察法的人民性集中体现在"制约权力、保障权利"的价值取向上。通过对执掌公权力公职人员的严格约束，以至让渡部分应该享有的公民权利，"防止国家和国家机关由社会公仆变为社会主人"。① 纵观当下学界对监察机关调查权限特别是留置措施的种种质疑，无不出于对人权保障原则的尊崇。有学者用程序自然法理论考量监察法设置的留置措施，提出留置措施隐含着规则矛盾，即对适用留置后不构成犯罪作政务处分的严重违法人员，既不能获得赔偿，也不能享有"留置一日折抵管制两日，折抵有期徒刑一日"的法律利益。② 这一观点虽然符合刑事诉讼中打击犯罪、保障人权的法治原则，但却忽

---

① 《马克思恩格斯选集》第 2 版第 3 卷，人民出版社 1995 年版，第 12—13 页。
② 刘艳红：《程序自然法作为规则自治的必要条件——〈监察法〉留置权运作的法治化路径》，《华东政法大学学报》2018 年第 3 期。

视了监察法所秉持的"制约权力、保障权利"法治精神。公职人员从执掌公权力的那一天起,就具有支配他人的强制性力量,是公民中的特殊群体。这种支配他人的强制性决定了公职人员从宣誓就职的第一天起,就必须让渡部分一般公民享有的个人权利,这种"个人以公民的资格作为完善的国家一分子,必须放弃自己的特殊利益而完全服从公共意志"的情形,正是社会契约精神①的重要体现,是"制约权力"的需要,也是永葆公职人员"人民公仆"政治本色的必然选择。从这个意义看待监察法关于留置措施"隐含的规则矛盾",就是顺理成章的了。当然,这种公职人员个人权利的让渡,也是严格控制在法定范围之内的。

监察法的人民性决定了监察法既是一部授权法也是一部控权法。绝对的权力导致绝对的腐败。为防范监察权的风险,监察法坚持权力分解、相互制约,防控关键原则,针对监察权行使的不同环节,都提出了严格的控权要求,专门在第七章用九个条文,就如何对监察机关和监察人员进行监督作出明确规定。一是对关键环节的监督制约。监察法要求监察机关建立问题线索处置、调查、审理各部门相互协调、相互制约机制,加强对调查、处置工作全过程的监督管理;对重要取证工作全过程录音录像,留存备查等。二是接受上级监委的监督。上级监委通过落实"两个为主"进行监督,也就是监察工作以上级监委领导为主、干部提名考察以上级监委会同组织部门为主。三是加强内部监督机构建设。通过设立内部专门的监督机构进行专门监督,确保建立忠诚干净担当的监察队伍。四是建立相关内部监督制度。《监察法》第六十一、六十五条规定,对监察人员工作重大失误、严重违法与九类违反规定的行为,追究负有责任的领导人员和直接责任人员的责任,构成犯罪的,依法追究刑事责任。

为确保监察权牢牢掌握在人民手中,监察法对监察权的外部监督进行了严密规制。一是党的领导与监督。监委与纪委合署办公,始终在党中央领导下开展工作,自觉接受党中央的监督。通过党委书记定期主持研判问题线索、分析反腐败形势,听取重大案件情况报告,对初核、立案、采取留置措施、作出处置决定等审核把关,党对监察工作关键环节、重大问题的监督实现了制度化

---

①　卢梭:《社会契约论》,人民出版社 1976 年版,第 16—23 页。

和常态化。党委工作部门的相关职能也涵括了对监委的监督与制约。二是人大、政协监督。监察法规定监委由同级人大产生,对其负责,受其监督。人大通过听取和审议专项工作报告、组织执法检查、提出询问或者质询等对监委开展监督。人民政协也可对监委进行监督。三是司法监督。检察院、法院对监委业务流程的监督,体现了司法机关对监察机关的监督。监察法规定人民检察院退回补充调查的权力及必要时可自行补充侦查。法院在审理案件时,通过对案件性质进行认定、对证据进行审查判断、对量刑建议进行考虑等,从而实现对监委权力的监督。四是民主监督、社会监督、舆论监督。监察法规定,监察机关应当依法公开监察工作信息,接受民主监督、社会监督、舆论监督。五是相关协作配合机关的监督。如公安机关、反腐败国际合作方等对监察权的行使也有相应监督制约。六是监察对象的监督。监察对象及其家属等可通过提起申诉、复查及国家赔偿等进行监督。监察权通过强有力的内外监督,确保人民赋予的监察权永不蒙尘。

五

　　读懂监察法就要在学习研究中把握科学内涵和精神实质。本书按照监察法的总体框架,共分九章。包括监察法总则研究、监察机关及其职责研究、监察范围和管辖研究、监察权限研究、监察程序研究、反腐败国际合作研究、对监察机关和监察人员的监督研究、法律责任研究、监察法附则研究。

　　监察法总则主要对立法目的和立法依据、监察工作的指导思想、监察委员会的性质和职能、监察职权行使及配合制约、监察工作原则、监察工作方针作了规定,是对后续各章节的指导性、概括性、总揽性规范。在"监察法总则研究"中,我们探讨了监察工作的指导思想和领导体制。对坚持中国共产党对国家监察工作的领导,以马克思列宁主义、毛泽东思想、邓小平理论、"三个代表"重要思想、科学发展观、习近平新时代中国特色社会主义思想为指导,构建集中统一、权威高效的中国特色国家监察体制进行法理阐释。探讨了监察工作的原则和方针,对监察委员会依照法律规定独立行使监察权,不受行政机社会团体和个人的干涉；监察机关办理职务违法和职务犯罪案件，应当与审判机关、检察机关、执法部门互相配合，互相制约；国家监察工作严格遵照宪法和法律，以事实为根据，以法律为准绳，在适用法律上一律平等，保障当事人的合法权益；权责对等，从严监督；惩戒与教育相结合，宽严相济等进行法理阐释。探讨了监察工作的方针，对坚持标本兼治、综合治理，强化监督问责，严厉惩治腐败；深化改革、健全法治，有效制约和监督权力；加强法治道德教育，弘扬中华优秀传统文化，构建不敢腐、不能腐、不想腐的长效机制进行法理阐释。

　　监察法分则主要规定了监察机关的职责、管辖、权限、程序、自身监督、法律责任等。在"监察机关及其职责研究"中，探讨了监察委员会的产生，对监察委员会监督、调查、处置职责进行了阐释：包括对公职人员开展廉政教育，对其依法履职、秉公用权、廉洁从政从业以及道德操守情况进行监督检查；对涉嫌贪污贿赂、滥用职权、玩忽职守、权力寻租、利益输送、徇私舞弊以及浪费国家资财等职务违法和职务犯罪进行调查；对违法的公职人员依法作出政务处分决定；对履行职责不力、失职失责的领导人员进行问责；对涉嫌职务犯罪的，将调查结果移送人民检察院依法审查、提起公诉；向监察对象所在单位提出监察建议等。在"监察范围和管辖研究"中，探讨了所有行使公权力的公职人员监察全覆盖问题。在"监察权限研究"中，对赋予监察机关必要的权限进行了法理阐释。在"监察程序研究"中，探讨了严格规范监察程序问题，对严格规范留置的程序，保护被调查人的合法权益进行了法理阐释。在"反腐败国际合作研究"中，探讨了国际追逃追赃和防逃的问题。在"对监察机关和监察人员的监督研究"中，探讨了接受人大监督、强化自我监督等问题，对党的纪律检查机关监督执纪工作规则相衔接，责任追究制度、公开监察工作信息进行了阐释；探讨了接受民主监督、社会监督、舆论监督的问题，对监察机关与审判机关、检察机关、执法部门互相配合、互相制约的机制进行了阐释等等。在"法律责任研究"中，探讨了监察机关及其工作人员的法律责任。进行这些研究，旨在统一思想、凝聚共识，在学习交流中读懂监察法，营造贯彻实施监察法的良好氛围。

第一章　监察法总则研究

《监察法》共九章六十九条。第一章总则,主要对《监察法》的立法目的和立法依据、监察工作的指导思想、监察委员会的性质和职能、监察职权行使及配合制约、监察工作原则、监察工作方针作了规定,是对后续各章节的指导性、概括性、总揽性规范。

第一节　立法目的和立法依据

《监察法》第一条规定:"为了深化国家监察体制改革,加强对所有行使公权力的公职人员的监督,实现国家监察全面覆盖,深入开展反腐败工作,推进国家治理体系和治理能力现代化,根据宪法,制定本法。"本条对《监察法》的立法目的和立法依据作了明确的表述。主要目的是明确制定、实施监察法所要实现的价值和所要达到的目标,以及监察法的上位法依据。

一、为了深化国家监察体制改革

深化国家监察体制改革是以习近平同志为核心的党中央作出的重大决策部署,是事关全局的重大政治体制改革。改革的目标,是建立党统一领导下的国家反腐败工作机构。实行党的纪律检查委员会、监察委员会合署办公,履行纪检、监察两项职能,从而更好地加强和改进党的领导。

党的十八大以来,我们党以顽强意志品质正风肃纪、反腐惩恶,创造了史无前例的反腐纪录。我们在看到反腐取得巨大成效的同时,也应当清醒认识到,这是一场输不起的斗争,不敢腐只是反腐第一步,要实现不能腐、不想腐尚需长远的战略谋划、严密的制度体系和完备的法治保障。实践证明,惩治是最好的预防,制度是最大的保障。只有集中全党力量,形成高压态势,通过严厉惩治,才能形成巨大的震慑效果,有效预防腐败;也只有加快建立制度体系,把权力关进制度的笼子里,才能重建政治生态,建设廉洁政治。国家监察体制改革,就是建设廉洁政治的重大政治体制改革。

深化监察体制改革是在党的纪检体制改革取得重大进展的背景下展开的。十八大以来的经验告诉我们,只有坚持全面从严治党,集中有效的反腐败力量,才能从根本上解决腐败问题。推进国家监察体制改革,特别是设置国家监察委员会,是全面从严治党的需要,是加强党对反腐败统一领导,形成制度化、法制化成果的需要,有利于实现党内监督与人民监督有机结合。为了推进全面从严治党,坚持思想建党和制度治党紧密结合,十八届六中全会通过了《关于新形势下党内政治生活的若干准则》和《中国共产党党内监督条例》(以下简称《条例》)。《条例》第三十七条明确规定:"各级党委应当支持和保证同级人大、政府、监察机关、司法机关等对国家机关及公职人员依法进行监督。"随后,中共中央办公厅印发《关于在北京市、山西省、浙江省开展国家监察体制改革试点方案》,部署在3省市设立各级监察委员会,从体制机制、制度建设上先行先试、探索实践,为在全国推开积累经验。党的十九大报告作出了将国家监察体制改革试点工作在全国推开的决策部署,全国人大常委会就国家监察体制改革试点作出决定,一场系统复杂、牵一发而动全身的重大政治改革按照中央确定的时间表和路线图稳步推进。截止到2018年1月,全国省市和地方各级监察委员会相继成立。制定国家监察法,就是贯彻落实党中央的决策部署,使党的主张通过法定程序成为国家意志,以立法形式将实践证明是行之有效的做法和经验上升为法律,将深化国家监察体制改革的成果用法律形式固定下来,为国家监察委员会的建立和监察体系的构建提供法律依据。

二、为了加强对所有行使公权力的公职人员的监督

在我国,党是领导一切的,所有行使公权力的国家机关都属于"广义政

府"范畴。在人民群众眼里,无论人大、政协,还是"一府两院",都代表党和政府,都要践行全心全意为人民服务的根本宗旨。党的十八大以来,党内监督得到有效加强,强化了全面从严治党政治责任,监督对象覆盖了所有党员,这也为国家监察覆盖所有行使公权力的公职人员作了示范、打了基础。制定监察法,就是要贯彻落实上述改革精神,以法律的形式全面填补国家监督空白,实现国家监察对所有行使公权力的国家公职人员的监督全覆盖,将公务员及参照公务员法管理的人员,法律、法规授权或者受国家机关依法委托管理公共事务的组织中从事公务的人员,国有企业管理人员,公办的教育、科研、文化、医疗卫生、体育等单位中从事管理的人员,基层群众性自治组织中从事管理的人员以及其他依法履行公职的人员,统一纳入监察范围,由监察机关按照管理权限进行监察。原来检察机关只侦查职务犯罪行为,监察法规定监察机关既调查公职人员的职务违法行为,又调查职务犯罪行为。①

加强对所有行使公权力的公职人员的监督,蕴含着用权者必受监督的基本法则。这是因为,权力具有强制性,它以国家强制力为后盾,不论被支配的一方是否情愿都必须服从;具有趋利性,它与经济建设的组织管理紧密联系在一起,为掌管公共权力的个人提供了"近水楼台"、"以权谋私"的便利;具有可交换性,公共权力本身不是商品,但运行中可能被它的掌管者进行"权权交易"和"权钱交易";具有扩张性,滥用权力,是一切有权力的人都容易使用和复制的万古不易的秘笈。权力的这种特性,能使具有人格缺陷官员产生强烈的占有欲。权力不论大小,只要不受制约和监督,都可能被滥用。只要权力不受制约,必然产生腐败,绝对的权力产生绝对的腐败。权力的腐败是对法治的最大破坏,是对人权的最大侵害,是对执政党权威的最大损害。所以,依法治国必须依法控权,依法控权必须依法治权,依法治权的基本手段就是加强对公职人员的有效监督。

用权者必受监督的基本法则,在中国政治制度下有着特定的内涵。中国特色社会主义的基本原则是党的领导、人民当家作主和依法治国的有机统一。

---

① 参见中共中央纪律检查委员会、国家监察委员会法规室编写:《〈中华人民共和国监察法〉释义》,中国方正出版社 2018 年版,第 52—53 页。

坚持党的领导,就要坚决彻底地清除腐败,实现党的自我纯洁、自我革新,巩固党的执政地位;坚持人民当家作主,就要维护最广大人民的根本利益,最大限度地满足人民群众对惩治腐败、廉洁政治的迫切期待;坚持依法治国,就要紧紧抓住依法治权、依法治吏这个要义,严格执法、公正执法,职权由法定,用权受监督。因此,健全国家监察体系,是完善中国特色社会主义监察制度的重大举措。它通过对行政监察权和检察侦查权等监督权能的资源整合,克服监察体制上的种种缺陷,形成集中统一的国家监督权。它与党内监督相辅相成,共同发力形成巩固党的执政地位,厚植党的执政基础;它与人大监督、司法监督、审计监督相结合,保证国家机关依法履职、秉公用权;它与民主监督、社会监督相结合,保证权力来自人民、服务人民,确保人民赋予的权力永远为人民谋利益。

三、为了实现国家监察全面覆盖

实现国家监察全面覆盖,是全面依法治国的重要内容。依法治国必须依法控权,依法控权必须依法治权,依法治权必须从健全完善反腐体制机制入手,形成完备的法律规范和党内法规体系、严密的监督体系和有力的保障体系,使国家所有的公共权力和公务人员都毫无例外地受到党纪国法的约束和监督。与这一要求相比,现有的监察体系存在体制机制不畅的问题。主要是监察范围过窄。当前党内监督已经实现全覆盖,而行政监察对象主要是行政机关及其工作人员,还没有做到对行使公权力的公职人员全面覆盖。反腐败力量分散。检察机关查处职务犯罪与党的纪律检查机关、行政监察机关职能既分别行使,又交叉重叠,没有形成合力。同时,检察机关作为法律监督机关,对职务犯罪案件既行使侦查权,又行使批捕、起诉等权力,也缺乏有效监督制约。因此,需要整合反腐败工作力量,推进国家监察理念思路、体制机制、方式方法的与时俱进。通过制定国家监察法,扩大监察范围,整合监察力量,健全国家监察组织架构,形成全面覆盖国家机关及其公务员的国家监察体系。

四、为了深入开展反腐败工作

深入开展反腐败工作,就是要提高反腐败斗争的能力和水平。党的十八大以来,以习近平同志为核心的党中央强力推进反腐败斗争,以前所未有的冲击力涤荡党内一段时间以来被污染的政治生态。加强党的建设、全面从严治党,不断优化党内政治生态、提高党的自我净化能力,成为十八大以来党中央推动工作的重要着力点。一大批"老虎"、"苍蝇"在强势反腐中纷纷落马,"不敢腐"的目标初步实现。在当前反腐败斗争压倒性态势已经形成的背景下,需要由"治标"为主转向"标本兼治"。既然是标本兼治,就要保持反腐败斗争力度不减、节奏不变、尺度不松,不断将压力传导到各个领域、各个层面。与此同时,着力推动制度建设和反腐败体制机制创新,推进国家监察体制改革,加强党对反腐败工作的统一领导,更好形成反腐败工作合力。通过完善控权治权的监察法律制度,限制和规范权力行使的范围、方式、手段、条件和程序,把权力关进制度的笼子里,营造不敢腐、不能腐、不想腐的法治环境,构建官员清正、政府清廉、政治清明的政治生态。国家监察法的制定,从立法上确保用法治思维和法治方式开展监察,惩治腐败。

正是基于上述目的,党中央对国家监察立法工作高度重视,习近平总书记在党的十八届六中全会和十八届中央纪委五次、六次、七次全会上均对此提出明确要求,中央政治局、中央政治局常务委员会和中央全面深化改革领导小组多次专题研究深化国家监察体制改革、国家监察相关立法问题,确定了制定监察法的指导思想、基本原则和主要内容,明确了国家监察立法工作的方向和时间表、路线图。按照党中央部署要求,中央纪委发挥牵头抓总作用,在研究深化国家监察体制改革方案过程中即着手研究将行政监察法修改为国家监察法问题。为此,中央纪委领导同志先后召开20多次会议进行专题研究,提出了监察法草案稿。中央纪委有关负责同志与全国人大常委会、中央统战部、中央政法委、中央深改办、中央编办等有关方面进行了多次沟通。2016 年 10 月,党的十八届六中全会闭幕后,中央纪委机关会同全国人大常委会法制工作委员会即组成国家监察立法工作专班。全国人大常委会党组高度重视监察法立法工作,坚决贯彻落实党中央关于深化国家监察体制改革的决策部署。全国人大常委会将监察法起草和审议工作列为 2017 年度最重要的立法工作。时任委员长的张德江同志在十二届全国人大五次会议上所作的全国人大常委会工作报告关于 2017 年的立法工作任务中,第一项就提出要"贯彻落实党中央关于深化国家监察体制改革的决策部署,将行政监察法修改为国家监察法,为构建集中统一、权威高效的国家监察体系提供法治保障"。在前期工作基础上,工作专班进一步开展调研和起草工作,吸收改革试点地区的实践经验,听取部分专家学者的意见建议,经反复修改完善,形成了监察法草案,为深入开展反腐败工作提供重要的法治保障。

五、为了推进国家治理体系和治理能力现代化

党和国家治理体系包括两个方面:(1)依规治党,依据党章党规党纪管党治党建设党;(2)依法治国,依据宪法法律法规治国理政。目前,党内监督已经实现全覆盖,而行政监察主要限于对行政机关及其工作人员的监督,覆盖面窄,二者不相匹配。实行国家监察是对公权力最直接最有效的监督,监察全覆盖和监督的严肃性实效性直接关乎党的执政能力和治国理政科学化水平。制定监察法,就是落实党中央关于监察体制改革的决策部署,通过制度设计补上行政监察范围过窄的短板,真正把所有公权力都关进制度笼子,体现依规治党与依法治国、党内监督与国家监察有机统一,探索出一条党长期执政条件下实现自我净化的有效路径,将制度优势转化为治理效能,推进治理体系和治理能力现代化,为人类社会贡献中国智慧和中国方案。①

腐败治理是推进国家治理体系和治理能力现代化的基础和前提。反腐败既是执政党自我净化、自我完善、自我革新、自我提高的表现,又是维护公共权力廉洁高效运转的国家治理工程,是维护人民当家作主、实现人民监督权力的国家行为。腐败行为是公共管理活动中的权力滥用,是国家治理中的一种病变,只有防止公共权力滥用,遏制国家治理中的病变,才能保障国家治理的有效性。因此,要推进国家治理体系和治理能力现代化,就必须实现腐败治理体系和治理能力现代化。按照这一治理逻辑,中国共产党主导的腐败治理的两个基本点,就是党内监督与国家监察,二者在价值取向、制度安排和行动方向上的"无缝隙对接",是两个体系的共同发力。但在现行体制结构下,两个体

---

① 参见中共中央纪律检查委员会、国家监察委员会法规室编写:《〈中华人民共和国监察法〉释义》,中国方正出版社 2018 年版,第 54 页。

系的共同发力很难做到。比如,从机构设置看,纪检监察机关的内设业务机构为若干个纪检监察室,这样的机构设置决定了它的主要职责,只能是党内的执纪问责监督,对国家机关和公务员的监察难以摆上议事日程。监察职能萎缩的危害是毋庸置疑的,它不仅导致政府内部监督薄弱,而且使非党公务人员纪律约束出现空白地带。从被查处的省部级官员分析不难发现,他们的涉腐犯罪"非一日之寒",都与长期以来对国家机关和公务人员监察的虚置和缺失有关。这也是系统性腐败、区域性腐败、塌方式腐败、家族式腐败出现的重要原因。

推进国家治理体系和治理能力现代化,要求党委在承担起反腐败主体责任的同时,既强化党内监督,又加强国家监察。党内监督按照执纪、监督、问责的职权配置要求,负责党内纪律检查,围绕全体党员是否遵守党的纪律也即对违反党纪行为进行监督。国家监察按照监督、调查、处置的职权配置要求,负责廉政法规监察,围绕公共权力运行中国家工作人员是否遵守法律法规进行监督,依法对不构成犯罪的腐败行为实施非刑事处罚,对触犯刑法的腐败行为实施刑事犯罪调查,并移送检察机关审查起诉,从而呈现出党纪检查、违法调查和犯罪调查相互独立、相互衔接和相互配合的崭新格局。党内监督和国家监察职能的强化,为腐败治理体系和治理能力现代化创造了条件,有利于以制度化的方式科学分解人大、政府、司法及其他公共权力机构的反腐败职责,推进国家腐败治理体系制度化、科学化、规范化和程序化,形成与社会治安治理体系相对应的公共权力治理体系,促进国家治理两大体系中,各个治理主体彼此之间相互协调、共同发生作用,把中国特色社会主义各方面的制度优势,转化为推进国家治理体系和治理能力现代化的整体效能。

六、根据宪法,制定监察法

十三届全国人大一次会议审议通过的宪法修正案,专门增加了监察委员会一节。这是以习近平同志为核心的党中央审时度势作出的重大战略决策,为加强党对反腐败工作的统一领导,建立集中统一、权威高效的国家监察体系,实现对所有行使公权力的公职人员监察全覆盖,奠定坚实宪法基础,为监察法的制定提供了宪法依据。

明确了监察委员会的性质和地位。《宪法》第一百二十三条规定："中华人民共和国各级监察委员会是国家的监察机关"，明确了监察委员会的性质和地位。在国家权力结构中设置监察机关，是从我国历史传统和现实国情出发加强对公权力监督的重大改革创新，体现了中国特色社会主义道路自信、理论自信、制度自信、文化自信。监察委员会作为行使国家监察职能的专责机关，与党的纪律检查委员会合署办公，实现党性和人民性的高度统一。监察委员会是实现党和国家自我监督的政治机关，不是行政机关、司法机关。其依法行使的监察权，不是行政监察、反贪反渎、预防腐败职能的简单叠加，而是在党直接领导下，代表党和国家对所有行使公权力的公职人员进行监督，既调查职务违法行为，又调查职务犯罪行为，其职能权限与司法机关、执法部门明显不同。同时，监察委员会在履行职责过程中，既要加强日常监督、查清职务违法犯罪事实，进行相应处置，还要开展严肃的思想政治工作，进行理想信念宗旨教育，做到惩前毖后、治病救人，努力取得良好的政治效果、法纪效果和社会效果。

明确了监察委员会的名称、人员组成、任期任届和职能职责。《宪法》第一百二十四条规定："中华人民共和国设立国家监察委员会和地方各级监察委员会。监察委员会由下列人员组成：主任，副主任若干人，委员若干人。监察委员会主任每届任期同本级人民代表大会每届任期相同。国家监察委员会主任连续任职不得超过两届。监察委员会的组织和职权由法律规定。"这明确了监察委员会的基本构成要素。依据宪法规定和改革实践，正在制定的监察法将要对国家、省、市、县设立监察委员会作出具体规定。国家一级监察委员会名称前冠以"国家"，体现由行政监察"小监察"变为国家监察"大监察"，表明了最高一级国家机构的地位；地方各级监察委员会名称采用行政区划+"监察委员会"的表述方式。监察委员会主任由本级人民代表大会选举产生，副主任和委员由主任提请本级人民代表大会常务委员会任免。各级监察委员会可以向本级党的机关、国家机关、经法律法规授权或者委托管理公共事务的组织和单位以及所管辖的行政区域、国有企业等派驻或者派出监察机构、监察专员。监察机关的主要职能是调查职务违法和职务犯罪，开展廉政建设和反腐败工作，维护宪法和法律的尊严；主要职责是监督、调查、处置；主要权限包括谈话、讯问、询问、查询、冻结、调取、查封、扣押、搜查、勘验检查、鉴定、留置等。

确立了监察委员会的领导体制和工作机制。《宪法》第一百二十五条规定:"中华人民共和国国家监察委员会是最高监察机关。国家监察委员会领导地方各级监察委员会的工作,上级监察委员会领导下级监察委员会的工作。"第一百二十六条规定:"国家监察委员会对全国人民代表大会和全国人民代表大会常务委员会负责。地方各级监察委员会对产生它的国家权力机关和上一级监察委员会负责。"对这两条应当统一起来理解、贯通起来把握。一方面,为保证党对反腐败工作的集中统一领导,党的纪律检查机关同监察委员会合署办公,履行纪检、监察两项职责,在领导体制上与纪委的双重领导体制高度一致。监察委员会在行使权限时,重要事项需由同级党委批准;国家监察委员会领导地方各级监察委员会的工作,上级监察委员会领导下级监察委员会的工作,地方各级监察委员会要对上一级监察委员会负责。另一方面,监察委员会由人大产生,就必然要对人大及其常委会负责,并接受其监督。在深化国家监察体制改革试点中,试点地区创造出许多有利于人大及其常委会实现对监察委员会监督的好形式好方法。

明确了监察委员会与其他机关的配合制约关系。《宪法》第一百二十七条规定:"监察委员会依照法律规定独立行使监察权,不受行政机关、社会团体和个人的干涉。监察机关办理职务违法和职务犯罪案件,应当与审判机关、检察机关、执法部门互相配合,互相制约。"审判机关指的是各级人民法院;检察机关指的是各级人民检察院;执法部门包括公安机关、国家安全机关、审计机关、行政执法机关等。监察机关履行监督、调查、处置职责,行使调查权限是依据法律授权,行政机关、社会团体和个人无权干涉。同时,有关单位和个人应当积极协助配合监察委员会行使监察权。目前在实际工作中,纪检监察机关不仅同审判机关、检察机关形成了互相配合、互相制约的关系,同执法部门也形成了互相配合、互相制约的工作联系。审计部门发现领导干部违纪违法问题线索,要按规定移送相关纪检监察机关调查处置;纪检监察机关提出采取技术调查、限制出境等措施的请求后,公安机关与相关部门要对适用对象、种类、期限、程序等进行严格审核并批准;在对生产安全责任事故的调查中,由安监、质检、食药监等部门同监察部门组成联合调查组,实地调查取证,共同研究分析事故的性质和责任,确定责任追究的范围和形式。监察委员会成立后,对涉嫌职务犯罪的行为,监察委员会调查终结后移送检察机关依法审查、提起公诉,由人民法院负责审判;对监察机关移送的案件,检察机关经审查后认为需要补充核实的,应退回监察机关进行补充调查,必要时还可自行补充侦查。在宪法中对这种关系作出明确规定,是将客观存在的工作关系制度化法律化,可确保监察权依法正确行使,并受到严格监督。

根据宪法制定监察法,体现了党的主张和人民意志,为深化国家监察体制改革提供了根本法治保障。依法治国是党领导人民治理国家的基本方略,依法执政是党治国理政的基本方式。坚持依法治国首先要坚持依宪治国,坚持依法执政首先要坚持依宪执政。习近平总书记强调,要坚持改革决策和立法决策相统一、相衔接,做到重大改革于法有据,使改革和法治同步推进。国家监察体制改革是建立中国特色监察体系的创制之举,党中央从全面从严治党出发,将国家监察体制改革纳入全面深化改革总体部署,积极推进改革及试点工作并取得重要阶段性成效,在此基础上使改革实践成果成为宪法规定,具有坚实的政治基础、理论基础、实践基础和充分的法理支撑。《中国共产党中央委员会关于修改宪法部分内容的建议》在宪法第三章"国家机构"中专门增加一节,作为第七节"监察委员会"增加五条,就国家监察委员会和地方各级监察委员会的性质、地位、名称、人员组成、任期任届、领导体制和工作机制等作出规定,为监察委员会建立组织体系、履行职能职责、运用相关权限、构建配合制约机制、强化自我监督等提供了根本依据,使党的主张成为国家意志,使国家监察体制改革于宪有据、监察法于宪有源,体现了全面深化改革和全面依法治国、全面从严治党的有机统一,必将进一步坚定全党全国人民坚持走中国特色社会主义政治发展道路和中国特色社会主义法治道路的决心和信心。

根据宪法制定监察法,规定监察机关及其职责、监察范围和管辖、监察权限、监察程序、反腐败国际合作、对监察机关和监察人员的监督、法律责任等,确立了国家监察体系的组织架构、职权配置、法律地位和法律手段,特别是用留置取代"两规"措施,必将进一步推进反腐败工作规范化法治化。当前,反腐败斗争压倒性态势已经形成并巩固发展,但形势依然严峻复杂。监察委员会就是反腐败工作机构,监察法就是反腐败国家立法,深化国家监察体制改革的一个重要目的,就是加强党对反腐败工作的统一领导,推动反腐败斗争向纵深发展。通过整合行政监察、预防腐败和检察机关查处贪污贿赂、失职渎职及预防职务犯罪等工作力量,组建国家、省、市、县监察委员会,同党的纪律检查机关合署办公,对党中央、地方党委全面负责,将有效解决监察覆盖面过窄、反腐败力量分散、纪法衔接不畅等问题,健全党领导反腐败工作的体制机制,实现对所有行使公权力的公职人员监察全覆盖。以宪法为依据制定监察法,为加强党对反腐败工作的统一领导提供了国家根本法保障,必将推动反腐败斗争取得更大成效,进一步增强人民群众对党的信心和信赖,厚植党执政的政治基础。

第二节　监察工作的指导思想

《监察法》第二条规定:"坚持中国共产党对国家监察工作的领导,以马克思列宁主义、毛泽东思想、邓小平理论、'三个代表'重要思想、科学发展观、习近平新时代中国特色社会主义思想为指导,构建集中统一、权威高效的中国特色国家监察体制。"这是关于监察工作坚持党的领导和监察工作指导思想的规定,具有特殊的政治意义。规定本条的主要目的是旗帜鲜明地宣示党的领导,贯彻习近平新时代中国特色社会主义思想,贯彻落实党的十九大精神,体现了"四个意识",彰显了"四个自信",有利于党中央和地方各级党委更加理直气壮、名正言顺地依法领导监察委员会开展反腐败等工作,扛起全面从严治党和依法治国理政的政治责任。

一、坚持中国共产党对国家监察工作的领导

监察法关于坚持中国共产党对国家监察工作领导的规定,不是宪法内容的简单重复,而是具有重要的政治意蕴。深化监察体制改革的重要目的,就是加强党对反腐败工作的统一领导。党管干部不仅管干部的培养、提拔、使用,

还要对干部进行教育、管理、监督,对违纪违法问题作出处理。成立监察委员会作为专门的反腐败工作机构,与党的纪律检查机关合署办公,对所有行使公权力的党员干部、公职人员进行监督,对违纪的进行查处,涉嫌违法犯罪的进行调查处置,这是坚持党管干部原则、加强党的领导的重要体现,是完善坚持党的全面领导体制机制的重要举措。党的十八大以来,正是在党的坚强领导下,反腐败斗争才形成压倒性态势并巩固发展。监察法把党对反腐败工作的集中统一领导机制固定下来,着力强化不敢腐的震慑,扎牢不能腐的笼子,增强不想腐的自觉,为夺取反腐败斗争压倒性胜利提供坚强法治保障。

中国共产党对国家监察工作的领导,是制定监察法的第一要义。中国共产党的领导是中国特色社会主义最本质的特征。我们推进各领域改革,都是为了完善和发展中国特色社会主义,巩固党的执政基础、提高党的执政能力。以零容忍态度惩治腐败是中国共产党鲜明的政治立场,是党心民心所向,必须在党中央统一领导下推进。国家监察体制改革的政策主张由党中央提出,并经过党内民主决策程序成为党的意志。改革的试点方案由中办印发,说明关于这场改革的一揽子方案都是由中国共产党提出并完善的。党的十八届六中全会召开后不久,中共中央决定在北京、山西、浙江三地开展国家监察体制改革的试点工作,从体制机制、制度建设上先行先试,并印发试点方案。这一制度安排,充分反映出党对这一事关全局的政治改革的方向、节奏、进度的掌握。根据党中央的决策部署,依法组建的监察委员会,就是反腐败工作机构,与党的纪律检查机关合署办公,目的是加强党对反腐败工作的集中统一领导,完善党和国家自我监督。而监察法就是反腐败国家立法,制定监察法,为监察委员会履行职责、开展工作提供法治保障,在反腐败工作领域体现了坚持党的领导、人民当家作主、依法治国的有机统一。国家监察体制改革是以习近平同志为核心的党中央确立的一项事关全局的重大政治改革,是落实党的十八届六中全会精神的重大举措,对于坚持和加强党对反腐败工作的集中统一领导,进一步整合反腐败工作力量,深入推进党风廉洁建设和反腐败斗争,具有重大而深远的意义。

二、以马克思列宁主义、毛泽东思想、邓小平理论、"三个代表"重要思想、科学发展观、习近平新时代中国特色社会主义思想为指导

制定和实施国家监察法，必须坚持以马克思列宁主义、毛泽东思想、邓小平理论、"三个代表"重要思想、科学发展观、习近平新时代中国特色社会主义思想为指导。这是国家监察法中国特色社会主义根本性质所决定的。翻开中国共产党领导人民进行革命、建设、改革的历史长卷不难发现，中国共产党人坚持不懈地把马克思主义基本原理同中国实际相结合，不断推进马克思主义中国化，不断开辟马克思主义在中国发展的新境界，实现新飞跃。毛泽东思想科学系统地回答了在中国这样一个落后的东方大国怎样开展新民主主义革命、走上社会主义道路的一系列问题，实现了马克思主义中国化第一次历史性飞跃。邓小平理论、"三个代表"重要思想、科学发展观围绕探索和回答三大基本问题展开，即什么是社会主义、怎样建设社会主义，建设什么样的党、怎样建设党，实现什么样的发展、怎样发展等基本问题，实现了马克思主义中国化第二次历史性飞跃。经过长期努力，中国特色社会主义进入新时代，中华民族正在迎来从站起来、富起来到强起来的伟大飞跃。伟大的实践必然呼唤新理论的产生。实现马克思主义中国化新飞跃已经被历史性地摆到了当代中国共产党人面前。习近平新时代中国特色社会主义思想不仅继承马克思主义的基本精神，而且着眼于新时代推进中国特色社会主义现代化事业的发展和实现中华民族伟大复兴的历史使命，构建起具有鲜明特点的科学理论体系。

第一，它根植于新的历史方位。从改革开放史来看，中国特色社会主义处在全面建设小康社会决胜时期和全面深化改革关键期；从中华人民共和国国史来看，中国特色社会主义处于综合改革开放前后"两个三十年"成果进行新的创造期；从中国共产党历史来看，中国特色社会主义处于"不忘初心、继续前进"，把党建设成为始终走在时代前列的马克思主义执政党的深入推进期；从近代以来历史来看，中国特色社会主义处于久经磨难的中华民族阔步迎来伟大复兴的时期；从社会主义发展史来看，中国特色社会主义仍处于建设新型现代社会主义、推动世界社会主义发展的接续探索期；从中华文明史来看，中国特色社会主义处于推进马克思主义与中华文明深入融合、中国化马克思主义进一步创新发展的时期。

第二,它催生于新的历史起点。党的十一届三中全会以来,我国社会主义现代化建设取得举世瞩目的辉煌成就。党的十八大以来,更是党和国家发展进程中极不平凡的五年。我国改革开放和社会主义现代化建设取得历史性成就,包括经济建设取得重大成就、全面深化改革取得重大突破、民主法治建设迈出重大步伐、思想文化建设取得重大进展、人民生活不断改善、生态文明建设成效显著、强军兴军开创新局面、港澳台工作取得新进展、全方位外交布局深入展开、全面从严治党成效卓著,等等。五年来的成就是全方位的、开创性的,五年来的变革是深层次的、根本性的。我国发展站到了新的历史起点上,中国特色社会主义进入了新时代。新时代的到来必然要求当代中国共产党人把马克思主义基本原理与中国实际相结合,在新的历史起点上开辟马克思主义中国化新境界。

第三,它立足于新的伟大实践。理论是实践经验的总结,新的实践是新理论孕育和成长的沃土。在党的十八大以来的治国理政实践中,我们党以巨大的政治勇气和强烈的责任担当,提出一系列新理念新思想新战略,出台一系列重大方针政策,推出一系列重大举措,推进一系列重大工作,解决了许多长期想解决而没有解决的难题,办成了许多过去想办而没有办成的大事,推动党和国家事业发生历史性变革。在开拓性、独创性的治国理政实践中,我们党形成了十分宝贵的实践经验。这些具有新时代内涵和特征的实践经验,为马克思主义中国化新飞跃提供了丰厚的实践资源。

第四,它承载着新的时代使命。实现中华民族伟大复兴是近代以来中华民族的伟大梦想,实现这一梦想是我们党在新时代的伟大使命。今天,我们比历史上任何时期都更接近、更有信心和能力实现中华民族伟大复兴的目标。但是,行百里者半九十。中华民族伟大复兴绝不是轻轻松松、敲锣打鼓就能实现的,必须进行伟大斗争、建设伟大工程、推进伟大事业。这必然要求当代中国共产党人以更宽广的视野、更长远的眼光来思考和把握国家未来发展面临的一系列重大战略问题,在理论上不断拓展新视野、作出新概括,开拓马克思主义发展的新境界。

第五,它谋划了新的基本方略。习近平新时代中国特色社会主义思想不是从理论到理论的纯理论演绎,而是指导新时代伟大实践的理论。党的十九大报告从理论和实践相结合的角度提出了十四个基本方略,即坚持党对一切工作的领导、坚持以人民为中心、坚持全面深化改革、坚持新发展理念、坚持人民当家作主、坚持全面依法治国、坚持社会主义核心价值体系、坚持在发展中保障和改善民生、坚持人与自然和谐共生、坚持总体国家安全观、坚持党对人民军队的绝对领导、坚持"一国两制"和推进祖国统一、坚持推动构建人类命运共同体、坚持全面从严治党。基本方略不仅使中国特色社会主义思想体系更加完备、内涵更加丰富,而且为国家监察法的科学制定和有效实施指明了方向,奠定了基础。

三、构建集中统一、权威高效的中国特色国家监察体制

党中央深刻洞察党面临的执政考验、改革开放考验、市场经济考验、外部环境考验的长期性和复杂性,深刻认识党面临的精神懈怠危险、能力不足危险、脱离群众危险、消极腐败危险的尖锐性和严峻性,要求把加强党对反腐败工作统一领导作为根本政治原则。集中统一、权威高效的中国特色国家监察体制,主要体现在:第一,解决了监察范围过窄问题,填补了监察对象上的空白。第二,解决了纪法衔接不畅问题。改革后,监察能够管住纪与法,解决过去一些地方职务违法无人过问,查办职务犯罪案件"先移后处"、"先法后纪",甚至出现党员"带着党籍蹲监狱"等问题。第三,解决了反腐败力量分散问题。改革后,通过整合行政监察、预防腐败和检察机关查处贪污贿赂、失职渎职及预防职务犯罪等工作力量,同党的纪律检查机关合署办公,实行一套工作机制、两个机关名称,履行纪检、监察两项职能,对党中央或地方党委全面负责,有利于形成监督合力,提高工作效率。第四,解决了手段单一问题。监察法规定了十二种调查措施,依法赋予监察机关职责权限和调查手段,用留置取代"两规"措施,提高了以法治思维和法治方式惩治腐败的水平。①

深化国家监察体制改革,构建具有中国特色的国家监察体系,就是要完善党和国家的自我监督,不断增强自我净化、自我完善、自我革新、自我提高能

---

① 参见中共中央纪律检查委员会、国家监察委员会法规室编写:《〈中华人民共和国监察法〉释义》,中国方正出版社 2018 年版,第 60—61 页。

力。通过改革监察体制,整合行政监察、预防腐败和检察机关查处贪污贿赂、失职渎职以及预防职务犯罪等工作力量,解决监督范围过窄、工作力量分散、定位不清等问题;通过改革监察体制,使依法治国和依规治党、党的纪律检查和国家监察相互统一,推进"党风廉政建设"向"党风廉洁建设"转变,实现既"用纪律管全党"又"用法律管全体",形成全面覆盖国家机关及其公务员的国家监察体系,使全面深化改革、全面依法治国、全面从严治党协调推进,充分发挥党的领导核心作用,进一步巩固党的执政基础,提高党的执政能力和水平。

国家监察机构集中行使监督、调查、处置职权,实行执纪与执法的一体运行,构成发现腐败、查证腐败、处置和预防腐败环环相扣的法治链条,不仅可以增强对权力制约的刚性,而且能极大地提高反腐败抗干扰能力;行政监察权和检察侦查权转化为国家监督权,突破行政与检察的部门壁垒,可实现行政违法和职务犯罪查处的有机统一,增强反腐败整体合力;克服侦诉同体的机制掣肘,激活被压抑的反腐执法权能,可催生依法查办腐败违法犯罪的内在动力。通过将行政监察和检察侦查等职能整合为集中统一的国家监察职能,突出了党的领导的权威和国家法律的权威,增强反腐败斗争法治效能,为"永远在路上"的反腐败斗争提供坚强的制度保障。

第三节　监察委员会的性质和职能

《监察法》第三条规定:"各级监察委员会是行使国家监察职能的专责机关,依照本法对所有行使公权力的公职人员(以下称公职人员)进行监察,调查职务违法和职务犯罪,开展廉政建设和反腐败工作,维护宪法和法律的尊严。"这是关于监察委员会性质和职能的规定,主要目的是明确监察委员会在国家机构中的地位和作用。

一、行使国家监察职能的专责机关

监察法规定各级监察委员会是行使国家监察职能的专责机关。根据党中央关于深化国家监察体制改革的部署,监察机关与党的纪律检查机关合署办公。纪委是党内监督的专责机关,将监察委员会定位为行使国家监察职能的"专责机关"与纪委的定位相匹配,从而实现党对国家监察工作的领导,体现监察机关是党和国家自我监督的政治机关,不是行政机关、司法机关。从组织架构看,监察委员会与党的纪律检查委员会合署办公,具有鲜明的政治性。监察委员会既要依照宪法法律履行监督、调查、处置职责,又要依据党章党规履行监督、执纪、问责的职责。过去,行政监察的对象主要是行政机关的工作人员,而检察院主要侦办国家工作人员职务犯罪,不管职务违法行为。改革后,将监察机关从政府系统中分离出来,专司国家监察职责。监察委员会依法行使的监察权,不是行政监察、反贪反渎、预防腐败职能的简单叠加,而是在党直接领导下,代表党和国家对所有行使公权力的公职人员进行监督,既调查职务违法行为,又调查职务犯罪行为,可以说依托纪检、拓展监察、衔接司法,但又决不是司法机关。这实际上是新的拓展、新的开创,监督对象和内容增多了,实现了"一加一大于二、等于三"。①

从职责使命看,监察委员会承担的是反腐败重大政治任务。监察委员会成立之前,国家没有统一集中的反腐监督权,国家的监督权被包含在行政权和检察权之中,是行政权和检察权派生的权力,国家的监督权是间接的、分散的,同时反腐败职能也相应地分散于各级纪检监察机关、政府设立的预防腐败局、各级检察机关的查办和预防职务犯罪机构之中,这些机构不仅职能重叠、边界不清,难以形成合力,且执行法律不一,执行标准不一,分散了反腐力量。各机关很难形成稳定、规范而高效的配合衔接机制。监察委员会作为国家反腐败专职机关的建立,破解了此前反腐败体制中行政监察职能萎缩、检察监督职能局限等瓶颈性问题,为反腐败政治任务的完成奠定了坚实的组织基础。

从政权制度看,监察委员会体现了中央集权的国家政权制度。《监察法》对监察委员会的职能定位是"国家监察",用"国家"来修饰"监察",表明监察

---

① 参见闫鸣:《聚焦监察法草案②监察委员会是政治机关》,《中国纪检监察报》2018 年 3 月 8 日。

具有中央集权的属性,符合中央集权的国家行政管理体制特点。中央集权是我国政权制度的一个重要方面,中华人民共和国成立后,成为单一制的社会主义国家,实行全国范围的中央统一领导体制,少数民族聚居地则实行区域自治。中央和地方的关系是,地方政府必须服从中央政府,接受中央政府的领导和监督,执行中央政府的法律、法令和政策。在这种政权制度下,只有建立统一高效的"国家监察"体系,各级监察机关行使"国家监察"职责,才能有效避免地方性,保证各地执行国家政令,确保各级行政官员在行政时不仅是作为地方利益的代表,同时也必须兼顾全国的整体利益。

从工作层面看,监察机关既是反腐败专责机关,又是反腐败组织协调机关。就反腐败专责而言,监察委员会的工作模式为"四种形态"。大量的日常的监督工作主要体现在前三种形态中,前三种形态实质上是强身健体、防微杜渐的思想政治教育,是思想建党、制度治党的具体实施。第四种形态即立案审查在整个监察工作权重中,是绝大多数和极少数或极其少数的关系,是森林和病树的关系。"四种形态"是政治性为主、法律性为辅,教育为主、惩治为辅的格局。就反腐败组织协调而言,监察机关在党和国家反腐败领导体制和机制中,处于组织协调的中枢地位。监察监督与人大监督、司法监督、审计监督相结合,保证国家机器依法履职、秉公用权;与党的监督、民主监督、社会监督相结合,保证权力来自人民、服务人民,确保人民赋予的权力永远为人民谋利益。

二、对所有行使公权力的公职人员进行监察

根据监察法的规定,监察委员会具有三项职能:一是对所有行使公权力的公职人员进行监察;二是调查职务违法和职务犯罪;三是开展廉政建设和反腐败工作,维护宪法和法律的尊严。监察法对监察委员会职能的规定,与党章关于纪委主要任务的规定相匹配。需要注意的是,监察机关行使的是调查权,不同于侦查权。监察法规定的执法主体是与党的纪律检查机关合署办公的国家监察机关;监督调查对象是行使公权力的公职人员,而不是普通的刑事犯罪嫌疑人;调查的内容是职务违法和职务犯罪,而不是一般刑事犯罪行为。在案件调查过程中,既要严格依法收集证据,也要用党章党规党纪、理想信念宗旨做被调查人的思想政治工作,靠组织的关怀感化被调查人,让他们真心认错悔

过,深挖思想根源,而不仅仅是收集证据,查明犯罪事实。

监察法把党中央关于对公权力监督全覆盖的要求具体化,将六大类公职人员纳入监察范围,体现了依规治党和依法治国、党内监督和国家监察相统一。特别是六类监察对象的明确,解决了反腐败工作中的"盲点"和部分人"管不住"、非党员违规违纪缺乏有效监管的问题,使很多此前不在监督范围,不具备党员、公务员身份,但同样行使国家公权力的人被纳入监督视野。弥补了以前行政监察范围过窄的短板,真正把所有公权力都关进制度笼子,将所有行使公权力的公职人员都纳入监察范围,实现了由监督"狭义政府"到监督"广义政府"的转变。这既符合中国特色政治体制、文化特征,也有利于深入推进党风廉政建设和反腐败斗争,体现制度的针对性、可操作性。如黑龙江省监委挂牌后第7天,即立案调查非中共党员、民盟黑龙江省委副主委、省林业厅厅长杨国亭涉嫌严重职务违法问题,并采取留置措施,充分展现了监委组建的效果,体现了对所有行使公权力的公职人员监察全覆盖。这是推动全面从严治党向纵深发展的机制创新,为夺取反腐败斗争压倒性胜利提供了法律保障。

三、调查职务违法和职务犯罪

调查职务违法和职务犯罪,表明了查办职务违法和职务犯罪在国家监察职能中的重要地位。坚持有案必查、有腐必惩,凡发现腐败案件,都必须依纪依法严肃查处,这是习近平总书记反腐败重要思想的基本要求,也是十八大以来反腐败斗争的重要特征。改革开放的一段时间,我们党不断加大反腐败斗争力度,但一些地方和部门腐败频发、多发的势头仍未有效遏制。究其原因,与查办职务违法与职务犯罪的力度不够直接相关。特别是破"纪"到破"法"的微腐败得不到有效查处,极易养痈成患。因此,监察机关履行职责必须坚持查办职务违法与职务犯罪双管齐下、一体运行。对职务违法的公务人员给予政务处分,使其终止滑向更深的腐败欲望,消除其实施腐败的环境和条件;对职务犯罪的公务人员依照法定程序给予刑事追究,实现罪刑法定,使其付出部分自由权、财产权乃至生命权的沉重代价,从而形成强大的法律威慑,形成不敢腐的社会氛围。这说明,查办职务违法和职务犯罪,蕴含着惩防结合的反腐逻辑。从总体上看,反腐败斗争是以惩治为基本特征的执纪执法活动,其内在机理是以惩促防,以防固惩。只有充分发挥查办案件的治标功能,制度建设等治本措施才能落到实处。通过查办腐败案件,可以帮助发案单位分析职务违法和犯罪成因,总结监管漏洞,建立健全相关制度,完善廉政措施;通过对腐败分子的惩治及腐败个案的剖析,强化党纪国法的警示教化功能,使有犯罪动机的人及早刹车,悬崖勒马,使党员干部特别是领导干部心灵受到洗礼,从而实现"办理一案,教育一片,治理一方"的目的。

四、开展廉政建设和反腐败工作

廉政建设是监察委员会的常规性工作。廉政的基本含义,就"政局"而言,要造就一个公正廉明的政治局面和政治氛围;就"政制"而言,要建立廉洁高效的政治制度和法律制度;就"政策"而言,要制定并严格实施确保政治清明的政策和措施以取信于民;就"政德"而言,要求公职人员树立廉洁奉公的官德和不贪不淫的私德以为民之表率;就"政风"而言,要求保持同人民群众的血肉联系,增强群众观念和群众感情。加强廉政建设,要从群众反映强烈的问题入手,凡是损害群众利益的行为都要坚决纠正。要巩固拓展落实中央八项规定精神成果,继续整治"四风"问题,坚决反对特权思想和特权现象。重点强化政治纪律和组织纪律,带动廉洁纪律、群众纪律、工作纪律、生活纪律严起来。坚持开展批评和自我批评,坚持惩前毖后、治病救人,运用监督执纪"四种形态",抓早抓小、防微杜渐。

反腐败是监察委员会的主责主业。党的十九大报告指出,人民群众最痛恨腐败现象,腐败是我们党面临的最大威胁。只有以反腐败永远在路上的坚韧和执着,深化标本兼治,保证干部清正、政府清廉、政治清明,才能跳出历史周期率,确保党和国家长治久安。当前,反腐败斗争形势依然严峻复杂,巩固压倒性态势、夺取压倒性胜利的决心必须坚如磐石。要坚持无禁区、全覆盖、零容忍,坚持重遏制、强高压、长震慑,坚持受贿行贿一起查,坚决防止党内形成利益集团。在市县党委建立巡察制度,加大整治群众身边腐败问题力度。不管腐败分子逃到哪里,都要缉拿归案、绳之以法。推进反腐败国家立法,建设覆盖纪检监察系统的检举举报平台。强化不敢腐的震慑,扎牢不能腐的笼子,增强不想腐的自觉,通过不懈努力换来海晏河清、朗朗乾坤。

五、维护宪法和法律的尊严

维护宪法和法律的尊严,是制定和实施国家监察法的基本动因。国家监察活动从根本上说,就是代表最广大人民群众的根本利益和整体意志,恪守一切权力来自人民、属于人民且为了人民的宪法原则,切实坚持并保证人民至上的主体地位;就是通过惩治和预防职务违法和职务犯罪,防止党在长期执政条件下权力异化和权力寻租,始终保持公共权力的人民性和廉洁性,确保人民赋予的权力永远为人民谋利益。因此,依法履行国家监察职能,加强廉政建设和反腐败工作,就是维护宪法和法律的尊严,彰显社会主义法治的权威。

改革开放 40 年来,中国的社会经济取得了举世公认的巨大成就,但公共权力异化所产生的腐败现象大量出现,腐败问题波及面之广泛,是新中国成立六十多年来最为严重的时期。党的十八大以来强力反腐呈现出两个显著特征:一方面反腐败的力度、广度和深度空前,压倒性态势已形成;一方面反腐败斗争的严峻形势和揭露出来的腐败问题空前。被查处的腐败问题官员,上至正副国级、省部级官员,下至科级乃至"村官"等各个职级的官员和"准官员"。权力异化导致的腐败问题横跨了经济、政治、文化以及社会各个领域。凡是有"寻租"空间的领域,就有腐败问题和腐败分子的身影;凡是"寻租"空间大的领域,腐败问题和腐败分子的性质就会相对严重。这种现象,严重威胁着党的执政基础,威胁着一切权力属于人民的宪法原则,玷污和亵渎公共权力的人民性和廉洁性。而深化国家监察体制改革,是有效遏制权力异化和权力寻租等腐败现象的必然选择。它通过"扩大监察范围,整合监察力量,健全国家监察组织架构,形成全面覆盖国家机关及其公务员的国家监察体系"。① 严密纪律和法律的制度笼子,强化党纪国法的约束力和执行力,增强发现揭露和查处权力寻租和权力异化等腐败问题的几率,堵塞和消除滋生腐败的漏洞、间隙和条件。切实改变国家监察职能失之于散、失之于软的问题,永葆党和国家公共权力的人民性和廉洁性,使人民主权的宪法原则和依法治权的法治原则贯穿于

---

① 《习近平谈治国理政(第二卷)》,外文出版社 2017 年版,第 169 页。

国家发展的基本方略和治国理政的大政方针之中。

第四节　监察职权行使及配合制约

《监察法》第四条规定:"监察委员会依照法律规定独立行使监察权,不受行政机关、社会团体和个人的干涉。监察机关办理职务违法和职务犯罪案件,应当与审判机关、检察机关、执法部门互相配合,互相制约。监察机关在工作中需要协助的,有关机关和单位应当根据监察机关的要求依法予以协助。"本条是关于监察机关独立行使职权原则以及与其他机关相互配合制约机制的法定表述。主要目的是为了排除行政机关、社会团体和个人对监察机关的非法干扰,同时明确监察机关与司法机关等在办理职务违法犯罪过程中的工作关系。

一、监察委员会依照法律规定独立行使监察权,不受行政机关、社会团体和个人的干涉

监察委员会依照法律规定独立行使监察权,既表明了监察权必须依法行使,又强调了监察权行使的独立性,这是监察权行使的公正性和有效性所决定的。监察委员会依法独立行使监察权,"依法"是前提。监察委员会作为行使国家监察职能的专责机关,履行职责必须遵循社会主义法治原则的基本要求,必须严格依照法律进行活动,既不能滥用或者超越职权,违反规定的程序,也不能不担当、不作为,更不允许利用职权徇私枉法,放纵职务违法犯罪行为。这里的"干涉",主要是指行政机关、社会团体和个人利用职权、地位,或者采取其他不正当手段干扰、影响监察人员依法行使职权的行为,如利用职权阻止监察人员开展案件调查,利用职权威胁、引诱他人不配合监察机关工作等等。监察委员会行使的监察权,是传统立法权、行政权、司法权之外一种新型的权力——监督执法权。这一权力包括监督、调查、处置三项基本职权。这些职权的行使必须具有独立性的特质,不受其他机关、团体和个人的非法干涉。

从监督权的行使看,监察委员会的监督职权,主要是指在对公职人员依法履职、秉公用权、廉洁从政从业以及道德操守情况进行监督检查过程中,可采取对可能发生职务违法、或者有职务违法行为但情节较轻的公职人员,按照管理权限,直接或者委托有关机关、人员,进行谈话提醒、批评教育令其检查,或者予以诫勉等方式,实现监督的目的。同时,包括针对发现的问题向发案单位提出监察建议,完善制度或加强管理,预防腐败问题发生。这些监督行为必须以法律为依据,只服从法律;必须保持监察机关及其监督活动的独立性,否则,就会被监督单位或其他干扰因素所左右,以致丧失监督的有效性与公正性。

从调查权的行使看,调查权是依法揭露和查证违规违法和犯罪的活动,是监督国家机关和公职人员是否依法公正履职的法律手段。调查分为一般性调查和留置性调查。一般性调查就是对监督发现的违规违法问题,进行信息收集,查证核实监督发现的问题是否存在,这是监察机关履行监督职责的常规性手段。留置性调查是对监督发现的涉嫌犯罪问题进行的强制性调查,具有限制或者剥夺被调查人人身自由、财产自由、通信自由等特征。调查权的行使,可能影响特定地区甚至特定单位不同政治力量的对比关系。也就是说,这种行为既关系公益,又涉及私利,因此,可能引起一系列社会反应,某些社会力量甚至有权势者可能企图干预这种调查追究活动。在这种情况下,保障调查权依法行使的主要措施以及防止不当干预的主要屏障,是调查执法行为的独立性。

从处置权的行使看,处置权是依据相应的法律法规对调查的违法问题予以审查定性并决定给予何种处分和处理的职权。从监察委员会的处分手段看,根据违法问题严重性的不同,处理手段依次包括给予监察处分(如警告、记过、记大过、降级、撤职、开除等)、移送司法机关追究刑事责任两大层次。一方面要严格依据法律法规,对违规违法问题进行定性和给予处分;另一方面要对侦查终结移送检察机关起诉的案件进行审查,决定移送起诉和不移送起诉。处置权的公正与适当的运用,意味着监察机关必须排除非法干预,坚持以事实为根据,以法律为准绳,切实地贯彻法治原则,使人民群众从每一起监察处置案件中感受到公平正义。

二、监察机关办理职务违法和职务犯罪案件,应当与审判机关、检察机关、执法部门互相配合,互相制约

监察机关办理职务违法和职务犯罪案件,与审判机关、检察机关、执法部门互相配合、互相制约,既是准确有力惩治腐败违法犯罪的必然要求,又是社会主义法治原则的重要体现。这里,审判机关是指各级人民法院,检察机关是指各级人民检察院,执法部门是指公安机关、国家安全机关、审计机关以及质检部门、安全监管部门等行政执法部门。这里执法部门的表述与宪法的相关表述一致。监察机关履行职责离不开这些机关的协助、配合,同时也需要这些机关的监督制约。在实际工作中,纪检监察机关不仅同审判机关、检察机关形成了互相配合、互相制约的关系,同执法部门也形成了互相配合、互相制约的工作联系。监察法对此作出明确规定,是将客观存在的工作关系制度化、法律化,有利于监察权依法正确行使。

"互相配合",主要是指监察机关与司法机关、执法部门在办理职务违法犯罪案件方面,要按照法律规定,在正确履行各自职责的基础上,互相支持,不能违反法律规定,各行其是,互不通气,甚至互相扯皮。"互相制约",主要是指监察机关与司法机关、执法部门在追究职务违法犯罪过程中,通过程序上的制约,防止和及时纠正错误,以保证案件质量,正确应用法律惩罚违法犯罪。监察机关与司法机关、执法部门互相配合、互相制约的机制在许多具体程序的设置上均有体现。比如,监察机关决定通缉的,由公安机关发布通缉令,追捕归案。还比如,对于监察机关移送的案件,检察机关经审查后,认为需要补充核实的,应当退回监察机关补充调查,必要时可以自行补充侦查;对于有刑事诉讼法规定的不起诉情形的,经上一级检察机关批准,依法作出不起诉的决定,等等。

互相配合、互相制约是一个问题的两个方面,不可偏废。互相配合是指对职务违法犯罪案件的依法查办和追诉审判,应当在分工负责的基础上,互相支持,互相补充,协调一致,通力合作,使案件的处理能够上下衔接,协同促进案件事实的查明,实现追究犯罪,惩罚犯罪的任务。互相制约是指从监察机关的执法调查,到进入刑事诉讼程序,要按照职责分工并进行相互的制约,及时发现工作中存在的问题或错误,并加以纠正,以保证准确实施法律,准确惩罚犯罪,保障无辜公民不受刑事追究,做到不枉不纵、不错不漏。监察委员会要主动对接以审判为中心的司法体制改革方向,按照《关于办理刑事案件排除非法证据若干问题的规定》①要求,以更高的标准、更严的要求,进一步规范监察人员调查职务犯罪的取证行为,对以非法方法收集的证据应当予以排除,确保调查所取得的证据符合刑事诉讼证据标准。

三、监察机关在工作中需要协助的,有关机关和单位应当根据监察机关的要求依法予以协助

监察委员会在调查职务违法犯罪过程中,需要采取技术调查措施、作出通缉决定、作出限制出境决定、需要到公安机关管理的羁押场所向被羁押人员调查取证、要求协助查找被调查人、要求配合做好留置人员看护等工作,应当经监察委员会负责人批准后书面通知公安机关,公安机关接到通知后,应当予以配合。

监察委员会经调查,认为被调查人涉嫌职务犯罪应当移送的,检察机关应当对移送案件进行审查,认为犯罪事实清楚、证据确实充分的,应当作出起诉决定;认为需要补充核实的,应当退回监察委员会补充调查或自行补充侦查;对于有刑事诉讼法规定的不起诉情形的,经上一级检察机关批准,可以作出不起诉决定。监察委员会认为不起诉决定有错误的,可以要求复议。对涉嫌犯罪取得的财物,应当在移送检察机关提起公诉时随案移送。对被调查人通缉一年后仍未到案或者死亡的,监察委员会应提请检察机关依照法定程序,向审判机关提出没收违法所得的申请。对于案件中的专门性问题,监察委员会可以指派、聘请有专门知识的人进行鉴定,需要司法行政机关推荐司法鉴定机构的,司法行政机关应积极支持配合。

---

① 2010年5月30日,最高人民法院、最高人民检察院、公安部、国家安全部、司法部联合发布了《关于办理刑事案件排除非法证据若干问题的规定》,不仅明确了采用刑讯逼供等非法手段取得的言词证据,不能作为定案的根据,还对审查和排除非法证据的程序、证明责任及讯问人员出庭等问题进行了具体的规范。这是我国深入实施依法治国方略的重要举措,也是刑事诉讼制度进一步民主化、法治化的重要标志。

第五节　监察工作原则

《监察法》第五条规定："国家监察工作严格遵照宪法和法律,以事实为根据,以法律为准绳;在适用法律上一律平等,保障当事人的合法权益;权责对等,严格监督;惩戒与教育相结合,宽严相济。"这是关于监察工作原则的规定,主要目的是保证监察机关以法治思维和法治方式开展工作,严格贯彻"惩前毖后、治病救人"等党的政策和策略。

一、国家监察工作严格遵照宪法和法律

国家监察工作严格遵照宪法和法律,是全面依法治国的必然要求。依法治国首先是依宪治国。我国宪法以法律的形式确认了中国各族人民奋斗的成果,规定了国家的根本制度和根本任务。宪法作为国家的根本大法,具有最高的法律效力。"全国各族人民、一切国家机关和武装力量、各政党和各社会团体、各企业事业组织,都必须以宪法为根本的活动准则,并且负有维护宪法尊严、保证宪法实施的职责。"①"一切国家机关和武装力量、各政党和各社会团体、各企业事业组织都必须遵守宪法和法律。一切违反宪法和法律的行为,必须予以追究。任何组织或者个人都不得有超越宪法和法律的特权。"②同时,基于中国共产党的执政党特殊地位,《中国共产党章程》在总纲中也明确指出,"党必须在宪法和法律的范围内活动"。全面贯彻实施宪法,是建设社会主义法治国家带有基础性的一项十分重要和紧迫的工作。监察机关要深刻认识加强宪法实施的重大意义,更加自觉地恪守宪法原则、弘扬宪法精神、履行宪法使命。

习近平总书记强调,宪法是国家的根本法,是治国安邦的总章程,具有最高的法律地位,是我们始终沿着中国特色社会主义道路前进的根本法制保证。

---

① 引自《中华人民共和国宪法》序言,人民出版社 2018 年版,第 7 页。

② 引自《中华人民共和国宪法》第五条,人民出版社 2018 年版,第 9 页。

中华人民共和国六十多年的历史也昭示我们：宪法是保证国家安定和人民根本利益的有力武器。凡是宪法得到切实尊重和有效实施的时候，人民当家作主就有保证，党和国家事业就能顺利发展；凡是宪法受到漠视、削弱甚至破坏的时候，人民权利和自由就无法保证，党和国家事业就会遭受挫折。

国家监察工作严格遵守宪法和法律，就要始终坚持宪法规定的"中华人民共和国各级监察委员会是国家的监察机关"性质定位，与党的纪律检查委员会合署办公，实现党对监察工作的统一领导；就要严格按照宪法和监察法规定的程序和要求健全完善国家和地方各级监察委员会及其派出机构，实现对所有行使公权力人员监察全覆盖；就要聚焦宪法和监察法规定的反腐败主责主业，依法开展调查职务违法和职务犯罪，开展廉政建设和反腐败工作，为构建政治上的青山绿水尽职尽责；就要依照宪法和法律规定，独立行使监察权，不受行政机关、社会团体和个人的干涉，办案中与审判机关、检察机关、执法部门相互配合、相互制约；就要严格按照宪法和监察法规定，严格规范监察程序，强化内部监督制约，自觉接受外部监督，落实信任不能代替监督的法治原则。

二、以事实为根据，以法律为准绳

以事实为根据，以法律为准绳，是监察工作依宪依法的重要体现。以事实为根据，指的是监察执法必须以案件的客观事实作为基础，严格按照法律的规定办事。监察机关所处理的案件，都必须真正做到客观、公正、正确、合法，以保证准确地惩治腐败。坚持以事实为根据，就是坚持实事求是，一切从具体的案件情况出发，使认定的事实完全符合案件的客观真相。这就必须重证据、重调查研究。以法律为准绳，就是要求监察人员在办案中既要按实体法律办事，又要按程序规范办事。程序规范是监察法的重要组成部分，是指导监察活动的法律准则。程序合法是正确处理案件的重要保证。

以事实为根据，以法律为准绳，二者是不可分割的整体，事实是正确运用法律的前提，依法处置是调查事实的继续和目的。只有把二者正确结合起来，才能保证公正合理地处理案件。为此，要强化依法履职的责任感，并通过建立健全执法办案的评价标准，完善监察执法人员的行为规范，确保查办腐败案件工作始终在法治轨道上运行。要完善查办腐败违纪违法案件的程序措施和工作机制,树立正确的调查、审查和处置理念,遵循执法调查工作规律,提高对腐败调查工作的科技含量,实现线索统一管理、调查统一指挥、资源统一调配。要明晰腐败违法犯罪调查与司法反腐起诉审判的法律边界,健全监察执法与检察司法的衔接机制。实现监察机关与检察机关和审判机关的各司其职,相互配合、相互制约。

三、在适用法律上一律平等,保障当事人的合法权益

在适用法律上一律平等,是法律面前人人平等的宪法原则在监察执法中的具体体现,也是监察机关、公安机关、检察机关、审判机关等执法司法机关共同遵守的法治原则。监察机关在适用法律上一律平等,意味着只要实施了职务违法和职务犯罪行为,不论其职务有多高,权力有多大,不管他的家族、种族、性别、职业、社会出身、宗教信仰、教育程度、财产状况有何不同,都要毫无例外地受到法律追究,不允许有任何特权。绝不允许有触犯法律而不受追究,或者把自己的意志凌驾于国家法律之上的特权。我们国家的法律集中体现了广大人民意志。国家的法律决不允许破坏。对一切违法犯罪行为的追究和惩罚,正是为了保护国家和人民的利益不受侵犯。这就是一切公民必须维护和遵守国家法律的道理,也是我国监察机关与司法机关和公安机关要真正贯彻执行这一原则,才能保证法律在全国范围内的统一实施,也才能使我国法律所代表的广大人民的意志得到充分的体现。

保障当事人的合法权益,是尊重和保障人权的宪法原则在监察执法中的重要体现。它不仅直接关系到监察权的依法规范行使,而且是推进依法治国实践、建设法治中国的必然要求。监察执法中保障当事人合法权益,与刑事诉讼中保障诉讼当事人合法权益具有内在的一致性,是国家监察制度和刑事司法制度实现公平正义的基础,而且还是现代法治与文明的标志之一。包括我国政府在内的许多国家签署了联合国《公民权利和政治权利国际公约》等一系列国际人权规定文件,保障当事人合法权益等基本人权,已经成为世界法治文明发展的潮流。党的十八大以来,随着司法体制改革和国家监察体制改革的推进,我国在保障当事人合法权益方面,取得了长足的进步,但由于社会主义法治理念和人权观念是逐步发展的,一些国际公约公认的当事人权益仍未

纳入执法和司法保护的范围;加之执法、司法水平有待提高等种种因素,使得我国执法司法当事人合法权益保护范围及其保障程序,仍然存在一些问题和缺陷,需要及时改革和完善。因此,监察法在本条款中作出保障当事人合法权益的规定,具有十分重要的意义。

四、权责对等,严格监督

权责对等,严格监督,是监察履职的基本要求。党的十八届六中全会强调,有权必有责,用权必担责,滥权必追责。这是把权力关进制度的笼子里的根本目的。权力是一把"双刃剑",如果突破制度之笼,就会导致公权力私用、权力滥用和权力寻租,给经济社会发展带来极大破坏。如果关进制度笼子,则确保权力规范透明、公正高效行使,更好地为人民尽职尽责。权责对等的法治原则强调国家机关及其工作人员必须忠诚使命、敢于担当。如果把权力进"笼"理解为可以懒政怠政不作为,就与对权力监督制约的本质要求和根本目的背道而驰了。

权责对等,严格监督,强调监察人员必须坚持原则、认真负责,面对大是大非敢于亮剑,面对矛盾敢于迎难而上,面对危机敢于挺身而出,面对失误敢于承担责任,面对歪风邪气敢于坚决斗争。权力就意味着责任,权力的行使与责任的担当紧密相连。监察人员有没有责任感,有没有担当精神是判断其是否合格的重要标准。合格的监察人员应当做到工作大胆,用权谨慎,对权力常怀敬畏之心、戒惧之意,自觉接受纪律和法律的约束。国家机关在拥有公权力的同时,必须负有相应的责任。掌握什么样的权力,就意味着必须承担什么样的责任;拥有多大的权力,就必须承担多大的责任。责任主体要有一种认真履职的担当意识,权力的行使与责任的担当紧密相连,有权就有责,权责要对等。

五、惩戒与教育相结合,宽严相济

惩戒与教育相结合,宽严相济,是监察履职的政策性要求。惩戒与教育相结合包括两个方面的含义:一是教育与惩戒被惩戒人相结合。教育与惩戒均以违法行为的存在为前提,教育的方式主要是说服,向被惩戒人说明其违法行为的社会危害性以及应承担的法律责任,使被惩戒人认识到自己违法行为的社会危害,使其真心悔悟。二是教育社会公众与惩戒被惩戒人相结合。惩戒要讲究社会效益,对被惩戒的行为和惩戒的理由和结果,以一定的方式加以宣传,从而使人们了解哪些是职务违法犯罪行为,及其应承担的法律后果,发挥警示效应。惩戒与教育相结合原则有着深刻的理论基础。法律的作用分为规范作用和社会作用两大类。惩戒原则体现出法律的社会作用,教育原则体现出法律的规范作用。惩戒与教育相结合原则意味着把法律的两大作用都包括起来了,因此,它具有高度的涵盖性和很强的现实性。

宽严相济是我国的基本刑事政策。它对于最大限度地预防和减少犯罪、化解社会矛盾、维护社会和谐稳定,具有特别重要的意义。宽严相济刑事政策中的从“严”,主要是指职务违法犯罪情节严重、社会危害性大的,或者具有法定、酌定从重处罚情节以及主观恶性深、人身危险性大的,发生在社会保障、征地拆迁、灾后重建、企业改制、医疗、教育、就业等领域严重损害群众利益、社会影响恶劣、群众反映强烈等,都要坚决依法追究法律和刑事责任。宽严相济刑事政策中的从“宽”,主要是指对于情节较轻、社会危害性较小的职务违法犯罪,或者罪行虽然严重,但具有法定、酌定从宽处罚情节,以及主观恶性相对较小的被调查人,可以依法从轻、减轻法律和刑事责任追究;对于具有一定社会危害性,但情节显著轻微危害不大的行为,不作为职务违法或犯罪处理。宽严相济刑事政策中的“相济”,主要是指在对违法犯罪调查处置时,要善于综合运用宽和严两种手段,对情节不同、态度不同的职务违法犯罪分子区别对待,做到严中有宽、宽以济严;宽中有严、严以济宽。在对严重职务犯罪依法从严惩处的同时,对被调查人具有自首、立功等法定或酌定从宽处罚情节的,还要注意宽以济严,根据犯罪的具体情况,依法应当或可以从宽的,都应当在处置上予以充分考虑。

第六节　监察工作方针

《监察法》第六条规定:“国家监察工作坚持标本兼治、综合治理,强化监督问责,严厉惩治腐败;深化改革、健全法治,有效制约和监督权力;加强法治教育和道德教育,弘扬中华优秀传统文化,构建不敢腐、不能腐、不想腐的长效机制。"这是关于监察工作方针的规定,主要目的是贯彻落实党的十九大精神,将党的十八大以来反腐败工作的重要思想、目标、要求和实践经验总结,以法律的形式固定下来,有利于继续强化不敢腐的震慑,扎牢不能腐的笼子,增强不想腐的自觉,通过不懈努力换来海晏河清、朗朗乾坤。

一、国家监察工作坚持标本兼治、综合治理,强化监督问责,严厉惩治腐败

坚持标本兼治、综合治理是我们党惩治腐败的基本方针。习近平总书记在十八届中央纪委七次全会上强调:"要坚持治标不松劲,不断以治标促进治本,既猛药去疴、重典治乱,也正心修身、涵养文化,守住为政之本。"①治标与治本相辅相成、有机统一于反腐败工作实践。没有离开"标"的"本",也没有离开"本"的"标"。反腐败既要靠治标,猛药去疴、重典治乱;也要靠治本,正心修身、涵养文化,守住为政之本。党的十八大以来的反腐败斗争,总体上就是从治标入手,治本工作也一直没有放松,有时治本就寓于治标之中。深入推进反腐败斗争,关键就是坚持治标不松劲、不断以治标促进治本,在惩治腐败力度决不减弱、零容忍态度决不改变的同时,坚持思想建设和制度建设同向发力,不断开创反腐倡廉新境界。

强化监督问责,就是要按照全面从严治党和全面依法治国的要求,强化党委主体责任、纪检监察监督责任。坚持有责必问、问责必严,把监督检查、目标考核、责任追究有机结合起来,形成执行法规制度强大的推动力。强化监督就要坚持把纪律挺在前面,加强对纪律执行情况的审查,抓早抓小,使纪律体现在日常监督管理中,发现苗头性问题及时提醒,对触犯纪律者及时处理,实现监督执纪问责常态化。强化问责就要健全责任追究制度和纠错问责机制,既要对事问责,也要对人问责,问到具体人头上,使追究问责的内容、对象、事项、主体、程序、方式制度化、规范化,确保实现有权必有责、用权受监督、违法必追

---

① 参见新华社评论员:《治标不松劲,以治标促治本——三论学习贯彻习近平总书记在十八届中央纪委七次全会重要讲话》,新华网 2017 年 1 月 8 日。

究。要把监督问责情况纳入党风廉政建设责任制检查考核和党政领导干部述职述廉范围,通过严肃追究主体责任、监督责任、领导责任,让法规制度的力量得到充分释放。

严厉惩治腐败,就是以零容忍、高强度、无例外、全覆盖的决心和态度惩治腐败;依纪依法查办腐败案件,着力解决群众身边的不正之风和腐败问题。正如习近平总书记指出的:"既要用铁的纪律整治各种面上的顶风违纪行为,更要睁大火眼金睛,任凭不正之风'七十二变',也要把它们揪出来,有多少就处理多少",①"加大国际追逃追赃力度,推动二十国集团、亚太经合组织、《联合国反腐败公约》等多边框架下的国际合作,实施重大专项行动,把惩治腐败的天罗地网撒向全球,让已经潜逃的无处藏身,让企图外逃的丢掉幻想。"②形成持续震慑,就是要做到严纠"四风"和"打虎"、"拍蝇"的力度不减、节奏不变、尺度不松,不断取得党风廉政建设和反腐败斗争新成效。"坚持什么问题突出就重点解决什么问题,让意欲腐败者在带电的高压线面前不敢越雷池半步,坚决遏制蔓延势头。"③

二、深化改革、健全法治,有效制约和监督权力

深化改革、健全法治,是扎牢不能腐的笼子的治本之策。党的十八大以来,随着全面深化改革和全面依法治国的推进,反腐败制度建设和法治化水平得到加强和提高。通过制定和实施法律,限制和规范公权力行使的范围、方式、手段和程序,创设公正、透明的运作机制,使公权力执掌者不能腐败,从而达到减少和消除腐败的目的。深化改革、健全法治对反腐败具有根本性、全局性、稳定性和长期性的意义,是反腐败思想观念、体制机制、方式抓手的重大变革,是有效遏制腐败的必由之路。习近平总书记关于"把权力关进制度的笼子里,形成不敢腐的惩戒机制、不能腐的防范机制、不易腐的保障机制"的重要论述,阐明了我国社会转型时期有效制约和监督权力的重要性,揭示了反腐

---

① 《习近平谈治国理政(第二卷)》,外文出版社 2017 年版,第 165 页。
② 《习近平谈治国理政(第二卷)》,外文出版社 2017 年版,第 166 页。
③ 解放军报评论员:《标本兼治　步步深入——三谈学习贯彻习主席在十八届中央纪委七次全会上的重要讲话》,《解放军报》2017 年 1 月 9 日。

领域深化改革、健全法治的战略走向。

有效制约和监督权力，是国家监察的基本功能。习近平总书记指出，"权力不论大小，只要不受制约和监督都可能被滥用"①。因此，必须把权力关进制度的笼子里。深化国家监察体制改革，构建高效权威的国家监察体系，统一行使监督执法权，形成权力监督制约的制度笼子。监察机关监督、调查、处置职能的运行过程，是权力运行正当性的确立、维持和恢复的过程，也是被违纪违法破坏的管理监督机制得以修复的过程。国家监察对权力的监督制约功能，是以"防微杜渐"和"亡羊补牢"为基本特征的。监察监督活动是对监察对象是否勤政廉政的监视督促，主要表现为诫勉谈话等批评教育和岗位调整等组织处理，实现对权力"出轨"苗头的早抓早治，起到防微杜渐的"出笼"防范作用。监督、调查、处置是对监察对象违纪违法腐败行为的查处，不仅是对"出笼"腐败的法纪处罚，而且可以起到"亡羊补牢"的作用。通过在办案中查找制度漏洞，及时发现"补笼"目标；帮助发案单位建章立制、促进权力规范行使，体现"筑笼"的法治价值；查办案件的过程中对发案的主客观原因进行分析，形成反腐执法的警示效应，扩大"固笼"法治效果，增强把权力关进制度的笼子里的法治效果。②

有效制约和监督权力包括对国家监察权的监督制约。监察委员会作为反腐败的国家专责机关，承担监督、勤政廉政、维护国家权力、廉洁高效的重要职责，其自身素质更要过硬。信任不能代替监督，在腐蚀与反腐蚀的复杂环境下，纪检监察也非净土，少数纪检监察干部蜕变为执纪违纪、执法违法腐败分子的事实，更加说明了对国家监察权进行监督制约的必要性和重要性。从监督的途径看，一是建立健全党委对监察工作的管理监督机制，把纪检监察人员列为关键少数，强化党内监督和纪律的约束。二是强化人大及其常委会的权力监督机制，落实对国家监察工作的法律监督。三是建立健全检察、审判机关

---

① 转引自《习近平在第十八届中央纪律检查委员会第三次全体会议上的讲话》，人民网、中国共产党新闻网 http://cpc.people.com.cn/xuexi/n/2015/1020/c385474-2771783.html，2015 年 10 月 20 日。

② 参见吴建雄等：《"筑牢权力之笼"与预防职务犯罪司法研究报告》，中国方正出版社 2014 年版，第 5—10 页。

司法监督机制,监察机关认定的职务犯罪案件,须由检察机关审查决定起诉或不起诉,由法院审判决定是否构成犯罪并实现罪刑法定。四是建立健全人民政协民主监督、人民群众社会监督机制,完善相应的渠道和平台。五是建立健全严格统一的执纪执法程序规范,按照刑事诉讼法的要求设计专门的立案、强制措施采用的呈报审批程序。同时,对国家监察人员的监督,除在监察法中按照法定职责必须为、法无授权不可为的基本原则,明确除监察委员会的职责权限、运转程序和具体措施外,可考虑修订刑法,增加规制国家监察人员滥用职权、刑讯逼供、收受贿赂、徇私枉法罪等行为的定罪处罚,切实加强对监察委员会及其工作人员自身的监督。①

三、加强法治教育和道德教育,弘扬中华优秀传统文化

加强法治教育和道德教育是监察工作的重要任务之一。习近平总书记说,规范人们的行为,规范社会秩序,不仅要确立与之相适应的法律体系,而且要形成与之相适应的思想道德体系。儒法并用,是我国历史上常用的社会治理方式,只有思想教育手段和法制手段并用才能相得益彰。这是因为,法是他律,德是自律,自律和他律结合才能达到最佳效果。正所谓“道之以政,齐之以刑,民免而无耻;道之以德,齐之以礼,有耻且格”。反腐倡廉是一个复杂的系统工程,需要多管齐下、综合施策,但从思想道德抓起具有基础性作用。②并强调,各级领导干部都要树立和发扬好的作风,既严以修身、严以用权、严以律己,又谋事要实、创业要实、做人要实。严以修身,就是要加强党性修养,坚定理想信念,提升道德境界,追求高尚情操,自觉远离低级趣味,自觉抵制歪风邪气。严以用权,就是要坚持用权为民,按规则、按制度行使权力,把权力关进制度的笼子里,任何时候都不搞特权、不以权谋私。严以律己,就是要心存敬

---

① 参见吴建雄:《国家监察体制改革的法治逻辑与法治理念》,《中南大学学报(社会科学版)》2017 年第 4 期。

② 参见习近平:《在十八届中央政治局第五次集体学习时的讲话》(2013 年 4 月 19 日),《习近平关于党风廉政建设和反腐败斗争论述摘编》,中央文献出版社、中国方正出版社 2015 年版,第 140 页。

畏、手握戒尺,慎独慎微、勤于自省,遵守党纪国法,做到为政清廉。①

弘扬中华优秀传统文化是开展监察工作的应有之义。习近平同志强调从历史文化中吸取营养,他说,历朝历代的统治者为了维护自己的统治地位,高度重视道德建设特别是为政者的道德建设。古人认为:"才者,德之资也;德者,才之帅也。""为政以德,譬如北辰,居其所而众星共之。"所以要"格物、致知、诚意、正心、修身、齐家、治国、平天下"。中国历史上形成和留下了大量这方面的思想遗产,虽然这里面有封建社会的糟粕,但很多观点至今仍然富有启发意义。比如,"政者,正也。子帅以正,孰敢不正","富贵不能淫,贫贱不能移,威武不能屈","克勤于邦,克俭于家","儆戒无虞,罔失法度。罔游于逸,罔淫于乐","直而温,简而廉","公生明,廉生威","无教逸欲有邦,兢兢业业",等等。对此,我们要坚持古为今用、推陈出新,使之成为新形势下加强反腐倡廉教育和廉政文化建设的重要资源。②

四、构建不敢腐、不能腐、不想腐的长效机制

习近平总书记在党的十九大报告中指出,要强化不敢腐的震慑,扎牢不能腐的笼子,增强不想腐的自觉,通过不懈努力换来海晏河清、朗朗乾坤。从不敢腐、不能腐到不想腐,既是把权力关进制度笼子的机制构建,又是反腐败工作的基本战略,蕴含着对反腐败斗争形势依然严峻复杂的科学判断;蕴含着对现阶段以治标为主,为治本赢得时间、赢得主动的反腐败斗争策略;蕴含着巩固压倒性态势、夺取压倒性胜利的坚如磐石的决心。"不敢腐"就是强调惩治和威慑,让意欲腐败者在带电的高压线面前不敢越雷池半步,坚决遏制蔓延势头。"不能腐"就是强调制约和监督,扎紧制度笼子,让胆敢腐败者在严格监督中无机可乘。"不想腐"就是强调教育和引导,着眼于产生问题的深层原

---

① 参见《习近平关于党风廉政建设和反腐败斗争论述摘编》,中央文献出版社、中国方正出版社 2015 年版,第 143 页。
② 参见《习近平关于党风廉政建设和反腐败斗争论述摘编》,中央文献出版社、中国方正出版社 2015 年版,第 139—140 页。

因,对症下药、综合施策,让人从思想源头上消除贪腐之念。①

从"反腐败斗争永远在路上"的战略判断看,"不敢"、"不能"、"不想"的长效机制在反腐败斗争中必须同时发力,以不同的功能实现筑牢权力之笼,防止腐败发生的价值。"不敢腐"是"不能腐"和"不想腐"的前提和基础。"不能腐"是"不敢腐"和"不想腐"的巩固和发展。"不想腐"是"不敢腐"和"不能腐"的结果和保障。三者相互联系,相互促进,缺一不可。应该看到,"不敢腐"的威慑虽然及于人的内心,但属于强制;"不能腐"以制度约束行为,不及于人的内心;"不想腐"则以文化浸润人的心灵,让人自愿、主动而非勉强、被动地远离腐败。如果说"高压反腐"所追求的"不敢腐"是"压服","建制反腐"所追求的"不能腐"是"制服",那么"不想腐"所追求的则是"折服"。"本理则国固,本乱则国危。"深入推进全面从严治党,必须把加强思想政治建设放在首位,抓好思想教育这个根本。其中最重要的,一要坚持共产党人价值观,不断坚定和提高政治觉悟。从不敢、不能到不想,要靠铸牢理想信念这个共产党人的魂,补足精神之钙,筑牢思想之魂,提高政治觉悟,在公和私、义和利、是和非、正和邪、苦和乐等问题面前,我们就能心明眼亮,找到自己行为的准星。二要依靠文化自信坚定理想信念。没有中华优秀传统文化、革命文化、社会主义先进文化的底蕴和滋养,信仰信念就难以深沉而执着。领导干部要不忘初心、坚守正道,必须坚定文化自信,接受文化熏陶,不断提升人文素养和精神境界,以文化自信支撑政治定力,永葆人民公仆的政治本色。

---

① 参见邱学强:《把握新时代战略导向,夺取反腐败斗争压倒性胜利》,《学习时报》2017 年 11 月 15 日。

第二章　监察机关及其职责研究

《监察法》第七条规定："中华人民共和国国家监察委员会是最高监察机关。省、自治区、直辖市、自治州、县、自治县、市、市辖区设立监察委员会。"本条是对国家监察委员会法律地位及各级监察机关机构设置的法定表述。主要分两款。第一款规定了国家监察委员会的定位。宪法修正案明确，在我国四级监察机构中，国家监察委员会是中央一级的监察机关，作为最高监察机关，在我国监察体系中居于最高地位。第二款规定了地方各级监察委员会的机构设置，根据法律规定，地方设省级监察委员会、市（地）级监察委员会、县级监察委员会，乡镇不设监察委员会，但将来监察委员会可以在乡镇设派驻机构。

第一节　监察委员会的架构

一、中华人民共和国国家监察委员会是最高监察机关

国家设立最高监察机关，是由我国人民代表大会制度的政治体制决定的。我国人民代表大会制度决定了各级监察委员会的组成人员由人民代表大会及其常务委员会产生。其中，国家监察委员会的组成人员由全国人大及其常务委员会产生，地方各级监察委员会的组成人员由地方各级人民代表大会及其常务委员会产生，而全国人大及其常委会在国家权力体制中处于最高和核心地位，因而由它产生的国家监察委员会在监察委员会的组织体系中也处于最高地位。

国家监察委员会这种最高地位主要体现在：不仅国家监察委员会的组成人员由全国人民代表大会及其常务委员会选举或者任命产生，而且国家监察委员会主任由全国人民代表大会选举产生，副主任、委员由国家监察委员会主任提请全国人大常委会任免。从管辖范围上看，国家监察委员会负责监察中央国家机关、中央企事业单位的公职人员、中央管理的干部及其他属于其监察范围内的公职人员，办理在全国有影响的重大案件。作为我国监察组织体系中的最高领导机关，国家监察委员会有权领导地方各级监察委员会的监察工作，对全国监察工作负责。

国家设立最高监察机关，是保障《监察法》统一正确适用的需要。在监察机关组织体系中，各级监察委员会都是《监察法》的具体适用者，从监察活动的运作规律来看，各级监察机关在管辖范围、监察权限、留置措施的采用、案件调查、处置等方面都可能需要上级统一的解答和确定，上级监察机关也需要对下级监察机关进行业务指导，在适用法律上进行内部监督，要保证《监察法》的统一实施，维护法制的统一，就必须由一个权威的机构行使最高和最后的决定权。这就需要在监察委员会的组织体系中设立最高监察机关，这个最高监察机关就是国家监察委员会。

国家监察委员会的设立形成在全国人大及其常委会下由国务院、中央军委、国家监察委员会、最高人民法院和最高人民检察院五个最高国家机关并列的格局，县级以上各级地方亦全部形成人大及其常委会下的"一府一委两院"体制。可见，国家监察体制改革是涉及国家权力结构和国家机构组织结构调整、涉及人民代表大会制度的发展和完善的重大政治改革，对于构建中国特色国家监察体制，健全权力运行制约和监督体系，落实"有权必有责，用权受监督"的法治要求都具有重大意义。[①]

二、省、自治区、直辖市、自治州、县、自治县、市、市辖区设立监察委员会

《宪法》第三十条规定，全国分为省、自治区、直辖市；省、自治区分为自治州、县、自治县、市；直辖市和较大的市分为区、县。《监察法》第七条对此作了

---

① 参见刘小妹：《人大制度下的国家监督体制与监察机制》，《政法论坛》2018年第3期。

规定,与宪法规定的行政区划相一致。我国疆域辽阔,国情复杂,单一监察机关无法集中统一行使国家监察权,需要将监察权对应分解至各级监察机关,这就涉及各级监察委员会及其职权配置。根据我国行政区划的设置,对应其他行政机关、司法机关的层级,我国也分别在中央和地方省、自治区、直辖市、自治州、县、自治县、市、市辖区分别设立监察委员会。从上到下分为四个层级,即国家监察委员会和地方省、市、县三级监察委员会。需要注意的是,尽管法条采取了列举的方式,但是并没有完全列举出我国行政区划的全部名称,如内蒙古自治区的旗是名称较为特殊的行政区划,从行政区划级别来看,旗、自治旗属于县级行政区划。

我国地方行政区划分为省、市、县、乡四级,其中乡镇街道的廉政建设十分重要,"基层干部是什么样,老百姓眼里的党和政府就是什么样",对乡镇一级公职人员的监察覆盖有助于纠正群众身边的不正之风和腐败问题,强力推进基层正风反腐,夺取反腐败斗争压倒性胜利。从《监察法》的规定来看,监察委员会设置到县一级,乡镇一级没有专门的监察机构,但是,乡镇一级并非没有监察职能。从改革试点经验来看,一些地方"探索授予乡镇纪检干部必要的监察权限,推动国家监察向基层延伸。山西省选择朔州市平鲁区、临汾市安泽县,通过县级监委赋予乡镇纪检干部监察员的职责和权限,协助乡镇党委开展监察工作"①。这就是说,在乡镇一级,尽管没有专门的监察机关建制,但是也有专人来负责监察工作,乡镇纪检书记、纪检副书记、纪检专干都可以成为县级监察委员会授权的监察人员,县级监察机关也可以根据需要对重点乡镇派驻或者派出监察机构、监察专员。

第二节　监察委员会的产生

《监察法》第八条规定:"国家监察委员会由全国人民代表大会产生,负责

---

① 《积极探索实践　形成宝贵经验　国家监察体制改革试点取得实效——国家监察体制改革试点工作综述》,《人民日报》2017年11月6日。

全国监察工作。国家监察委员会由主任、副主任若干人、委员若干人组成,主任由全国人民代表大会选举,副主任、委员由国家监察委员会主任提请全国人民代表大会常务委员会任免。国家监察委员会主任每届任期同全国人民代表大会每届任期相同,连续任职不得超过两届。国家监察委员会对全国人民代表大会及其常务委员会负责,并接受其监督。"

本条主要分为四款:一是规定了国家监察委员会的产生和职责;二是规定了国家监察委员会的组成;三是规定了国家监察委员会主任的任职期限;四是规定了国家监察委员会对全国人大及其常委会负责并接受其监督。值得注意的是,明确国家监察委员会由全国人民代表大会产生,是对人民代表大会这一根本政治制度的丰富和完善,有利于强化人大作为国家权力机关的监督职能,拓宽人民监督权力的途径。

一、国家监察委员会的产生与负责全国监察工作

宪法规定,国家行政机关、监察机关、审判机关、检察机关都由人民代表大会产生,对它负责,受它监督。本条第一款和第九条第一款分别规定,国家监察委员会由全国人民代表大会产生,地方各级监察委员会由本级人民代表大会产生。由人民代表大会产生国家监察机关,对人大负责、受人大监督,贯彻了人民代表大会这一根本政治制度,体现了人民当家作主的要求,有利于强化人大作为国家权力机关的监督职能,拓宽人民监督权力的途径,更好地体现党的领导、人民当家作主和依法治国有机统一。同时,规定国家监察委员会负责全国监察工作,明确了其作为最高监察机关,统一领导地方各级监察机关工作的地位。

国家监察委员会由全国人民代表大会产生,是我国人民代表大会这一根本政治制度所决定的。在人民代表大会制度的体制下,全国人民代表大会是国家最高权力机关,国务院、最高人民法院和最高人民检察院均由全国人大产生;地方各级人民代表大会是地方各级权力机关,地方各级人民政府、人民法院和人民检察院都由地方人民代表大会产生。这就意味着我国的"一府两院"必须对人民代表大会负责,受人民代表大会监督,监察委员会也不例外。我国人民代表大会制度的体制决定了国家监察委员会必然也必须由全国人民代表大会产生。

新中国成立后,我们党就一直比较重视在人民代表大会制度框架内构建监察制度。1949 年 9 月 29 日,中国人民政治协商会议第一届全体会议通过的起临时宪法作用的《中国人民政治协商会议共同纲领》第十九条规定,在县市以上的各级人民政府内,设人民监察机关,以监督各级国家机关和各种公务人员是否履行其职责,并纠举其中之违法失职的机关和人员。1954 年宪法没有规定监察制度,它在第四十八条规定,国务院的组织由法律规定。实践中监察制度仍然保留下来,随着政务院更名为国务院,人民监察委员会更名为监察部。1959 年,国家管理体制调整时,监察部取消,直到 1986 年恢复。1981 年6 月 27 日,党的十一届六中全会通过的《关于建国以来党的若干历史问题的决议》提出,把建设高度民主的社会主义制度作为根本目标;必须根据民主集中制的原则加强各级国家机关的建设,提高人民代表大会及其常委会的权威;实现基层政权和社会生活的直接民主。我国的国家机构主要由立法机关、行政机关、司法机关组成。在三个国家机关中,行政机关工作人员最多,管理的领域最广泛,管理的事务最具体,管理的对象最庞大,管理的方式最直接,自然成为监督防范的重中之重。因此,1982 年宪法除了规定人大有权监督行政机关外,还给行政机关加上监察监督一把锁。以上,就是我国宪法及人民代表大会制度框架内监察制度的主要发展脉络。从历史的发展来看,监察委员会由人民代表大会产生,也就是顺理成章的事情。

在我国,人民的主体地位是通过人民代表大会制度实现的。全国人大和地方各级人大都由民主选举产生,对人民负责,受人民监督。因此,坚持和完善人民代表大会制度,必须坚持民主集中制,必须坚持人民通过人民代表大会行使国家权力。我国的人民代表大会制度,是马克思主义国家学说与我国具体实际相结合的产物。西方国家实行“三权分立”的政治制度,人民主权已被分割为立法权、行政权和司法权,因而无论是议会还是政府或司法机关都没有资格作为“国家监督”的主体,邓小平同志批判“三权分立”的制度“使他们每个国家的力量不能完全集中起来,很大一部分力量互相牵制和抵消”。在人民代表大会制度下,国家的一切权力属于人民,人民代表大会代表人民统一行使国家权力。“我们的制度是人民代表大会制度,共产党领导下的人民民主制度,不能搞西方那一套"①,人民代表大会的组织形式和活动方式决定了它主要负责反映和集中人民的意愿,作出决策,并监督决策的贯彻实施。因而,整合组建的国家监察机构,应该由人民代表大会选举产生,同时,全国人民代表大会通过的《监察法》也要体现职权法定、权责相适应、用权受监督的法治精神,使得国家监察机构接受全国人大及其常委会的立法监督和工作监督,从而真正体现出人民主权原则。

国家监察委员会负责全国监察工作,其基本内涵主要体现在三个方面。其一,国家监察委员会领导地方各级监察机关的工作。国家监察委员会作为最高国家监察机关,统一领导地方各级监察机关的工作,这是单一制国家结构形式在监察管理体制上的体现。地方各级监察机关都必须服从国家监察委员会的决定、命令和指示,不得与之相抵触。国家监察委员会要在全国范围内确定监察工作方针,部署监察工作任务,制定有关监察工作的条例、细则和规定;协同地方党委管理和考核省、自治区、直辖市监察委员会的主任、副主任;协同主管部门管理监察委员会的机构设置和人员编制;负责监察机关的思想政治工作和队伍建设;组织指导监察系统干部教育培训工作,规划和指导监察系统的培训基地及师资队伍建设等工作;规划和指导全国监察机关的计划财务装备、对外交流工作;对各地在行使监察权时作出的决定进行审查,纠正错误决定等等。其二,国家监察委员会履行自身的监察职责。对法律规定范围内的公职人员开展廉政教育,对法律规定范围内的领导干部依法履职、秉公用权、廉洁从政从业以及道德操守情况进行监督检查;对认为需要自己依法直接受理的涉嫌贪污贿赂、滥用职权、玩忽职守、权力寻租、利益输送、徇私舞弊以及浪费国家资财等职务违法和职务犯罪进行调查;对违法的公职人员依法作出政务处分决定;对履行职责不力、失职失责的领导人员进行问责;对涉嫌职务犯罪的,将调查结果移送人民检察院,依法提起公诉;向监察对象所在单位提出监察建议。其三,确保全国监察机关依照《监察法》及其相关规定严格履行法定职责,向全国人民代表大会及其常委会负责、接受全国人民代表大会及其常委会监督,包括向全国人民代表大会及其常委会作专项工作报告,接受全国

---

① 《邓小平理论学习辞典》,党建读物出版社 1999 年版,第 263 页。

人民代表大会及其常委会对其监察工作的评价;接受全国人民代表大会及其常委会对其监察工作中特定问题的调查;接受全国人民代表大会代表或者常务委员会组成人员依照法律规定的程序就监察工作中的有关问题提出的询问或者质询;接受全国人民代表大会及其常委会对其组成人员的质询和罢免等监督。

二、国家监察委员会的组成及相关领导人员产生

国家监察委员会主任由全国人大选举产生。全国人大主席团根据中国共产党中央委员会的建议在代表中提出主任候选人,大会主席团提名交代表酝酿讨论后,由全体代表无记名投票选举产生。国家监察委员会由主任一人、副主任和委员若干人组成。关于副主任和委员的职数,监察法未作具体规定。在产生方式方面,国家监察委员会主任由全国人民代表大会选举产生,副主任、委员由国家监察委员会主任提请全国人民代表大会常务委员会任免,这与最高人民法院、最高人民检察院相关领导人员产生方式相同。

国家监察委员会主任享有监察委员会副主任、委员的提请任免建议权。监察委员会主任提名监察委员会副主任、委员人选,是实体性权力还是程序性权力,从实际操作来看,这仍然是一项程序性权力,也就是国家监察委员会副主任、委员人选并不由监察委员会主任个人决定。按照惯例,是由中国共产党中央委员会推荐提出人选,在全国人大常委会会议上以监察委员会主任的名义提出。

国家监察委员会副主任、委员的任免方式为全国人大常委会任免,这与《宪法》第六十七条关于全国人大常委会的职权的规定相符。1982年宪法的一个重要特点是扩大了全国人大常委会的部分职权,将原来属于全国人大的部分职权交由其常委会行使。彭真同志在《关于中华人民共和国宪法修改草案的报告》中说:"全国人大常委会是人大的常设机关,它的组成人员也可说是人大的常务代表,人数少,可以经常开会,进行繁重的立法工作和其他经常性工作。所以适当扩大全国人大常委会的职权是加强人民代表制度的有效办法。"全国人大闭会期间,国家监察委员会副主任、委员由国家监察委员会主任提请全国人民代表大会常委会任免。

全国人大及全国人大常委会行使监察机关人事任免权,需要研究的问题

是任免与考察了解监察干部的关系。一方面,人大常委会任免监察委员会干部,需要了解干部,知人善任;另一方面,我国实行的是党管干部的原则,党的组织部门在推荐提名干部前,已进行了考察了解,如果再进行一次,两者就重复,并且有可能得出不同结论,如何把两者统一协调起来,使人大及人大常委会能准确行使监察委员会人事任免权,是民主法制建设中的一个重要课题。

三、国家监察委员会主任每届的任期

根据监察法规定,国家监察委员会由全国人大产生,任期与全国人大每届任期相同。任期届满,要重新经过全国人大选举新的国家监察委员会主任。监察法没有规定监察委员会副主任、委员每届任期同全国人大每届任期相同,是为了保证国家监察机关职权行使的连续性。在国家监察委员会每届任期内当选的监察委员会主任,其任期以本届人大剩余的任期为限。监察法关于国家监察委员会主任连续任职不得超过两届,与宪法关于最高人民法院院长、最高人民检察院检察长连续任职届数的规定相一致。宪法和法律对最高人民法院副院长、最高人民检察院副检察长和地方各级人民法院院长、副院长,各级人民检察院检察长、副检察长连续任职期限,未作规定。为保持一致,本法也未对监察委员会副主任、委员连续任职期限作出规定。

监察法规定国家监察委员会主任的任期主要是为了监督。我国实行的是人民代表大会制度,全国人大通过五年一次的换届选举,对其选举产生的国家机关领导人员行使监督权。履行职务称职的,可能会连选连任;履行职务不称职的,就会落选。国家监察委员会由全国人大产生,向它负责并报告工作,因此,国家监察委员会的主任要同全国人大同进退,任期与全国人大每届任期相同,五年一届。任期届满,经过全国人大的决定,再选举产生新的国家监察委员会主任。国家监察委员会主任的任期只有与全国人民代表大会及其常务委员会相同,才能向全国人民代表大会及其常务委员会负责,受全国人民代表大会及其常务委员会监督。

国家监察委员会主任的任期与全国人大相同,但任期的具体起止时间有所不同。全国人大的任期从每次换届大会宣布会议开幕时起到下次换届大会宣布会议开幕时止。国家监察委员会主任的任期则是从国家监察委员会主任选举、决定以后,并由国家主席公布时起,到下次代表大会选举决定新的国家监察委员会主任,并由国家主席公布时止。

国家监察委员会主任连续任期不得超过两届。这一规定与全国人大常委会委员长、副委员长,国务院总理、副总理,国务委员,最高人民法院院长,最高人民检察院检察长连续任职不得超过两届完全一致。既体现了废除领导终身制、确保国家机关领导人新老更替的原则,又体现了与党和国家核心领导层在连续任期上的区别。国家主席的设立和职权范围自中华人民共和国成立以来几经变化,最近二十几年形成了中共中央总书记、国家主席、军委主席"三位一体"的领导体制,它被实践证明健全、有效。2018 年修宪取消对国家主席连续两届任期的限制,有助于保持上述"三位一体",进一步完善党和国家领导体制。需要注意的是,国家监察委员会主任的任职期限是连续任职不得超过两届,并不是总计不得超过两届。也就是说,国家监察委员会主任在连续任职满两届后,再隔一届以上,仍然可以依法担任这一职务。

另外值得注意的是,国家监察委员会的副主任、委员虽然由全国人大常委会任免,但其任期并不要求与全国人民代表大会相同,也即任期没有限制,同时,对他们连续任职期限也没有作出规定,这主要是为了保证国家监察机关职权行使的连续性,这与宪法和法律没有对最高人民法院副院长、最高人民检察院副检察长连续任职期限作出规定是一致的。

四、对全国人大及其常委会负责、受其监督

国家监察委员会对全国人大及其常委会负责并接受其监督,主要体现在三个方面:第一,国家监察委员会的组成人员由全国人大及其常委会选举、任免。第二,全国人民代表大会有权罢免国家监察委员会主任。第三,根据本法第五十三条的规定,国家监察委员会向全国人大常委会作专项工作报告,接受执法检查,接受人大代表和常务委员会组成人员就监察工作中的有关问题提出的询问和质询。

监察机关与权力机关之间是什么关系,是由政治体制决定的。在人民代表大会制度的政治体制下,监察委员会由权力机关产生,是权力机关的执行机关,当然要对权力机关负责,接受权力机关的监督。全国人大是最高国家权力

机关,享有最高监督权,这一权力直接来源于人民。国家监察委员会对全国人大及其常委会负责、受其监督,从根本上体现了最高监督权和由其派生的具体监督权之间的关系。

各级监察委员会对权力机关负责的规定,具有以下特点:

一是监察委员会对权力机关负责,既包括监察委员会作为一级组织向权力机关负责,也包括监察委员会的主任和监察委员会的其他组成人员向权力机关负责。监察委员会作为一级组织应当向权力机关负责,是因为监察委员会作为一个组织的整体都是由权力机关产生的,是权力机关的执行机关,所以必须向权力机关负责。监察委员会的主任对权力机关负责,是因为监察委员会主任的职务是由权力机关选举产生的,所以必须向权力机关负责,各级人民代表大会也有权罢免监察委员会主任的职务。监察委员会的副主任、委员等其他组成人员应当向权力机关负责,是因为他们作为监察委员会的组成人员,其个人职务也是由权力机关任命的,所以必须向权力机关负责。其中,监察委员会主任向权力机关负责,既包括监察委员会主任本人向权力机关负责,因为他本人的职务是由权力机关选举产生的;也包括他代表监察委员会这一组织应当向权力机关负责,因为监察委员会主任本身就是监察委员会的代表;还包括监察委员会主任代表监察委员会的其他组成人员向权力机关负责,因为监察委员会的其他组成人员都是由监察委员会的主任提请同级权力机关任免的,对于其他组成人员的道德品德、业务能力,监察委员会的主任作为提请人应当有实际了解,并有责任加以监督、引导和提高。

二是监察委员会对权力机关负责,既包括监察委员会对产生它的人民代表大会负责,也包括监察委员会对产生它的人民代表大会常务委员会负责。监察委员会的主任是由同级人民代表大会选举产生的,当然要对同级人民代表大会负责,但由于人民代表大会的常设机关是它的常务委员会,在人民代表大会闭会期间,常务委员会有权监督监察委员会的工作,因此,监察委员会主任既要对同级人民代表大会负责,又要对它的常务委员会负责。监察委员会的其他组成人员,是由同级人民代表大会的常务委员会任命的,所以必须向它负责,但由于常务委员会本身就是人民代表大会的常设机构,是从属于人民代表大会并向人民代表大会负责的,所以,监察委员会的其他组成人员要向同级人民代表大会负责就是不言而喻的。

三是监察委员会向权力机关负责、接受监督的方式或者途径,包括向权力机关报告工作,接受权力机关对其监察工作的评价,接受权力机关对其监察工作中特定问题的调查,接受权力机关对其组成人员的质询和罢免等。参照全国人大常委会议事规则规定,人大常委会会议听取国家监察委员会的专项工作报告,常委会认为必要的时候,可以对工作报告作出决议。如果监察委员会对人大常委会所作的专项工作报告被否决,说明监察工作存在严重问题。对于这些严重问题,权力机关应当采取进一步的监督措施,比如组织特定问题的调查委员会开展调查,对监察委员会的组成人员进行质询,直到对监察委员会有关组成人员行使罢免权。监察委员会主任应当对监察委的其他组成人员在监察工作存在的问题负责。因为如前所述,监察委员会的其他组成人员都是由主任提名,由同级人大常委会任免的。主任在提请任命时,对于监察委员会其他组成人员的道德品德、业务能力,应当有实际了解,在任命之后,对其他组成人员的道德品德和业务能力有责任加以监督、引导和提高,一旦发现监察人员存在问题,应当及时提请权力机关免去其职务,情况严重时还可以建议权力机关予以罢免。

五、地方监察委员会的产生与对人大及上级机关负责

《监察法》第九条规定:"地方各级监察委员会由本级人民代表大会产生,负责本行政区域内的监察工作。地方各级监察委员会由主任、副主任若干人、委员若干人组成,主任由本级人民代表大会选举,副主任、委员由监察委员会主任提请本级人民代表大会常务委员会任免。地方各级监察委员会主任每届任期同本级人民代表大会每届任期相同。地方各级监察委员会对本级人民代表大会及其常务委员会和上一级监察委员会负责,并接受其监督。"本条分为四款:一是规定了地方各级监察委员会的产生和职责;二是规定了地方各级监察委员会的组成;三是规定了地方各级监察委员会主任的任职期限;四是规定了地方各级监察委员会对本级人大及其常委会和上一级监察委员会负责,并接受其监督。

在中央层面,国家监察委员会由全国人民代表大会产生。相应在地方层

面,地方各级监察委员会由本级人民代表大会产生。同时,县级以上地方各级监察委员会负责本行政区域内的监察工作,接受国家监察委员会的统一领导,是整个国家监察体系的有机组成部分。

地方各级监察委员会组成和人员产生方式,与国家监察委员会相同。地方各级监察委员会主任的任期规定与国家监察委员会主任一致,每届任期与本级人大每届任期相同,随本级人大换届而换届。每届地方各级监察委员会主任行使职权至新的监察委员会主任产生为止。需要注意的是,对地方各级监察委员会组成人员的连选连任没有限制性规定。

地方各级监察委员会对本级人大及其常委会和上一级监察委员会负责,并接受其监督。地方各级监察委员会对本级人大及其常委会负责,与国家监察委员会对全国人大及其常委会负责的内容相同。监察机关和纪检机关合署办公,监察法规定地方各级监察委员会对上一级监察委员会负责,与上下级纪委之间的领导和被领导关系相匹配。

地方各级监察委员会对本级人大及其常委会和上一级监察委员会负责,接受本级人大及其常委会和上一级监察委员会监督,体现了监察委员会实行双重负责的体制。即一方面,各级监察委员会要对产生它的国家权力机关负责并报告工作,接受国家权力机关的监督。另一方面,下一级监察委员会要对上一级监察委员会负责。这就明确了监察机关的上下级领导关系,即县级以上地方各级监察委员会要接受上一级监察委员会的领导和指导,其执法行为接受上一级监察委员会的监督,上一级监察机关对下一级监察机关享有监督权,有权撤销或者改变下一级监察机关的不适当的决定,纠正其错误的执法行为。下一级监察委员会对上一级监察委员会负责,契合强化纪委主业主责,加强上级纪委对下级纪委的领导的大背景,对于监督范围全覆盖、推动正风反腐深入发展具有重要意义。

第三节　监察委员会领导体制

《监察法》第十条规定:"国家监察委员会领导地方各级监察委员会的工

作,上级监察委员会领导下级监察委员会的工作。"规定本条的主要目的,是明确监察机关系统内上下级之间的领导体制,用法律形式把这种国家监察体制的组织创新固定下来。

一、监察委员会领导体制的基本内涵

国家监察委员会领导地方各级监察委员会的工作。领导的本义是率领并引导。领导本身包含着教育、管理和监督。国家监察委员会在全国监察体系中处于最高地位,主管全国的监察工作,率领并引导所属各内设机构及地方各级监察委员会的工作,一切监察机关都必须服从它的领导。在监察法中确立这样的监察机关领导关系,能够保证"全国一盘棋",保证全国监察机关集中统一领导、统一工作步调、统一依法履职。

上级监察委员会领导下级监察委员会的工作。地方各级监察委员会负责本行政区域内的监察工作,除了依法履行自身的监督、调查、处置职责外,还应对本行政区域内下级监察委员会的工作实行监督和业务领导。按照党的十八届三中全会通过的《中共中央关于全面深化改革若干重大问题的决定》精神,地方监察委员会查办职务违法犯罪案件以上级监察委员会领导为主,线索处置和案件查办在向同级党委报告的同时必须向上级纪委监委报告。在监察法中确立这样的监察机关上下级领导关系,有利于地方各级监察委员会在实际工作中减少或排除各种干扰、依法行使职权。监察工作牵涉各方面的利益,地方各级监察委员会在查办案件或办理其他监察事项过程中,可能会遇到来自某些方面的阻力和地方保护主义的干扰,因此规定上级监察委员会领导下级监察委员会的工作,一方面有利于加强对下级监察委员会履行监察职责情况的监督,上级监察委员会可以通过检查工作、受理复核申请等方式,对发现的问题予以纠正,监督下级监察委员会严格依法办事,公正履职;另一方面当下级监察委员会遇到阻力时,上级监察委员会可以支持其依法行使职权,帮助其排除各种干扰。

监察法的规定为双重领导体制提供法治保障。党章规定,党的地方各级纪律检查委员会和基层纪律检查委员会,在同级党的委员会和上级纪律检查委员会双重领导下进行工作,上级党的纪律检查委员会,加强对下级纪律检查

委员会的领导。党的十八届三中全会通过的《中共中央关于全面深化改革若干重大问题的决定》明确提出,推动党的纪律检查工作双重领导具体化、程序化、制度化,强化上级纪委对下级纪委的领导。在十八届中央纪委五次全会上,习近平总书记明确要求,深化党的纪律检查体制改革,加强制度创新,强化上级纪委对下级纪委的监督,推动纪委双重领导体制落到实处。党的十九届三中全会通过的《中共中央关于深化党和国家机构改革的决定》再次强调,深化党的纪律检查体制改革,推进纪检工作双重领导体制具体化、程序化、制度化,强化上级纪委对下级纪委的领导。党的各级纪律检查委员会与监察委员会合署办公,在监察法中明确规定国家监察委员会领导地方各级监察委员会的工作,上级监察委员会领导下级监察委员会的工作,为落实双重领导体制提供了坚实的法治保障。①

二、监察委员会领导体制的法理分析

监察委员会领导体制是地方服从中央的宪法体制决定的。根据《宪法》第三条的规定,我国国家机构实行民主集中制的原则。地方必须遵循中央的统一领导,这也是集中的一方面。我国是单一制的国家,国家只有一部宪法和一个最高立法机关、一个最高监察机关,只有地方监察机关接受最高监察机关的统一领导,才能维护国家的统一和法制统一。从监察机关是政治机关的定位来看,最高监察机关领导下级监察机关有利于实现党中央的统一领导,确保正确的政治方向。这一管理体制充分体现了人民主权国家对集中统一监督权的需要,从制度上保证了国家权力监督的独立性、专门性和权威性。国家监察委员会由全国人民代表大会选举的监察委员会主任和由监察委员会主任提请全国人大常委会任命的副主任、委员组成。这就决定了国家监察委员会是国家最高监察机关。这一法律地位决定了地方各级监察委员会要统一服从国家监察委员会的领导和业务指导。

监察委员会上下级领导关系与党的双重领导体制相适应。《中国共产党

---

① 本节基本内涵内容参见中共中央纪律检查委员会、国家监察委员会法规室编写:《〈中华人民共和国监察法〉释义》,中国方正出版社2018年版,第83—86页。

章程》关于"党的地方各级纪律检查委员会和基层纪律检查委员会在同级党的委员会和上级纪律检查委员会双重领导下进行工作"的精神是一致的。党的十八大以来,随着党中央铁腕治理贪腐问题和反腐败斗争的深入,众多的"大老虎"纷纷被查处,暴露出此前各级纪检监察机关对本级主要领导干部特别是"一把手"监督不力的情况。为此,中国共产党十八届三中全会作出决定,明确提出"强化上级纪委对下级纪委的领导",并且作出"两个为主"的具体规定。一是明确规定查办腐败案件以上级纪委领导为主,线索处置和案件查办在向同级党委报告的同时必须向上级纪委报告。掌握案件线索和查办腐败案件是反腐败工作的核心内容。在原来的习惯性程序中,不少地方纪委、基层纪委如果发现本地重大案件线索或者查办重大腐败案件,都必须向同级党委主要领导报告,在得到同意后才能进行初核或查处。这样就给压案不报和瞒案不查提供了可能和机会,有的腐败分子就利用这种不成文的习惯做法逃脱了惩罚。如果案件线索的处置和案件查办必须同时向上级纪委报告,那么就能够对同级党委主要领导形成制约,这样就从体制上解决了压案不报和瞒案不查的问题。二是明确规定各级纪委书记、副书记的提名和考察以上级纪委会同组织部门为主。纪委书记、副书记是一级纪委的主要领导,承担着一个单位纪律检查工作的主要领导责任。他们的提名和考察以上级纪委会同组织部门为主,有利于强化他们同上级纪委的沟通和联系,有利于他们更加负责任地发挥职能作用,为各级纪委协助党委加强党风建设和组织协调反腐败工作、更好行使党内监督权,提供了有力的体制保障。与纪委领导体制机制改革相类似,监察委上下级领导关系有助于上级监察机关支持下级监察机关依法履行职责,强化各级监察委员会的监督主责,确保其能够依法独立行使监察权,减少和排除各种干扰和阻力。

第四节　监察委员会的职责

《监察法》第十一条规定:"监察委员会依照本法和有关法律规定履行监督、调查、处置职责:(一)对公职人员开展廉政教育,对其依法履职、秉公用权、廉洁从政从业以及道德操守情况进行监督检查;(二)对涉嫌贪污贿赂、滥用职权、玩忽职守、权力寻租、利益输送、徇私舞弊以及浪费国家资财等职务违法和职务犯罪进行调查;(三)对违法的公职人员依法作出政务处分决定;对履行职责不力、失职失责的领导人员进行问责;对涉嫌职务犯罪的,将调查结果移送人民检察院依法审查、提起公诉;向监察对象所在单位提出监察建议。"规定本条的主要目的是为了聚焦反腐败职能,将监察委员会负责履行的监督、调查、处置的责任、任务以法律的形式予以明确,将党中央深化国家监察体制改革方案中关于监察委员会职责的改革部署转化为国家意志,使监察委员会履职尽责于法有据。

一、监督、调查、处置职责的基本内涵

监察委员会依照法律履行监督、调查、处置职责,是监察委员会行使的监察权的具体体现,契合党章规定的纪委的监督、执纪、问责职责,实现了纪检监察职能的互通互融。其中,监督是监察委员会的首要职责,调查公职人员涉嫌职务违法和职务犯罪是监察委员会的一项经常性工作,处置是对调查的违法问题依据相应的法律法规予以审查定性并决定给予何种处分和处理。

监督职责。监察委员会代表党和国家,依照宪法、监察法和有关法律法规,监督所有公职人员行使公权力的行为是否正确,确保权力不被滥用、确保权力在阳光下运行,把权力关进制度的笼子。监督的内涵是比较丰富的。监察本质上就是监督,只是在我国,有人民代表大会的权力监督、检察机关的法律监督、审计机关的审计监督等等,将监察委员会的职责定位为国家监察,有助于与前述监督形式进行区分,从社会分工和职责的角度来说,监察机关履行的仍然是监督职能。尽管从广义上说,开展调查以及根据调查的结论予以处置的行为也都是一种监督,但从本条第一项的规定来看,监督职责主要体现在监察机关对公职人员开展廉政教育,对其依法履职、秉公用权、廉洁从政从业以及道德操守情况进行监督检查。由于纪委、监察机关合署办公,因此,监察机关的监督职责与纪委的党内监督是相辅相成的。党内监督的方式包括党委(党组)的日常管理监督、巡视监督、组织生活制度、党内谈话制度、干部考察考核制度、述责述廉制度、报告制度、插手干预重大事项记录制度,以及纪委的

执纪监督、派驻监督、信访监督、党风廉政意见回复、谈话提醒和约谈函询制度、审查监督、通报曝光制度等,绝大多数时候都适用于国家监察监督。

调查职责。调查职责是监察委员会开展廉政建设和反腐败工作,维护宪法和法律尊严的一项重要措施,是对涉嫌贪污贿赂、滥用职权、玩忽职守、权力寻租、利益输送、徇私舞弊以及浪费国家资财等职务违法和职务犯罪进行查证的执法活动。调查是揭露和证实腐败违法犯罪的基本权能。赋予反腐败机构充分的调查手段是国际通行做法。腐败行为危害巨大,腐败分子警觉性高,作案手段隐蔽复杂,涉案人员利益捆绑、关系密切,串供翻供、对抗调查行为屡见不鲜,反腐败调查取证难度大、风险高。从各国做法尤其是发达国家经验看,一个共同规律就是在腐败犯罪情报获取、案件调查、追逃追赃等方面,除了一般的询问、查询等措施,法律还赋予反腐败机构一些特殊手段。有的可以跟踪、监听、监控,有的允许卧底侦查、钓鱼执法,甚至配备武器,还有的规定可以采取"一切必要手段",保证惩治腐败的有效性和威慑力。①

处置职责。处置职责是对调查的违法问题依据相应的法律法规予以审查定性并决定给予何种处分和处理。从监察委员会的处分手段看,根据违法问题严重性的程度不同,处理手段依次包括政务处分(如警告、记过、记大过、降级、撤职、开除等)、问责、移送司法机关追究刑事责任、监察建议四大层次。一方面,要严格依据法律法规,对违规违法问题进行定性和给予处分;另一方面,对侦查终结移送检察机关起诉的案件进行预审,决定是否移送起诉。处分权是监督制约调查活动的程序性设置,具有证据审查把关、保证办案质量、保障被调查人合法权益、维护公正执法的功能。

监督、调查、处置三项职责的配置,与腐败从违规违法到犯罪的关联性特征高度契合,符合主动性调查与被动性审查程序性制约的法治精神,创新了非刑事手段和刑事手段并用的腐败治理模式,增强了腐败预防的前置性和有效性。由监察委员会立案调查,检察机关审查起诉,从根本上改变了刑事司法中"既当运动员又当裁判员"的弊端,体现了侦、诉、审独立运行和相互制约的法

---

① 《深化监察体制改革　推进试点工作之五——调查决策要严》,《中国纪检监察报》2017年7月24日。

治原则,增强了法治反腐的公信力。① 在实际运行过程中,监督、调查和处置都由不同的部门和程序来运行,执纪监督和执纪审查(或审查调查)部门分设,"前台"和"后台"分离。执纪监督部门负责所联系地区和部门的日常监督,不负责具体案件查办;执纪审查(或审查调查)部门负责对违纪违法行为立案审查,一次一授权,不固定联系某一地区或者部门。案件审理(或案件管理)部门负责审核把关,对事实不清、证据不足的,退回审查部门补充证据或重新调查。对办案过程开展"一案双查",既复查案件本身情况,也查明案件调查人员依纪依法履职情况。这样,就能形成既相互协调又相互制衡的工作机制,强化制约监督,防止权力滥用。②③

二、监督、调查、处置职责的法理分析

(一)对公职人员开展廉政教育与监督检查

对公职人员开展廉政教育,是监察委员会的一项基础性工作。加强对公职人员廉洁从政的思想道德和文化教育,经常敲起警钟,增强公职人员的定力,促使公职人员自省、自律,可以将腐败的思想和因素消灭在萌芽之中,防止不正之风的"量变"最终引起腐败的"质变"。开展廉政教育是预防腐败现象发生的最重要、最直接、最有效的方式,是反腐倡廉的基础性工作。在公职人员还处在廉洁奉公状态的时候,紧抓日常教育,对有可能触犯廉洁纪律的公职人员坚持扯袖提醒是开展常态化监督的重要手段。在我国古代监察制度中,就有廉政教育的成分。元代曾经担任过监察御史的张养浩在《风宪忠告》中将监察官员的职责分为示教、询访、按行、审录、荐举、纠弹、奏对等七项。这七项工作中,示教也就是宣传教育被排在首位,询访也就是调查被排在第二位。④

---

① 吴建雄:《国家监察体制改革的法治逻辑与法治理念》,《中南大学学报(社会科学版)》2017年第4期。

② 《深化监察体制改革　推进试点工作之五——调查决策要严》,《中国纪检监察报》2017年7月24日。

③ 本节基本内涵内容参见中共中央纪律检查委员会、国家监察委员会法规室编写:《〈中华人民共和国监察法〉释义》,中国方正出版社2018年版,第88—95页。

④ 参见陈松柏:《居其官,则思尽其职:张养浩及其监察思想(下)》,来源:网址:http://www.ccdi.gov.cn/lswh/shijian/201310/t20131011_121166.html,最后访问时间2017年12月2日。

开展廉政教育是深化"不想腐"的重要手段,是我们党和国家反腐倡廉建设的一个重要抓手,是防治腐败的第一道防线,也是巩固反腐倡廉成果的基石。开展廉政教育的习近平总书记指出:"干部廉洁自律的关键在于守住底线。"加强宣传教育,就是让党员干部知纪、明纪、讲纪、守纪,远离"红线"、"底线"和"禁区"。

对公职人员依法履职、秉公用权、廉洁从政从业以及道德操守情况进行监督检查。主要是监督检查公职人员是否按照法律规定履行职务、廉洁从政、是否触犯职业道德准则和公众普遍认同的道德规范。《监察法》第十五条所规定的监察范围实际上也界定了公职人员的范围,一般来说,法律法规对公职人员的法定职责、职业道德都进行了规范,因而,监察机关对公职人员进行监督检查,都是以一定的法律法规为依据的,这样,才能正确行使好监督检查职权。以具有行政编制中的公务员为例,《中华人民共和国公务员法》(以下简称《公务员法》)第十二条规定,公务员应当履行下列义务:(一)模范遵守宪法和法律;(二)按照规定的权限和程序认真履行职责,努力提高工作效率;(三)全心全意为人民服务,接受人民监督;(四)维护国家的安全、荣誉和利益;(五)忠于职守,勤勉尽责,服从和执行上级依法作出的决定和命令;(六)保守国家秘密和工作秘密;(七)遵守纪律,恪守职业道德,模范遵守社会公德;(八)清正廉洁,公道正派;(九)法律规定的其他义务。条文中的"规定的权限和程序"、"纪律"等散见于其他的法律法规和纪律规定。《公务员法》以及其他法律法规对公职人员在依法履职、秉公用权、廉洁从政从业、道德操守方面都作了规定。一定意义上,监察机关对公务员上述方面的监督检查,就是在监督公务员是否遵守《公务员法》等法律法规的规定以及有关纪律、职业道德规范的要求。

在理解监察委的监督职能时,要理解党内监督与国家监察是一体两面,相互促进、相得益彰的关系。在我国,80%的公务员、95%以上的领导干部都是共产党员,党内监督和国家监察既具有高度内在一致性,又具有高度互补性。一方面强化党内监督,坚持纪严于法、纪在法前,用纪律管住党员干部,保持党的先进性纯洁性;一方面构建国家监察体系,党内监督达不到的地方,或者对不适用执行党的纪律的公职人员,依法实施监察,真正把公权力关进制度的笼子。党内监督与国家监察辩证统一,本质上都属于党和国家的内部监督范畴。①

(二)对职务违法和职务犯罪进行调查

对涉嫌贪污贿赂、滥用职权、玩忽职守、权力寻租、利益输送、徇私舞弊以及浪费国家资财等职务违法和职务犯罪进行调查,是对职务违法和职务犯罪保持威慑常在的重要手段。其中,"贪污贿赂",主要是指贪污、挪用、私分公共财物以及行贿受贿等破坏公权力行使廉洁性的行为;"滥用职权",主要是指超越职权,违法决定、处理其无权决定、处理的事项,或者违反规定处理公务,致使公共财产、国家和人民利益遭受损失的行为;"玩忽职守",主要是指公职人员严重不负责任,不履行或者不认真、不正确履行职责,致使公共财产、国家和人民利益遭受损失的行为;"权力寻租",主要是指公职人员利用手中的公权力,违反或者规避法律法规,谋取或者维护私利的行为;"利益输送",主要是指公职人员利用职权或者职务影响,以违反或者规避法律法规的手段,将公共财产等利益不正当授受给有关组织、个人的行为;"徇私舞弊",主要是指为了私利而用欺骗、包庇等方式从事违法的行为;"浪费国家资财",主要是指公职人员违反规定,挥霍公款,铺张浪费的行为。② 这些行为又分为两个层次,职务违法和职务犯罪。其中职务违法是指公职人员不按照法律规定履行职务,虽然没有严重到造成犯罪的后果,但同样在调查之列。违法包括形式违法和实质违法。形式违法是指违反了法律规定的程序,实质违法是指触犯了法律禁止的行为,或者法律要求的行为即不作为,或者怠惰职守,怠于履行法律授权。具体违法行为包括渎职、越权、滥权、玩忽职守等,考虑不相关、不考虑相关,以及目的不合法、目的与手段没有关联等。除依法行政原则之外,合理性原则、授权明确性、越权无效以及比例原则等构成对行政违法的衡量和判断标准。③ 职务犯罪主要是指国家机关、国有公司、企业事业单位、人民团体

---

① 《深化监察体制改革 推进试点工作之三——完善党和国家的自我监督》,《中国纪检监察报》2017年7月10日。

② 参见中共中央纪律检查委员会、国家监察委员会法规室编写:《〈中华人民共和国监察法〉释义》,中国方正出版社2018年版,第92—93页。

③ 郑贤君:《试论监察委员会之调查权》,《中国法律评论》2017年4月。

工作人员利用职权,贪污、贿赂、徇私舞弊、滥用职权、玩忽职守,侵犯公民人身权利、民主权利,破坏国家对公务活动的管理规范,依照刑法应当予以规制的行为。包括我国《刑法》规定的"贪污贿赂罪"、"渎职罪"和国家机关工作人员利用职权实施的侵犯公民人身权利、民主权利的犯罪行为。

对职务违法和职务犯罪的调查可以依法采取谈话、讯问、询问、查询、冻结、搜查、调取、查封、扣押、勘验检查、鉴定等措施。这些措施都是实践中正在实际使用、比较成熟的做法,没有增加新的权限。一方面,是将原来行政监察法规定的查询、复制、冻结、扣留、封存等手段,细化完善为查询、冻结、调取、查封、扣押、勘验检查、鉴定等措施;另一方面,是将纪检监察实践中已经运用的谈话、询问等措施确定为法定权限。调查中,对已掌握部分违法犯罪事实及证据,仍有重要问题需要进一步调查的被调查人,经依法审批可以将其留置在特定场所进行调查。留置是监察机关调查职务违法和职务犯罪的重要手段,审批程序和使用期限都有严格的限制,并保障被留置人员的饮食、休息、医疗等基本权利。监察委员会不是司法机关,不自行搞一套侦查体系。对需要采取技术调查、限制出境等措施的,依然沿用现行做法,经过严格审批后交有关机关执行,监察机关与司法机关、公安机关职能不重复、不替代。

监察机关行使的调查权不同于刑事侦查权,不能等同司法机关的强制措施。监察委员会是由国家权力机关设立的监督机关,是反腐败工作机构,其职责是监督、调查、处置,与公安、检察机关等执法和司法机关性质不同。反腐败针对的职务犯罪区别于一般刑事犯罪,监察法区别于刑事诉讼法。监察机关调查职务违法和职务犯罪适用监察法,案件移送检察机关后适用刑事诉讼法。因此,如果公职人员涉嫌职务犯罪,待监察机关对其相关问题调查清楚后,按照有关规定,移送检察机关审查起诉,交由法院进行审判。①

尽管监察机关行使的调查权不同于刑事侦查权,但《监察法》明确了监察机关的职责权限和调查手段,同时明确了调查所获取的有关证据材料,在刑事诉讼中可以作为证据使用。《监察法》第三十三条规定了"监察机关依照本法规定收集的物证、书证、证人证言、被调查人供述和辩解、视听资料、电子数据

---

① 《调查权不同于刑事侦查权》,《中国纪检监察报》2017年11月16日。

等证据材料,在刑事诉讼中可以作为证据使用。监察机关在收集、固定、审查、运用证据时,应当与刑事审判关于证据的要求和标准相一致。"这也就从法律上解决了长期以来纪律检查的材料与刑事诉讼法侦查所得的证据转化不顺、衔接不畅的问题,有利于提高效率,节约资源。

(三)政务处分、失职问责、监察建议和移送起诉

对违法的公职人员依法作出政务处分决定。用"政务处分"代替"政纪处分",是国家监察体制改革试点的重要内容,体现了对纪法关系认识的深化,体现了监察全覆盖的本质要求和依法治国、依规治党相统一的原则。"政纪"是历史形成的,中国共产党早在陕甘宁边区就开始使用这一概念。改革开放以来,随着依法治国深入推进,我国法律体系不断完善,所有"政纪"均已成为国家立法,由《公务员法》《行政机关公务员处分条例》等法律法规加以规定。在全面依法治国条件下,党纪与法律之间没有中间地带。监察机关依据相关法律对违法的公职人员作出政务处分决定,这将进一步推动依法执政,实现纪法分开和纪法衔接。①

对履行职责不力、失职失责的领导人员进行问责,就是对不履行或者不正确履行职责的,按照管理权限对负有责任的领导人员直接作出问责决定,或者向有权作出问责决定的机关提出问责建议。强调千遍不如问责一遍。落实廉政建设主体责任,必须强化问责机制。有权必有责,有责要担当,失职必追究。领导人员不能当好好先生,通过问责,可以促使领导人员真抓真管、敢抓敢管。这里的领导人员主要是指中国共产党机关、人大机关、行政机关、监察机关、审判机关、检察机关、政协机关、民主党派和工商联机关中担任各级领导职务和副调研员以上非领导职务的人员;参照公务员法管理的单位中担任各级领导职务和副调研员以上非领导职务的人员;大型、特大型国有和国有控股企业中层以上领导人员,中型以下国有和国有控股企业领导班子成员,以及上述企业中其他相当于县处级以上层次的人员;事业单位领导班子成员及其他六级以上管理岗位人员。如上所述,监察机关的领导人员也在问责之列,《监察法》

---

① 《深化监察体制改革 推进试点工作之四——使党的主张成为国家意志》,《中国纪检监察报》2017年7月17日。

第十五条将监察委员会的公职人员列入监察对象,第六十五条对监察机关负有责任的领导人员的追责和依法给予处理作了明确规定。

对涉嫌职务犯罪的,将调查结果移送人民检察院依法审查、提起公诉。这是监察执法与刑事司法紧密衔接,依法惩治腐败犯罪的重要环节。监察机关向检察机关移送审查起诉的案件,在犯罪事实认定上,应当做到基本情况清楚,包括姓名、性别、籍贯、出生年月日、职业和单位等;犯罪事实、情节清楚,包括实施犯罪的时间、地点、经过、手段、动机、目的、危害后果等与定罪量刑有关的事实、情节清楚。在证据收集上,应当做到认定的事实都有证据证明;据以定案的证据均经法定程序查证属实;结合全案证据,对所认定事实已排除合理怀疑。在适用法律上,应当做到认定的犯罪性质和罪名正确;认定从重、从轻、减轻或者免除刑罚的法定情节准确;认定共同犯罪案件的各被调查人在犯罪活动中的作用和责任认定恰当;引用法律条文准确、完整。在调查活动上,应当做到调查程序合法,调查措施的使用规范、合法;调查的各种审批手续和文书完备。在其他条件,证明犯罪事实的证据材料完备;证明相关财产系违法所得的证据材料完备;不宜移送的证据的清单、复印件、照片或者其他证明文件完备;涉案款物查封、扣押、冻结妥善保管,清单齐备,移送证明文书完备;对于国家财产、集体财产遭受损失的,建议检察机关提起附带民事诉讼。

向监察对象所在单位提出监察建议。这样做,一方面是帮助监察对象所在单位完善制度或加强管理,强化制度对用权者的制约管束作用;另一方面有助于预防违法犯罪的发生。监察建议可以是针对个案的,也可以是针对类案的;可以是发案后的事后发出,也可以是在监督过程中预防性地主动发出监察建议。监察建议具有法律效力,被提出监察建议的单位对监察建议应认真组织研究,并将整改情况反馈监察机关。

根据《监察法》的规定,监察机关根据监督、调查结果,还可以对有职务违法行为但情节较轻的公职人员,按照管理权限,直接或者委托有关机关、人员,进行谈话提醒、批评教育、责令检查,或者予以诫勉。这些处置主要是来自当前党纪监督处理中"四种形态"的"第一种形态",也是一种处置结果,详见对《监察法》第四十五条的解读。

第五节　监察委员会派驻机构

《监察法》第十二条规定:"各级监察委员会可以向本级中国共产党机关、国家机关、法律法规授权或者委托管理公共事务的组织和单位以及所管辖的行政区域、国有企业等派驻或者派出监察机构、监察专员。监察机构、监察专员对派驻或者派出它的监察委员会负责。"规定本条的主要目的是为了满足监察工作需要,保证监察委员会能够经常、及时、准确地了解分散在不同机关、组织和单位等的监察对象情况,使监察机关对于所监察的公职人员真正实现"看得见、管得着",卓有成效地实施监察。

一、派驻监督是党的自我监督的重要形式

派驻监督是中国特色党内监督的重要形式,是从严治党的重要制度支撑。1962 年 9 月,党的八届十中全会作出了《关于加强党的监察机关的决定》,规定了中央监察委员会可以派出监察组常驻国务院各部门,由中央监察委员会直接领导。当时,党的中央监察委员会在国务院部门先后建立 40 多个常驻监察组。这是我们党最早提出的派出纪检监察机构的制度性安排。"文化大革命"期间,纪检机关陷于瘫痪,派驻机构也不复存在,纪检监察派驻制度的探索遭遇了重大挫折。

党的十二大后,派驻机构得到了恢复和发展。1982 年 9 月,党的十二大通过的党章规定,党的中央纪律检查委员会根据工作需要,可以向中央一级党和国家机关派驻党的纪律检查组或纪律检查员。这是党内根本大法对派驻监督作出的权威规定。1993 年 5 月,中央纪委、监察部下发《关于中央直属机关和中央国家机关纪检监察机构设置的意见》,明确了"派驻纪检监察机构实行中央纪委监察部和所在部门党组、行政领导的双重领导,纪检监察业务以中央纪委监察部领导为主"的领导体制。这是最早提出的对派驻机构"双重领导一个为主"的管理模式。

1997 年的《行政监察法》以法律的形式将监察机关向政府所属部门派驻

监察机关和工作人员的做法固定了下来。原《行政监察法》第八条规定,县级以上各级人民政府监察机关根据工作需要,经本级人民政府批准,可以向政府所属部门派出监察机构或者监察人员。

2000年9月,中央纪委、中央组织部、中编办、监察部联合下发的《关于加强中央纪委监察部派驻纪检监察机构管理的意见》指出,中央纪委、监察部派驻机构是中央纪委、监察部的组成部分,进一步明确了"双重领导一个为主"的管理模式。2004年4月,中央纪委、中央组织部、中央编办、监察部出台《关于对中央纪委监察部派驻机构实施统一管理的实施意见》,规定中央纪委监察部全面实行对派驻机构的统一管理。①

党的十八大之前,在140多个中央一级党和国家机关中,中央纪委监察部只在52个单位设置了派驻机构,而其余的80多个还没有派驻,也就是说,有近三分之二的中央一级党和国家机关没有纳入派驻监督范围。② 党的十八大以来,纪检监察机关的派驻有了新的发展。党的十八届三中全会《中共中央关于全面深化改革若干重大问题的决定》要求:"全面落实中央纪委向中央一级党和国家机关派驻纪检机构,实行统一名称、统一管理。派驻机构对派出机关负责,履行监督职责。"这是党中央根据党章规定,从形势判断和目标任务出发作出的重大决策,是全面从严治党、强化党内监督的重要举措。

2014年12月11日,中央政治局常委会议审议通过了《关于加强中央纪委派驻机构建设的意见》(以下简称《意见》)。《意见》从总体要求、机构设置、监督职能、工作关系、管理保障、组织领导等六个方面,提出了加强中央纪委派驻机构建设的总体思路和要求。2015年年底,经党中央同意,中共中央办公厅印发了《关于全面落实中央纪委向中央一级党和国家机关派驻纪检机构的方案》的通知。中央决定,中央纪委共设置47家派驻机构,其中,综合派驻27家、单独派驻20家,实现对139家中央一级党和国家机关派驻纪检机构全覆盖,并对领导体制、职能调整、主要职责、机构设置等作出了明确规定。

为更好地实现依规治党,2016年10月27日,中国共产党第十八届中央

---

① 李志勇:《纪检监察派驻机构历史沿革》,《中国纪检监察报》2015年8月26日。

② 黄武:《推进"三个"全覆盖——完善党和国家自我监督体系》,《中国纪检监察》2017年第20期,第54页。

委员会第六次全体会议审议通过了《中国共产党党内监督条例》。《中国共产党党内监督条例》第二十八条将派驻监督纳入党内监督的制度框架,明确了纪委派驻纪检组和派出机关的工作关系、派驻纪检组的职责任务、派出机关的领导方式,为强化党内监督、推进全面从严治党提供了制度保障。

党的十九大修改的党章规定,党的中央和地方纪律检查委员会向同级党和国家机关全面派驻党的纪律检查组。《中国共产党党内监督条例》总结党的十八大以来派驻纪检机构改革实践经验,把派驻监督纳入党内监督的制度框架,明确了纪委派驻纪检组与派出机关的工作关系、派驻纪检组的职责任务、派出机关的领导方式,为强化党内监督、推进全面从严治党提供了制度保障。深化国家监察体制改革,成立监察委员会,并与本级党的纪律检查委员会合署办公,代表党和国家行使监督权和监察权,履行纪检、监察两项职责,加强对所有行使公权力的公职人员的监督,从而在我们党和国家形成巡视、派驻、监察三个全覆盖的统一的权力监督格局,形成发现问题、纠正偏差、惩治腐败的有效机制。在监察法中规定监察机关派驻或者派出监察机构、监察专员,正是从法律层面上将这一机制法治化、规范化。

二、派驻监察机构的监督对象和范围

监察派驻制度的内容十分丰富,监察法原则规定监察委员会往哪里派、怎么派,给监察派驻制度留下了较大的制度空间,对派驻或者派出范围、组织形式等的具体设置,留待日后逐步细化、完善。我们可以从以下几个方面来理解派驻监督对象范围:(一)监察机关可以在中国共产党的机关设立派驻机构,昭示了党中央坚持党要管党的责任担当和从严治党的坚强决心。从严治党重要的是监督党的工作部门,《监察法》规定监察机关可以向党的工作部门派驻监督,是从法律上实现了国家机关对党的机关监督的重大突破,具有里程碑意义。当然,对监察机关可以在中国共产党的机关设立派驻机构不能孤立地看待,而是要与新形势下加强党内监督、深化党的纪律检查体制改革,探索并实现派驻机构的“全覆盖”结合在一起进行理解,监察机关派驻和纪律检查机关派驻两者的目的是一致的,职能上相辅相成,互相促进,体现了依法治国与依规治党的有机统一。(二)监察机关可以向人大、政协等国家机关派驻监督,弥补了过去纪检监察派驻监督的空白。原《行政监察法》只规定了向行政机关派驻监察机构,《监察法》从顶层设计上就实现了对六类公职人员的监督全覆盖,而对人大、政协等国家机关的监督很大程度上需要深入到这些机关,充分利用监察机构与驻在单位"在一个楼里办公、一口锅里吃饭"的优势,督促驻在单位落实廉政建设主体责任,结合实际将党的路线方针政策、中央八项规定精神、廉政法律法规落到实处。(三)监察机关可以向经法律法规授权或者委托管理公共事务的组织和单位以及所管辖的行政区域、国有企业等派驻或者派出监察机构、监察专员,扩大了以往监察机关派驻监督的范围。这里有两点需要引起注意:一是监察机关可以向国有企业派驻或者派出监察机构、监察专员。落实全面从严治党和反腐倡廉任务,在国有企业尤为紧迫。中央巡视组对中管国有重要骨干企业专项巡视中发现很多问题,有的企业用人不守纪律、不讲规矩,"党管干部"变成"一把手"管干部,公款吃喝送礼、贱买贵卖、侵吞国有资产、权力寻租、以权谋私问题严重。[①] 监察机关向国有企业派驻或者派出监察机构、监察专员,是人民代表大会制度下人民对国有企业实现间接监督的最为重要的形式。二是各级监察机关根据需要,可以在其所管辖的行政区域派出监察机构和监察专员,比如县级监察机关可以根据需要向其所管辖的行政区域如乡镇派出监察机构、监察专员。(四)派驻监督依然有一定的范围限制。根据公权力领域"法无明文规定即禁止"的法律原则和本条的规定,监察机关对公办的教育、科研、文化、医疗、体育事业单位,群众自治组织无权派驻或者派出监察机构、监察专员。(五)派驻监督不再限于以往"点对点"的单一模式。实现全面派驻,可以根据工作需要和业务关联性,围绕强化监督执纪执法问责创新制度安排,采取单独派驻和归口派驻相结合的方式。对系统规模大、直属单位多、监督对象广的部门,单独设置派驻机构;对业务相近相关或者系统规模小、监督对象少的部门,归口设置派驻机构。归口派驻改变了"点对点"的单一模式,让监察机构"吃一家饭、管多家事",解决监督抹不开面

---

① 《推动国有企业从严治党之一——全面从严治党　国企尤为紧迫》,《中国纪检监察报》2015 年 7 月 13 日。

子的问题。①

三、派驻监察机构的领导体制

监察机构、监察专员对派驻或者派出它的监察机关负责,不受所驻部门的领导,具有开展工作的独立地位。这样可以在很大程度上保证监察机关能够通过派驻或者派出的监察机构、监察专员,经常、及时、准确地了解分散在不同机关、组织和单位等的监察对象情况。

这一体制与纪委派驻或者派出纪检机构是一致的。党的十九大对深化国家监察体制改革作出重要部署,要求将监察体制改革试点工作在全国推开,组建国家、省、市、县监察委员会,同党的纪律检查机关合署办公,实现对所有行使公权力的公职人员监察全覆盖。根据党的十九大精神,党的纪律检查机关与监察委员会合署办公,这一原则,不仅体现在机关本部的组织上,也体现在派出机构的设置上。

监察机构与派驻监察机构、监察专员是领导与被领导的关系主要体现在:监察机构、监察专员,对派出它的监察机关负责并报告工作,不受所驻部门党政领导干涉,具有开展工作的充分权限和独立的地位;监察机构、监察专员在派出监察机关的直接领导下工作,发现问题线索、发现廉政问题、开展线索处置和进行监督、调查、处置,都要及时向派出监察机关报告,取得指导;派出监察机关要加强对派驻监察机构、监察专员工作的督促检查和指导协调,统筹安排派驻监察机构干部选调、使用、交流、培训、锻炼工作,真正让派驻监察干部感受到是派出监察机关的重要组成部分,感受到有领导、有依靠,从而强化派驻监督的权威性;派驻监察机构、监察专员按照有关规定,向监察机关报送年度工作计划、总结、统计报表、工作信息等文件和材料。除年中汇报和年度汇报外,监察机关领导可不定期与派驻机构主要负责人进行谈话,派驻机构主要负责人根据工作需要也可主动约请监察机关领导听取汇报。上级监察机关下发、本级监察机关印发的文件,及时发派驻监察机构和监察专员,监察机构、监

---

① 参见《加强派驻机构建设之二——创新组织制度　实现全面派驻》,《中国纪检监察报》2015 年 8 月 24 日。

察专员参加监察机关有关会议等等。

第六节　派驻监察机构的职责

《监察法》第十三条规定："派驻或者派出的监察机构、监察专员根据授权,按照管理权限依法对公职人员进行监督,提出监察建议,依法对公职人员进行调查、处置。"规定本条的主要目的既是明确派驻或者派出监察机构、监察专员的法定职责,使其开展工作具有明确的依据,也是明确其义务和责任,对不履行或者没有履行好法定职责的派驻或者派出监察机构、监察专员,要依法追究其失职责任。

一、派驻监察机构根据授权履行职责

监察法法条中的"授权",是指监察机关把权力委托给其派驻或者派出的监察机构、监察专员代为执行。其本质就是上级对下级的决策权力的下放过程,也是职责的再分配过程。授权的基本依据是目标责任,要根据责任者承担的目标责任的大小授予一定的权力。需要注意的是,在派出或者派驻监察机构的职责权限上,派出监察机构原则上既可以对公职人员涉嫌职务违法进行调查、处置,又可以对涉嫌职务犯罪进行调查、处置;而派驻监察机构的具体职责权限,则需要根据派出它的监察机关的授权来确定。

根据管理学理论,授权时一般要遵循以下原则:一是相近原则。这有两层意思:给下级直接授权,不要越级授权;应把权力授予最接近作出目标决策和执行的人员,使一旦发生问题,可立即作出反应。二是授要原则。指授给下级的权力应该是下级在实现目标中最需要的、比较重要的权力,能够解决实质性问题。三是明责授权。授权要以责任为前提,授权同时要明确其职责,使下级明确自己的责任范围和权限范围。四是动态原则。针对下级的不同环境条件、不同的目标责任及不同的时间,应该授予不同的权力。贯彻动态原则体现了从实际需要出发授权,具体可采取三种授权方式:一是单项授权。即只授予决策或处理某一问题的权力,问题解决后,权力即行收回;二是条件授权。即只在某一特定环境条件下,授予下级某种权力,环境条件改变了,权限也应随之改变;三是定时授权。即授予下级的某种权力有一定的时间期限,到期权力应该收回。从前述原则来看,派出机构要给予派驻机构和人员明确的、最为需要的权力,确保其能够行使职权,同时要求派出机构明确派驻机构的责任范围和权限,这样派驻机构才能很好地理顺工作关系,明确监督职责,在从严治党、推进廉政建设和反腐败斗争中发挥"前哨"作用。

定位准才能责任清,责任清才能敢担当。党的十八大以来,派驻机构按照中央纪委要求,聚焦中心任务,转职能、转方式、转作风,不断强化监督、执纪、问责。派驻纪检监察机构合署办公,派驻或者派出监察机构、监察专员职责与纪委派驻机构职责相匹配,要充分发挥"派"的权威和"驻"的优势,聚焦监督、调查、处置,使驻在单位和区域的党风廉政建设和反腐败工作得到切实加强,为全面从严治党提供有力支撑。

二、依法进行监督,提出监察建议

按照管理权限依法对有关单位和行政区域的公职人员进行监督,就是强调派驻纪检监察机构的监察权限,由派出机关按照本级管理权限授予。在深化监察改革先行试点地区,纪检监察机关均授予派驻纪检监察机构部分监察权限,但不包括调查职务犯罪的权力。

长期以来,派驻监察机构发挥了重要作用。但是,就新形势、新任务、新要求而言,派驻监察机构在覆盖范围、职责定位、日常监督等方面还存在很多不适应的地方,不敢监督、不善监督的问题还不同程度地存在。党的十八大以来,从中央到地方都在逐步完善有关体制机制,实现派驻监督全覆盖,对已有和新设的派驻机构,进一步明确职能、理顺关系、分清责任,切实强化监督职责。上级纪委监察机关定期约谈监察部门负责人,让派驻机关干部参加派出监察机关工作,派驻机构工作经费在驻在部门预算中单列,使派驻机构不再有依附性,避免出现"驻"的制约。这些举措,都将有利于派驻机构、监察专员加强日常监督,抓早抓小,从根本上预防和减少违纪违法现象的发生。实践证明,派驻监察机构必须强化"探头"意识,盯住人、看住事,把监督的触角延伸到前端,不断增强发现问题、解决问题的能力。要突出问题导向,对监督检查中发现的问题,要依纪依法进行调查,发现监督监察对象不履行或者不正确履行职责的,要严肃追究责任。

从实践情况看,派驻监察机构对公职人员进行监督、提出监察建议,要从三个方面入手:一是抓住"关键少数",突出监督重点。加强对被监督单位本级机关和直属单位的监督,加强对被监督单位领导班子及其成员和部门领导干部的监督,督促被监督单位党组(党委)切实履行管党治党主体责任。紧盯被监督单位是否坚持了党的领导、切实发挥了党的领导核心作用,是否执行了党章要求,是否贯彻了习近平新时代中国特色社会主义思想和基本方略,是否贯彻落实了党的十九大精神,是否坚持了党的理想信念宗旨,是否贯彻了党的路线方针政策,是否自觉维护中央权威、确保政令畅通,是否严格落实中央八项规定精神和选人用人有关规定,是否遵守国家法律法规等。二是健全监督机制,创新监督方式。规范日常监督方式,派驻纪检监察组要定期会同被监督单位党组(党委)专题研究全面从严治党、党风廉政建设和反腐败工作,建立监督对象廉政档案,完善对被监督单位管理的领导干部和后备干部考察人选的党风廉政情况提出书面意见的程序。三是结合监督执法,提出监察建议。对需要向被监督单位提出纪律检查建议和监察建议的,严格按规定程序办理。对问题及整改情况要逐项登记备案,持续跟踪督办,督促被监督单位明确责任目标、细化整改措施、扎实进行整改,确保整改落实到位。①

三、依法对公职人员进行调查、处置

依法对公职人员进行调查、处置,是派驻监察机构的法定职责。从党的十八大以来的实践情况看,派驻或者派出的监察机构、监察专员可以根据授权,对有关公职人员涉嫌贪污贿赂、滥用职权、玩忽职守、权力寻租、利益输送、徇私舞弊以及浪费国家资财等职务违法进行调查,根据调查结果,对违法的公职人员依照法定程序作出警告、记过、记大过、降级、撤职、开除等政务处分决定。但其调查、处置对象,不包括派驻或者派出它的监察委员会直接负责调

---

① 《加强派驻机构建设之六——推进全面派驻 监督全面从严》,《中国纪检监察报》2015年9月21日。

查、处置的公职人员。比如,国家监察委员会派驻的监察机构,可以依法调查、处置驻在机关、部门的司局级及以下干部,但是对于驻在机关、部门的中管干部,则要由国家监察委员会来进行调查、处置。随着监察法施行后国家监察体制改革的不断深化,派驻或者派出的监察机构、监察专员到底有哪些调查、处置职权,也需要根据实践的发展不断总结提炼、规范完善。

监察委员会调查可以行使 12 项法定手段。派驻纪检监察机构经向上级请示,根据派出机关授权,可以使用谈话、询问、查询、调取等不限制被调查人人身、财产权利的措施;需要采取其他调查手段的,必须报派出机关同意,以监察委员会的名义行使,或者由监察委员会相关内设机构组织实施,派驻纪检监察机构予以配合。地方纪委监委派驻纪检监察机构不得使用留置措施。从派驻机构对公职人员监督的实践情况来看,基于调查、处置的专业性、权威性考虑,派驻监察机构、监察专员对反映驻在部门党组和领导班子及其成员违反政纪、法律的问题进行初步核实;需要立案调查的,由纪委监察机关有关纪检监察室按规定程序办理,派驻监察机构、监察专员可参与调查。

派驻监察机构的处置职责,主要是按照干部管理权限,对公职人员作出政务处分决定。监察对象为行政机关公务员的,依照《中华人民共和国公务员法》、《行政机关公务员处分条例》及其他有关规定执行。监察对象为党的机关、人大机关、政协机关、各民主党派和工商联机关公务员的,依照《关于党的机关、人大机关、政协机关、各民主党派和工商联机关公务员参照执行〈行政机关公务员处分条例〉的通知》要求,按照《中华人民共和国公务员法》的有关规定,参照《行政机关公务员处分条例》执行。监察对象为审判机关、检察机关公务员的,依照《中华人民共和国公务员法》《中华人民共和国法官法》《中华人民共和国检察官法》等有关规定执行。监察对象为参照公务员法管理人员的,参照《行政机关公务员处分条例》执行。监察对象为事业单位工作人员的,对于其中参照公务员法管理的,参照《行政机关公务员处分条例》执行。对于其他事业单位工作人员,依照《事业单位工作人员处分暂行规定》执行。

第七节 建立监察官制度

《监察法》第十四条规定:"国家实行监察官制度,依法确定监察官的等级设置、任免、考评和晋升等制度。"本条的主要目的是为建立中国特色监察官制度提供法律依据。建立监察官制度,是党中央在改革大局中明确的一项政治任务,是构建具有中国特色的国家监察体系的重要举措。

一、国家实行监察官制度的必然性

习近平总书记在主持研究深化国家监察体制改革、制定监察法过程中,多次对监察队伍建设提出明确要求。习近平总书记关于深化国家监察体制改革系列重要论述,为构建监察官制度指明了方向,明确了目标,树立了行动指南。中央纪委领导同志坚决贯彻落实习近平总书记重要讲话、指示精神,高度重视、态度鲜明,多次对构建监察官制度作出明确指示。监察法的规定落实了以习近平同志为核心的党中央作出的重要部署,为国家实行监察官制度确立了坚实的法律基础。

依据监察法的基本规定,立足中国历史文化传统,在吸收国(境)外有益经验的基础上,立足国情,形成具有中国特色的监察官制度体系,对监察官履职的政治、道德、廉洁等要求作出明确规定,实现权力、责任、义务、担当相统一,有利于监察机关工作人员增强工作的荣誉感、责任感和使命感,以更高的标准、更严的要求,依法履职尽责,为廉政建设和反腐败工作贡献力量,这也是深化国家监察体制改革过程中的重要组织制度创新,有利于推进国家治理体系和治理能力现代化。

国家实行监察官制度,有利于加强监察官的科学管理,保证监察官的专业素养,确保其忠实执行宪法和法律、依法行使监察权,增强监察官的责任心和荣誉感。根据本条规定,监察官是依法行使监察权的监察人员,这就意味着不是监察委员会的所有工作人员都可以成为监察官,而是以事权来确定监察官的设置。根据这一规定,监察官仅限于隶属于监察委员会,经依法任命的,具体承担监察工作的人员。监察委员会内从事行政管理、其他辅助性工作的人员和后勤服务人员等不属于监察官。

在中国历史上与"监察官"一词比较相近的概念是监察御史。监察御史是官职名称,隋朝开皇二年(公元582年)开始设立,改检校御史为监察御史。唐代御史台分为三院,监察御史属察院,官阶不高但权限广,负责监察百官、巡视郡县、纠正刑狱、肃整朝仪等事务,可以直接向皇帝弹劾违法乱纪和不称职的官员。宋元明清沿袭这一做法。明清废御史台设都察院,负责弹劾与建言,设都御史、副都御史、监察御史。监察御史分道负责,因而分别冠以某某道地名。在国外,并没有对应的概念,罗马共和时期,设立了"监察官(censor)"这一政府官职,从公元前443年到公元前22年一共存在了421年。监察官是罗马文职官员体系中仅次于独裁官的职位,其职权包括人口普查、公共道德,以及对政府财政的监督等等,与《监察法》所界定的监察官性质不同。

国家实行监察官制度是加强纪检监察队伍正规化、专业化、职业化建设的重要举措。在《监察法》颁布之前,纪委和监察机关合署办公,工作人员称为纪检监察员,纪检监察员是纪检监察机关内部非领导职务的一种称谓,一般为副科级、正科级、副处级、正处级、副厅级、正厅级纪检监察员等,套用的是行政职级,类似于员额制司法改革之前的检察员、审判员。以往纪检监察员基本属于内部称谓,并没有法律上的依据,原《行政监察法》使用的是监察机关和监察人员的称谓,并没有使用"监察员"一词,对监察人员也没有评定和晋升办法,纪检监察干部的升迁仍然是取决于能否获得行政职务职级。由于纪检监察干部的升迁很大程度上取决于当地党委的意见,因而,纪检监察干部对同级党委、政府进行监督就缺乏一定的独立性基础,依法履职没有更多法律上的保障,也就在一定程度上导致不敢监督、怠于监督的现象发生。监察官制度的建立,标志着纪检监察人员的职业化建设向前迈进了一大步,将推进反腐败专业人才建设,造就政治坚定、纪律严明、作风过硬、执法公正、打击精确、预防有效的国家反腐败专门力量。

二、监察官设置、任免、考评和晋升等制度设计

为确定监察官的等级设置、任免、考评和晋升等具体制度赋予法律依据。

在监察官等级设置上,要创制具有中国特色的监察官称谓和等级,独立于检察官、法官、警官制度,不照抄照搬。可以参考古今中外的监察官称谓,创制充分体现中国文化特点的监察官衔级名称。监察官等级既要层次合理,又要力求扁平化,体现精简、高效的队伍建设方针。在监察官任免、考评和晋升等制度设计上,要科学设立上下进退机制。监察官门槛要高、退出机制要强,尤其是要细化规定违法违规监察官降低衔级、处分等条件,把重音落在从严建设队伍上。对于监察官的工资待遇,要坚持权责对等原则,突出责任和担当,参考有关专业干部队伍的待遇标准,综合考虑国家财政负担能力等因素研究解决方案。需要注意的是,国家实行监察官制度,其具体依据是法律还是其他法规、规范性文件等,监察法并未作出明文规定,这有待进一步研究论证后再由有关机关进行决策。

依法确定监察官等级设置,既是国家对监察官专业水平的确认,也体现了国家给予监察官的荣誉。根据《监察法》的安排,国家设立监察官等级制度,就给监察官在行政职级之外提供了晋升的通道,这就使监察官从对行政职务职级的依赖中走出来,大部分人可以走专业化、职业化发展路线,只要政治过硬、依法履职、兢兢业业,就可以经考核合格逐级得到晋升,工资待遇也会相应提高,这种制度设计可以最大化地减少监察官的人事困扰,使其专心从事监察机关的本职工作。

监察官等级设置制度。当前,与监察官相类似的专业职位有检察官、法官和警官。目前,我国检察官、法官的级别分为4等12级,分别是:(一)首席大检察官、首席大法官;(二)大检察官、大法官:一级、二级;(三)高级检察官、法官:一级、二级、三级、四级;(四)检察官、法官:一级、二级、三级、四级、五级。再以人民警察的警衔制度为例,警衔是区分人民警察等级、表明人民警察身份的称号、标志和国家给予人民警察的荣誉。我国人民警察警衔分为5等13级,分别是:(一)总警监、副总警监;(二)警监:一级、二级、三级;(三)警督:一级、二级、三级;(四)警司:一级、二级、三级;(五)警员:一级、二级。监察官等级设置是采取类似于检察官、法官、警官的等级设置模式,还是创制独立于检察官、法官、警官的制度,还不得而知。要在充分借鉴检察官、法官和警官等级制度的基础上,按照层次合理、精简高效、便于管理的原则进行监察官等级设计,最终根据事先制定的标准,由有权机关对监察官按照干部管理权限审核后依照有关规定的权限批准、确定其等级。

监察官任免制度。由于《监察官法》尚未制定实施,监察官具体如何任免尚没有明确规定。但我们可以对法官、检察官的任免进行考察,以窥见其端倪。法官、检察官如何任免在《法官法》和《检察官法》中有明确规定。《法官法》第十一条规定,法官职务的任免,依照宪法和法律规定的任免权限和程序办理。其中,最高人民法院院长由全国人民代表大会选举和罢免,副院长、审判委员会委员、庭长、副庭长和审判员由最高人民法院院长提请全国人民代表大会常务委员会任免;地方各级人民法院院长由地方各级人民代表大会选举和罢免,副院长、审判委员会委员、庭长、副庭长和审判员由本院院长提请本级人民代表大会常务委员会任免;在省、自治区内按地区设立的和在直辖市内设立的中级人民法院院长,由省、自治区、直辖市人民代表大会常务委员会根据主任会议的提名决定任免,副院长、审判委员会委员、庭长、副庭长和审判员由高级人民法院院长提请省、自治区、直辖市的人民代表大会常务委员会任免;在民族自治地方设立的地方各级人民法院院长,由民族自治地方各级人民代表大会选举和罢免,副院长、审判委员会委员、庭长、副庭长和审判员由本院院长提请本级人民代表大会常务委员会任免;军事法院等专门人民法院院长、副院长、审判委员会委员、庭长、副庭长和审判员的任免办法,由全国人民代表大会常务委员会另行规定。《检察官法》第十二条规定,检察官职务的任免,依照宪法和法律规定的任免权限和程序办理。其中,最高人民检察院检察长由全国人民代表大会选举和罢免,副检察长、检察委员会委员和检察员由最高人民检察院检察长提请全国人民代表大会常务委员会任免;地方各级人民检察院检察长由地方各级人民代表大会选举和罢免,副检察长、检察委员会委员和检察员由本院检察长提请本级人民代表大会常务委员会任免;地方各级人民检察院检察长的任免,须报上一级人民检察院检察长提请该级人民代表大会常务委员会批准;在省、自治区内按地区设立的和在直辖市内设立的人民检察院分院检察长、副检察长、检察委员会委员和检察员由省、自治区、直辖市人民检察院检察长提请本级人民代表大会常务委员会任免;军事检察院等专门人民检察院检察长、副检察长、检察委员会委员和检察员的任免办法,由全国人民代表大会常务委员会另行规定。

监察官考评制度。对监察官进行考评,有助于强化和细化责任,明确内部监督控制的措施,加强对监察官的监督管理。因此,必须充分认识监察执法办案考评工作的重要性、必要性和科学性,全面准确科学地制定考评办法,确定不同人员的监察任务,提出量化质效考评标准。监察官考评,应当以政治过硬和监察执法为主导,涵盖办案数量、办案质量、办案效率、监察技能等方面,既注重结果,又注重过程控制;既注重数量,又注重质量。

监察官晋升制度。监察官晋升是指监察官等级初次评定后,按照规定的年限和条件,经过严格的考核和培训,经有权机关批准而晋升为上一等级监察官。监察官等级晋升与监察官等级设置、等级评定、等级的降低和取消等制度相结合,形成了监察官等级制度。

为保证监察官能依法履行好职责,有必要严设"门槛",提出监察官的基本条件和禁止情形,保留遴选监察官的竞争性,排除不符合要求人员。要严谨考核,聚焦客观表现;聚焦执纪执法办案经历,对"从事法律工作的年限"、"从事执纪执法办案工作的年限"等方面进行考察。监察官等级的晋升根据以往的检察官、法官等级晋升的做法,可以分为随职务提升而晋升、按期晋升和择优晋升三种情况:(1)随职务提升而晋升。监察官由于职务提升,其等级低于新任职务编制等级的,应当晋升至新任监察官职务编制等级的最低等级。(2)按期晋升。在所任职务编制等级幅度内按照规定的年限,经考核合格逐级晋升。这种方式适用于较低等级监察官的晋升。(3)择优晋升。根据限额和需要,按照规定的条件择优晋升。择优晋升适用于晋升为较高等级监察官的晋升。

三、监察官制度有待法律法规进一步明确

《监察法》只是原则上提出国家实行监察官制度,依法确定监察官等级设置、任免、考评和晋升制度。下一步要通过各地试点,探索建立符合监察工作规律和职业特点的监察官等级制度,这也是《监察法》制定后进一步完善监察制度的重要方面。

从检察官等级评定工作的历程来看,1998年年底,最高人民检察院出台

《中华人民共和国检察官等级暂行规定》和《评定检察官等级实施办法》,对实行检察官等级制度的基本原则,等级的设置,评定等级的范围、标准,审批权限,等级的晋升、降级、取消等都作了明确规定。1999 年 3 月底,首次评定检察官等级工作完成。根据检察官等级制度建立的经验,有必要制定《中华人民共和国监察官法》,规定监察官的条件和任免程序,监察官的考核、培训,监察官的辞职、辞退等制度。

建立一支高素质的,适应法治反腐需要的监察官队伍将是一项长期的任务。要确保监察官的素质,首先要从人员的选拔上入手,把好进人关,这就必须建立严格的录用制度,同时还要有科学的管理制度和合理的淘汰机制。要保证这些制度得以切实地贯彻执行,就必须通过科学立法,将其以《监察官法》的形式固定下来。

第三章　监察范围和管辖研究

第一节　监察对象和范围

《监察法》第十五条规定："监察机关对下列公职人员和有关人员进行监察:(一)中国共产党机关、人民代表大会及其常务委员会机关、人民政府、监察委员会、人民法院、人民检察院、中国人民政治协商会议各级委员会机关、民主党派机关和工商业联合会机关的公务员,以及参照《中华人民共和国公务员法》管理的人员;(二)法律、法规授权或者受国家机关依法委托管理公共事务的组织中从事公务的人员;(三)国有企业管理人员;(四)公办的教育、科研、文化、医疗卫生、体育等单位中从事管理的人员;(五)基层群众性自治组织中从事管理的人员;(六)其他依法履行公职的人员。"规定本条的主要目的是用法律的形式把国家监察对所有行使公权力公职人员的全覆盖固定下来。

一、对所有公职人员监察全覆盖的政治意旨

党的十八届四中全会通过的《中共中央关于全面推进依法治国若干重大问题的决定》提出,必须以规范和约束公权力为重点,加大监督力度。我国宪法规定,中华人民共和国的一切权力属于人民。公权力是国家权力或公共权力的总称,是法律法规规定的特定主体基于维护公共利益的目的对公共事务管理行使的强制性支配力量。马克思、恩格斯指出,一切公职人员必须"在公众监督之下进行工作",这样"能可靠地防止人们去追求升官发财"和"追求自己的特殊利益"。列宁在《国家与革命》中指出:"对一切公职人员毫无例外地

实行全面选举制并可以随时撤换,把他们的薪金减低到普通'工人工资'的水平。"马克思主义经典作家都强调,公职人员手中的权力不是私有物,而是人民给予的职责,要利用手中的权力为人民服务,当人民的勤务员,都是"人民公仆"。监察对象的范围,是所有行使公权力的公职人员。公职人员在国家的经济、政治和社会生活中行使公共职权、履行公共职责等。判断一个人是不是公职人员,关键看他是不是行使公权力、履行公务,而不是看他是否有公职。

以零容忍态度惩治腐败是中国共产党鲜明的政治立场,是党心民心所向,必须始终坚持在党中央统一领导下推进。当前反腐败斗争形势依然严峻复杂,与党风廉政建设和反腐败斗争的要求相比,以前行政监察体制机制存在着监察范围过窄的突出问题。国家监察体制改革之前,党内监督已经实现全覆盖,而依照行政监察法的规定,行政监察对象主要是行政机关及其工作人员,还没有做到对所有行使公权力的公职人员全覆盖。在我国,党管干部是坚持党的领导的重要原则。作为执政党,我们党不仅管干部的培养、提拔、使用,还必须对干部进行教育、管理、监督,必须对违纪违法的干部作出处理,对党员干部和其他公职人员的腐败行为进行查处。监察法确定的监察对象,符合我国的政治体制和文化特征,体现制度的针对性和操作性。

二、对所有公职人员监察全覆盖的基本内涵

(一)公务员和参公管理人员

公务员和参公管理人员是监察对象中的关键和重点。根据公务员法的规定,公务员是指依法履行公职、纳入国家行政编制、由国家财政负担工资福利的工作人员。主要包括8类:

1. 中国共产党机关公务员。包括:(1)中央和地方各级党委、纪律检查委员会的领导人员;(2)中央和地方各级党委工作部门、办事机构和派出机构的工作人员;(3)中央和地方各级纪律检查委员会机关和派出机构的工作人员;(4)街道、乡、镇党委机关的工作人员。

2. 人民代表大会及其常务委员会机关公务员。包括:(1)县级以上各级人民代表大会常务委员会领导人员,乡、镇人民代表大会主席、副主席;(2)县

级以上各级人民代表大会常务委员会工作机构和办事机构的工作人员；
(3)各级人民代表大会专门委员会办事机构的工作人员。

3. 人民政府公务员。包括：(1)各级人民政府的领导人员；(2)县级以上各级人民政府工作部门和派出机构的工作人员；(3)乡、镇人民政府机关的工作人员。

4. 监察委员会公务员。包括：(1)各级监察委员会的组成人员；(2)各级监察委员会内设机构和派出监察机构的工作人员，派出的监察专员等。

5. 人民法院公务员。包括：(1)最高人民法院和地方各级人民法院的法官、审判辅助人员；(2)最高人民法院和地方各级人民法院的司法行政人员等。

6. 人民检察院公务员。包括：(1)最高人民检察院和地方各级人民检察院的检察官、检察辅助人员；(2)最高人民检察院和地方各级人民检察院的司法行政人员等。

7. 中国人民政治协商会议各级委员会机关公务员。包括：(1)中国人民政治协商会议各级委员会的领导人员；(2)中国人民政治协商会议各级委员会工作机构的工作人员。

8. 民主党派机关和工商业联合会机关公务员。包括中国国民党革命委员会中央和地方各级委员会，中国民主同盟中央和地方各级委员会，中国民主建国会中央和地方各级委员会，中国民主促进会中央和地方各级委员会，中国农工民主党中央和地方各级委员会，中国致公党中央和地方各级委员会，九三学社中央和地方各级委员会，台湾民主自治同盟中央和地方各级委员会的公务员，以及中华全国工商业联合会和地方各级工商联等单位的公务员。

公务员身份的确定，有一套严格的法定程序，只有经过有关机关审核、审批及备案等程序，登记、录用或者调任为公务员后，方可确定为公务员。

参照《中华人民共和国公务员法》管理的人员，是指根据公务员法规定，法律、法规授权的具有公共事务管理职能的事业单位中除工勤人员以外的工作人员，经批准参照公务员法进行管理的人员。比如，中国证券监督管理委员会，就是参照公务员法管理的事业单位。列入参照公务员法管理范围，应当严格按照规定的条件、程序和权限进行审批。

（二）依法受委托管理公共事务的人员

监察法规定的法律、法规授权或者受国家机关依法委托管理公共事务的组织中从事公务的人员，主要是指除参公管理以外的其他管理公共事务的事业单位，比如疾控中心等的工作人员。在我国，事业单位人数多，分布广，由于历史和国情等原因，在一些地方和领域，法律、法规授权或者受国家机关依法委托管理公共事务的事业单位工作人员，其数量甚至大于公务员的数量。由于这些人员也行使公权力，为实现国家监察全覆盖，有必要将其纳入监察对象范围，由监察机关对其监督、调查、处置。

（三）国有企业管理人员

根据有关规定和实践需要，作为监察对象的国有企业管理人员，主要是国有独资企业、国有控股企业（含国有独资金融企业和国有控股金融企业）及其分支机构的领导班子成员，包括设董事会的企业中由国有股权代表出任的董事长、副董事长、董事，总经理、副总经理，党委书记、副书记、纪委书记，工会主席等；未设董事会的企业的总经理（总裁）、副总经理（副总裁），党委书记、副书记、纪委书记，工会主席等。此外，对国有资产负有经营管理责任的国有企业中层和基层管理人员，包括部门经理、部门副经理、总监、副总监、车间负责人等；在管理、监督国有财产等重要岗位上工作的人员，包括会计、出纳人员等；国有企业所属事业单位领导人员，国有资本参股企业和金融机构中对国有资产负有经营管理责任的人员，也应当理解为国有企业管理人员的范畴，涉嫌职务违法和职务犯罪的，监察机关可以依法调查。

（四）公办事业单位中从事管理的人员

作为监察对象的公办的教育、科研、文化、医疗卫生、体育等单位中从事管理的人员，主要是该单位及其分支机构的领导班子成员，以及该单位及其分支机构中的国家工作人员，比如，公办学校的校长、副校长，科研院所的院长、所长，公立医院的院长、副院长等。

公办的教育、科研、文化、医疗卫生、体育等单位及其分支机构中层和基层管理人员，包括管理岗六级以上职员，从事与职权相联系的管理事务的其他职员；在管理、监督国有财产等重要岗位上工作的人员，包括会计、出纳人员，采购、基建部门人员涉嫌职务违法和职务犯罪，监察机关可以依法调查。此外，临时从事与职权相联系的管理事务,包括依法组建的评标委员会、竞争性谈判采购中谈判小组、询价采购中询价小组的组成人员,在招标、政府采购等事项的评标或者采购活动中,利用职权实施的职务违法和职务犯罪行为,监察机关也可以依法调查。

（五）基层群众性自治组织中从事管理的人员

作为监察对象的基层群众性自治组织中从事管理的人员,包括村民委员会、居民委员会的主任、副主任和委员,以及其他受委托从事管理的人员。根据有关法律和立法解释,这里的"从事管理",主要是指:（1）救灾、抢险、防汛、优抚、扶贫、移民、救济款物的管理;（2）社会捐助公益事业款物的管理;（3）国有土地的经营和管理;（4）土地征用补偿费用的管理;（5）代征、代缴税款;（6）有关计划生育、户籍、征兵工作;（7）协助人民政府等国家机关在基层群众性自治组织中从事的其他管理工作。

（六）其他依法履行公职的人员

为了防止出现对监察对象列举不全的情况,避免挂一漏万,监察法设定了这个兜底条款。但是对于"其他依法履行公职的人员"不能无限制地扩大解释,判断一个"履行公职的人员"是否属于监察对象的标准,主要看其是否行使公权力,所涉嫌的职务违法或者职务犯罪是否损害了公权力的廉洁性。

需要注意的是,公办的教育、科研、文化、医疗卫生、体育等单位中具体哪些人员属于从事管理的人员,需要随着实践的发展,不断完善。①

三、对公职人员和有关人员的概念辨析

监察机关对公职人员和有关人员进行监察,将"公职人员"和"有关人员"纳入监察范畴,体现了在新的国家监察制度下,监察机关对所有行使公权力的公职人员均实施监察,实现监察对象的全覆盖。我们可以从以下方面把握公职人员和有关人员的概念。

（一）公职人员的含义与特点

由于世界各国历史、传统、政治、经济等因素的不同,对公职人员的定义、

---

① 本节基本内涵内容参见中共中央纪律检查委员会、国家监察委员会法规室编写:《〈中华人民共和国监察法〉释义》,中国方正出版社 2018 年版,第 108—114 页。

称呼与范围的确定也不同。目前对公职人员的称呼,有"文官"、"公务员"、"公务人员"、"公共职员"、"公共雇员"等:①文官(the Civil Official)主要在行政组织的专著、译介中使用,意识形态色彩淡化,体现公共官僚含义;公务员(the Civil Servant)的定义与范畴,其实质包含公共职员(the Public Servant)或者公共雇员(the Public Employee),但是按照职业、职务分类的不同,其调整的法律规定也不相同。公职人员是具体行使公共权力的人员,与"公职"紧密相连,是与作为公权力的机关发生法律关系的人员的统称。② 因此,所谓公职人员,就是指从事公共性事务、提供公共性服务、履行公共性职能的人员。例如记者为"履行社会舆论监督职能,行使对国家公共事务的管理监督权力,属于国有事业单位中从事公务人员"。③ 而律师、税务咨询代理人员等,属于为社会提供中介服务的人员,这类人从事的代理咨询等活动,"是一种服务性质的劳务活动而非公务"。④

　　显然,公职人员在性质上具有权力性或公务性和管理性,与一定的权力职务紧密相连,是一种行使国家权力或者公共权力的人员,表现为领导、组织、监管、主管等管理性质活动。其核心或者本质特征是从事公务。所谓从事公务,是指代表国家对公共事务所进行的组织、领导、管理和监督等活动。对于从事公务的理解,在《全国法院审理经济犯罪案件工作座谈会纪要》中指出:"从事公务,是指代表国家机关、国有公司、企业、事业单位、人民团体等履行组织、领导、监督、管理等职责。公务主要表现为与职权相联系的公共事务以及监督、管理国有财产的职务活动。如国家机关工作人员依法履行职责,国有公司的董事、经理、监事、会计、出纳人员等管理、监督国有财产等活动,属于从事公务。那些不具备职权内容的劳务活动、技术服务工作,如售货员、售票员等所

---

① ［美］罗森布鲁姆等:《公共管理与法律》,张梦中等译,中山大学出版社 2007 年版,第 170 页。

② 姜明安主编:《行政法与行政诉讼法》,北京大学出版社、高等教育出版社 2011 年版,第 129 页。

③ 参见最高人民法院刑事审判第一、二、三、四、五庭编:《刑事审判参考》2010 年第 1 辑(总第 72 辑),第 81 页。

④ 转引自陈洪兵:《"国家工作人员"司法认定的困境与出路》,《东方法学》2015 年第 2 期。

从事的工作,一般不认为是公务。"

公职人员具有以下特征:一是代表性。即从事公共事务的管理不是代表个人,而是代表国家在行使管理职权。从事公务在具体形式上是代表国家机关、国有企事业单位、人民团体等,以国家机关、国有企事业单位、人民团体等国有单位的名义从事的活动。从事公务的本质,是国家利益或者社会公共利益体现。二是公务性。公务性是公职人员的主要特征。公职人员的具体行为是对国家和公共事务的组织、领导或者监督的公务行为。它与劳务存在区别。劳务是"直接从事物质生产或者社会服务性的活动",主要依靠主体提供体力劳动或者技术服务实现劳动力的价值。劳务是职业责任的一种履行行为,并非属于一种权力行为。劳务不具有组织、领导、监督等管理性特征,不具有公务性的管理内容。而公职人员的公务管理活动,具体表现为在国家机关、国有企事业单位,公共组织、科研单位,基层群众自治组织等国家和社会组织中,从事组织、领导、监督、管理的行为。三是法定性。公职人员履职具有法定性。国家机关工作人员、国有企业管理人员既可以是法律规定或者法律授权,也可以由国家机关依法依规委派委托,其公职人员的身份仅限于在职期间。因此,已经离职或者离退休或者被开除公职的人员,不再具有公职人员身份。但是上述人员利用担任公职形成的职务影响或者担任公职人员期间实施的职务违法或者职务犯罪行为的,应当视为公职人员。

(二)有关人员的范围界定

为了实现监察范围的全覆盖,《监察法》首次将"有关人员"纳入监察范围。那么"有关人员"的含义是指,按照国家法律或者国家机关委托在公共组织、集体事务组织中从事管理公共事务、集体事务的人员,或者具有执法权力的国家机关、事业单位聘任从事公务的人员,这些人员虽然不具有国家公职人员身份,但根据其履行职责的情况,应当纳入监察范围。具体包括:一是《监察法》第十五条第(二)、(五)、(六)项中规定的人员,即:"法律、法规授权或者受国家机关依法委托管理公共事务的组织中从事公务的人员;基层群众性自治组织中从事管理的人员;其他依法履行公职的人员。"二是由具有执法权力的国家机关、事业单位聘任从事公务的人员。根据立法和司法解释以及司法实践,下列人员也属于"有关人员":(1)正在履行代表职责的各级人民代表大会代表和各级政协委员；（2）协助人民政府从事抢险、救灾、救济、移民、优抚、扶贫、防汛款物的管理工作；从事社会捐助公益事业款物的管理工作；从事国有土地的经营和管理，土地征用补偿费用的管理，代征、代缴税款工作；从事计划生育、户籍、征兵工作和从事的其他行政管理工作的基层组织人员；（3）在人民法院依法履行审判职责的人民陪审员；公安机关委托履行监管职责的人员和委派承担监管职责的狱医；（4）国家机关委托从事行政执法活动的事业编制人员，国家机关和企事业单位返聘从事公职或者管理的人员；（5）依法履行职责的红十字会工作人员。

四、对所有公职人员监察全覆盖的制度特色

（一）国家政治制度

我国是中国共产党领导的，各民主党派合作的政治体制。《宪法》序言明确宣告："在长期的革命和建设过程中，已经结成由中国共产党领导的，有各民主党派和各人民团体参加的"广泛的爱国统一战线。共产党是执政党，各民主党派是参政党，人民政协是有广泛代表性的统一战线组织，是中国特有的政治制度。因此，政党机关、政协机关及其工作人员参与国家政治、经济、文化和社会事务，肯定应当作为监察范围，才能适应"治国必先治党，治党务必从严"的时代要求。与之政党制度配套的权力机关、行政机关、监察机关、审判机关、检察机关、军队中从事公务的人员，显然也应毫无例外地纳入监察范围。对于监察机关的自身监督，是社会各界关心的热点问题。权力导致腐败，绝对权力导致绝对腐败。深化国家监察体制改革的目的，就是完善党和国家的自我监督。监察机关的公职人员理应属于监察范围。

基于我国政治制度的特殊性，人民团体和社会团体是"当代中国政治生活的重要组成部分，大多带有准官方性质"。① 根据国务院《社会团体登记管理条例》第三条规定："成立社会团体，应当经其业务主管单位审查同意，并依照本条例的规定进行登记。"因此，社会团体实际附属在业务主管部门之下。根据统计，我国现有全国性的社会团体2000个，其中使用行政编制，有国家财

---

① 朱华：《受贿犯罪主体研究》，法律出版社2012年版，第119页。

政拨款的社会团体约 200 个,其中包括中华全国总工会、中国共产主义青年团、中华妇女联合会在内。社会团体包括:人民团体;社会公益团体,如中国福利会、残疾基金会;文艺工作者团体,如文学艺术工作者联合会、戏剧工作者协会、美术工作者协会;学术研究团体,如自然科学工作者协会、经济学会;宗教团体,如基督教、天主教、佛教协会等。[①] 人民团体在我国是一个政治性质的概念,现行宪法明确确认人民团体属于广泛爱国统一战线的成员之一。《中国人民政治协商会议章程》第二十条第一款规定,中国人民政治协商会议的组成包括人民团体在内。目前参加全国政协的人民团体有八大人民团体:中华全国总工会、中国共产主义青年团、中华妇女联合会、中国科学技术协会、中华全国归国华侨联合会、中华全国台湾同胞联谊会、中华全国青年联合会、中华全国工商业联合会。

此外,我国还有中国文联、中国科协、全国侨联、中国作协、中国法学会、对外友协、贸促会、中国残联、宋庆龄基金会、中国记协、全国台联、黄埔军校同学会、外交学会、中国红十字总会、中国职工思想政治工作研究会、欧美同学会等16 个社会团体。这些社会团体在机构编制和领导职数由中央机构编制部门直接确定,虽为非政府性组织,但在很大程度上行使部分政府职能,在我国代表着党和政府的形象。这些社团组织,从上至下在全国范围内均分设了相应的分支机构。基于此,不管是上述团体的总部,还是在地方设立的分支机构,其性质和工作职能相同。因此,基于上述社会团体和人民团体的特殊政治地位和管理机制,上述人员的公务行为是否廉洁,足以影响我们的政治制度,因此上述人员应当纳入监察范围。对于没有行政编制或财政拨款的社会团体,以及不属于政协组成团体的其他社会团体和人民团体,即纯粹的民间社团组织,则不属于监察范围。

(二)国家经济制度

《宪法》明确规定,公有制是我国的经济基础,私营经济和个体经济是公有经济的补充。因此,我国的经济体系,几乎按照所有制形式将公司、企业划分为全民所有制、集体所有制和私有制。对于集体所有制和私有制中的人员,

---

① 朱华:《受贿犯罪主体研究》,法律出版社 2012 年版,第 119—120 页。

如果没有委派的情况下,一般不存在监察的问题,监察范围主要涉及全民所有制企业和公司。全民所有制的企业、公司,按照国家规定属于国有企业或者公司,一般是由中央或者地方一个财政主体或者一个国家企事业单位设立的,利用全民所有制财产从事生产经营的企业或者公司。但是,随着国有企业改制,公司股份制改造,国有事业单位转型的不断出现,人事管理制度发生了一系列变化。而且现代国有企业规模大、组织结构和组织形式多样化,监察委员会既无可能,也无必要对所有国企工作人员进行监察,而应当主要针对国有企业和公司中的管理人员这一"关键少数"展开监察。① 因为国有企业和公司的管理人员,依法享有管理国有企业和公司的权力,其实质是对国有资产进行管理、配置,因此属于国家监察的对象。

目前对于国有独资企业属于监察范围没有争议,关键是对于国有控股、参股公司是否纳入监察范围存在不同的看法。根据司法实践的情况看,最高人民法院于 2001 年 5 月 23 日下发的《最高人民法院关于在国有资本控股、参股的股份有限公司中从事管理工作的人员利用职务便利非法占有本公司财物如何定罪问题的批复》规定:在国有资本控股、参股股份有限公司中从事管理的人员,除受国家机关、国有公司、企业、事业单位委派从事公务的以外,不属于国家工作人员。最高人民法院印发的《全国法院审理经济犯罪案件工作座谈会纪要》第一条第(二)项规定:"国家机关、国有公司、企业、事业单位委派在国有控股或者参股的股份有限公司从事组织、领导、监督、管理等工作的人员,应当以国家工作人员论;国有公司、企业改制为股份有限公司后原国有公司、企业的工作人员和股份有限公司新任命的人员中,除代表国有投资主体行使监督、管理职权的人外不以国家工作人员论。"《最高人民法院关于如何认定国有控股、参股股份有限公司中的国有公司、企业人员的解释》规定:国有公司、企业委派到国有控股、参股公司从事公务的人员,以国有公司、企业人员论。上述司法解释,顺应了我国经济改革的形势需要,解决了司法实践中对于国家工作人员的认定的困境,并已经被社会和人民群众所接受,故凡属于上述解释界定的国家工作人员,实际均属于监察范围。

---

① 马怀德:《〈国家监察法〉的立法思路与立法重点》,《环球法律评论》2017 年第 2 期。

（三）公务员法规定

2010 年修改《行政监察法》时，当时争论的焦点是是否应当将监察对象范围扩大到《公务员法》规定的范围。但是最终没有与公务员的范围进行衔接，也未实现以职权和公务的标准确定监察的对象，即使属于公务员的政协、检察等机关人员仍然不属于监察范围内。显然，行政监察法只是限于行政系统内部的全体部门，无法全面覆盖所有国家机关及其公务员，而党内纪检监督难以覆盖党外公务员，检察院的法律监督"限于现实因素难以发挥应有作用"。[①]因此，监察体制改革后，《监察法》的监察范围在原有行政监察范围的基础上必然有所突破，做到与《公务员法》的范围相衔接，否则难以据此"破解党纪难审非党员公务人员、监察难查非政府公职人员的难题"，形成全面覆盖国家机关及公职人员的国家监督体系。[②]《〈中华人民共和国公务员法〉实施方案》第二条规定公务员法的实施范围为：（一）中国共产党各级机关；（二）各级人民代表大会及其常务委员会机关；（三）各级行政机关；（四）中国人民政治协商会议各级委员会机关；（五）各级审判机关；（六）各级检察机关；（七）各民主党派和工商联的各级机关。具体为："凡纳入国家行政编制、由国家财政负担工资福利、依法履行公职的公务员，包括党内机关、人大、政府、政协、法院、检察院、民主党派、部分社会团体机关的公职人员，均受其监督。""《行政监察法》修改为《国家监察法》，扩大监察对象，将监察对象扩大到所有公共权力机关及其公务人员，实现监察对象全覆盖。"[③]

（四）事业单位性质

根据《事业单位登记管理暂行条例》第二条规定："本条例所称事业单位，是指国家为了社会公益目的，由国家机关举办或者其他组织利用国有资产举办的，从事教育、科技、文化、卫生等活动的社会服务组织。"被授权的事业单位工作人员是否均属于监察范围？按照权责一致的原则，对于纳入财政供养

---

① 秦前红：《困境、改革与出路：从"三驾马车"到国家监察——我国监察体系的宪制思考》，《中国法律评论》2017 年第 1 期。

② 秦前红：《困境、改革与出路：从"三驾马车"到国家监察——我国监察体系的宪制思考》，《中国法律评论》2017 年第 1 期。

③ 吴建雄：《国家监察体制改革的法治逻辑与法治理念》，《中南大学学报（社会科学版）》2017 年第 4 期。

体系的人员,不管是公立学校、医院(有些医院属于财政差额拨款单位)还是科研机构,由于国家财政供养或者国家投资、拨款的存在,这些单位人员在人民群众中,代表着党和政府从事医疗、卫生和文化等事业,直接影响党和政府在人民群众中的形象,故监察法将上述事业单位从事管理的人员均纳入监察范围。但是要注意下列两类人员的情况:

一是工勤人员。劳动部办公厅《〈关于临时工等问题的请示〉的复函》中规定,"所谓工勤人员,是指在国家机关、事业单位、社会团体里面,那些不参照公务员编制的员工。"同时规定对工勤人员应当按照《劳动法》签订的劳动合同实施管理,因此工勤人员与临时工、合同工不一样。从工作性质上来看,"工勤人员更多从事服务类工作,而未参与公权力对社会的管理,因此可不进入监察对象序列中。"①但是如果工勤人员在单位具体从事行政管理工作,即从事公务,那么应列入监察范围。

二是临聘人员。目前各地城管、公安、交警、房管等行政机关,包括法院和检察机关,由于受编制等因素的制约聘请了大量临聘人员,通过签订了聘用合同方式协助从事相应的行政或法律事务。临聘人员在机关中既非公务员,也不属于工勤人员,但由机关发放工资和福利。这类人员具有下列特点:1. 从从事的职责看,他们从事的是公共事务管理等工作,即属于公务的范畴。且与行政机关签订有聘用合同,对工作职责和范围由合同约定,具有委托的性质。2. 从薪酬来源看,属于国家机关,即财政资金供养的人员。3. 从服务对象看,大多是直接或者与机关工作人员一起行使职责,在人民群众中他们就是机关的一分子,这些人员的廉政、勤政影响着党和政府的形象。基于上述特点,从事公务性质的临聘人员应当纳入监察范围,对从事劳务的临聘人员,则不属于监察范围。

(五)现实社会状况

在监察委改革试点期间,山西省将原由公安机关管辖的国有公司、企业、事业单位人员行贿受贿、失职渎职以及村民委员会等基层组织人员贪污贿赂、职务侵占等罪名调整为监委管辖;浙江省将"国家机关、事业单位、国有企业

---

① 马怀德:《〈国家监察法〉的立法思路与立法重点》,《环球法律评论》2017 年第 2 期。

委派到其他单位从事公务的人员"纳入监察范围。① 这些试点成果,基于我国社会的现实状况,在《监察法》中予以吸收和转化。另外,当前我国存在一些其他履行公职行为的情况,这些情况主要包括:1. 授权、委托类人员。"授权和委托类"监察对象源自我国大量存在的授权行政和委托行政的现实状况。授权类,是按照行政法规定,直接由法律授权行使职权,且接受授权主体只能是机关或社会组织,不包括个人;而委托的受托方既可以是机关或组织,也可以是公民个人。具有法律、法规授权或国家行政机关依法委托的公共事务管理职能,则无论其工作人员是否由国家行政机关任命,只要其从事公务,便应属于监察范围。对于"委托"的认定,《刑法》第三百八十二条第二款规定:"受国家机关、国有公司、企业、事业单位、人民团体委托管理、经营国有财产的人员,利用职务上的便利,侵吞、窃取、骗取或者以其他手段非法占有国有财物的,以贪污论。"委托属于上述单位以平等主体身份就国有财产的管理、经营与被委托者达成的协议,受托前后受托人与委托单位之间都不存在行政上隶属关系,但在委托期间,委托单位与被委托人之间可能形成了一种监督关系。它与《刑法》第九十三条规定的"委派"型国家工作人员类型存在区别。委派的实质是任命,具有一定的行政性,委派方与被委派者间存在行政隶属性和服从性,双方关系不平等。② 但是"委托"、"委派"的共同特征均是从事公务。事实上,"委托"、"委派"区别就在于从事公务的来源不同:"委派"来源于国家机关、国有单位的任命、指派、提名、批准;而"委托"来源于承包、租赁合同及临时聘用等。基于此,对受委托在"管理公共事务的组织中从事公务的人员",应当纳入监察范围。2. 群众自治组织人员。《宪法》第一百一十一条规定,群众自治组织包括城市地区的居民委员会和农村地区的村民委员会。居民委员会和村民委员会在法律上虽为群众自治性组织,但不仅宪法对此有专条的规定,并有相应的组织法规范其活动。实践中居民委员会和村民委员会均从事了大量街道和乡镇交办的公共管理事务,其职务具有公共属性,其工作

---

① 《国家监察体制改革试点:实现监督"广义政府"》,http://www.law-lib.com 2017-11-6,来源:新华社。

② 参见沈志先主编:《职务犯罪审判实务》,法律出版社 2013 年版,第 45 页。

人员也由街道和乡镇以文件任命,为当地国家政权倚重,受街道和乡镇监督管理。现实中很难区分他们的工作,哪些属于国家机关交办事务,哪些属于群众自治性事务。因此,基于这些人员工作性质,对于居民委员会、村民委员会中从事管理事务的主任、副主任、委员等均要接受监察,纳入监察范围。但是基层群众性自治组织中,均有对应的党组织,包括支部书记、支部委员等人员。而群众性自治组织从事的管理工作,对内均要接受对应组织的领导,在具体自治事务管理中,往往要经过党组织的讨论决定。因此,对于基层群众自治组织中党组织从事管理的人员,也应纳入监察范围。否则,容易造成决策者、指挥者和组织者不受监察的怪象。3.其他依法履行公职的人员。监察法对于能够明确规定的五类人员外,对于其他依法履行公职的人员则采取兜底的方式规定。对于其他依法履行公职的人员,应当注意把握两个特征:一是被认定为公职人员是因为特定条件下行使了公共权力管理职能;二是必须是依照法律履行公务。根据上述特征,综合现实社会中的情况,其他依法履行公职的人员包括:一是各级人民代表大会代表和各级政协委员在履行公务过程时的代表(并非所有代表均是,仅指履行公务时的代表);二是在人民法院依法履行审判职责的人民陪审员,受公安机关委托履行监管职责的人员和委派承担监管职责的狱医;三是国家机关和企事业单位返聘从事公职或者管理的人员;四是依法履行职责的红十字会工作人员。对于公职人员离职或者退休后,一些人员仍然被原来单位返聘从事公务或者管理的人员,基于对其职务廉洁性要求,显然属于监察范围。

第二节　监察管辖原则

《监察法》第十六条规定:"各级监察机关按照管理权限管辖本辖区内本法第十五条规定的人员所涉监察事项。上级监察机关可以办理下一级监察机关管辖范围内的监察事项,必要时也可以办理所辖各级监察机关管辖范围内的监察事项。监察机关之间对监察事项的管辖有争议的,由其共同的上级监察机关确定。"本规定的主要目的是明确各级监察机关办理监察事项的职权分工。

一、监察机关管辖原则的基本内涵

监察机关各司其职、各尽其责的前提是责任清晰。对监察机关的管辖范围作明确规定，既可以有效避免争执或推诿，又有利于有关单位和个人按照监察机关的管辖范围提供问题线索，充分发挥人民群众反腐败的积极性。同时，对提级管辖和管辖争议解决方式作出规定，可以增强监察工作的机动性、实效性，做到原则性与灵活性相结合。监察机关管辖原则包括：

一般管辖。监察委员会实行的是级别管辖与地域管辖相结合的原则，各级监察委员会按照干部管理权限对本辖区内的监察对象依法进行监察。本条中"按照管理权限"指的是按照干部管理权限，比如，国家监察委员会管辖中管干部所涉监察事项，省级监委管辖本省省管干部所涉监察事项等。对于《监察法》第十五条第五项规定的"基层群众性自治组织中从事管理的人员"，其所涉监察事项由其所在的县级监察委员会管辖，县级监察委员会向其所在街道、乡镇派出监察机构、监察专员的，派出的监察机构、监察专员可以直接管辖。

提级管辖。提级管辖是对分级管辖制度的必要补充，便于处理一些难度较大的监察事项。上级监察机关首先要按照一般管辖的分工，管好自己管辖范围内的监察事项，如果按规定应由下级监察机关管辖的事项，上级监察机关也都去办理，管得过多，不仅管不过来，也不可能管好，不利于发挥下级监察机关工作的主动性和积极性，影响监察工作有序、正常开展。上级监察机关办理下级监察机关管辖范围内的监察事项，从实践来看主要限于以下几种情况：（1）上级监察机关认为在其所辖地区有重大影响的监察事项；（2）上级监察机关认为下级监察机关不便办理的重要复杂的监察事项，以及下级监察机关办理可能会影响公正处理的监察事项；（3）领导机关指定由上级监察机关直接办理的监察事项。

管辖争议。管辖争议是指对于同一监察事项，有两个或者两个以上监察机关都认为自己具有或者不具有管辖权而发生的争议。两个或者两个以上监察机关发生管辖争议之后，应报请它们的共同上级监察机关，由该上级监察机关确定由哪一个监察机关管辖。"共同的上级监察机关"，是指同发生管辖争议的两个或者两个以上监察机关均有领导与被领导关系的上级监察机关。这一规定的基础是隶属关系，比如，同一省的两个地市监察委员会的共同上级监察机关,是该省监察委员会;两个县级监察委员会,如分属同一省内的两个不同地市,其共同的上级监察机关还是该省监察委员会。

需要注意的是,监察机关在工作实践中,既不能越权办理不属于自己管辖的监察事项,也不能放弃职守把自己管辖的监察事项推出不管。如果不能依法确定某个监察事项是否属于自己的管辖范围,要及时请示上级监察机关予以明确。①

二、监察机关管辖原则的法理分析

（一）监察机关按照管理权限管辖本辖区内监察事项

各级监察机关按照管理权限管辖本辖区内《监察法》第十五条规定的人员所涉监察事项,是对监察机关管辖原则的一般规定。"管辖"在现代汉语中是指对人员、事务、区域、案件等管理、统辖。国家监察法中的管辖则指各级监察机关受理调查监察事项的工作分工,即监察事项具体由哪一级监察机关负责立案调查的权力。它与刑事诉讼中的管辖存在区别,刑事诉讼中的管辖一般分为立案管辖和审判管辖。立案管辖是指公安机关、人民检察院和人民法院等机关立案受理刑事案件的分工。审判管辖,一般是指各级人民法院受理一审刑事案件的具体分工。审判管辖包括级别管辖、地域管辖、专门管辖和指定管辖等。

监察管辖是赋予监察机关对案件管理权的重要制度,所谓"无管辖权则无办案权"。它是各级监察机关按照管理权限对监察事项(又可简称"监察案件")实施调查权的前提和依据。管辖的前提要考虑两个因素:一是监察范围因素;二是监察事项因素。监察范围因素,是对象的因素,即各级监察机关可以实施监察的具体人员范围。监察事项因素,是指各级监察机关可以对那些监察事项实施调查。根据管辖来源和性质的不同,可以将监察管辖分为一般管辖、选择管辖、指定管辖和移送管辖。按照管辖的人员与事项不同,可以分为对人的管辖和对事的管辖。对人的管辖,就是监察法监察范围中规定的人

---

① 本节基本内涵内容参见中共中央纪律检查委员会、国家监察委员会法规室编写:《〈中华人民共和国监察法〉释义》,中国方正出版社 2018 年版,第 115—118 页。

员,即本法第十五条规定的人员。对事的管辖,分成三项,即一是公职人员的依法履职、秉公用权、廉洁从政以及道德操守情况;二是公职人员的职务违法情况;三是公职人员职务犯罪情况。按照程序正义理念,管辖是程序正义的一部分,可以保证监察权调查程序启动、监察资源配置、办案效率提高乃至促进监察案件实体公正等功能。相对于职务违法、职务犯罪调查而言,各级监察机关管辖的监察事项与刑事诉讼法管辖存在一定的关联性。因为,按照监察法的规定,职务犯罪案件监察机关具有调查权力,显然原来由人民检察院侦查的职务犯罪案件,依法转由监察机关调查。但是对于职务犯罪案件进入司法程序后,涉及的起诉管辖、审判管辖,并非监察法规定的监察案件管辖。

(二)上级监察机关可以办理下一级和所辖各级监察机关管辖的监察事项

上级监察机关可以办理下一级监察机关管辖范围内的监察事项,必要时也可以办理所辖各级监察机关管辖范围内的监察事项,这是对监察机关提级管辖的规定。为了加强上级监察机关对下级监察机关的监督,监察法赋予上级监察机关管辖下级监察机关管辖的案件。由于各级监察机关实行的是垂直领导体制,因此上级监察机关对下级监察机关具有提级指挥权力,有权监督、指挥下级监察机关调查的案件,上级监察机关也可以自行处理指挥监督下级监察机关的案件。显然,监察法规定上级监察机关对下级监察机关管辖的案件,可以不受一般管辖的限制与约束,具有提级管辖的权力。即上级监察机关可以办理下一级监察机关,必要时对辖区内所有各级监察机关管辖范围内的监察事项管辖。上级监察机关可以管辖下一级,也可以跨级管辖,甚至跨两级三级管辖。

实践中"必要的时候"主要有:1. 下级监察机关对案件查办不力;2. 不便管辖,遇到来自外部的严重压力和干扰,影响案件的公正管辖等情形;3. 案情重大、复杂或者案件涉及面广、社会影响大;4. 有权管辖的监察机关出现主要负责人回避等。当上级监察机关认为有必要管辖下级监察机关管辖的监察事项时,应当向下级监察机关下达改变管辖决定书。提级管辖可以加强上级监察机关对下级监察机关办理案件的监督和支持,对下级监察机关案件办理中遇到阻力不便办理或者办理不力时,上级监察机关可以突破一般管辖原则,将案件交由自己办理,从而加强案件办理力度,促使案件顺利办结。

（三）管辖有争议的监察事项共同的上级监察机关确定

监察机关之间对监察事项的管辖有争议的,由其共同的上级监察机关确定,这是对监察机关争议管辖的规定。由于监察事项和监察对象的复杂性,监察管辖有时存在交叉、重叠或者管辖模糊的情况。为了保证各级监察机关正确履职,防止因各种原因,发生争执管辖,或者推诿管辖的现象。监察法规定了监察管辖争议的处置原则,即上级确定管辖争议原则。当监察事项存在管辖争议时,相应的监察机关应当就争议的监察事项提交共同的上级监察机关确定,才能行使管辖权力。如果管辖争议产生在跨省的相关监察机关之间,则应提交国家监察委员会直接确定。

监察机关的一般管辖、提级管辖和管辖争议,一是有利于实施监督、调查、处置权力的具体化和规范化。管辖的明确可以充分调动和发挥各级监察机关应有的作用。根据《监察法》的规定,监察机关的案件管辖一般会考虑人员情况、地域情况和案件不同性质等情况,这样可以充分发挥各级监察机关的力量,保证监察案件及时、准确查处。二是有利于明确监察机关的权力,强化监察机关的责任。明确监察管辖,可以使各级监察机关能够切实履行监督、调查和处置责任,及时、准确地行使监察权力,防止推诿和疏于履职的情况,确保各级监察机关恪尽职守、各司其职。三是有利于对监察事项具体分工的落实。明确监察管辖,可以有利于其他国家机关、社会团体和社会大众向有管辖权的监察机关检举和举报职务违法、职务犯罪行为,接受他们的监督,以维护国家利益、公共利益和公民的合法权益。四是各级监察机关办案质量和办案效率的保证。监察机关案件质量的首要体现就是案件具有管辖权,如果案件没有管辖权,显然监察案件的质量是无法谈起的。效率是"以最少的资源投入取得最大的回报",管辖的规定可以提高办案效率,其机理在于当监察案件管辖不明或管辖存在争议等管辖原因时,会影响监察事项的立案查处,也会影响办案周期。此外,通过上级监察机关的选择管辖和管辖争议,合理控制和使用各级监察机关的监察资源,发挥各级监察机关的力量,从而大大便利办案和提高办案效果。

第三节　指定管辖和报请提级管辖

《监察法》第十七条规定："上级监察机关可以将其所管辖的监察事项指定下级监察机关管辖,也可以将下级监察机关有管辖权的监察事项指定给其他监察机关管辖。监察机关认为所管辖的监察事项重大、复杂,需要由上级监察机关管辖的,可以报请上级监察机关管辖。"本条的主要目的是对监察事项的一般管辖原则作出补充,使监察事项能够实事求是、高效地得到办理。

一、指定管辖和报请提级管辖的基本内涵

"指定管辖",是指根据上级监察机关的指定而确定监察事项的管辖机关。一方面,对于原本属于自己所管辖的监察事项,上级监察机关可以将其指定给所辖的下级监察机关管辖。比如,省级监察委员会可以将自己管辖的监察事项指定本省内的某个市级监察委员会管辖。规定指定管辖,体现了上级监察机关对下级监察机关的领导,同时也能够增强工作灵活性。进行指定管辖的主要原因是根据工作需要,在指定时上级监察机关要予以通盘考虑。比如,上级监察机关的工作任务比较饱满,而下级监察机关的人员和能力又足以承担移交给其办理的监察事项,为尽快保质保量完成工作任务,上级监察机关可以将其所管辖的监察事项指定下级监察机关管辖。另一方面,上级监察机关可以将下级监察机关有管辖权的监察事项指定给自己所辖的其他监察机关管辖。一般适用于以下情况:(1)地域管辖不明的监察事项。比如,涉嫌职务违法犯罪行为由分属两个或者两个以上行政区域的监察对象共同所为,可以由上级监察机关指定其中一个下级监察机关将有管辖权的监察对象的涉嫌职务违法犯罪行为交由另一个下级监察机关管辖。(2)由于各种原因,原来有管辖权的监察机关不适宜或者不能办理某监察事项。比如,为了排除干扰,上级监察机关可以指定该监察机关将该监察事项交由其他监察机关办理,以保证监察事项能够得到正确、及时处理。

"报请提级管辖",是指监察机关因法定事由可以报请上级监察机关管辖

原本属于自己管辖的监察事项。监察机关应当按照一般管辖的分工,尽全力管好自己管辖范围内的监察事项。但是,当监察机关考虑到所在地方的实际情况,以及本机关的地位、能力,认为所管辖的监察事项实属重大、复杂,而尽自己力量不能或者不适宜管辖的,可以报请上级监察机关管辖。从实践来看主要包括以下几种情况:(1)监察机关认为有重大影响、由上级监察机关办理更为适宜的监察事项;(2)监察机关不便办理的重大、复杂监察事项,以及自己办理可能会影响公正处理的监察事项;(3)因其他原因需要由上级监察机关管辖的重大、复杂监察事项。

需要注意的是,上级监察机关进行指定管辖,要根据办理监察事项的实际需要和下级监察机关的办理能力等因素确定,不能把自己管辖的监察事项一概指定下级监察机关管辖,当“甩手掌柜”;也不能不顾实际情况进行指定,造成下级监察机关工作上的混乱,影响监察实效。[①]

二、指定管辖和报请提级管辖的法理分析

(一)指定管辖的法理分析

上级监察机关可以将其所管辖的监察事项指定下级监察机关管辖,也可以将下级监察机关有管辖权的监察事项指定给其他监察机关管辖。这是对监察机关指定管辖原则的规定。为了确保各级监察机关及时、准确办理案件,监察法设立了管辖转移规定,以通过“最优管辖”的方式,即以最便利和最有可能办结案件的情况下确定案件的具体管辖,实现监察效力的高效运行。

指定管辖是指上级监察机关依据职权和案件性质,将自己管辖的案件,或者所辖下级监察机关管辖的监察事项指定下级其他监察机关办理。指定管辖实质是赋予上级监察机关在一定情况下变更或者确定案件管辖的机动权,其主要目的在于:合理平衡监察资源,充分调动监察力量,实现监察职能高效发挥和监察范围的全覆盖。其内在机理是基于上下级监察机关垂直领导的缘故,上级监察机关领导下级监察机关,下级监察机关对上级监察机关负责。

---

① 本节基本内涵内容参见中共中央纪律检查委员会、国家监察委员会法规室编写:《〈中华人民共和国监察法〉释义》,中国方正出版社 2018 年版,第 119—121 页。

根据《监察法》第十七条的规定,指定管辖有两种情况:一是上级监察机关将自己管辖的监察事项指定下级监察机关管辖。《监察法》第十七条第一款规定,上级监察机关可以将其所管辖的监察事项指定下级监察机关管辖。由于上级监察机关工作的重心和任务的不同,可能存在将一些本应属于自己办理的监察事项,指定下级监察机关办理。之所以将自己的管辖的监察事项指定下级办理,并非上级监察机关推诿管辖,而是基于这一类案件案情简单、调查难度不大,或者由下级监察机关办理,更便利于调查的顺利进行,或者更可能产生良好办案效果。同时也是上级监察机关合理调配监察工作任务,发挥监察整体力量的有效方式。二是上级监察机关将下级监察机关管辖的监察事项指定其他监察机关管辖。这种指定管辖,实践中又称异地管辖。异地管辖的原因在于监察事项需要异地管辖才能确保公正、公平,实现程序正义与实体正义的统一。这些情形主要有:监察事项在当地或者一定区域内有重大社会影响;监察对象属于当地党政主要负责人,或者下级监察机关不宜或者不便行使管辖的案件,如下级监察机关主要负责人需要回避的案件,下级监察机关管辖的监察事项受到地方严重干扰等情况。为了保证监察机关及时、有效地行使监察职责,上级监察机关将下级监察机关管辖的监察事项指定其他监察机关管辖。上级监察机关包括:直接的上级监察机关和跨级的上级监察机关,乃至到国家监察委员会。指定的其他监察机关可以是所辖的下级监察机关,也可以是跨地区、跨省指定到全省乃至全国其他监察机关,包括平级的监察机关。

指定管辖与上级监察机关确定管辖争议有区别。《监察法》第十六条第三款规定,"监察机关之间对监察事项的管辖有争议的,由其共同的上级监察机关确定"。《监察法》第十六条第三款规定的是管辖争议的确定,并非属于指定管辖。两者不仅管辖转移的事由不同,而且接受管辖的监察机关也不同。管辖争议的确定,是共同的上级监察机关可能将监察事项确定给有管辖权的下级监察机关,也可能确定给没有管辖权的下级监察机关。而指定管辖,仅包括将有管辖权的下级监察机关的监察事项指定给没有管辖权的其他监察机关,其他监察机关不限于是下级,还包括是平级。管辖争议是因为监察机关就监察事项的管辖产生分歧,或者由于个别情况法律规定不明确导致管辖争议,从而出现相互推诿管辖或者多个监察机关争先管辖。"管辖不明的监察事项",

主要是指监察事项在法律中没有明确规定和监察事项应由谁管辖存在争议。

上级监察机关在对职务犯罪调查的指定管辖时,还应注意和人民法院审判管辖相对应。监察机关在立案调查职务犯罪案件异地管辖时,需要预先考虑在异地起诉、审判的实际情况,并应当在移送审查起诉前,与检察机关和人民法院协商指定审判管辖。确保指定管辖的职务犯罪案件,既能适应监察机关调查活动的需要,又能与人民法院的审判管辖相对应。这类职务犯罪案件主要包括:重大贪污贿赂案件的管辖和重大渎职案件的管辖。

（二）报请提级管辖的法理分析

监察机关认为所管辖的监察事项重大、复杂,需要由上级监察机关管辖的,可以报请上级监察机关管辖。这是对监察机关报请提级管辖原则的规定。监察法规定的报请提级管辖是指下级监察机关认为管辖的监察事项重大、复杂,报请将该监察事项移送上级监察机关管辖的情形。它与人民法院审判管辖中的移送管辖存在区别。审判管辖中的移送管辖包括没有管辖权的人民法院将案件移送给有管辖权的人民法院审判,也包括有管辖权的人民法院将案件移送最先受理或者最便利审判的人民法院。而监察法规定的报请提级管辖,具有提级管辖的性质,是具有管辖权的下级监察机关将监察事项请求移送上级监察机关的情形。一般而言,下级监察机关请求将监察事项移送上一级监察机关管辖需要满足以下条件:

一是请求移送的监察机关只能是下级监察机关。下级监察机关可以将自己管辖监察事项,涉及重大复杂的请求移送上级监察机关管辖。

二是接受的移送的上级监察机关不限于直接的上级监察机关,包括跨级的上级监察机关。但是一般情况下,上级监察机关在接受下级监察机关移送的监察事项后,不得再以重大、复杂为由,再请求将该监察事项向上级监察机关移送。因此只能是在没有确定接受移送的情况下,通过呈报的方式,请求跨级移送管辖。

三是移送管辖的监察事项只限于重大、复杂。"重大复杂",一般是指监察事项的性质难以判断认定或监察事项在一定范围内具有重大影响,或者监察事项涉及的监察对象需要提级管辖才能突破的监察事项。

下级监察机关对于认为案情重大、复杂的监察事项,报请上级监察机关管辖,应当在案件立案后的一定时间内书面请求移送。上级监察机关应当在接到移送申请后迅速作出决定,以免延误案件办理。上级监察机关如不同意移送的,应当要求该下级监察机关继续行使调查权;同意移送的,下达同意移送决定书。下级监察机关接到上级监察机关同意移送决定书后,应当将已有的案件材料移送上级监察机关。

第四章　监察权限研究

第一节　监察取证权

《监察法》第十八条规定:"监察机关行使监督、调查职权,有权依法向有关单位和个人了解情况,收集、调取证据。有关单位和个人应当如实提供。监察机关及其工作人员对监督、调查过程中知悉的国家秘密、商业秘密、个人隐私,应当保密。任何单位和个人不得伪造、隐匿或者毁灭证据。"本条的主要目的是从原则上确保监察机关行使监督、调查职权。

一、监察取证权的法律含义

监察取证权是指监察机关收集、调取证据,有关单位和个人应当如实提供。国家监察委员会作为反腐败专责机关,承担着依法揭露和查证职务违法犯罪的法定职责和廉洁政治的重要使命。国家监察委员会无论是行使监督、调查还是处置职权,都必须以证据为基础。可以说,国家监察机关在其监督、调查过程中收集的证据资料,承担着证明相关人员违法违纪甚至刑事犯罪的重要职能。因此,国家通过立法的方式赋予监察机关取证权以及有关单位和个人配合取证的义务。

国家监察权的行使必须遵循法制性和规范性的要求,在事实查明上体现为国家监察机关对于事实的认知和判断都必须以证据为基础。具体而言,对于国家监察工作在证据方面的要求表现为以下三个具体方面:首先,证据必须符合法定证据形式,且具有证据能力。尤其是对于国家监察机关在行使调查职权时,其所获取的证据有可能会在后续的诉讼程序中作为证据使用,这就要求国家监察机关的证据收集、固定必须按照《刑事诉讼法》对于证据形式的严格规定,确保所获取证据的证据能力。其次,国家监察委员会的证据收集必须严格按照《监察法》规定的实体和程序规定进行,确保证据收集过程的合法性和正当性。最后,证据应达到法定的证明标准。根据《监察法》的规定,监察机关无论是行使调查职权,还是行使处置职权,都要达到事实清楚、证据确实充分的证明标准。这一标准要求只有当监察机关工作人员对于所调查事项达到事实清楚、证据确实充分的内心确信方能移送检察机关;只有对腐败行为的认定达到事实清楚、证据确实充分,方能以此为基础作出处置决定。

"有关单位和个人应当如实提供",是指有关单位和个人在监察机关依法向其收集、调取证据时,有义务向监察机关客观、真实地提供证据,包括交出真实的物证、书证、视听资料、电子数据,提供真实的证言等。"如实提供",有两方面的含义:其一是必须如实提供证言;其二是不得隐匿证据,尤其是对认定案件事实具有重要作用的证据。《联合国反腐败公约》第三十六条明确提出:各缔约国均应当根据本国法律制度的基本原则采取必要的措施,确保设有一个或多个机构或者安排了人员专职负责通过执法打击腐败。这类机构或者人员应当拥有根据缔约国法律制度基本原则而给予的必要独立性,以便能够在不受任何不正当影响的情况下有效履行职能。这类人员或者这类机构的工作人员应当受到适当培训,并应当有适当资源,以便执行任务。公权力廉洁行使事关每一个社会成员。作为反腐败斗争成果的享受者,每一个社会成员也应当积极投入,贡献力量,其集中表现就是在国家监察委员会的调查过程中应当积极主动如实提供相关信息和证据,这既是每一个单位和个人的义务,也是一项光荣的权利。反腐败斗争的彻底胜利,需要国家专门机关的努力,更需要人民群众的广泛参与,通过全社会积极参与职务犯罪证据收集和提供,掀起针对腐败行为的人民战争。这不仅符合全面参与的国际反腐败经验和趋势,更是我党依靠群众理念的实现与发展。

二、监察取证权的履职要求

《监察法》指出,监察机关及其工作人员对监督、调查过程中知悉的国家秘密、商业秘密、个人隐私,应当保密。作为对国家监察机关及其工作人员取证权保密性要求,"国家秘密"是指关系国家安全和利益,依照法定程序确立,在一定时间内只限一定范围的人员知悉的事项。"商业秘密"是指不为公众所知悉,能为权利人带来经济利益,具有实用性并经权利人采取保密措施的技术信息和经营信息。"个人隐私"是指与公共利益、群体利益无关,个人生活中不愿公开或不愿为他人知悉的秘密。国家秘密关系国家安全和利益,商业秘密关系权利人的经济利益,个人隐私是个人的重要人身权利。保密法、刑法、侵权责任法等法律对国家秘密、商业秘密、个人隐私的保护做了规定。在《刑事诉讼法》中也同样对侦查人员的侦查取证工作做了要求,监察机关及其工作人员应参照《刑事诉讼法》的规定,对办案过程中接触到的涉及国家秘密、商业秘密、个人隐私的证据,应当妥善保管,不得遗失、泄露,不得让不该知悉的人知悉。这有利于《监察法》与其他法律的衔接,保证法律体系内在的统一,同时体现对国家权益、市场经济和公民个人权益的保护。

监察机关及其工作人员的保密义务,具体来说包括两个方面:第一,监察机关对于其取证过程中发现的涉及国家秘密、商业秘密和个人隐私的材料,应当分类处置。对与案件有关的材料,应当妥善保管,除被调查人涉及刑事犯罪,需将证据材料移送检察机关用于审查起诉和法庭审理以外,不得提供给其他机关、单位和个人,只能用于监察机关内部的监察处置。对与案件无关的信息和事实材料,应当及时销毁。第二,若监察机关或其工作人员将涉及国家秘密、商业秘密和个人隐私的材料泄露给无关第三人,或者未及时销毁与案件无关的涉及国家秘密、商业秘密和个人隐私的材料,给国家利益、商业主体和个人造成损失的,有关主体可以要求追究其行政责任、民事责任和刑事责任。

三、被调查取证单位和个人的法定义务

《监察法》规定,监察机关依法取证,任何单位和个人不得伪造、隐匿或者毁灭证据。监察委员会是法定的国家监察机关。承担监督检查公职人员依法履职、秉公用权、廉洁从政从业以及道德操守情况和调查涉嫌贪污贿赂、滥用

职权、玩忽职守、权力寻租、利益输送、徇私舞弊以及浪费国家资财等职务违法和职务犯罪行为,对违法的公职人员依法作出政务处分决定;对履行职责不力、失职失责的领导人员进行问责;对涉嫌职务犯罪的,移送检察机关依法提起公诉。其监察"证据"关乎案件真相的揭露证实和监察对象的切身利益。"证据"是以法律规定形式表现出来的,能够证明监察机关所调查事项的真实情况的一切事实。证据具有客观性、关联性和合法性三个基本属性,它是监察机关调查工作的基础和核心。证据的种类包括物证、书证、证人证言、被调查人供述和辩解、鉴定意见、勘验检查笔录、视听资料、电子数据等。证据的虚假、藏匿和灭失,尤其是可作为定案根据的关键证据的虚假、藏匿和灭失,会对案件的办理造成严重的影响,尤其是对于涉嫌犯罪腐败行为的调查,监察委员会的证据收集、固定,是后续审查起诉和审判程序的事实根基所在,一旦出现偏差就可能导致放纵犯罪和冤枉无辜,造成冤假错案,损及国家反腐败法治体系的权威性和公信力。

在我国《刑法》、《刑事诉讼法》、《民事诉讼法》和《行政诉讼法》中,都明确规定了,有帮助毁灭、伪造证据的情形,应当依法追究刑事责任。《监察法》明确规定任何单位和个人不得伪造、隐匿或者毁灭证据,既是对有关单位和个人应当如实提供证据这一义务的重申,也体现了法律体系内,各分支部门法之间的协调。伪造证据,就是故意制造虚假的证据材料的行为;包括模仿真实证据而制造假证据,或者凭空捏造虚假的证据,以及对真实证据加以变更改造,使其失去或减弱证明作用的情形。毁灭证据或者隐匿证据,就是人为地将证据灭失、藏匿,妨碍证据显现,使证据的证明价值减少、消失的一切行为。在监察机关行使监督和调查职责过程中,任何单位和个人都应当如实提供证据,不得伪造、隐匿或者毁灭证据。否则,情节严重的,应当依法追究单位或者个人的刑事责任。该款效力覆盖所有向监察委员会提供证据和信息的主体,无论是自然人,还是法人,无论是单位,还是个人,都应当遵守这一规定,如实提供相应证据和信息。但要注意,对于因客观原因提供证据不确实、不充分的,如行为人无主观故意伪造证据、隐匿证据或者毁灭证据的,不得追究其责任。

第二节　监察谈话权

《监察法》第十九条规定:"对可能发生职务违法的监察对象,监察机关按照管理权限,可以直接或者委托有关机关、人员进行谈话或者要求说明情况。"这是关于监察机关运用谈话措施对可能发生职务违法的监察对象进行处理的规定。规定本条的主要目的是使监察工作与党内监督执纪"四种形态"的第一种形态相匹配,使谈话成为一种法律手段。

一、监察机关谈话权的起源

监察机关按照管理权限对可能发生职务违法的监察对象,直接或者委托有关机关、人员谈话,源自党内监督中谈心谈话、廉政谈话、调查谈话、谈话提醒等多种类型的谈话。例如《中国共产党纪律检查机关案件检查工作条例》第二十五条规定,调查开始时,在一般情况下,调查组应会同被调查人所在单位党组织与被调查人谈话,宣布立案决定和应遵守的纪律,要求其正确对待组织调查。调查中,应认真听取被调查人的陈述和意见,做好思想教育工作。党的十八大以来,在"四个全面"协调发展的宏观布局中,全面从严治党处于核心地位。而要真正做到全面从严治党,则必须把纪律挺在前面,既要抓领导干部这个"关键少数",也要抓全体党员这个"绝大多数",通过实现无例外、全覆盖,使更多的党员干部少犯错、不犯罪。对此,王岐山同志多次强调:把握运用监督执纪"四种形态",必须改变要么是"好同志"、要么是"阶下囚"的状况,真正体现对党员的严格要求和关心爱护①。在"全面从严"的现实语境下,"谈话"就成为贯彻落实监督执纪"四种形态"工作要求的重要手段,并日益规范化、制度化。《中华人民共和国监察法》是一部反腐败国家立法,立法者通过立法的方式,赋予监察机关谈话权。既是对谈话这一党内监督制度在实际

---

① 参见王岐山:《把握运用监督执纪"四种形态"》,新华网 http://www.xinhuanet.com/politics/2015-09/26/c_1116687031.htm,2015 年 9 月 26 日。

运用中的肯定,也赋予了谈话这一措施新的内涵。

二、监察机关谈话权的要义

第一,监察谈话的主体。从监察法条文来看,监察谈话的实施主体是有管理权限的监察机关或者是由该监察机关委托的有关机关、人员。首先,须明确的是监察机关的管理权限,在我国的监察机构体系中,中华人民共和国监察委员会是最高国家监察机关,其下设有省级监察委员会、市级监察委员会、县级监察委员会。其中,中华人民共和国监察委员会作为最高国家监察机关,由全国人民代表大会产生,负责全国的监察工作。县级以上地方各级监察委员会由本级人民代表大会产生,负责本行政区域内的监察工作。其组织结构是一种垂直领导结构,中华人民共和国监察委员会领导地方各级监察委员会的工作,上级监察委员会领导下级监察委员会的工作。因此,监察机关的管理权限由行政区域的划分决定。其次,须明确监察机关可以委托谈话的有关机关和人员。谈话作为一项党内监督制度,在纪检工作中曾广泛应用。在纪检工作中,谈话既可以由纪检机关负责人或者承办部门主要负责人进行、被谈话人所在党委(党组)或者纪委(纪检组)主要负责人陪同,也可以委托被谈话人所在党委(党组)主要负责人进行。作为与纪检机关合署办公的监察委员会,在进行谈话时,参照纪检工作规定,既可以由监察机关主要负责人或者承办部门主要负责人进行、被谈话人所在党委(党组)或者纪委(纪检组)主要负责人陪同,也可以委托被谈话人所在党委(党组)主要负责人进行。综合上述,监察谈话实施主体,既可以是在本行政区域内有管理权限的监察机关,也可以是该监察机关委托的机关人员。

第二,监察谈话行为对象。监察委员会的谈话权,是针对可能发生职务违法的公职人员,了解具体情况,防止他们堕入职务犯罪深渊。国家监察的职责,在于实现监察全覆盖,深入开展反腐败工作,全面推进依法治国工作。监察的对象,主要是实现对全体公职人员的监督。因此,"可能发生职务违法的监察对象",这一对象包含两层意义:1."可能发生职务违法"的监察对象,重在强调"可能发生职务违法行为"。职务违法行为,是指国家机关及其工作人员违反法律的规定执行职务,侵犯他人合法权益的行为。监察机关只有在有初步证据表明,公职人员可能存在职务违法的情形下,才能对其组织谈话。2.可能发生职务违法的"监察对象",重在强调公职人员。监察委员会的谈话权针对的是公职人员,非公职人员不在谈话对象之列。具体来说,本条所指称的公职人员,含括在《中华人民共和国监察法》第十五条规定之中。包括:(1)中国共产党机关、人民代表大会及其常务委员会机关、人民政府、监察委员会、人民法院、人民检察院、中国人民政治协商会议各级委员会机关、民主党派机关和工商业联合会机关的公务员,以及参照《中华人民共和国公务员法》管理的人员;(2)法律、法规授权或者受国家机关依法委托管理公共事务的组织中从事公务的人员;(3)国有企业管理人员;(4)公办的教育、科研、文化、医疗卫生、体育等单位中从事管理的人员;(5)基层群众性自治组织中从事管理的人员;(6)其他依法履行公职的人员。

第三,监察谈话功能。监察谈话,是监察机关对反映问题线索的处理方式。监察机关对于以下线索可能采取谈话措施:(1)反映的问题具有苗头性、倾向性;(2)反映的问题过于笼统、多为道听途说或主观臆测,难以查证核实的;(3)虽有违法行为,但查清了只能给予轻处分或批评教育的。这类线索反映的问题,要么难以查证属实,要么虽有违纪行为,但情节显著轻微危害极小,免予或者不需要给予纪律处分。监察机关对被举报对象组织谈话,要求其说明情况,既是对于提供线索者的一种及时回馈、闻报即动;也是给被举报人一次机会说明情况,对于不实线索予以澄清,对轻微违法进行提醒,防微杜渐,防止其堕入腐败深渊,是对于被举报人的一种关爱,更是践行"四种形态"的表现。因此,监察谈话,是监察机关通过与被举报人之间的言词交流,了解事实真相,为谈话的后续工作奠定基础的过程。监察机关通过谈话内容,决定对被举报人的处置措施,并将处置措施回馈给提供线索者和社会大众。这能促进公职人员廉政建设、维护监察机关权威,同时对于被举报人而言,有抓早抓小、挺纪在前之效果。

综合上述,对于监察机关谈话权,我们可以将其定义为:监察机关在获取有关公职人员可能存在职务违法的线索后,有权直接或间接与被举报人通过言词交流,要求被举报人说明有关情况。监察谈话,是国家监察体系内监察权系属下的一种调查措施,具有浓烈的组织处理色彩,体现出监察机关与司法机关的功能差异。

三、监察机关谈话权的运用

监察谈话作为监察机关的一项调查措施,直接为监察机关处置被谈话人提供了第一手材料。因此,监察谈话应按照法定流程展开,避免监察谈话的任意性、非真实性。具体来说,监察谈话的工作要求有:首先,监察谈话的前提是监察机关收到有关职务违法的一般性、苗头性线索,即使线索属实也只能给予批评或者轻处分。其次,监察机关谈话工作应由监察机关负责人批准后进行,监察机关办案人员应及时向被谈话人说明身份、表明来意。最后,谈话人员应如实做好谈话笔录,做好谈话后续文章,及时向提供线索者作出回馈。

作为一项监察职权,监察机关的谈话具有一定的强制性和严格的规范性。一方面要求谈话对象应当主动配合监察机关。不仅按时按规在相应的时间和地点接受谈话,并且在谈话过程中,对监察机关工作人员的提问如实回答,不得消极抵抗,更不得随意采取离场和哄闹等导致谈话活动无法继续进行的行为。另一方面,对于监察机关而言,在谈话行为前应当制订详细的谈话提纲,提前了解情况,并且指派具有相应谈话资格和能力的工作人员主持。严格规范谈话内容和谈话措施,不得采取威胁、引诱等违法手段,也不得对谈话对象采取侮辱人格等违规行为。

监察机关的谈话行为基于监察机关收到的群众反映的带有苗头性的问题,是一种线索处置方式。在国家监察工作中,我们既要严肃处理有纪不依、明知故犯的行为,严肃处理以权谋私、与民争利的行为,以零容忍的态度惩治腐败,又要对于反映党员干部的不实问题及时澄清事实,还干部清白。对主动向组织坦白或交代、如实说明问题的,给机会、给政策,从轻或减轻处理。因此对于谈话后的被调查人应当根据不同情形作出相应处理,具体地说分为以下几种情况:第一,反映不实,或者没有证据证明存在问题的,予以了结澄清。对反映问题线索严重失职、造成一定负面影响的,在将了结情况向本人反馈的同时,向谈话对象所在党委或上级主管领导反馈,并由谈话对象所在单位在一定范围内予以澄清。第二,问题轻微,不需要追究党纪责任的,采取谈话提醒、批评教育、责令检查、诫勉谈话处理。第三,反映问题比较具体,但被反映人予以否认,或者说明存在明显问题,目前未发现具体违纪事实,但尚不能完全排除问题存在可能性的,应当再次谈话或者进行初步核实。第四,通过谈话发现谈话对象存在职务违法和犯罪嫌疑的,应当启动相应的调查处置程序,针对相关线索深入查证,推进后续的调查与处置活动。

第三节　监察讯问权

《监察法》第二十条规定:"在调查过程中,对涉嫌职务违法的被调查人,监察机关可以要求其就涉嫌违法行为作出陈述,必要时向被调查人出具书面通知。对涉嫌贪污贿赂、失职渎职等职务犯罪的被调查人,监察机关可以进行讯问,要求其如实供述涉嫌犯罪的情况。"这是关于监察机关要求被调查人陈述和讯问被调查人的权限的规定。本条借鉴了纪律检查机关监督执纪工作中的成功做法和刑事诉讼法的有关规定。

一、监察讯问权的法律含义

监察讯问权包含两个方面。一方面规定的措施针对的是发生职务违法行为,但尚不构成职务犯罪的公职人员。为了保障这项措施的实施,防止有的被调查人不配合,本条规定监察机关对被要求陈述的被调查人,在必要时可以出具书面通知。这里的"书面通知"是指具有法律效力的文书,主要是针对被调查人不按照监察机关口头要求进行陈述时,由监察机关对其出具书面通知,要求其作出陈述。如果被调查人此时再不按照要求作出陈述的,则应当追究其法律责任。需要注意的是,要求被调查人就涉嫌的职务违法行为作出陈述,只能由监察机关工作人员来行使,不能委托给其他机关、个人行使。

另一方面规定的是对涉嫌贪污贿赂、失职渎职等职务犯罪的被调查人的讯问。"讯问",是指通过监察机关工作人员提问、被调查人回答的方式,取得印证被调查人有关职务违法犯罪事实的口供及其他证据的过程。监察机关是我国有权对涉嫌贪污贿赂、失职渎职等职务犯罪行使调查权的机关。讯问这些涉嫌职务犯罪的被调查人是调查活动中的重要权限之一,讯问笔录也是作出处置、审查起诉和刑事审判的重要证据。调查中的讯问权只能由监察机关工作人员依法行使,不能委托给其他机关、个人行使。讯问活动要符合监察法及其他法律法规关于具体程序、要求等的规定。

需要注意的是,监察机关调查人员在要求涉嫌职务违法的被调查人作出陈述,以及讯问涉嫌贪污贿赂、失职渎职等职务犯罪的被调查人时,应当首先提问被调查人是否有违法犯罪行为,让他陈述有违法犯罪的事实的情节或者没有违法犯罪的辩解,然后再向他提出问题。被调查人对调查人员的提问,应当如实回答。对共同违法犯罪的被调查人,应当分别单独讯问,防止串供或者相互影响。监察机关调查人员应当依法保障被调查人的权利,严禁以威胁、引诱、欺骗及其他非法方式获取口供,严禁侮辱、打骂、虐待、体罚或者变相体罚被调查人。①

二、监察机关要求被调查人说明情况,作出陈述

监察机关就涉嫌职务违法的被调查人,可以要求其就涉嫌违法行为说明情况、作出陈述。这是一种独立的调查措施。要准确把握"说明情况,作出陈述"内涵,需从适用情形、适用对象、适用目的、适用保障、适用结果等几方面入手。

一是适用情形。监察机关要求涉嫌职务犯罪的被调查人作出陈述适用于以下几种情形:(1)反映的是较为笼统、可查性不强的问题;(2)反映的是很难直接核实或者核实的成本很高的问题;(3)反映问题清楚,但即使查证属实,也只能认定被调查人涉及职务违法。

二是适用对象。本款适用于涉嫌职务违法的被调查人。本款规定的是监察机关的违法调查措施,是对职务违法的被调查人正式立案前给予的一次主动说明情况的机会。要求被调查人应当实事求是地以口头或书面形式向监察机关作出说明,不得隐瞒、编造、歪曲事实和回避问题,不得不予说明。本款不适用于涉嫌职务犯罪的被调查人,如果被调查人涉嫌职务犯罪,应直接初步核实,根据核实结果,决定下一步的措施。

---

① 参见中共中央纪律检查委员会、国家监察委员会法规室编写:《〈中华人民共和国监察法〉释义》,中国方正出版社 2018 年版,第 129—130 页。

三是适用目的。让被调查人说明情况,使监察机关直接、清晰的了解情况。通过将收集的被调查人涉嫌职务违法的问题直接反映给被调查人,给其一个说明问题的机会,一方面有利于淡化对立色彩,减轻对抗情绪,彰显组织信任,体现组织的关心与爱护。另一方面,也是对被调查人的一种考验,看其是否如实陈述,认错态度是否良好,和对组织、公共事业的忠诚度。和监察谈话相比,不要求其现场作答,被调查人有足够的准备时间,可以向监察机关说明事情原委,还可以发挥主观能动性,充分收集有关证明材料,特别是监察机关难以收集的材料,有利于节省核实时间,尽快查明问题、解决问题。和监察讯问相比,其不具有监察讯问的强制性特征。

四是适用保障。《监察法》关于"必要时向被调查人出具书面通知"的规定,其书面通知是指《情况说明通知书》。适用于被调查人可能拒绝就其违法情况作出说明的情形。此法律文书须由监察机关负责人签字盖章并加盖监察机关公章,由监察机关工作人员送达被调查人,并要求其签署回执。书面通知是具有法律效力的文书,如果被调查人不按通知要求作出陈述,则应当追究其法律责任。

五是适用结果。对被调查人涉嫌违法行为作出的陈述,监察机关需对其进行细致分析并进行准确评估和适宜处置。应视情况给予不同处理:(1)对于认错态度诚恳,如实陈述问题,分析原因,提出挽救措施的被调查人,可予以从轻或减轻处理。(2)如果发现被调查人存在隐瞒、欺骗组织的,监察机关应初步核实,发现严重问题的立案调查。(3)被调查人作出说明,尚不能完全排除问题存在的可能性,但在现有条件下,难以进一步开展工作的,做暂存处理。

三、对涉嫌职务犯罪的被调查人,监察机关可以进行讯问

讯问,意为严厉的发问,常常用以强调发问人态度严肃,含有受问人如实供述的义务。监察讯问,是指监察机关通过言词方式向被调查人查问有关犯罪事实的一种调查措施。监察讯问权的内涵包括:(1)监察讯问的性质是我国监察机关,为了查明被调查人究竟有无职务犯罪行为的一种调查措施,是监察机关在对被调查人立案后的必经程序,监察讯问从性质上而言是国家监察体系下的一种调查措施;(2)监察讯问的主体是各级监察机关,对于涉嫌职务

犯罪的被调查人,在调查程序内,由监察机关决定对其展开讯问,具体的实施机关,由监察机关按照各自管理权限决定;(3)监察讯问的对象是被监察机关立案调查的公职人员;(4)监察讯问的目的是通过对被调查人的讯问,收集、核实证据,查明犯罪事实,并发现新的犯罪线索和其他违法违纪人员;(5)监察讯问必须依法进行,不得违反相关法律的规定。

讯问的价值。监察机关对被调查人采取讯问措施,是为了迅速、有效地查明案件事实,履行监督、处置职能,保障公权力行使的廉洁。监察讯问的价值体现在实体和程序两方面:监察讯问的实体价值,主要在于证据收集的便利性。首先,监察讯问有利于获取被调查人供述,呈现案件原貌。由于在追寻案件事实、证明案件过程中,被调查人对自己是否违法犯罪以及行为动机、目的、具体过程和细节比其他人都知道得更清楚。因此,其自愿、真实的口供,比其他证据有更直接、更充分的说服力。尤其是在职务犯罪这一类案件中,物证、书证等实物证据更具有高度隐蔽性,除了被调查人往往很难找到别人或别的证据证明。通过被调查人的供述,有利于办案人员更全面、更清晰地了解案件的全貌。其次,被调查人供述能为收集其他证据、及时发现同案人提供依据。监察讯问的程序价值,体现被调查人话语权,提高监察质量。被调查人,在监察机关履职过程中,处于被动的一方。若不以程序来控制监察机关的工作流程,极易使被调查人受到监察机关的非法侵犯,其正当权益难以保护,造成监察主体之间的紧张关系,不利于社会和谐稳定。因此,以法律的形式,规范监察讯问程序,有利于被调查人发表其供述、辩解,提高监察质量,防止冤假错案的发生。

讯问的任务。监察讯问是监察人员依法与具体案件的被调查人面对面直接交流的一种行为表现,其目的是促使被调查人提供其职务违法犯罪方面的言词证据和实物线索,以达到查明案件事实真相的效果。具体来说,监察讯问的任务是:(1)查明案件的全部事实,收集犯罪证据。收集到充分、确凿的证据是监察机关行使处置权的基础。(2)深挖余罪,追查同案犯,发现其他犯罪线索。这是由职务犯罪的性质决定的。职务犯罪往往是系列案、团伙案,当事人之间可能了解彼此的犯罪活动。(3)核实证据,保障无罪的人不受追究。刑事案件错综复杂,一些人出于各种动机,无中生有、歪曲事实真相。同时,由于各种主客观因素的影响,调查中的疏忽和错误很难完全避免。因此,在讯问时,应当充分考虑被调查人仍然存在无罪可能,对其陈述,应耐心细致地听取认真研究分析,并及时查证;对讯问中所获取的证据材料,应当客观公正地进行三条原则:(1)未经人民法院依法判决,不得确定有罪。在调查阶段,被监察讯问的被调查人不应被视为罪犯。监察机关在讯问过程中,讯问人员应保持中立的态度,听取被调查人的供述和辩解,达到兼听则明的效果。(2)禁止刑讯逼供。在我国的侦查讯问工作中,不乏司法机关办案工作人员,采用刑讯逼供的方式,获取犯罪嫌疑人供述,严重损害了司法机关的权威。监察讯问工作与侦查讯问具有高度的相似性,发生刑讯逼供的可能性极高。禁止刑讯逼供原则必须贯彻监察讯问工作始终。(3)依法讯问。监察机关工作人员在讯问被调查人的时候,必须遵守法律的规定。包括讯问的主体、讯问的对象、讯问的方式、讯问的内容和讯问笔录的制作等。若监察机关的讯问工作,违反了法律,应视为违法。其违法取得的被调查人供述无效。

讯问的要求。监察讯问应当严格程序规范。监察立案是监察讯问工作的前提,对涉嫌职务犯罪的被调查人进行讯问,必须建立在监察机关已经掌握初步证据、进行内部立案的基础上。未经立案,不得对涉嫌职务犯罪之人采取讯问措施。内部审批是监察讯问工作的必经环节。对被调查人具体采取监察讯问措施,应由监察机关负责人签发《讯问通知书》,加盖监察机关公章。监察机关采取讯问措施,办案人员人数应当有两人以上,并向被调查人出示工作证件和《讯问通知书》。对讯问全程要进行录音录像,并如实做好讯问笔录。

应当认识到,职务犯罪尤其是贿赂犯罪,具有发现难、突破难、证据少等特点,在此类案件中,通过讯问被调查人获取有关违法犯罪的线索、证据,是突破案件的重要手段。但被调查人作为监察机关办案对象,案件查处和最终结果与其切身利益密切相关。基于趋利避害心理,其一般不会主动供述。对于职务犯罪的调查对象,我国监察法规定了被调查人的如实供述义务。如实供述,是指被调查人在接受监察讯问时,对于自己的违法违纪行为,不论监察机关是否掌握,都必须如实地全部向监察机关供述,不能有所隐瞒。如实供述的要件是:必须是"违法违纪行为";必须是被调查人自己的行为;没有故意隐瞒或虚假陈述。为鼓励被调查人能够在讯问时如实供述,监察机关应当在讯问开始前告知被讯问人如实供述可以从轻或者减轻处罚的规定。

第四节　监察询问权

《监察法》第二十一条规定："在调查过程中,监察机关可以询问证人等人员。"规定本条的主要目的是将实践中监察机关运用的询问措施确定为法定权限。询问措施来源于纪检监察机关多年实践中运用的执纪审查手段。监察机关肩负着调查职务违法和职务犯罪的职责,为了履行好这一职责,监察法将询问措施确定为监察机关的调查权限。

一、监察询问权的法律含义

询问有征求意见、打听之意,它是人们通过交谈或者问话的方式进行接触的一种活动,广泛存在于人们生活的各个领域。赋予监察委员会询问权,是指监察委员会在行使调查职责的时候,为了知晓案件全貌,可以询问除被调查人以外的其他知晓案件情况的自然人。

监察询问的含义,监察询问的证人等人员,是指除犯罪人、被害人以外的所有了解案件情况的自然人,监察委员会对于证人等人员的询问,是监察机关发现违法犯罪线索、收集违法犯罪证据的主要来源之一。这是由于职务违法犯罪具有隐蔽性、长期性和后发性等特点,常常没有明显的犯罪现场,难以发现其他物理性证据。如实物证据、痕迹证据等。此时,知晓案情的自然人所做的证人证言,是重要的线索来源。通过询问发现线索、收集证据是调查职务犯罪的重要调查措施,在世界各国的职务犯罪调查中发挥着不可替代的重要作用。例如《联合国反腐败公约》第三十二条规定:制定为证人、被害人和鉴定人提供人身保护的程序,例如,在必要和可行的情况下将其转移,并在适当情况下允许不披露或者限制披露有关其身份和下落的资料;规定允许以确保证人和鉴定人安全的方式作证的取证规则,例如,允许借助于诸如视听技术之类的通信技术或者其他适当手段提供证言。

监察询问的任务,在于监察机关通过法定程序以言词方式向证人了解案件情况。监察询问任务有以下两点:第一,获取证人证言,通过证人证言与其他证据的相互印证,推测案件全貌,查获犯罪嫌疑人;第二,开辟新的证据来源,收集更多证据。同时,监察机关通过询问证人,可以审查已掌握的证据是否真实可靠,以及与案件事实的关系。从不同侧面、以不同方式与其他证据材料相互印证,以验证其收集到的证据材料的相关性和可靠性。

监察询问的开展,不仅涉及被询问人的正当人身利益,其所作的证人证言很有可能当作监察机关行使处置权的依据。在此过程中,会出现将来追责的可能性。因此,监察机关工作人员在履行职责过程中,必须按照法定的顺序和法定的方式展开,防止监察询问过程的随意性和无序性,保障处置决定的妥当性。同时,由于证人是不具有自体诉讼利益的自然人,监察询问程序,要提供利于证人作证的合理环境,体现证人作证的保护精神。

二、监察询问权运用程序规范

(一)监察询问主体要求

监察询问是监察机关履行调查权的手段之一,是获取线索和证据的重要调查措施,规范监察询问主体,有利于防止调查权的滥用,保证证据的合法性。1.询问主体必须是监察机关办案人员。在监察工作中,询问证人是一项重要的调查措施,因此询问证人的法定适用主体必须是具有专业办案素质的监察机关的办案人员,不具备合法性的其他人员均不能作为询问证人的适用主体。2.询问主体不得少于二人。从我国《刑事诉讼法》的实践来看,侦查机关在询问证人时,遵循"不得少于二人"的办案规则,有利于询问主体之间的相互监督,保证询问质量,同时也有利于保障询问主体的人身安全。监察机关在调查中收集的证据,不仅是监察机关作出处置决定的基础,同时在刑事诉讼中可直接作为证据使用,因此监察取证行为与刑事诉讼取证行为应具有一致性、相当性。出于这一层面考虑,询问主体不得少于二人。3.询问主体的回避。若监察机关办案人员与案件或者涉案人员有某种特殊联系,可能影响询问质量,扰乱监察方向的,其不得担任监察询问权的行使主体,应当回避。4.询问主体的保密义务。监察询问主体应当保守询问秘密,具体包括三个方面:1)不能向询问对象泄露案情或者表示对案件的看法,包括当着被询问人的面谈论与案情有关的内容;2)询问证人时,应当对其个人隐私保守秘密;3)不能将询问的内容透露给其他的询问对象。

（二）监察询问文书要求

文书作为法律活动的重要记录载体,具有规范性、权威性特点。监察机关对证人进行询问时,规范使用监察文书,有利于约束监察询问主体助力监察工作法制化。在监察询问中,应规范《询问通知书》和《询问笔录》两种文书的使用。《询问通知书》,是指监察机关在办理案件过程中,遇有需要通知证人等人员到有关的办公场所进行询问时,依法制作和使用的法律文书。关于《询问通知书》,首先必须明确,其本身不具有强制执行力,是监察机关提请知晓案件的自然人配合案件调查的邀约,而受邀对象的配合义务来源于《监察法》第十八条第一款规定:"监察机关行使监督、调查职权,有权依法向有关单位和个人了解情况,收集、调取证据。有关单位和个人应当如实提供。"本条所规定的证据应包括证人证言。其次,《询问通知书》应载明的必要事项有:询问机关,受询问人的姓名、性别、年龄、住址,询问事由,询问的时间、地点,由监察机关负责人签发,并加盖监察机关公章。《询问笔录》,是指监察机关制作的,用以记录证人言词,并经有关人员签名确认具有法律效力的文书。询问证人是调查取证的一种重要形式,通过询问证人获取的证人证言是证据的种类之一,因此,询问证人必须依照法律规定,规范进行。询问证人同时制作笔录,并经相关人员签名确认,能够及时地确认证人证言真实可靠,并用书面形式将证人证言固定下来作为证据使用。因此,询问笔录的制作应遵循真实性、客观性要求。询问笔录应当交给证人核对,对于没有阅读能力的证人,应当向他宣读。如有遗漏或者差错,证人可以提出补充或者纠正,证人承认没有错误后,应当签名或者盖章。监察人员也应当在询问笔录上签名。证人要求自行书写证词的,应当允许;必要的时候,侦查人员也可以让证人亲笔书写证词。

（三）监察询问对象资格

监察询问对象资格,是指证人的作证资格。证人证言是除当事人以外了解案件事实的人,就其感知的案件事实向有关机关所做的陈述。鉴于证人证言在监察程序和刑事诉讼程序中的衔接,对于证人作证资格的规定,监察法与刑事诉讼法应具有同一性。也即是说,监察询问对象应满足以下条件:第一,了解案件事实。这里的"了解"是亲眼所见、亲耳所闻、亲身感知了犯罪行为的发生,或者亲耳听到犯罪嫌疑人、被告人、被害人对案情的叙述。第二,具有辨别是非、正确表达的能力。生理上、精神上有缺陷或者年幼,不能辨别是非、不能正确表达的人,不能作为证人。能够辨别是非、正确表达是证人资格的关键。对于生理上、精神上有缺陷或者年幼的人,法律并非绝对禁止他们作证,只有在他们能够辨别是非、正确表达时,才具有证人资格。第三,证人应为自然人,且具有不可替代性。这是因为只有自然人才有对案件事实的感知、记忆和表达的能力,故单位不具有作证资格。

(四)监察询问场所规定

询问证人应当从有利于查明案情,获取证据,有利于保护证人提供证据积极性的角度出发,根据实际情况确定询问地点。监察询问有以下几个场所可供选择:(1)证人所在单位或住所。证人所在单位和住所的选择,有利于节省证人作证成本,降低对其工作、生活的影响。同时也有利于了解证人情况,从而对证人证言作出分析判断。(2)证人提出的特定地点。根据证人提出的要求,到证人提出的地点进行询问,有利于消除证人的种种顾虑,充分调动证人作证积极性。(3)必要的时候,可以通知证人到监察机关提供证言。在证人证言可能涉及国家秘密或者到监察机关提供证人证言更有利于证人保密的情况下,可以通知其到监察机关提供证言。

(五)监察询问流程规定

监察询问流程,是指监察机关在履行职责过程中,为了收集证据、查明案件事实,依法进行询问证人的操作规程或步骤。(1)监察人员在正式询问前必须告知身份和理由,并出示工作证件。首先,为保障询问质量,询问证人应当个别进行。其次,询问证人时,监察人员在正式开始询问前,应当向询问对象表明身份和说明理由,出示监察人员本人的工作证件,还应当出示由监察机关负责人批准的《询问通知书》。(2)告知权利义务。询问时,应当告知询问对象如实提供证据、证言的义务和有意作伪证或隐匿罪证应负的责任。其次,告知其在接受监察人员正式询问时享有以下权利:1)不通晓当地语言文字时有权要求配备翻译人员,有权使用本民族语言文字作证。2)对于监察机关及监察人员侵犯其正当人身权益或者进行人身侮辱的行为,有权提出申诉、控告。3)因在特定案件中作证,人身安全面临危险的,可以请求监察机关对其人身进行保护。4)有权核对询问笔录。5)未满 18 周岁的证人在接受询问时,应当通知其法定代理人在场。(3)核对笔录。询问证人应当制作《询问笔录》,并将其交给证人核对或向他宣读,经证人核对无误后,由其签名。监察人员在核对无误后,也应在《询问笔录》上签名。

三、监察询问证人保护制度

职务违法违纪案件证人具有以下特点:(1)与案件本身有一定牵连;(2)与犯罪嫌疑人订立过攻守同盟;(3)与犯罪嫌疑人有较深的感情或友谊;(4)害怕作证影响自己的声誉,或断掉已建立的政治、业务关系;(5)害怕打击报复等。这些特点导致在职务违法犯罪案件的调查过程中,证人的作证意愿很低。因此,在监察询问过程中,要着重激励证人作证。这包含两个方面的内容:其一,监察机关不得使用暴力、威胁等非法方法询问证人。其二,监察机关要保障证人及其近亲属免受报复伤害。具体是指:首先,监察机关严禁使用暴力、威胁等非法方法询问证人。证人虽有作证义务,但其正当权益不可侵犯。监察机关对证人使用暴力、威胁方法,是对证人人身权益、心理健康的不正当侵犯,为法律所禁止。严禁非法询问是指严禁采用暴力、威胁等非法方法询问证人。非法方法包括引诱、暗示、欺骗、人格侮辱以及其他方法。其次,监察机关要保障证人及其近亲属的安全。监察机关应当根据案件具体情况,对于可能因作证处于危险之中的证人及其近亲属,采取必要的保护措施。如及时对被调查人采取留置措施、移送起诉,并为证人保守秘密。对于具有现实危险的证人及其近亲属,可以比照刑事诉讼证人特别保护措施,决定采取一项或者多项措施,交与有关机关执行,有关单位和个人应予配合:(1)不公开真实姓名、住址和工作单位等个人信息。是指监察机关在获得证人证言后,在其后续工作过程中对有关个人信息予以保密,包括在移送检察院审查起诉以后,与司法机关做好证据衔接工作,在起诉书、判决书等法律文书上适用化名代替真实的个人信息。(2)禁止特定的人员接触证人及其近亲属。是指监察机关采取措施、发布禁令,禁止可能实施打击报复的特定人员在一定时间内接触证人及其近亲属。(3)对人身和住宅采取专门性保护措施。包括委托公安机关派警力保护证人人身和住宅安全。在极个别情况下,甚至可以根据办案需要为其更换住宅、姓名等。(4)其他必要的保护措施。指上述保护措施以外的,监察机关认为有必要采取的其他特别保护措施。

第五节　监察留置权

《监察法》第二十二条规定:“被调查人涉嫌贪污贿赂、失职渎职等严重职务违法或者职务犯罪,监察机关已经掌握其部分违法犯罪事实及证据,仍有重要问题需要进一步调查,并有下列情形之一的,经监察机关依法审批,可以将其留置在特定场所:(一)涉及案情重大、复杂的;(二)可能逃跑、自杀的;(三)可能串供或者伪造、隐匿、毁灭证据的;(四)可能有其他妨碍调查行为的。对涉嫌行贿犯罪或者共同职务犯罪的涉案人员,监察机关可以依照前款规定采取留置措施。留置场所的设置、管理和监督依照国家有关规定执行。”本条的主要目的是将留置这一重要的调查措施确立为监察机关在调查过程中可以运用的法定权限,解决长期困扰反腐败的法治难题。

一、监察留置权的职权法律含义

习近平总书记在党的十九大报告中指出,制定国家监察法,依法赋予监察委员会职责权限和调查手段,用留置取代“两规”措施。用留置取代“两规”措施,实现“两规”的法治化,是法治建设的重大进步,是以法治思维和法治方式反对腐败的重要体现,是反腐败工作思路办法的创新发展。①

当前,留置在我国法律体系内分别在公安行政执法、民事实体法、程序法和国家监察调查等四个领域内存在。在不同领域,留置被赋予不同的内涵。首先,在公安行政执法领域内,根据《人民警察法》的规定,对于存在“被指控有犯罪行为的;有现场作案嫌疑的;有作案嫌疑身份不明的;携带的物品有可

---

① 参见中共中央纪律检查委员会、国家监察委员会法规室编写:《〈中华人民共和国监察法〉释义》,中国方正出版社 2018 年版,第 133—134 页。

能是赃物的"等情形的盘查对象,人民警察可以留置盘问。虽然对公安行政执法中留置措施的属性存在一定争议,但主流观点还是将其界定为一种行政强制措施。[①] 其次,在民事实体法领域内,根据《物权法》的规定,"债务人不履行到期债务,债权人可以留置已经合法占有的债务人的动产,并有权就该动产优先受偿。"就其性质而言,通说认为留置权属于担保物权的范畴。再次,在程序法领域内,根据《民事诉讼法》和《刑事诉讼法》的规定,留置送达是指受送达人或与其同住的成年家属拒收诉讼文书时,送达人将诉讼文书留在受送达人住所的一种送达方式。[②] 其性质为我国法定送达方式之一。而作为监察委员会的调查措施,留置措施中留置这一概念的解读同既有使用方式存在显著差异,所对应的制度属性亦存在本质区别。根据监察委员会留置措施的功能预设和既有实践,该措施的性质界定可以从作用对象、权力渊源和功能定位三个方面入手加以分析。

一是留置措施的作用对象。首先,根据习近平总书记在党的十九大报告中的表述,留置措施与"两规"之间存在取代关系,因而其权力内容上必然具有重合性。根据既往实践,"两规"措施的主要内容是各级纪委在调查办案期间对被调查对象人身自由的限制性措施。因此,留置措施在作用对象上应当是指向被留置对象的人身自由,强制其在一定的期间内接受调查。其次,国家监察体制改革各试点地区的实践探索,留置措施的作用对象也是直指被留置对象的人身自由权。无论是在政策指引层面,还是在实践适用层面,留置措施的作用对象都指向被留置对象的人身自由权。而且,这种对人身自由的限制具有强制性,被留置对象必须服从。因此,就作用对象而言,在国家监察体制改革的制度空间下,留置是一种对留置对象人身自由的强制性限制措施。

二是留置措施的权力渊源。就权力渊源而言,留置措施法律效力的来源是独立的国家监察权,不同于传统的立法权、司法权与行政权,是独立的新型权力。根据当前试点改革方案,国家监察权是将此前党的纪检机关的执纪办案权、行政监察机关的行政监察权、检察机关的职务犯罪调查权进行整合充实

---

① 参见谢生华:《继续盘问、留置制度的运用及其完善》,《兰州学刊》2004 年第 5 期,第186 页。

② 参见宋朝武主编:《民事诉讼法学》,高等教育出版社 2017 年版,第 210 页。

基础上发展而来的一项独立权力类型。具体到留置措施而言,其直接的权力渊源主要由纪检机关的"两规"权、行政监察机关的"两指"权、检察机关的职务犯罪侦查强制措施适用权三部分构成。其中,"两规"也称"双规",是指"要求有关人员在规定的时间、地点就案件所涉及的问题作出说明。"①"两指"也称"双指",是指"责令有违反行政纪律嫌疑的人员在指定的时间、地点就调查事项涉及的问题作出解释和说明。"②检察机关职务犯罪侦查中的强制措施主要包括拘传、取保候审、监视居住、拘留和逮捕等针对犯罪嫌疑人的人身自由限制措施。这三项权力的共同点都属于针对被调查或侦查对象的强制性人身自由限制权,作为集大成者,国家监察委员会的留置权自然也应当具有这一性质,即对被留置对象人身自由的强制性限制权。

三是留置措施的功能定位。根据国家监察体制改革试点方案,对于监察机关调查完毕的腐败行为,如果涉嫌犯罪则应当移送检察机关审查起诉,进入刑事司法程序。这意味着对于腐败犯罪行为,国家监察委员会的调查行为并不具有最终定罪量刑的确定权。由此,虽然留置措施可以对被调查人的人身自由进行限制,但是这种限制不具有惩罚性,其功能定位被限定于收集固定证据和控制被调查对象,保障调查活动的顺利进行。因此,留置措施的预设功能属于一种保障性措施,而非实体处分性措施。

综上,无论是作用对象、权力渊源,还是功能定位,都决定了留置措施作为国家监察委员会调查职权的重要组成部分,在属性界定上是一种针对被调查对象强制限制人身自由的保障性措施,属于未定罪羁押措施的范畴。

二、监察留置权的依法运用

一是启动主体。根据党的十九大报告的战略部署,国家监察机关级别设置从中央到地方包括国家、省、市和县四级监察机关。每一级监察机关在各自的管辖范围内行使国家监察权,对腐败行为进行调查处置。各级监察机关作为调查主体,在调查实践中必然都会面临适用留置措施的需求。而留置措施

---

① 《中国共产党纪律检查机关案件检查工作条例》(1994)第二十八条第三款。
② 《中华人民共和国行政监察法》(2010)第二十条第三款。

作为一项对人的调查措施,为实现其预设功能,对时效性要求很高,以防止被留置对象逃跑或隐匿。因此,为确保留置措施适用的效率性,应当赋予各级监察机关针对所调查案件的留置措施适用启动权。

但是,为避免留置措施启动的随意化,《监察法》规定省级以下监察机关采取留置措施,应当由监察机关领导人员集体决定。这一模式可以有效地发挥集体领导的民主决策优势,最大限度地消除留置措施适用随意启动,侵犯公民人身自由情形发生的风险,体现慎重严肃使用留置措施的立法初衷。这对于树立国家监察机关及其工作人员严守留置措施适用程序观念意义重大,有助于提高留置实践的规范化和法治化。

二是启动条件。根据留置措施适用的目标定位和制度功能,《监察法》中相关规定,可以将留置措施的启动条件具体划分为:第一,行为要件,即被调查人涉嫌贪污贿赂、失职渎职等严重职务违法或职务犯罪;第二,证据要件,即监察机关已经掌握其部分违法犯罪事实和证据,仍有重要问题需要进一步调查;第三,危险性要件,即涉及案情重大复杂的,可能逃跑自杀的,可能串供或者伪造、销毁、转移、隐匿证据的,可能有其他妨碍调查行为的。这三个要件层层递进,共同构成了留置措施适用实体要件体系,分别规范了留置措施适用的罪名范围、证据基础和危险性判断指引。需要明确的是,在留置措施适用实践中,这三个要件均为必要性条件,只有同时具备才符合采取留置措施的前提基础。并且在具体适用过程中,对于证据要件和危险性要件的审核自由裁量权进行有效规范,强调证据本身的客观性和危险性判断的紧迫性与必要性。未来应当通过进一步制定实施细则的方式,对适用要件进一步予以规范和明确,提高可操作性和统一性。

三是适用对象。从办案实践看,对涉嫌腐败犯罪的公职人员采取留置措施毋庸置疑。但是,对于腐败案件中相关的非国家公职人员,如社会上的行贿人员以及其他涉案人员能否采取措施必须明确规定。从理论上讲,不论是行贿人员还是其他涉案人员,均属于相关腐败案件(职务犯罪案件)的关联人员,应该采取留置措施,并且留置措施使用条件应该与对涉案公职人员使用留置措施的条件基本相同,这正契合党的十九大关于"行贿受贿一起查"的精神。

四是决定机关。留置措施的决定机关是留置措施程序控制的核心环节,也是当前对于这一措施适用正当性争议最激烈的关键所在。这是因为传统刑事诉讼法理对于人身自由强制措施的程序制约是通过司法审查实现的,而在留置措施的决定过程中,由于作为其权力基础的国家监察权属于一种独立的权力类型,不属于司法权审查的范畴,因此其程序控制只能通过系统内部的监督制约机制实现。这种情况下,最有效的途径就是将留置措施的决定权在级别上进行上移。该模式在此前检察机关对于自侦案件逮捕决定权设置中业已得到普遍适用。①《监察法》中采取了这一模式,省级以下监察机关采取留置措施,应当报上一级监察机关批准。省级监察机关决定采取留置措施,应当报中华人民共和国监察委员会备案。这一模式可以有效地利用上级国家监察机关较高的监察业务能力避免下级监察机关在留置措施适用事实认定和法律适用方面存在的错误。更重要的是,通过上级监察机关的审查实现了留置措施适用的异体监督,提高留置措施适用的公信力和权威性。

三、监察留置措施的执行机关和场所

考虑到被留置对象在调查结束后有可能被移送审查追诉,部分腐败行为情节严重的被留置对象在被采取留置措施时可能采取反抗或者逃避留置执行的行为。监察机关采取留置措施时,可以根据工作需要提请公安机关配合,公安机关依法予以协助。为保障被留置人及其近亲属的知情权,采取留置措施后,除有碍侦查的,应当在二十四小时以内,通知被留置人所在单位和家属。

关于留置措施的执行场所,《监察法》规定留置措施应当在特定场所进行,未明确说明特定场所是从既有羁押场所中选择,还是新建专门的留置场所。在监察体制改革全国推开的情况下,为确保执行场所的统一规范安全,建议可以在看守所内执行留置措施。相较于其他场所,看守所执行留置措施一方面可以节约新建执行场所所需成本;更重要的是,无论在硬件设施建设,还是管理机制配置方面,看守所的规范化和安全性都具有不可比拟的优势。为确保调查保密和留置安全,可以在看守所内专设留置措施专门监区,以满足调

---

① 《人民检察院刑事诉讼规则(试行)》第三百二十七条规定,省级以下(不含省级)人民检察院直接受理立案侦查的案件,需要逮捕犯罪嫌疑人的,应当报请上一级人民检察院审查决定。

查实际需要。

被留置人作为调查对象,同样受无罪推定原则的保护,因此在留置期间除必要的人身自由限制措施之外,对其基本权利的行使应当给予必要的保障,尤其是基本的生活待遇应当进行全面保障。监察机关应当保障被留置人的饮食、休息,提供医疗服务。讯问被留置人应当合理安排讯问时间和时长,在此期间应当给予被留置人饮食和必要的休息时间。不得疲劳讯问,更不能采取刑讯逼供等非法讯问措施。

第六节 监察查询、冻结权

《监察法》第二十三条规定:"监察机关调查涉嫌贪污贿赂、失职渎职等严重职务违法或者职务犯罪,根据工作需要,可以依照规定查询、冻结涉案单位和个人的存款、汇款、债券、股票、基金份额等财产。有关单位和个人应当配合。冻结的财产经查明与案件无关的,应当在查明后三日内解除冻结,予以退还。"本条是关于监察机关运用查询、冻结措施调查案件的规定。规定本条的主要目的是为了收集、保全财产性证据,防止证据流失或者被隐匿,确保在后续工作中对违法犯罪所得予以没收、追缴、返还、责令退赔。

一、查询、冻结涉案财产权的法律含义

习近平总书记多次指出,要赋予监察机关必要调查权限。从党的十八大以来反腐败斗争实践看,监察机关调查涉嫌贪污贿赂、失职渎职等严重职务违法或者职务犯罪,相当一部分案件涉及涉案单位和个人的存款、汇款、债券、股票、基金份额等财产。为了查清严重职务违法或者职务犯罪事实,使收集、固定的证据确实、充分,监察法赋予监察机关必要的查询、冻结权限,同时又规定了严格的程序以及对相关人员的权利保障。① 监察机关依照规定查询、冻结

---

① 参见中共中央纪律检查委员会、国家监察委员会法规室编写:《〈中华人民共和国监察法〉释义》,中国方正出版社 2018 年版,第 137 页。

涉案单位和个人的存款、汇款、债券、股票、基金份额等财产,是获取实物证据的法定手段。实物证据相对于言词证据而言,在证明腐败行为方面具有独特的稳定性和客观性,尤其是对涉案财物的查证对于证明和处置腐败行为具有关键性作用。因此国家监察法中对于监察机关收集、固定实物证据的权限进行了比较充分的授权。这一权限包括对涉案财物的收集、固定权限,如监察机关的查询、冻结权。

查询、冻结是两个相互关联的概念。查询,是指监察机关针对涉案单位和涉案人员的存款、汇款、债券、股票、基金份额等财产的情况向银行或者其他金融机构进行查阅、询问、核对的行为。冻结,是指通知银行或者其他金融机构,在一定期限内停止涉案单位或涉案人员提取其在银行或者其他金融机构的存款、汇款、债券、股票、基金份额等财产的行为。由以上可知,监察机关是根据工作的需要决定是否采取查询、冻结措施,不需要征得相关当事人的同意,即不问当事人的主观意愿如何,它是监察机关依据强制力采取的一种单方行为,并且是主动采取的,所以对当事人来说,查询、冻结具有强制性。这种强制性、主动性、直接性有利于保证监察机关调查的顺利进行,有利于及时收集并固定证据。查询、冻结,既可以了解犯罪嫌疑人的犯罪情况,有力地证实犯罪和惩罚犯罪,同时也可以为国家、集体和公民个人挽回经济损失,维护国家、集体利益和公民的合法利益不受侵犯。

查询、冻结作为重要的腐败行为调查措施,在此前的职务犯罪案件侦查和行政监察调查中都得到立法的确认。例如《行政监察法》第二十一条规定:监察机关在调查贪污、贿赂、挪用公款等违反行政纪律的行为时,经县级以上监察机关领导人员批准,可以查询案件涉嫌单位和涉嫌人员在银行或者其他金融机构的存款;必要时,可以提请人民法院采取保全措施,依法冻结涉嫌人员在银行或者其他金融机构的存款。本条明确规定了查询和冻结涉案单位和涉案人员的存款、汇款、债券、股票、基金份额等财产时,必须经县级以上监察机关领导人员的批准,将批准程序规定为法定程序。监察机关采取查询措施,必须是属于监察机关管辖范围,即涉嫌贪污贿赂、失职渎职等严重职务违法或者职务犯罪的涉案单位和涉案人员的财产。在查询时,应当向银行或者其他金融机构出具完备的《查询通知书》,同时要提供存款人的姓名或者其他线索等情况；监察机关通知人民法院采取冻结措施，必须是属于监察机关管辖范围内的涉案单位或涉案人员的财产。在具体执行查询、冻结措施时，应当严格按照规定的程序进行。

监察机关查询、冻结权的行使针对的应是涉嫌贪污贿赂、失职渎职等严重职务违法或者职务犯罪。监察法的制定目的，就是要实现国家监察全覆盖，形成完备的法律规范、严密的监督体系和有力的保障体系，使国家所有的公共权力和公务人员都毫不例外地受到监督与约束。据此，监察机关依照权限对下列公职人员进行监察：（1）中国共产党机关、人民代表大会及其常务委员会机关、人民政府、监察委员会、人民法院、人民检察院、中国人民政治协商会议各级委员会机关、民主党派机关和工商业联合会机关的公务员，以及参照《中华人民共和国公务员法》管理的人员；（2）法律、法规授权或者受国家机关依法委托管理公共事务的组织中从事公务的人员；（3）国有企业管理人员；（4）公办的教育、科研、文化、医疗卫生、体育等单位中从事管理的人员；（5）基层群众性自治组织中从事管理的人员；（6）其他依法履行公职的人员。其中，查询、冻结权行使的对象应是涉嫌贪污贿赂、失职渎职等职务违法或职务犯罪的人员。这里的"等"应该包括滥用职权、玩忽职守、权力寻租、利益输送、徇私舞弊，以及浪费国家资财等职务违法或职务犯罪。也就是说，查询、冻结权的行使对象应是涉嫌职务违法或职务犯罪，且涉嫌职务违法的人员，只有涉嫌严重的职务违法才可行使查询、冻结权。因此，监察机关依照权限应当进行监察的公职人员涉嫌贪污贿赂、失职渎职等严重职务违法或者职务犯罪，是监察机关行使查询、冻结权的前提之一。

二、查询、冻结财产权的运用条件

查询、冻结涉案单位和个人的存款、汇款、债券、股票、基金份额等财产必须是根据工作需要。所谓"根据工作需要"包含以下三个方面的意思：（1）所要查询、冻结的存款、汇款、债券、股票、基金份额等财产必须与犯罪嫌疑人及与案件存在关联的单位相关，且所要查询、冻结的存款、汇款、债券、股票、基金份额等财产必须与贪污贿赂、失职渎职等严重职务违法或者职务犯罪相关，即属于犯罪嫌疑人或者与其涉嫌的犯罪存在牵连的人或者单位的存款、汇款、债券、股票、基金份额等财产。这些财产或者被用于犯罪，或者为犯罪所得。通过查询这些财产的情况，可以查明案情，查清犯罪嫌疑人有罪、无罪、罪重、罪轻的事实；（2）通过查询、冻结存款、汇款、债券、股票、基金份额等财产，可以有效避免犯罪嫌疑人转移资金，即防止赃款转移，挽回和减少损失；（3）发现新的犯罪线索，扩大调查的战果。总而言之，监察机关行使查询、冻结权的目的不在于对犯罪嫌疑人及涉案单位的存款、汇款、债券、股票、基金份额等财产的处分，而是通过查询其存款、汇款、债券、股票、基金份额等财产，发现其资金收支、交易和运转情况，掌握可疑资金流向，对此进行分析判断，发现并搜集这些犯罪线索，为进一步的调查提供依据，铺平道路。并且这些线索有助于进一步查明案情，获取证据，有利于接下来的起诉和审判顺利进行。

监察机关可以依照规定查询、冻结涉案单位和个人的存款、汇款、债券、股票、基金份额等财产。由于查询、冻结措施涉及公民个人隐私，涉及企业的正常经营，为防止滥用查询、冻结权，本条款明确规定，在调查中，只有具有调查权的监察机关才可以依照规定进行查询、冻结。这里的"依照规定"是指依照有关法律、司法解释及司法机关与有关部门的联合通知，既包括程序性规范，也包括实体性规范。

三、查询、冻结涉案财产有关单位和个人应当配合

"有关单位和个人应当配合"明确规定了涉案单位和个人应当履行的法定义务。监察查询、冻结涉案单位和个人的存款、汇款、债券、股票、基金份额等财产是调查犯罪的重要措施，是打击犯罪，特别是打击职务违法或职务犯罪的有效手段。因此，本条款还规定，有关单位和个人应当配合。这是法律对有关单位和个人设定的义务，当有调查权的监察机关依照规定采取查询、冻结措施时，有关单位和个人应当予以配合。这里的"配合"主要是应当为查询、冻结工作提供方便，提供协助，履行冻结手续，不得以保密为由进行阻碍。对于掌握相关信息的机关和单位，如拒不配合监察机关的查询、冻结行为的，监察机关可以依法追究其相应责任。

此外，需要注意的是，由于查询和冻结等措施会对被查询、冻结对象的财产权和隐私权等形成一定的限制，为平衡调查违法行为与保障人权，需要对监

察机关行使查询、冻结职权进行相应的规范和制约。监察机关对被调查对象采取查询、冻结措施的,除了要遵循是否需要采取相应措施的实体性规范外,还需要在权限审批和具体实施过程中严格遵循相应的程序性规范。监察机关及其工作人员不得随意适用查询、冻结措施,也不得随意扩大查询、冻结的范围。对于查询所获知的相关信息要严格保密,不得透露给无关主体,对于冻结的相关财产应当要求配合机关妥善管理,不得随意处置。查询、冻结的配合主体和被查询、冻结财产所有人,认为监察机关查询、冻结行为存在实体和程序违法的,可以向监察机关提出异议和申诉,要求追究相关责任人违法查询、冻结责任。

四、与案件无关的冻结财产,应当在查明后三日内解除退还

《监察法》规定:冻结的财产经查明与案件无关的,应当在查明后三日内解除冻结,予以退还。根据本条规定,调查人员对冻结的存款、汇款、债券、股票、基金份额等财产,应当及时进行认真审查。经审查后,凡是与案件无关的,应当在查明情况后三日内解除冻结,予以退还。冻结涉案单位或涉案人员的财产的目的是查明犯罪、证实犯罪,及时、准确地惩罚犯罪,保护国家、集体和公民的合法权益。在惩罚犯罪的同时,也要切实保障公民、组织的合法权益,防止执法部门在这一问题上出现偏差或权力滥用。所以,本条明确规定了在查明与案件无关后,解除冻结的期限。

冻结财产涉及公民的财产权利,一旦查明与犯罪无关,应当及时解冻,有利于保障公民的合法权利,减少公民的损失。执行本条规定,应当注意以下两点:1.冻结存款、汇款、债券、股票、基金份额等财产后,必须及时调查核实,弄清被冻结的财产与案件及犯罪嫌疑人和涉案单位的关系,不能扣而不查;2.经查明确实与案件无关,对被冻结的存款、汇款、债券、股票、基金份额等财产要尽快解冻,不得以任何借口留置或者拖延退还、解冻。

第七节　监察搜查权

《监察法》第二十四条规定:"监察机关可以对涉嫌职务犯罪的被调查人

以及可能隐藏被调查人或者犯罪证据的人的身体、物品、住处和其他有关地方进行搜查。在搜查时,应当出示搜查证,并有被搜查人或者其家属等见证人在场。搜查女性身体,应当由女性工作人员进行。监察机关进行搜查时,可以根据工作需要提请公安机关配合。公安机关应当依法予以协助。"本条是关于监察机关运用搜查措施调查案件的规定。规定本条的主要目的是规范搜查程序和要求,保障监察机关收集犯罪证据、查获被调查人,确保搜查严格依法进行,防止搜查权滥用。

一、监察机关搜查权法律的含义

监察机关的搜查权,是指监察委员会对涉嫌职务犯罪的被调查人以及可能隐藏被调查人或者犯罪证据的人的身体、物品、住处和其他有关地方进行搜索检查的一种调查活动。根据本条款,搜查主要包括以下四层含义。

第一,搜查主体。搜查的主体是监察机关的调查人员,也就是说,在调查阶段,只有监察机关工作人员才有搜查权,其他任何机关、团体或个人都无权进行搜查。需要注意的是,由于搜查行为涉及对公民财产权、隐私权等基础性权利的限制,因此,对于具体承担搜查任务人员范围应当限定为有监察执法权限的工作人员,即经过正式任命的监察人员有权实施搜查行为,并且要求搜查执行人员应当出示证件,向被搜查人证明身份。在搜查过程中,为保证安全,提高效率,可以在监察人员领导下引入相关辅助性人员的参与协助。

第二,搜查对象。监察机关的搜查对象仅限于涉嫌职务犯罪的被调查人以及可能隐藏被调查人或者犯罪证据的人。由此得知,监察机关的搜查对象排除了涉嫌职务违法或涉嫌严重职务违法的人。职务犯罪,是指国家机关、国有公司、企业事业单位、人民团体工作人员利用已有职权,贪污、贿赂、徇私舞弊、滥用职权、玩忽职守,侵犯公民人身权利、民主权利,破坏国家对公务活动的规章规范,依照刑法应当予以刑事处罚的犯罪,包括刑法规定的贪污贿赂罪、渎职罪和国家机关工作人员利用职权实施的侵犯公民人身权利、民主权利犯罪。在这里,有必要对职务违法和职务犯罪进行区分。违法是指一切违反国家的宪法、法律、行政法规和规章的行为,其外延十分广泛,而犯罪是指违反刑法的规定,造成了社会危害,应当受到刑事处罚的行为,即犯罪是违法且有责,违法不一定犯罪,但犯罪一定违法。可见,职务犯罪比职务违法更严重,条件更严格。将搜查权的行使对象限定在涉嫌职务犯罪,排除职务违法,极大地缩小了搜查权的行使空间,提高了搜查权的行使门槛,体现了对人权保障的重视。

第三,搜查范围。搜查的范围主要包括以下三个方面:一是被调查人的身体、物品、住处;二是可能隐藏被调查人或者犯罪证据的人的身体、物品、住处,即可能窝藏被调查人或者窝藏罪证的人的身体、物品、住处;三是其他有关的地方,是指其他被调查人有可能藏身的地方以及其他有可能隐匿犯罪证据的地方,这些地方必须与被调查人有关,或是能找到被调查人或是能发现新的证据。因此,凡是可能隐藏被调查人或者犯罪证据的人的身体、物品、住处和其他有关的地方,监察机关都可以进行搜查;但需要注意,在搜查过程中不得随意扩大搜查范围,对于与案件无关的场所和物品不得随意进行搜查。正确地进行搜查,对于收集证据、查获被调查人,具有十分重要的意义,因此,监察机关在作出搜查决定时,应当在相关文书中明确搜查的范围,执行人员应当严格遵守。

第四,搜查目的。搜查的目的是发现和收集犯罪证据、查获被调查人。监察机关只有出于获取犯罪证据,查获被调查人的目的,才能对被调查人以及可能隐藏被调查人或者犯罪证据的人的身体、物品、住处和其他有关的地方进行搜查。由于案件情况和调查对象的不同,搜查所要完成的具体任务也不尽相同。有的案件是搜寻赃款,有的案件是犯罪工具及其他罪证,有的案件是为了查获被调查人。搜查具有强制性,监察机关的调查人员在执行搜查任务时,必须严格依法进行,不得滥用搜查权,确保公民的合法权利不受侵犯。对调查人员搜查行为的合法性,有必要加以监督,如发现有违法搜查行为的,应当及时进行纠正。

二、监察机关搜查权的行使

搜查活动关系到公民的一系列宪法权利是否受到侵害的问题,因此本条款规定搜查只能由监察机关进行外,又进一步规定监察机关在搜查时,应当出示搜查证。搜查证是判断搜查行为是否合法的重要标志,在一般情况下,搜查时,应向被搜查人出示搜查证。

在这里应注意本条款与《刑事诉讼法》第一百三十六条的区别。《刑事诉讼法》第一百三十六条:进行搜查,必须向被搜查人出示搜查证。在执行逮捕、拘留的时候,遇有紧急情况,不另用搜查证也可以进行搜查。可见,《刑事诉讼法》规定了在执行拘留、逮捕的时候,紧急情况下侦查人员可无证搜查,紧急情况主要是指被执行逮捕、拘留的人,身藏凶器或引爆装置、剧毒物品或者在其他住处放置爆炸物品等,可能发生自杀、凶杀或者其他危害他人或者公共安全的情况,或者有毁弃、转移罪证等反侦查迹象的,不立即搜查,可能给社会造成危害或者使获取证据失去时机,影响或妨碍侦查活动的顺利进行。在这些情况下,来不及办理搜查审批程序,侦查人员可以凭拘留证、逮捕证进行搜查,相关情况应当在搜查笔录中予以说明记录。

依据本条款规定,在搜查时,应当出示搜查证,是排除了《刑事诉讼法》规定的紧急情况下的无证搜查的,即无论是在何种情况下,哪怕是在紧急情况下,监察机关进行搜查时,都必须向被搜查人出示搜查证。究其原因,这与监察机关查办的案件性质有关,监察机关查办的多数属于贪污贿赂类的职务犯罪,这类案件很少出现上述《刑事诉讼法》中的紧急情况,因此没有必要规定紧急情况下的无证搜查权,而这也有利于保障被调查人的合法权利,体现了对人权保障的重视,督促监察机关严格依照程序行使搜查权。

监察机关在进行搜查时,应当出示搜查证,搜查证应当写明被搜查人的姓名、性别、职业、住址,搜查的住所,搜查的目的,搜查机关,执行人员以及搜查日期等内容。除此之外,还应对搜查的时间进行规定,具体包括搜查证的有效期限和搜查的具体实施时间。规定搜查证的有效期限有利于督促监察机关及时地进行搜查,防止拖拖拉拉,造成证据流失,且防止了监察机关的搜查人员凭借搜查证进行反复搜查。规定搜查的具体实施时间,避免搜查人员不分白天黑夜的任意进行搜查,将对公民日常生活的打扰和侵犯降低到了最大限度,和平、安宁的生活是每一个公民应当享有的权利,我们国家应当对此予以保障,即使是在公民涉嫌职务犯罪或为了查找犯罪证据的情况下,我们也应当将对公民的日常生活的影响降到最低。因此,监察机关的搜查人员在执行搜查任务时,应当主动出示搜查证,未出示搜查证的,被搜查的对象有权拒绝搜查,并有权向有关机关控告。

在搜查时,应当有被搜查人或者其家属等见证人在场。在执行搜查任务时,为了保证搜查工作的合法性,避免不必要的纠纷,在搜查的时候,应当有被搜查人或者其家属等见证人在场。搜查的时候有见证人在场,有利于证实搜查情况,防止侵犯当事人合法权利,同时也可以防止一些被搜查人诬告搜查人员违法搜查,从而保证搜查活动的顺利进行。搜查到的与案件有关的物品,应当让见证人过目,对国家机关、团体或企事业单位的工作处所进行搜查时,应当有该机关、团体或企事业单位的代表参加。搜查的情况应当写成笔录,搜查人员应当将搜查的情况,按照搜查的顺序如实地记录下来,制成笔录,写明搜查的时间、地点、过程,发现的证据,证据的名称、数量、特征以及其他有关犯罪线索等,以便查存和分析案情。搜查笔录应当由搜查人员和被搜查人或者其家属等见证人签名或盖章。这样有利于保证搜查笔录的准确性,便于核查,且只有这样才能够证明搜查所取得的证据的真实性、有效性。如果被搜查人或者其家属由于情况不能或者拒绝签名、盖章,应当在笔录上注明,说明没有签名、盖章的原因,证明搜查程序的合法性。

搜查女性身体,应当由女性工作人员进行,这是对妇女的特殊保护,防止在搜查时出现人身侮辱等违法行为,以确保被搜查妇女的人格尊严和人身安全不受侵犯。而这样规定也是对调查活动的顺利进行的保障,对执行搜查任务的工作人员的职业保护,可以防止被搜查人诬告陷害搜查人员,保证搜查活动的顺利进行。在搜查过程中,为排除无关人员对搜查工作的影响,应当禁止无关人员进出搜查场所。

三、监察机关搜查权的作用

搜查是监察机关查处职务犯罪案件的重要手段,搜查在职务犯罪案件中具有如下作用:(1)收集证据、信息,推动调查进度。职务犯罪案件中,被调查人的口供十分关键,往往关系着案件能否得到突破,有了口供,调查人员就可以依据口供去收集、固定证据,案件办理会变得非常顺利。而职务犯罪的被调查人往往都是高智商的犯罪嫌疑人,他们阅历丰富,知道如何应对调查,使得调查陷入僵局,此时,收集新的线索、信息,推动调查进度成为当务之急,而搜查无疑是获取被调查人犯罪信息与证据的重要手段。(2)检验被调查人供述的真实性。在实际调查中,被调查人的供述往往参差繁多,真假难辨,此时,根据被调查人的供述进行搜查,通过搜查获取的证据、信息来验证其供述内容的真实性是一个绝好的途径。(3)发现线索,扩大战果。目前,大多数举报职务犯罪案件的线索价值往往有限,有的子虚乌有,有的夸大情节,有的已经是在网络上火了的尽人皆知的事情,被调查人早早做好了应对的准备。而通过搜查,可以收集到此案的犯罪证据或线索,且极有可能发现新的犯罪线索,扩大战果。搜查,是我们发现新的犯罪线索的重要手段。(4)查获、追缴违法所得。查获、追缴违法是监察机关办案的一项重要职责,在实践中,涉嫌职务犯罪的被调查人往往拒不交代赃款的去处,这时,搜查就成为查获赃款即违法所得的重要手段,这有利于减少国家和人民的财产损失,打击犯罪。正是因为搜查对于调查职务犯罪具有十分重要的意义,因此监察机关在进行搜查时,可以根据工作的需要提请公安机关的配合,公安机关应当依法予以协助。

搜查,是一种强制性的调查措施。使用得好,可以及时准确地获取罪证,找到被调查人,查清案情;使用得不好,不仅达不到搜查的目的,还会侵犯公民的合法权益。因此,监察机关的调查人员在执行搜查任务的时候,必须遵循法定的程序,严格履行各项法定的手续,还要注意几个问题:首先,为了防止被搜查人逃跑或者转移、销毁被搜查的物品,必要时可以在被搜查的场所周围设置武装警戒或者封锁通道,以保证搜查的顺利进行。其次,搜查应及时、全面、细致,并应根据不同的搜查对象,采取不同的搜查方法。最后,注意保护公私财物,为了收集和提取犯罪证据或找到被调查人而不得不损坏财物时,应尽量将损失控制在最低程度。

第八节　调取、查封、扣押权

《监察法》第二十五条规定:"监察机关在调查过程中,可以调取、查封、扣押用以证明被调查人涉嫌违法犯罪的财物、文件和电子数据等信息。采取调取、查封、扣押措施,应当收集原物原件,会同持有人或者保管人、见证人,当面逐一拍照、登记、编号,开列清单,由在场人员当场核对、签名,并将清单副本交财物、文件的持有人或者保管人。对调取、查封、扣押的财物、文件,监察机关应当设立专用账户、专门场所,确定专门人员妥善保管,严格履行交接、调取手续,定期对账核实,不得毁损或者用于其他目的。对价值不明物品应当及时鉴定,专门封存保管。查封、扣押的财物、文件经查明与案件无关的,应当在查明后三日内解除查封、扣押,予以退还。"本条是关于监察机关运用调取、查封、扣押措施调查案件的规定。调取、查封、扣押是监察机关调查职务违法犯罪案件时收集、固定证据的一项重要措施。

一、监察机关调取、查封、扣押权的法律含义

监察机关在调查过程中采取的调取、查封和扣押,是获取用以证明被调查人涉嫌违法犯罪的财物、文件和电子数据等信息的法定手段。调取、查封、扣押,有着特定的法律含义。

调取是指在调查过程中,发现可以用以证明被调查人涉嫌违法犯罪的财物、文件和电子数据等信息时,经过一定的审批程序,监察机关的调查人员持工作证件和调取通知书向信息持有人调取信息的一项调查措施。这里需要提及我国《刑事诉讼法》第五十二条:人民法院、人民检察院和公安机关有权向有关单位和个人收集、调取证据。有关单位和个人应当如实提供证据。学界一般认为,该条是侦查机关调取证据措施的法源依据,其赋予侦查机关调取证据行为的合法性与正当性。在本条款,将调取与查封、扣押进行并列表述,可推知调取是一项独立的调查措施。在我国调查实践中,调取措施是与讯问犯罪嫌疑人、询问证人、勘验、检查、搜查、扣押等措施相区别的一项独立的调查取证措施。尽管我国《刑事诉讼法》从未规定调取措施为一项独立的侦查措施,但从实务运作情况来看,其与搜查、查封、扣押等措施一样,具备独立性,这种独立性得到了公安机关制定的规章及相关规范性文件的支持。例如,《公安机关办理刑事案件程序规定》第五十八条至第六十三条,《公安机关执法细则》第九章"扣押和调取证据"更是将调取措施作为与扣押措施并列的一项独立措施。增加规定调取这一独立的调查措施,明确了调取作为法定调查措施的法律地位。

查封是指监察机关在调查过程中,对涉嫌被调查人违法犯罪的财物经过检查以后,贴上封条禁止动用与处分的一种调查措施。在调查实践中,对涉案的财物、文件和电子数据,有的可以调取,有的可以扣押,有的则因为空间、场所的限制或者性质上的特殊性,如房屋等不动产、车辆和船舶等特殊动产,不方便扣押,只能就地或者异地封存,因此查封措施的加入,更有利于调查工作的顺利展开。查封作为一项与调取、扣押并列的调查措施,其目的在于通过查封,宣示被查封财产在法律属性上的不确定性,禁止任何人动用或处分该财产,确保财产在监察机关的绝对掌控之下,以免财产的流转、损坏或者毁灭,为以后对该财产作出依法处理奠定物质基础。

扣押是指在调查过程中以证据保全、财产保全为目的,而对可为证据之物或可为财产执行标的之物包含违禁品,以提取、提出命令或搜查的方式予以取得并予以留置的调查措施。扣押的对象,即扣押的客体有两种,一是可为证据之物,此种扣押的目的在于保全证据,以利于追诉或防止灭失。二是可没收之物,包括违禁品,供犯罪所用之物,犯罪所得,此种扣押的目的在于保证将来没收的执行。扣押一般在调查中使用,是一种重要的调查措施。

查封与扣押存在区别,明晰两者的差别具有一定意义。从词语意义上来看,查封是指检查以后,贴上封条,禁止动用。扣押是指拘留、扣留。可知,查封的特点在于原地检查,就地封存,而扣押则是转移到其他地方存放,二者对物的处理方式是不同的。从实践中看,查封与扣押也存在很大的差异,扣押通常是指监察机关将涉案财物扣留下来由自己保管,而查封则是不改变财产的位置,由监察机关在被查封的财物上昭示权力,禁止任何人动用或者处分。在对象上,查封的对象主要是不动产及一些特殊动产如车辆,扣押的对象主要是动产。在权利内容上,查封由于不改变财物的位置使得监察机关不享有对其的占有权;扣押由于改变了财物的位置使得监察机关对该财物享有占有权。

调取与查封、扣押的关系。调取与查封、扣押的目的都是收集证据,同是调查活动中获取证据的重要方式,但调取极易与查封、扣押措施相混淆。有学者认为,调取措施是任意性措施,而查封、扣押是强制性处分措施。强制性处分措施由于限制调查对象的权利和自由,更有利于查明案件事实,掌握被调查人信息,收集证据,调查人员更愿意采取此种措施,但此措施容易侵犯人权,因此一般认为,如果有多种不同的措施可以达到调查的目的,调查人员应首先使用被调查对象自愿或者不侵害其实质性权益的措施,如调取措施,在调取措施等任意性调查措施达不到效果时再使用强制性处分措施。无论性质为何,调取措施相较于查封、扣押措施更缓和,更注重人权保障。一方面,调取措施实施的对象尽管是财物、文件和电子数据,但这些很少会对被调取人的人身和财物产生强制力,更不会涉及对被调取人财物所有权和占有权的剥夺和限制,除非经过被调取人的同意。

二、监察机关调取、查封、扣押权实施的条件

监察机关实施调取、查封、扣押措施的时间应是在调查过程中。在调查实践中,调查过程中采取的调取、查封、扣押等措施通常与勘验、搜查同时进行,当勘验、搜查发现案件证据时,进而马上采取调取、查封、扣押措施获取、保存和固定证据。但是,调取、查封、扣押措施并不仅限于勘验、搜查活动中。在调查过程中,例如在讯问嫌疑人、询问被害人和证人、人身检查和物品检查等多种调查活动中,也可能发现诸多被调查人涉嫌违法犯罪的财物、文件和电子数据等信息。可见,调查过程包含了勘验、搜查环节,伴随勘验、搜查而进行的调取、查封、扣押只是调查活动执行调取、查封和扣押的一部分而已。考虑到发现跟案件有关的证据虽然主要是在勘验、搜查中,但在其他调查活动中也可能发现被调查人涉嫌违法犯罪的财物、文件和电子数据等信息的,同样也应该调取、查封、扣押。将监察机关实施调取、查封、扣押措施的时间规定为调查过程中,更为准确和全面,更符合实践的需要。

监察机关调取、查封、扣押措施的行使对象是财物、文件和电子数据等信息,且是与被调查人涉嫌违法犯罪有关的财物、文件和电子数据等信息。监察机关在调查过程中发现的可以用以证明被调查人涉嫌违法犯罪的财物、文件、电子数据等信息时,可以进行调取、查封和扣押,其他任何与案件无关的财物、文件、电子数据等信息都不得调取、查封、扣押,不得随意扩大调取、查封、扣押的范围。与案件无关的财物、文件、电子数据等信息,不得调取、查封、扣押,否则就是对公民合法权益的侵犯。财物可以理解为具有财产性价值的物品,主要强调的是其经济价值性和财产性。财物不仅包括书证、物证、房屋、车辆等,还包括现金、股票、存折等具有经济价值的物品,现金、股票、存折作为证据使用时,往往是违法所得或者实施犯罪的工具。将财物解释为财产和物品,更能显示对财产权的重视,有利于保障被调查人的人身权利为中心向人身权利与财产权利并重的方向转变。这里的文件包括邮件。电子数据则是指以电子、光磁、光学等形式或类似形式存储在计算机中的信息作为证明案件事实的证据资料,包括通信记录、聊天记录等。电子数据被认为是电子证据的同义语。

三、监察机关调取、查封、扣押权的程序规范

调取、查封、扣押是一项强制性的调查措施,必须严格依照法定的程序并采取正确的方法,以保证调取、查封、扣押正确合法进行。调取、查封、扣押作为一种调查行为,只有监察机关才能依法使用,其他任何机关、团体或个人都无权在调查过程中对被调查人的财物、文件、电子数据等信息实施此措施。调查人员进行调查活动时,应持有相关证件。

采取调取、查封、扣押措施,应当收集原物原件。物证应当提交原物,书证应当提交原件,这是因为原物原件的证明力最强,被改变或伪造的可能性最小。采取调取、查封、扣押措施时,应有持有人或者保管人、见证人在场,应在上述人员参加的情况下,当面对调取、查封、扣押的财物、文件逐一拍照、登记、编号。在此基础上,应当当场开列清单一式两份,在清单上写明调取、查封、扣押的财物、文件的名称、规格、特征、质量、数量、文件编号及其来源,和调取、查封、扣押的时间和地点等。清单应当由持有人或者保管人、见证人当场进行核对,核对无误后进行签名。清单副本交财物、文件的持有人或者保管人,另一份由监察机关附卷备查。当场开列的清单,不得涂改,凡是必须更正的,须有调查人员、持有人或者保管人、见证人的共同签名,或者重新开列清单,若物品、文件持有人或者保管人不在场或者拒绝签字的,应在清单上注明。

对调取、查封、扣押的财物、文件,监察机关应当设立专用账户、专门场所,确定专门人员妥善保管,严格履行交接、调取手续,定期对账核实,不得毁损或者用于其他目的。妥善保管主要是指将调取、查封、扣押的财物、文件放置于安全设施比较完备的地方保管,以防止证据遗失、毁损或被用于其他目的。对价值不明物品应当及时鉴定,专门封存保管,这主要针对的是文物、字画等物

品,由于不能判断真伪,价值不明,应当及时鉴定然后封存。封存主要是指被调取、查封、扣押的财物属于大型物品或者数量较多或者不便于移动,在拍照并登记后就地封存或者异地封存。封存应当盖有监察机关的封条,以备核查。任何单位、个人都不得以任何借口使用、调换被查封、扣押的财物、文件,也不得将其毁损或用于其他目的,要保障财物、文件的完好无损。

查封、扣押的财物、文件经查明与案件无关的,应当在查明后三日内解除查封、扣押,予以退还。本条明确规定了在查明确实与案件无关后,解除查封、扣押的期限。其中查明确实与案件无关是指经过调查、询问证人,讯问犯罪嫌疑人对查封扣押的财物、文件进行认真分析并核实,认定该查封、扣押的财物或文件并非违法所得,也不具有证明被调查人涉嫌违法犯罪的作用,不能作为证据使用,与犯罪行为没有任何牵连。三日内解除查封、扣押是指自确定该查封、扣押物与犯罪行为无关之日起三日内应当解除查封、扣押。这里规定的予以退还是指将被查封、扣押的财物、文件交还给包括被调查人在内的财物、文件所有人。

第九节　监察勘验、检查权

《监察法》第二十六条规定:"监察机关在调查过程中,可以直接或者指派、聘请具有专门知识、资格的人员在调查人员主持下进行勘验检查。勘验检查情况应当制作笔录,由参加勘验检查的人员和见证人签名或者盖章。"这是关于监察机关运用勘验检查措施调查案件的规定。规定本条的主要目的是运用一定科学方法和专门知识,准确、快速地查明案情,保证勘验检查过程客观、公正,确保结论的准确性。

一、监察机关勘验、检查权的法律含义

勘验检查,是指监察机关的调查人员对与调查的案件相关的场所、物品、尸体、人身进行勘验和检查的一种调查行为。勘验和检查的性质是相同的,只是对象不同。勘验的对象是现场、物品和尸体,而检查的对象是活人的身体。

勘验检查是监察机关调查活动中常用的一种调查措施,是发现和获取第一手证据的重要途径。通过勘验检查,可以发现和取得犯罪活动留下的种种痕迹和物品,而对这些证据材料加以分析研究,就可以了解被调查人实施的犯罪活动的情况,判断案件性质以及被调查人的特征,发现突破案件的各种线索,明确调查方向和范围,从而为彻底查明案件事实,找到被调查人提供依据。可见,勘验检查是一种极其重要的调查措施,是发现和获取证据、查明案情的重要手段,对调查活动的顺利推进有着特别重要的作用。

根据调查需要,勘验检查的具体措施包括现场勘验,物证、书证检验,尸体检验,人身检查和调查实验五种。所谓现场勘验是指勘验人员运用科学技术方法对案件有关的场所、物品、痕迹、人身、尸体等所进行的观察、检验、记录和分析研究活动。主要包括:现场环境及态势勘验,现场痕迹勘验,现场尸体勘验,活体勘验,现场法医物证勘验,现场文书勘验,现场其他物品勘验等。现场勘验所要解决的基本问题是发现、固定、提取犯罪痕迹物证,并判明其产生的原因和发展过程及其与犯罪行为的关系。为了保证现场勘验的顺利进行,必须及时保护现场,并做好勘验准备和现场访问。它是发现破案线索、获得原始证据的重要途径,是调查活动中能否及时并准确地查明案件事实,找到被调查人的重要环节。

所谓物证、书证检验是指对在调查活动中收集到的物品、痕迹进行检查、验证,以确定该物证与案件事实之间的关系的一种调查活动。调查人员对所发现和提取的物品、痕迹,应以辩证唯物主义为指导,认真地进行分析研究,以使对案情作出正确的判断。检验物证、痕迹,必须认真、细致,需要经专门技术人员进行检验和鉴定的,应指派或聘请鉴定人员进行。

所谓尸体检验是指由监察机关指派或聘请的法医或医师对非正常死亡的尸体进行尸表检验或者尸体解剖的一种调查活动。尸体检验包括尸表检查、尸体解剖检查、取样、化验。尸体检验的目的在于确定死亡的时间和原因,致死的工具和手段、方法,为查明案情提供依据,因此,尸体检验必须及时进行,以防止尸体腐烂,痕迹变化或消失。检验尸体,应在调查人员的主持下,由法医或者医师进行。

所谓人身检查是指为了确定被害人、被调查人的某些特征、伤害情况或者生理状态,依法对其身体检查的一种调查活动。在人身检查过程中,必要时提取或者采集被害人或者被调查人的指纹信息,采集血液、尿液以及其他出自或者附着于人身的生物样本,是调查中经常使用的一种措施手段。人身检查是针对活人身体进行的一种特殊检验。进行人身检查必须由调查人员或者在调查人员的主持下,由聘请的法医或者医师严格依法进行,其间不得有任何侮辱人格或者其他损害公民合法权益的行为。对被害人进行人身检查,不得使用强制手段,如果被害人不愿检查,调查人员应当耐心说服教育,必要时候,应当请其家属配合,做好被害人的思想工作。检查妇女的身体,应当由女工作人员或者医师进行。

所谓调查实验是指调查人员为了确定与案件有关的某一事实在某种情况下能否发生或者是怎样发生的,而按当时的情况和条件进行实验的一种调查活动。实验的条件应当尽量与事件发生时的条件相同,尽可能在事件发生的原地,使用原来的工具、物品进行。在实验过程中,应注意查明一些重点事项,例如:确定在什么条件下能够发生某种现象;确定在某种条件下,某种行为和某种痕迹是否吻合一致;确定在某种条件下,使用某种工具可能或者不可能留下某种痕迹;确定某种痕迹在什么条件下会发生变异;确定某种事件是怎样发生的。在进行实验时,禁止一切足以造成危险、侮辱人格或者有伤风化的行为。实验的目的是查明案情,同时在实验过程中仍须注意保护当事人及其他公民的合法权益,防止因实验造成的损失和伤害。根据规定,进行实验采取的手段、方法必须合理规范,不得违背客观规律,违反操作规程,给实验人员和其他人员的生命、财产造成危险。同时,禁止任何带有人身侮辱性,损害当事人及其他人的人格尊严,或者有伤当地善良民俗的行为。进行实验,在必要的时候可以聘请有关人员参加,也可以要求被调查人、被害人、证人参加。

勘验检查措施的实施主体是监察机关。监察机关在调查过程中,可以直接亲自进行勘验检查。在一些必要的情况下,为了保证勘验检查结果的可靠性,可以指派、聘请具有专门知识、资格的人员在调查人员的主持下进行勘验检查。这样规定是考虑到职务犯罪具有复杂性、隐蔽性,其犯罪手段和犯罪形式多种多样,特别是利用现代科学技术手段实施的职务犯罪,采用一般的调查手段可能难以得出正确的结论,必须借用一定科学方法和专门知识才能查明案件情况,允许具有专门知识、资格的人员参与到勘验检查活动中来,则满足了这种特殊需求。应注意的是,指派、聘请具有专门知识、资格的人员进行勘验检查,必须是在调查人员的主持下进行,以确保这种活动能够适应调查工作的需要。调查人员在进行勘验检查时,应持有相关的证明文件,以证明调查人员的身份和执行勘验、检查的任务的程序合法性,防止勘验、检查权的滥用,干扰或破坏调查活动的顺利进行。

　　勘验检查作为重要的物证收集、固定措施,在监察调查中发挥着非常重要的作用,尤其是在非法证据排除规则确立的时代背景下,获取口供等言词证据日趋困难,物证在职务犯罪案件证明中的作用更加强化。监察机关通过勘验检查等获取相关证据,不仅可以用来收集线索,验证相关言词证据的可信度和突破被调查人心理防线;更能为后续审查起诉和审判等刑事追诉程序奠定坚实的证据基础。

二、监察机关勘验检查的证据形成

　　勘验检查情况应当制作笔录,由参加勘验检查的人员和见证人签名或者盖章,形成勘验检查的证据材料。勘验检查笔录是指在调查过程中,调查人员利用文字、图形和视听资料等形式对勘验检查相关情况进行客观记录的一种法定证据。勘验检查笔录是我国法定证据种类之一,其在固定与保全证据,证明调查人员勘验、检查行为合法性等方面发挥着重要作用。而且,勘验检查笔录也是对案件进行审判的重要依据。在法定的七种证据中,勘验检查笔录具有非常独特的证据特征。它既不同于物证、书证,也不同于证人证言、被害人陈述、犯罪嫌疑人或被告人的供述和辩解等言词证据。它又不同于鉴定结论和视听资料。它以文字、图形、视听资料的方式记录现场,以加载、固定、保全证据的方式来证明案件事实,是一种记载证据的证据,又是为待证证据提供证明的证据。由于它客观记载调查人员在勘验、检查现场的过程和发现的事实,直接地反映现场以及有关物证的实际情况,并为揭露、证实犯罪提供重要依据,具有综合的证明作用,因而是一种客观性较强、可靠性较高的独立证据。

　　由于勘验检查包括现场勘验,物证、书证检验,尸体检验,人身检查和调查实验等五个方面的内容,与之相对应,勘验检查笔录也包括现场勘验笔录,物证、书证检验笔录,尸体检验笔录,人身检查笔录和调查实验笔录。勘验检查笔录的外在表现形式有文字形式、图形形式、视听资料等形式。勘验检查笔录在调查活动中具有重要意义,主要体现在以下方面:勘验检查笔录是收集、固定、保全证据的重要手段;它本身是一种重要的证据,同时也可用来验证其他证据的真伪;必要时,可以根据勘验检查笔录所记载的情况,实施现场重建技术,以验证某一事实或行为在相同条件下能否重复出现。

进行勘验检查应当写成笔录,即调查人员和其他参加人员应当将其参与勘验、检查的情况,写成勘验检查笔录。勘验、检查的情况包括勘验、检查的时间、地点、对象、目的、经过和结果等。勘验检查笔录应当针对各种勘验、检查项目的具体要求,记清上述问题。勘验笔录由前言、叙事和结尾三部分构成:(1)前言部分记载的内容包括:接到报案的时间,报案人或当事人的姓名、职业、地址及其关于案件发生或发现的时间、地点和经过情况所做的陈述;保护现场人员的姓名、职业、到达现场的时间和保护现场中发现的情况;现场勘查领导人员和勘查人员的姓名、职务;见证人的姓名、职业和地址;勘查起止时间、勘查的顺序,当时的气候和光线条件。(2)叙事部分记载的内容包括:现场的具体地点、位置和周围环境,如现场所在的市、区、街道和乡镇,门牌号码,以及现场的左邻右舍和四周固定的地标及通向某处的道路;现场中心和有关场所的情况,特别要记明现场中一切变动和变化的情况,对现场中心部位一定要写得详细具体,还应记明有关场所的情况,比如室内现场、物体摆设和存放的情况;各种犯罪痕迹物证所在的位置、数量、特征及分布状况;现场中所见到的各种反常现象。(3)结尾部分的内容应包括:采取痕迹物证的名称和数量;拍照现场照片和绘制现场图的种类及数量;勘验的指挥人员和参加勘验人员的签名或盖章;见证人签名或盖章。以上是勘验笔录应记载的内容,因为勘验是对发生过的现场进行勘验,而现场不仅包括其建筑和空间范围,还包括现场内与犯罪有关的尸体和人身,导致勘验和物证、书证的检验往往一起进行,因此勘验笔录和物证、书证检验笔录成为勘验检查笔录,也就无需介绍物证、书证检验笔录了。尸体检验笔录由进行检验的法医或者医师制作,反映尸体检查、提取情况和结果,对于无名尸体,还应记载其相貌特征,生理、病理特征,携带物品等特征,以便日后确认其身份。人身检查笔录应当写明检查过程和结果。对尸体的检验和人身的检查一般需要由调查人员指派或聘请具有专门知识、资格的人员进行,在时间上往往在勘验后实施,因此,尸体检验笔录和人身检查笔录一般是单独制作的。

勘验检查笔录由参加勘验检查的人员和见证人签名或者盖章。这样规定,一是为使该证据具有证明力,没有签名、盖章的勘验检查笔录不具有证明作用;二是加强对勘验检查活动的监督,防止伪造勘验检查结果,以保证正确处理案件。这里的见证人可以是当事人的家属,也可以是其他经监察机关允许的公民。

第十节 监察鉴定权

《监察法》第二十七条规定:"监察机关在调查过程中,对于案件中的专门性问题,可以指派、聘请有专门知识的人进行鉴定。鉴定人进行鉴定后,应当出具鉴定意见,并且签名。"这是关于监察机关运用鉴定措施对案件中的专门性问题进行调查的规定,主要目的是解决案件中的专门性问题,对案件事实作出科学的判断,从而准确地查明案情。

一、监察机关鉴定权的法律含义

监察机关的鉴定权是指在调查过程中,对于案件中的专门性问题,可以指派、聘请有专门知识的人员进行鉴定。这是对案件中某些专门性问题,进行鉴别和判断,并出具鉴定意见的一种调查行为。这种行为以鉴定人员的专业知识来弥补监察人员在相关领域专业知识的不足,对于监察机关及时收集证据,准确揭示证据的证明作用,鉴别证据的真伪,查明案件事实,查获犯罪嫌疑人具有重要作用。鉴定是否科学准确,关系到监察机关能否正确认定案件事实,尤其在侦破疑难案件中,充分运用最新科学技术进行鉴定,可以获得其他证据所不具有的效果。对监察机关获取有效的证据,及时固定证据,发挥监察机关的职能有着重要作用。因此,为了保证鉴定的准确性、科学性,鉴定必须严格依照法律规定进行。

鉴定实际上为监察机关准确认定案件事实提供了一种技术支撑和专业保障,其运作结果便是将案件事实真相相对完整而明确地呈现在监察机关及社会大众面前,从而根据这些结果来作出正确的决定。国家鉴定权的行使必须遵循法制性和规范性,对于事实的认知和判断都必须以证据为基础。无论是进行廉政监督,还是职务犯罪调查,以及腐败行为处置,都需要以相应的证据材料为支撑。在现代社会科技化和智能化的环境下,鉴定对于查明案件事实、获取证据材料无疑发挥着至关重要的作用。监察委员会作为集中统一、权威高效的反腐机构,引入鉴定对于查明案件事实,查获犯罪分子,及时高效反腐有着重大的意义。我们在鉴定的过程中应当突出监察委员会腐败犯罪调查权的独立属性,这样监察机关能够摒弃外界干扰,实现权力的高效运作。

鉴定人在进行鉴定的过程中应当遵守法律、法规、规章,遵守职业道德和职业纪律,尊重科学,遵守技术操作规范。鉴定人应当依法独立、客观、公正地进行鉴定,并对自己作出的鉴定意见负责。在执业过程中知悉的国家秘密、商业秘密、个人隐私不得泄露,不得向其他人或者组织提供与鉴定事项有关的信息,但法律、法规另有规定的除外。鉴定人进行鉴定活动应当依法接受监督,对于有违法行为的,监察机关应作出相应的处罚。鉴定人有权了解与鉴定有关的案件情况,要求相关单位提供鉴定所需的材料;进行必要的勘验、检查;查阅与鉴定有关的案件材料,询问与鉴定事项有关的人员;对与鉴定无关问题的询问,有权拒绝回答;与其他鉴定人意见不一致时,有权保留意见。同时,鉴定人也应履行一定的义务:严格遵守法律、法规和鉴定工作规章制度;保守案件秘密;妥善保管送检的检材、样本、资料等等。

二、监察机关鉴定权行使的基本要求

首先,鉴定针对的是案件中的专门性问题。这里的专门性问题指的是众所周知的事实、自然规律及定律、根据日常生活经验法则推定的事实以外的运用一般调查方法难以解决的科学技术方面的问题。这种专门性问题的鉴定包括:1.法医类鉴定,包括法医病理鉴定、法医临床鉴定、精神病鉴定以及法医物证鉴定。实践中主要是精神病鉴定以及法医物证鉴定,其中精神病鉴定主要是对人的精神状态、责任能力进行鉴别判断,我们在执法中应注意对犯罪嫌人作精神病鉴定要慎重对待,不能轻率作出结论,但也不能久拖不决;法医物证鉴定主要是对与案件有关的尸体、人身、分泌物、排泄物、毛发以及 DNA 等进行鉴别判断。2. 物证类鉴定,包括文书鉴定、痕迹鉴定以及微量鉴定。痕迹鉴定即对指纹、脚印、字迹、弹痕等进行的鉴别判断活动。此外还包括扣押物品的价格鉴定、文物鉴定、违禁品和危险品鉴定等等。3. 声像资料类鉴定,包括对录像带、录音带、磁盘、光盘以及图片等载体上记录的声音、图像信息的真实性、完整性及其所反映的情况过程进行的鉴定和对记录的声音、图像中的语言、人体、物体作出种类或者同一认定。此外,在具体的实践中,还需要针对账本、发票等材料进行会计鉴定以及一些技术方面的鉴定。只有解决好这些问题,监察人员才能更好地了解案情,作出正确的决策。这当中对于监察机关而言,主要的鉴定类型是对相关书证和电子数据等证据类型的鉴定,因为在职务犯罪调查中此类证据的出现频率最高,价值功能也更重要。

其次,监察机关指派或者聘请的鉴定人必须具备鉴定人的资格。具体来说,主要有以下几个方面:1. 必须为自然人。鉴定是鉴定人运用自身的专门知识或技能对案件的专门性问题进行分析和判断,具有一定的人身属性,因此,鉴定只能是自然人,其他单位或法人不能成为鉴定人。2. 必须是具有专门知识或技能的人。专门知识是指某一专门领域的理论和实践经验,具有中级以上技术职称或技师职称的人。因故意犯罪或职务过失犯罪受过刑事处罚的,开除公职处分的以及被撤销鉴定人资格的人员,不得从事鉴定业务。3. 必须是监察机关指派或聘请之人。监察机关的鉴定,是一种调查行为,只有受监察机关指派或聘请之人,才能进行鉴定活动。其他具有专门知识或技能的人,虽然具有鉴定人的资格,但若无监察机关的指派或聘请,也不能进行鉴定。在指派或聘请鉴定人时,应当告知鉴定人故意作虚假鉴定应当承担的法律责任。4. 必须是与本案无利害关系的人。鉴定人本人或近亲属与鉴定事项、鉴定事项涉及的案件有利害关系,可能影响其独立、客观、公正进行鉴定的,应当回避。只有这样,才能保证鉴定人作出客观公正的鉴定意见。

最后,关于鉴定的程序。我们前面提到对于监察委员会进行腐败犯罪调查以及进行鉴定时,应当依据法治思维,运用法律手段,并遵循诉讼规律,保障权力在法律框架内运行。因此就有必要明确腐败犯罪调查的具体制度与程序,避免无法可依和权力滥用。对于鉴定的程序也应作出具体的要求。监察机关在调查过程中,指派或聘请鉴定人鉴定时,应当有两名以上的鉴定人共同进行鉴定。具备鉴定条件的,一般应在受理后十五个工作日以内完成鉴定;特殊情况下不能完成的,经监察机关负责人批准,可以适当延长。鉴定应当严格执行技术标准和操作规程。监察机关在鉴定人进行鉴定时应当提供必要的条件,及时向鉴定人送交有关检材和对比样本等原始材料,应当做好检材的保管和送检工作,注明检材送检环节的负责人,确保检材在流转环节中的同一性和不被污染。介绍与鉴定有关的情况,并且明确提出要求鉴定解决的问题,但是不得暗示或强迫鉴定人作出某种鉴定意见。对于鉴定材料不足、鉴定内容不明确而又不能加以补充的,鉴定人有权拒绝鉴定。

三、监察鉴定形成的证据及其性质

鉴定人在鉴定的过程中,应该按照鉴定规则科学地进行鉴定,出具鉴定意见。监察人员认为监察意见不确切或者有错误时,经上级监察机关负责人批准,可以补充鉴定或重新鉴定。监察机关也应当将用作证据的鉴定意见告知犯罪嫌疑人、被害人。如果犯罪嫌疑人、被害人有异议或提出申请,监察机关可以补充鉴定或重新鉴定,体现了对犯罪嫌疑人、被害人诉讼权利的保护。对于犯罪嫌疑人认为鉴定意见有疑点、鉴定意见与案件事实因果关系不明确或者所提供的鉴定意见有遗漏等,可能影响对案件事实的认定,使自己的合法权益受到损害而提出的申请,监察机关可以进行补充鉴定。鉴定程序违法或者违反相关专业技术要求的;鉴定人不具备鉴定资质和条件的;鉴定人故意作虚假鉴定或者违反回避规定的;鉴定意见依据明显不足;检材虚假或者损坏等情况,发现有以上任一情况,监察机关应当重新鉴定。重新鉴定时应当委托原鉴定机构以外的符合鉴定标准的其他鉴定机构进行,在一定情况下也可以委托原鉴定人以外的其他鉴定人进行鉴定。

在实践中,监察人员不能对鉴定人进行技术上的干预,更不能强迫或暗示鉴定人或鉴定机构作出某种不真实的倾向性意见;鉴定人只能就案件中的专门性问题作出意见,不能就法律适用问题作出意见。

监察机关通过指派或者聘请鉴定人对案件中涉及的某些专门性问题作出

鉴别与判断,这种鉴定对案件的认定往往起着决定性的作用,但鉴定只是鉴定人个人依据其掌握的专门知识对有关专门性问题作出的检验、鉴别和判断,属于个人行为,是鉴定人向监察人员提供鉴定意见的一种服务。进行鉴定是为了获取证据,查明案件情况,因此,鉴定人应运用科学技术或专门知识对办案人员不能解决的问题进行鉴别、判断后提出意见,形成鉴定意见。鉴定应当实行鉴定人负责制度,依法独立、客观、公正地进行鉴定,并对自己作出的鉴定意见负责。我们可以认为鉴定人是一种独立的第三方,只是针对案件的专门性问题进行鉴定。鉴定人进行鉴定后,应当出具鉴定意见、检验报告,同时附上鉴定机构和鉴定人的资质证明,并且签名或者盖章。鉴定意见应当对要求鉴定的问题作出明确、肯定的回答,不能模棱两可。几个鉴定人对同一问题进行鉴定的可以互相讨论,作出共同的鉴定意见;如果结论不一致,应当在鉴定意见上写明分歧的内容和理由,并且分别签名或者盖章。如果对某一问题不能作出肯定或否定的结论,应当说明原因。鉴定后,应当出具鉴定意见,由两名以上具有鉴定资格的鉴定人签名或者盖章。

鉴定只能涉及案件中的专门性问题,无权对案件的法律问题作出评判。对于鉴定人故意作虚假鉴定的,应当承担法律责任。这里所说的"故意作虚假鉴定"是指故意出示不符合事实的鉴定意见。因技术上的原因而错误鉴定的,不属于"故意作虚假鉴定"。"承担法律责任"是指对于故意作虚假鉴定,构成伪证罪、受贿罪等犯罪的,依法追究刑事责任;尚不构成刑事处罚的,依法予以相关处分。

第十一节　监察技术调查

《监察法》第二十八条规定:"监察机关调查涉嫌重大贪污贿赂等职务犯罪,根据需要,经过严格的批准手续,可以采取技术调查措施,按照规定交有关机关执行。批准决定应当明确采取技术调查措施的种类和适用对象,自签发之日起三个月以内有效;对于复杂、疑难案件,期限届满仍有必要继续采取技术调查措施的,经过批准,有效期可以延长,每次不得超过三个月。对于不需要继续采取技术调查措施的,应当及时解除。"这是关于监察机关运用技术调查措施调查案件的规定,主要目的是规范监察机关技术调查权限以及采取技术调查措施的程序和要求,有利于有力打击重大贪污贿赂等职务犯罪,也有利于保护被调查人的合法权利。

一、监察技术调查权的法律含义

监察技术调查权是指监察机关调查涉嫌重大贪污贿赂等职务犯罪,根据需要,经过严格的批准手续,可以采取技术调查措施,按照规定交有关机关执行。

无论职务违法犯罪调查,还是腐败行为处置,监察机关都需要以相应的证据材料为支撑。同时由于腐败行为具有较强的隐秘性,其证据往往是很难获取的。针对腐败行为隐秘性强,证据稀缺的难题,技术调查措施被视为一种极为有效的调查措施。技术调查措施作为一种重要的调查措施,尤其是在工业化、信息化社会发展过程中,这一手段对惩罚犯罪、强化反腐力度、维护社会公共利益具有越来越重要的作用,在法律中加以规定是必要的,受到世界各国及相关国际公约的一致认可。例如《联合国反腐败公约》第五十条规定:允许其主管机关在其领域内酌情使用控制下交付和在其认为适当时使用诸如电子或者其他监视形式和特工行动等其他特殊侦查手段,并允许法庭采信由这些手段产生的证据。[①]

但考虑到技术调查措施在执行过程中可能涉及公民个人隐私以及国家利益,必须在法律中予以明确的规范,加以必要的限制。一方面,要完善技术调查措施,赋予监察机关必要的调查手段,加强打击贪污贿赂等职务犯罪的力度;另一方面,要强化对技术调查措施的规范、制约和监督,防止滥用这一技术调查措施。

技术调查措施是指监察机关为了调查的需要,运用现代科学技术和设备查找犯罪嫌疑人、获取犯罪证据的特殊调查手段,是指利用现代科学知识、方

---

① 参见赵秉志、王志祥、郭理蓉编:《〈联合国反腐败公约〉暨相关重要文献资料》,中国人民公安大学出版社 2004 年版,第 28 页。

法和技术的各种调查手段的总称。从一般意义上讲,在监察机关调查过程中,多数案件的调查都需要运用一些技术手段。但在许多场合下,技术调查这一概念专指调查中某些特殊手段的运用,而非一般意义上调查技术设备或仪器的使用。

关于监察机关采取技术调查措施的案件范围及程序的规定。本条款规定包括以下几个方面:1.监察机关可以采取技术调查措施的案件范围是涉嫌重大贪污贿赂等职务犯罪案件。监察委员会作为集中统一、权威高效的反腐机构,依法开展腐败违法犯罪调查活动,依照《中华人民共和国刑法》第八、九章贪污、贿赂、渎职、侵权等罪名规定的范围进行。因此,监察机关针对的主要是贪污贿赂等职务犯罪案件,而对于其中涉嫌重大的贪污贿赂犯罪案件,一般是指数额巨大、造成的损失严重、社会影响恶劣等情况,可以采取技术调查措施。2.监察机关对上述案件是否采取技术调查措施要"根据需要",也就是说,虽然本条规定了监察机关对上述犯罪案件可以采取技术调查措施,但并不意味着监察机关只要办理涉嫌重大贪污贿赂等职务犯罪都采取技术调查措施,而是要根据调查犯罪的需要。采取技术调查措施是打击犯罪的需要,同时也涉及组织的基本权利。因此,采取技术调查措施一定是在使用常规的侦查手段无法达到侦查目的时所采取的手段。这是采取技术调查措施的一个重要条件。3.要经过严格的批准手续。"经过严格的批准手续",包括两层意思:一是对制定审批程序的要求。有关部门依法制定采取技术调查措施的审批程序,必须体现"严格"的要求。即对各种调查措施在什么情况下、什么范围内、经过什么样的程序批准才能使用应有严格和明确的规定,使监察机关及其工作人员在工作中有所遵循,防止滥用。二是对批准采取技术调查措施的要求。采取技术调查措施必须依照规定履行严格的批准手续。实践中,有权批准使用这一措施的人,在批准与否上一定要严格掌握,在接到要求采取技术调查措施的申请报告后,要认真审查,严格把关。首先,要审查是否属于本条款规定的可以采取技术调查措施的案件范围;其次,也是更为重要的,要审查采取技术调查措施对查明这一案件是否是必需的,对既可以采取技术调查措施,又可以通过其他的调查途径解决问题的,应当采取其他的调查途径解决。4.本条款规定的技术调查措施的执行机关是有关机关。这是因为在运用技术调查措施的过程中由于其对公民基本人权干预程度高且专业技术性强,需要进行严格管控,因此立法规定将技术调查措施的执行机关赋予有关机关具有合理性。

通常情况下,监察人员进行调查活动时,应当按照相关法律规定向有关人员说明自己的身份并出示工作证件或者监察机关的相关文件。但对于涉嫌重大的贪污贿赂犯罪,单靠一般的调查措施无法彻底查明整个犯罪,将犯罪分子绳之以法。因此,为了加强反腐力度,有必要进行技术调查措施。具体来说,主要包括电子监听、电话监控、电子监控、秘密拍照或录像、秘密获取某些物证、邮件检查等秘密的专门技术手段。当然为了查明案情,在必要的时候,经相关负责人决定,可以隐匿身份实施调查。监察机关通过隐匿身份、目的或手段而实施的调查措施,既包括调查人员隐匿身份实施"卧底调查"、"化妆调查"等情形,也包括调查人员根据需要安排其他人员隐匿身份或目的担任"卧底"或"线人"参与调查的情形。对于这种秘密调查的实施方式也应作限制性规定,即不得诱使他人犯罪,不得采用可能危害公共安全或者发生最大人身危险的方法,以防止秘密调查的滥用。《联合国反腐败公约》对控制下交付作出的规定也应适用于监察机关。监察机关技术调查措施中的控制下交付,即监察机关在发现非法或可疑交易的物品后,在对物品进行秘密监控的情况下,允许非法或可疑物品继续流转,从而查明参与该项犯罪的人员并彻底查明案件的一种调查措施。比如,对涉及给付违禁品或者财产的犯罪活动,监察机关根据调查犯罪的需要,可以依照规定实施控制下交付。实践中,采取隐匿身份调查和控制下交付这两种特殊调查措施应当根据相关法律规定从严把握,对于其中的一些具体规范,执行机关可以进一步明确。总之不论监察机关采取何种手段,都应基于法律的规定基于维护公共利益以及国家利益的要求,经过严格的批准手续实行。

二、监察技术调查权启动的程序规定

《监察法》规定,批准决定应当明确采取技术调查措施的种类和适用对象,自签发之日起三个月以内有效;对于复杂、疑难案件,期限届满仍有必要继续采取技术调查措施的,经过批准,有效期可以延长,每次不得超过三个月。

对于不需要继续采取技术调查措施的,应当及时解除。

关于技术调查措施批准内容的规定主要包括以下几个方面:1. 采取技术调查措施的种类和适用对象,要根据查明犯罪的需要在批准决定中予以明确。根据这一要求,实践中,批准决定采取技术调查措施时,应根据查明犯罪的需要,明确采取哪一种或哪几种具体的调查手段,而不是只笼统地批准可以采取技术调查措施,不是不加区分地所有的技术调查措施手段一起上。在明确具体调查手段的同时,还要明确具体的适用对象,这里的"适用对象"是指人。也就是说,应根据查明犯罪的需要,具体明确对案件中的哪个人采取,而不是笼统地批准对哪个案件可以采取技术调查措施。2. 采取技术调查措施的期限为三个月,自签发之日起三个月以内有效。对于复杂、疑难案件,期限届满仍有必要继续采取技术调查措施的,经过批准,有效期可以延长,但每次延长不得超过三个月。应说明的是,"经过批准"还是要报经原来批准决定人或批准决定机关。3. 对于不需要继续采取技术调查措施的,应当及时解除。执行机关应尽可能缩短采取技术调查措施的期间,虽然采取技术调查措施的批准决定是三个月内有效,但在三个月有效期内,如果不需要继续采取技术调查措施的,执行机关应当及时解除技术调查措施。这一规定有利于对公民、组织权利的保护。

采取技术调查措施进行调查,会涉及公民的一些权利,如隐私权、通信自由权等。因此,监察机关在采取技术调查措施过程中应该注意相关的规范。首先,对于决定采取技术调查措施应当明确批准的措施种类、对象和期限,实践中,监察机关及其工作人员必须严格按照上述批准的内容执行,何种调查手段、在多长的期限内、针对何人采取,必须严格执行,不得擅自作任何改变。其次,关于对采取技术调查措施所获得的信息要保密以及及时销毁。在使用技术调查措施的过程中,相关人员在获取与案件有关的证据和线索的同时,不可避免地会知悉一些国家秘密、企业的商业秘密、公民个人隐私,为维护国家安全,保护公民、企业的合法利益,相关人员应当保密。同时对获取的材料不得用作其他用途,与案件无关的材料,应当及时销毁。最后,有关单位和个人对实施技术调查应予以配合以及履行保密的义务。反腐败关乎人民利益,需要全社会的共同参与,国家监察机关作为专门的腐败行为监督、调查和处置机关在开展监察活动时,需要来自社会公众和其他机关的配合与支持。每一个社会成员都是政治清明、权力廉洁的享受者,同时也应当自觉成为贡献者。对于监察机关的调查行为,应当积极予以配合。而对于拒绝配合,甚至故意干扰监察委员会行使职权的行为也应当承担相应的法律责任。同时具体的技术调查措施的实施要依赖于科学技术手段,仅靠一方的力量是无法完成的,且随着信息化社会进程的加快,这一措施的实施将越来越依赖各种社会资源及社会化信息。如进行电信监控、邮件检查等就需要借助电信企业、邮递企业的设备或必要的帮助与支持。在有些情况下,还需要公民的协助与配合。如临时需要占用公民的住宅等。相关单位和个人配合公安机关,有助于技术调查措施的顺利实施,直接关系到国家和人民的重大利益,关系到能否及时有效地打击犯罪。因此,对监察机关依法采取的技术调查措施,有关单位及个人应当配合。有关单位和个人在接到监察机关提出的符合国家规定的请求时,都有义务尽力在职权范围内给予所需要的协助,不可进行阻碍或者刁难。

第十二节　监察通缉

《监察法》第二十九条规定:"依法应当留置的被调查人如果在逃,监察机关可以决定在本行政区域内通缉,由公安机关发布通缉令,追捕归案。通缉范围超出本行政区域的,应当报请有权决定的上级监察机关决定。"这是关于监察机关如何运用通缉措施追捕潜逃的被调查人的规定。规定本条的主要目的是抓获在逃被调查人,使案件调查顺利进行。

一、监察通缉权的法律含义

监察通缉权是指依据监察法规定,依法应当留置的被调查人如果在逃,监察机关可以决定在本行政区域内通缉,由公安机关发布通缉令,追捕归案。

通缉是监察机关调查中抓捕在逃犯罪嫌疑人的紧急措施,是重要调查措施之一。监察通缉主要指由监察机关决定,通过公安机关发布通缉令的方式将应当留置而在逃的被调查人通报缉拿归案的一种调查措施。监察机关对于腐败行为,尤其是职务犯罪行为的调查是进行刑事追诉的根基所在,国家监察机关在调查资源和强制力保障方面,必须得到来自公安司法机关的协助与配合,因此国家监察机关在逃匿被调查人通缉,限制出境等方面都有必要同公安司法机关协助办案。主要是基于公安机关的性质、组织能力和装备等各方面的因素考虑,由公安机关执行,有利于将被调查人及时抓获归案。监察委员会作为集中统一、权威高效的反腐机构,依法开展腐败违法犯罪调查活动,对于涉嫌贪污贿赂犯罪有权进行留置。随着现代社会的发展、交通的便利和人财物的大流动,对被调查人的控制越来越困难,贪污贿赂犯罪的隐秘性以及流窜性加大,因此,有必要赋予监察机关通缉的权力。

首先,有利于及时抓获在逃人员,保障程序顺利进行。鉴于贪污贿赂犯罪的特殊性,监察机关对于在逃的被调查人通过通缉及时抓获,通过查明案情、获取证据来作出正确的决断。通过通缉能够有效避免在逃的被调查人逃脱惩治,确保国家刑罚权的实现。而通缉的高效率、高质量能够有效震慑犯罪的发生,有效预防犯罪和降低犯罪率。同时还表现在对犯罪的间接控制,即在一定程度上起到了震慑犯罪的社会心理效应,有效地遏制了一部分潜在的犯罪行为的发生。

其次,有利于保护国家财产和社会利益。监察机关的通缉通常是指贪污贿赂犯罪,这种类型的犯罪其贪利性是重要特征,涉案财物在腐败行为中都扮演着关键性角色。为了防止被调查人将财物转移或使用其他秘密手段将其隐匿起来,及时将其控制是重要的举措,通过通缉可以更好地实现这一措施。无论对于社会利益和国家财产都有重要的作用。贝卡利亚曾经说过,惩罚犯罪的刑罚越是迅速、及时,就会越公正和有益。通缉的目的就是及时有效地抓获犯罪嫌疑人,保障刑罚公正进行。

最后,有效预防犯罪,维护社会安定。适时发布通缉令,特别是在被通缉者逃跑可能经过的车站、码头等主要通道,可能捕获被通缉者的地区,如其亲属、朋友居住地周围,公开发布通缉令,可以使广大人民群众提供更多的线索,使监察机关掌握工作的主动权,从而展开进攻态势,达到震慑被通缉者,使其不敢再次犯罪的目的。另外,适时发布通缉令可以使社会公众了解被通缉者的具体情况,增强防范意识和自我保护意识;通缉信息的及时准确发布,也可以避免出现社会恐慌的状况,影响监察机关的公信力,使社会公众了解监察机关打击刑事犯罪,缉拿犯罪嫌疑人、被告人、罪犯的坚定决心,从而达到维护社会安定的目的。

二、监察通缉权的施用及其对象和条件

基于反腐以及职务犯罪的调查,监察机关应当享有通缉的决定权。对于监察机关需要通缉被调查人的,应当作出通缉的决定,并将通缉决定书、通缉通知书和被调查人的照片、身份、特征等情况及简要案情,送达同级公安机关,由公安机关按照规定发布通缉令。同时为防止被调查人等涉案人员逃往境外,需要在边防口岸采取边控措施的,监察机关应当按照有关规定制作边控对象通知书,商请公安机关办理边控手续。在通缉执行过程中,监察机关应当予以协助,并且及时了解通缉的执行情况。需要注意的是,只有公安机关有权发布通缉令,其他任何机关、团体、单位、组织和个人都无权发布。根据规定,通缉的对象必须同时具备三个条件:1. 被通缉的人必须是涉嫌贪污贿赂犯罪等职务犯罪的被调查人。2. 该被调查人符合留置条件。3. 该被调查人确实因逃避法律责任而下落不明。对具备上述条件的被调查人,监察机关有权对其决定通缉,交由公安机关执行发布通缉令,采取有效措施,进行追捕。

通缉令是指公安机关依法发布的缉捕在逃犯罪嫌疑人的书面命令。通缉令中应当尽可能写明被通缉人的姓名、别名、曾用名、绰号、性别、年龄、民族、籍贯、出生地,以及户籍所在地、居住地、职业、身份证号码、衣着和体貌特征并附被通缉人近期照片,可以附指纹及其他物证的照片。除了必须保密的事项以外,应当写明案发的时间、地点和简要案情。通缉令发出后,如果发现新的重要情况,可以补发通报。通报必须注明原通缉令的编号和日期。有关公安机关接到通缉令后,应当及时布置查缉。抓获相关人员后,应当迅速通知通缉令发布机关,并报经相关机关负责人批准后,凭通缉令羁押。原通缉令发布机关应当立即进行核实,依法处理。反腐败关乎人民利益,需要全社会的共同参与,对于通缉的人员,任何公民都有权将其扭送至公安机关以及监察机关。对不知真实姓名和住址,只知其外貌特征、作案手段、携带赃款赃物等情况的,可以采用通报方式查缉。如果被通缉的人已经归案、死亡,或者通缉原因已经消

失而无通缉必要的,发布通缉令的机关应当立即发出撤销通缉令的通知。

三、监察通缉施用中的相关措施

近年来,悬赏通缉成为重要的有力措施之一,在悬赏通缉时可以达到充分调动举报积极性、迅速破案的目的。要适应监察机关工作的需要,就要在建立通缉制度的过程中,突出悬赏通缉的地位,建立悬赏通缉制度。悬赏通缉是监察机关在调查重特大腐败案件或为抓获重大负案在逃的犯罪分子,以及追缴涉案财物和证据过程中,运用的一种有效方法。也就是说,它是以通缉令的方式发布的,对在逃犯罪嫌疑人、罪犯或其他调查活动提供有效线索的有功人员,给予奖励的行为。在监察机关调查实践中,需要通缉的一般都是重大贪污贿赂犯罪案件的重大嫌疑人,他们或者是罪行十分严重,或者是有继续犯罪的可能性,或者有潜逃国外的可能性,是为了将其追捕归案而采用的一种特殊手段。一般来说,通缉是不带有悬赏的色彩的。这种方式除了具有通缉的特点外,还突出了悬赏这一功能。它既体现了监察机关工作适应新时期新形势下市场运作规律的要求,又有效地满足了人们趋利避害的心理,其操作效果比传统意义上的通缉要好很多。虽然悬赏通缉会付出很大的成本,但其带来的收益也不能忽略,监察机关通过这种方式借助有的线索,可以少走许多弯路,将原本毫无头绪的案件破获,大大缩短破案的时间,节省大量的人力、物力和其他开支。因此为发现重大犯罪线索,追缴涉案财物、证据,查获犯罪分子,必要时,经监察机关负责人批准,可以发布悬赏通缉的通告。悬赏通告应当写明悬赏对象的基本情况和赏金的具体数额。通缉令、悬赏通告应当广泛张贴,并可以通过广播、电视、报刊、计算机网络等方式发布。

随着我国反腐力度加大,许多涉嫌贪污贿赂犯罪的腐败分子往往潜逃出国,给国家和社会带来了巨大的损失,同时也对抓获这些腐败分子增加了难度,助长了违法犯罪的势头,不利于反腐工作的进行。面对这种局面,在监察机关通缉的时候,有必要采取相关边控措施。通缉措施中的边控,是指监察机关为了抓捕可能出入境的在逃人员,通知出入境边防检查部门在查验工作中发现并予以扣留的一项调查措施。监察机关需要对相关被调查人在口岸采取边控措施的,应当按照有关规定制作边控对象通知书,经相关负责人审核批准后,交付公安机关执行,办理全国范围内的边控措施。需要限制被调查人的人身自由的,应当附有关法律文书。对于应当通缉的人员,如果潜逃出境,可以按照有关规定层报上级机关商请国际刑警组织中国国家中心局,请求有关方面协助,或者通过其他法律规定的途径进行追捕。

对被调查人已经自动投案或者被抓获,以及发现有其他不需要采取通缉、边控、悬赏通告的情形的,发布机关应当在原通缉、通知、通告范围内,撤销通缉令、边控通知、悬赏通缉通告。

四、监察通缉的范围的级别管辖

《监察法》规定,通缉范围超出本行政区域的,应当报请有权决定的上级监察机关决定。其要义是:监察机关在自己管辖的地区内可以直接决定发布通缉令;如果超出自己管辖的地区,应当报请有决定权的上级监察机关决定,并交由相应的公安机关执行。各级公安机关接到通缉令后,应当及时部署、组织力量,积极进行查缉工作,其他一切国家机关、企业事业单位和公民应当积极协助公安机关查获被通缉人,发现被通缉的人或其他线索,应当及时将情况报告给公安机关,或者直接将犯罪嫌疑人扭送公安机关或者监察机关。对于应当留置的被调查人,如果潜逃出境,可以按照有关规定层报上级机关商请国际刑警组织中国国家中心局,请求有关方面协助,或者通过其他法律规定的途径进行追捕。

第十三节　限制出境权

《监察法》第三十条规定:"监察机关为防止被调查人及相关人员逃匿境外,经省级以上监察机关批准,可以对被调查人及相关人员采取限制出境措施,由公安机关依法执行。对于不需要继续采取限制出境措施的,应当及时解除。"这是关于监察机关运用限制出境措施调查案件的规定。赋予监察机关采取限制出境措施的权限,主要目的是保障调查工作的顺利进行,防止因被调查人及相关人员逃匿境外,而不能掌握违法犯罪事实及证据,导致调查工作停滞。

一、监察限制出境权的法律含义

监察机关的限制出境权是指依据监察法规定，为防止被调查人及相关人员逃匿境外，经省级以上监察机关批准，可以对被调查人及相关人员采取限制出境措施。

为防止被调查对象在监察委员会开展监督、调查和处置工作过程中，逃避调查，甚至潜逃境外，以及实施其他干扰监察工作顺利进行的行为，国家监察委员会应当有权在一定期限内限制被调查人的人身自由。监察法根据现实需要，赋予监察机关限制被调查对象人身自由的法定权限，采取限制被调查人出境的权力。

我国现行法律体系中有关限制出境内容的条文较多，散见于法律、行政法规、部门规章和规范性文件中，其中以规范性文件居多。根据限制程度的不同，主要可以分为禁止性限制和条件性限制两大类。禁止性限制是严格禁止某类特定人员出境或持有护照等出境证件；条件性限制是指某类人只有满足一定条件或者有特定的出境事由才能被批准出境或给予签发护照等出境证件，否则将不予批准出境或不予签发护照。

出境是指一国的公民为进入另一个国家而离开所在国的活动。一般来说，出境的概念包括两个方面，一是指本国公民出于某种需要，经本国政府批准，持用合法证件离开本国国境；二是指外国人出于某种事由，经停留所在国许可，持用合法证件离开停留所在国。基于此，我们都有着出境的权利，但另一方面，任何权利都是有界限的。没有绝对的权利，只有相对的权利，出境权也不例外。根据我国法律的相关规定，限制出境措施主要有两种：一是在刑事诉讼中，对涉外刑事案件的被告人及法院认定的其他相关犯罪嫌疑人，法院可以决定限制其出境，对开庭审理案件时必须到庭的证人，可以要求暂缓出境；二是在民事诉讼中，对不履行法律文书确定义务的被执行人，法院可以对其采取限制其出境的措施。这两种限制出境的措施适用于诉讼的不同阶段，其目的也不尽相同。刑事诉讼中的限制出境措施主要运用于案件审理阶段，其目的是确保被告人、犯罪嫌疑人到庭参加案件审理；而民事诉讼中的限制出境措施则主要运用于执行阶段，其目的是保证生效裁判的执行。限制出境措施的决定主体是限制出境措施程序控制的核心环节。在传统刑事诉讼法理对于人身自由强制措施的程序制约是通过司法审查实现的,而在限制出境措施的决定过程中,由于作为其权力基础的国家监察权属于一种独立的权力类型,不属于司法权审查的范畴,因此其程序控制只能通过系统内部的监督制约机制实现。这种情况下,最有效的途径就是将限制出境措施的决定权在级别上进行上移。因此,为防止被调查人及相关人员逃匿境外,监察机关可以对被调查人及相关人员采取限制出境措施,应当经省级以上监察机关批准。这一模式可以有效地利用上级国家监察机关较高的监察业务能力避免下级监察机关在限制出境措施事实认定和法律适用方面存在的错误。更重要的是,通过上级监察机关的批准实现了限制出境适用的异体监督,提高限制出境措施适用的公信力和权威性。

二、监察限制出境措施由公安机关依法执行

在限制出境措施上赋予公安机关执行的权力,这与我国长久以来其他相关法律对限制出境措施执行主体的规定是一致的。从法律角度看,一个人的出境行为是一种连续行为,按照时间先后顺序可以分为两部分,第一部分是申请出境证件的行为,第二部分是依法取得出境证件后实施的离境行为。那么在实践中,限制一个人出境也就可以通过两种方式来实现,第一种方式是在出境人向公安出入境管理机关申请出境证件时,公安出入境管理机关依据有关规定不批准其出境,拒绝签发护照或其他出境证件;第二种方式是出境人将要离境时,边防检查机关在出境口岸依据有关规定阻止其出境。公安出入境管理机关和边防检查机关作为公安机关的两个内设机关都是我国目前行使出境管理权的执行主体,前者负责证件签发,后者负责证件查验,两者相互协作,密切配合,工作性质和工作对象非常相近,是我国现行限制出境制度的两个主要执行主体。公安出入境管理机关与边防检查机关需要在实际工作中密切配合,公安出入境管理机关要把已作废出境证件的信息及时发送到边防检查机关,边防检查机关也要把被阻止出境人员和被遣返回国人员的信息及时反馈到公安出入境管理机关,实现信息的实时互通,将限制出境的执行权赋予公安机关,符合当今的社会环境,是合理存在的。

从法理上讲,实施限制出境措施的目的,在于维护国家意志和人民的整体利益,是国家出于维护国家安全、保障社会秩序、履行国际义务和打击腐败犯罪的需要。首先,打击腐败犯罪是监察机关限制相关人员出境的首要任务。我国部分官员通过贪污贿赂等职务犯罪掌握了巨额资金或资产,再加上国际反腐合作机制的欠缺,携款潜逃成了这些贪官们的杀手锏,给国家造成了巨大的损失。因此对部分涉嫌贪污贿赂等职务犯罪的国家工作人员出境实行一定的条件限制,是预防腐败分子逃避打击和加强廉政建设的有力措施。其次,有利于维护国家安全、保障社会秩序。由于涉嫌职务犯罪的相关人员很可能是国家工作人员,掌握着国家机密,如果潜逃将会对国家安全造成威胁,因此,出于国家安全的考虑,限制出境是极其必要的,是维护国家安全的一项重要措施。保障社会秩序,也是我国限制出境制度的重要目的之一。社会秩序是指在一定规则体系的基础上,社会系统运行所体现出来的有规律、可预见、和谐稳定的状态。理所当然,所有破坏社会秩序的成员都要承担由此带来的不利后果,接受相应的惩罚或者履行法定的义务。由于各国法律的不同和属地原则的限制,企图出境逃避惩罚和逃脱义务是世界上违法犯罪者普遍采取的手段,我国的违法犯罪者也不例外。因此,要维护我国法律的尊严,保障规范的社会秩序,就必须对违法犯罪者和逃避法定义务者实施限制出境,以确保有力地打击和惩罚犯罪,促进法定义务的履行。最后,也是履行国际义务的需要。

三、监察限制出境措施的解除

《监察法》规定,对于不需要继续采取限制出境措施的,应当及时解除。《世界人权宣言》和《公民权利和政治权利国际公约》把公民出境自由权列为公民的基本权利之一。明确规定:人人有权离开任何国家,包括其本国在内,并有权返回他的国家。同时我国国内法的相关规定中也明确了我国公民享有出境的自由。因此无论从国际法还是从国内法来看,我国公民都享有出境自由的权利。公民在不违反法律规定的前提下,自行决定行使还是不行使,以及如何行使,任何机关不得限制、干涉或剥夺。保障公民的自由是法治社会所必需的,因此,对于不需要继续采取限制出境措施的,应当及时解除。同时,上级监察机关也要监督限制出境措施的实施,保证其决定的准确性,并对不需要采取限制出境措施的被调查人及相关人员及时解除,维护公民的合法权益。限制出境措施是为维护国家安全和利益,保障公众的合法权益,并根据现实社会制度的发展要求而制定的。如果执行过宽,就可能损害国家的安全和利益,不利于社会秩序的稳定;反之如果执行过严,就可能侵犯公民的出境自由权,损害公民的权益。所以对于采取限制出境措施的决定机关应当增强法律意识,严格依法,防止超越职权和滥用职权;对于执法机关应当进行人权意识教育,转变传统的管理思想,尊重公民合法的出境权益,防止非法侵害公民出境权事件的发生。而且反腐败关乎人民利益,需要全社会的共同参与,国家监察机关作为专门的腐败行为监督、调查和处置机关在开展监察活动时,需要来自社会公众和其他机关的配合与支持,需要社会各方力量尽力在职权范围内给予所需要的协助。

第十四节　自首、退赃、立功从宽建议权

《监察法》第三十一条规定:"涉嫌职务犯罪的被调查人主动认罪认罚,有下列情形之一的,监察机关经领导人员集体研究,并报上一级监察机关批准,可以在移送人民检察院时提出从宽处罚的建议:(一)自动投案,真诚悔罪悔过的;(二)积极配合调查工作,如实供述监察机关还未掌握的违法犯罪行为的;(三)积极退赃,减少损失的;(四)具有重大立功表现或者案件涉及国家重大利益等情形的。"

这是关于监察机关对涉嫌职务犯罪的被调查人提出从宽处罚建议的规定。本条规定与最高人民法院、最高人民检察院、公安部、国家安全部、司法部于2016年印发的《关于在部分地区开展刑事案件认罪认罚从宽制度试点工作的办法》作了衔接。规定本条的主要目的是鼓励被调查人犯罪后改过自新、将功折罪,积极配合监察机关的调查工作,争取宽大处理,体现了"惩前毖后、治病救人"的精神。同时,也为监察机关顺利查清案件提供有利条件,节省人力物力,提高反腐败工作的效率。

一、自首、退赃、立功从宽建议权的相关概念

当前对于自首从宽的相关规定主要存在于我国刑法的领域内,具体为:犯罪以后自动投案,如实供述自己的罪行的,是自首;被采取强制措施的犯罪嫌疑人、被告人和正在服刑的罪犯,如实供述司法机关还未掌握的本人其他罪行的,以自首论。最高人民法院关于自首的司法解释也对自首的适用给出了具体的解释,使自首的适应范围更加的广泛,客观上起到了鼓励犯罪人自首的效果。监察委员会作为权威高效、集中统一的反腐败机构,在对涉嫌贪污贿赂等职务犯罪案件调查过程中,相关被调查人难免会有自动投案、真诚悔罪悔过、积极配合、如实供述监察机关还未掌握的违法犯罪行为,以及积极退赃、减少损失,具有重大立功表现或者案件涉及国家重大利益等情形的出现。因此为了达到鼓励被调查人自首的效果,监察机关移送人民检察院时可以提出从宽处罚的建议。在这里对于自首的规定是"可以"从宽而不是"应当"从宽,这就要求监察机关根据具体的情况予以选择。在司法实践中,监察机关不仅要注意到犯罪行为本身所体现的被调查人主观恶性的大小,同时也要考虑到自首的动机、时间、地点以及方式等自首本身的情节所体现出来的被调查人犯罪时的主观恶性的大小。而且我们这里说的监察机关的自首从宽建议权只是一种建议并不具有约束力,不影响法院、检察院独立行使职权。

自首从宽建议权的概念。自首,我国《刑法》第六十七条明确规定,是惩办与宽大相结合的刑事政策在刑法中的具体体现,是我国刑法中一项重要的刑罚裁量制度。其设置的初衷是出于惩罚与预防犯罪、司法机关的利益衡量及教育犯罪人重新做人的双重考虑。在对自首的犯罪分子适用刑罚时,要宽严适当,该严则严,该宽则宽,注重宽与严的协调统一。对于严重刑事犯罪的自首行为也要依法予以考虑,坚持从宽惩处,不仅维护了国家的安全和社会的稳定和谐,也体现了宽严相济的刑事政策。随着现在反腐力度的加大,监察机关对相关人员适用自首制度,以较小的成本支出来最大限度地遏制犯罪,在实施自首从宽的原则时,不仅实现了惩罚犯罪的效果,而且还实现了国家、社会的预防犯罪的效果。

自首从宽处罚是自首制度赖以存在的关键。世界各国、各地区刑法凡有自首及相关规定的,都无一例外地规定了自首从宽处罚的原则。其主要原因是对于自首者从宽处罚,才使得犯罪人在犯罪以后具有自动投案、如实供述所犯罪行的动力。目前自首从宽制度有两种模式:第一是相对从宽处罚原则。所谓相对从宽处罚是指,犯罪人虽然符合自首的条件,但是并非一律从宽处罚,对是否从宽则要由司法人员考察犯罪人自首的动机等其他情况决定。相对从宽处罚原则在刑法上多表述为"可以"从宽处罚。第二是绝对从宽处罚原则。所谓绝对从宽处罚是指,只要犯罪人符合自首的成立条件,司法机关就一定要给予犯罪人从宽处罚,而不再具体考究犯罪人自首的动机、时间、地点以及是否基于悔悟等。绝对从宽处罚原则在刑法上多表述为"必须"、"应当"从宽处罚等。

二、自首、退赃、立功从宽建议权的构成要件

监察机关在对涉嫌职务犯罪的相关人员调查过程中,可以提出自首从宽建议的构成要件主要有以下几个方面。

其一,主动认罪认罚。"认罪"是指被追诉人自愿承认被指控的行为,且认为已经构成犯罪。"认罚"是指被追诉人对于可能接受刑罚的概括意思表示。具体而言,被追诉人"认罚"的判断标准应当为接受监察委员会提出的抽象刑罚。

其二,自动投案,真诚悔罪悔过。所谓自动投案,是指涉嫌职务犯罪的相关人员实施犯罪之后,被监察委员会归案之前出于自己的意志,主动向监察委员会投案,并自愿将自己交付于国家追诉,等待进一步交代自己所实施的犯罪行为,并最终接受审判机关的裁判。自动投案包括以下几个条件:1. 投案对象是国家监察机关。2. 投案方式是多样的。一般情况下是被调查人直接向监察机关投案,但被调查人因病、因伤或者是由于其他特殊情况,委托他人代为投案,或者先以电信等方式投案的,也应视为投案。3. 投案时间应该是犯罪嫌疑人尚未归案之前。监察委员会尚未掌握犯罪嫌疑人相关犯罪事实,更没有对其采取调查措施或谈话,犯罪嫌疑人主动向纪检、监察机关投案,并如实交代自己所为的犯罪行为的。根据有关法律以及司法解释,被调查人被调查后逃跑,在通缉、追捕的过程中投案;经查实被调查人确已准备投案或者正在投案途中,被司法机关捕获的,也视为投案。4. 投案意愿应该是自愿。但也应存在例外,比如,并非出于被调查人主动,而是经亲友规劝,陪同投案的,应视为自动投案;监察机关通知被调查人的亲友,或者亲友主动报案后,将被调查人送去投案的,同样视为自动投案。监察委员会仅是收到群众举报或有部分线索,因此电话、口头或者书面要求被调查人到案进行调查询问的,被调查人在此期间的供述理应认定为自动投案。5.监察机关委员会没有掌握犯罪分子的相关犯罪事实,但监察机关此时怀疑犯罪嫌疑人可能存在违反法律法规的行为,从而对其采取相应的措施如留置等,在此期间犯罪嫌疑人招供其犯罪事实的,仍可以认为其行为为自动投案。在被调查人自动投案之后,应当真诚悔罪悔过,积极配合监察机关,交代案件经过。

其三,积极配合调查工作,如实供述监察机关还未掌握的违法犯罪行为。主要是指被调查人到案后主动交代犯罪事实,配合监察人员的工作,主动交代赃款赃物的去向,并交代已知的共同犯罪人的情况,帮助监察人员尽快侦破案件。积极配合调查工作,如实供述自己的罪行是成立自首的另一重要法定要件。如果犯罪嫌疑人自动投案后,不配合调查工作,不如实供述自己的罪行的,不能构成自首。配合调查工作,如实供述自己的罪行是合乎逻辑的延伸,并使自首行为最终得以成立。如果说自动投案是自首成立的前提,那么,配合调查工作,如实供述自己的罪行是自首成立的关键。如实供述具体包括:1.供述的必须是犯罪事实。如果投案人只交代自己的一些不能构成犯罪的一般违法、违纪事实,则不能成立自首。另外,投案人因法律认识错误而供述一些事实上不构成犯罪的事实,同样也不成立自首。2.供述的须为自己的犯罪事实。在共同犯罪中,每一共同犯罪人的行为是共同犯罪行为的组成部分,对于主犯,应当供述所知的全案犯罪事实,对于从犯、帮助犯、教唆犯、胁从犯,除供述自己的罪行外,还应供述其所知的其他同案犯的罪行,方能成立自首。3.供述的须是主要犯罪事实。犯罪分子只要根据客观事实供述所犯的罪行,并不应苛求其交代犯罪的全部事实。4.供述的犯罪事实须属实。对于监察机关"还未掌握的违法犯罪行为",其含义主要有:1.监察机关完全未掌握的罪行。2.监察机关只知道相关线索,且线索不足以查明犯罪嫌疑人的罪行,不能获取关键证据,经监察人员询问后,犯罪嫌疑人主动供述。3.当"已掌握"和"未掌握"难以界定时,应当作出"有利于犯罪嫌疑人的解释",认定为

"未掌握"。

其四,积极退赃,减少损失;具有重大立功表现或者案件涉及国家重大利益等情形。贪利性是腐败行为的重要特征,涉案财物在腐败行为中扮演着关键性角色。这些财物往往涉及国家和人民财产利益,所以财产问题较为关键。积极退赃、减少损失是指犯罪嫌疑人主动退还赃款赃物,或者弥补犯罪带来的损害,减少对国家、人民利益的不利影响。目前职务犯罪中窝案串案趋势愈加明显,由个体向群体发展,数罪交织,案中有案。这些共同犯罪人员常常是上下级领导干部、领导干部与中层干部、相关工作人员相互勾结,相互配合,结伙作案,共同侵吞国家及集体财产,造成国有资产重大流失,这不仅使此类犯罪的社会危害性加大,还使查办案件的难度增加。犯罪嫌疑人在归案后,主动供述其他共同犯罪人的情况,积极配合监察人员的工作,对于侦破重大案件有关键作用可视为有重大立功表现。同时犯罪嫌疑人供述的犯罪事实也对维护国家利益有着重大的作用。

三、自首、退赃、立功从宽建议权的价值及其施用

监察委员会作为权威高效、集中统一的反腐败机构,主要针对涉嫌贪污贿赂等重大职务犯罪,而职务犯罪不同于其他的犯罪,有其自身的特点,其犯罪手段呈隐蔽化、多样化、智能化趋势。职务犯罪人员往往具有较高的学历、较高的智商、较丰富的社会阅历,同时,又掌握现代经济、法律、金融、证券等专业的运行规律,作案手段隐蔽、智能。而且职务犯罪人员反侦查能力比较强,深知办案人员的思路和做法,这对查处职务犯罪十分不利。同时腐败行为具有较强的隐秘性,对其查证往往面临实物证据稀缺的难题,这使得言词证据的获取在腐败行为的调查和处置中扮演着格外重要的角色。而调查对象作为被认定的腐败行为实施者,自然是对与腐败相关证据信息掌握最充分的主体。反腐败事关党和国家生死存亡,对于腐败行为的调查和处置都必须建立在确实充分的证据基础之上,绝不能仅凭主观臆测和风闻传言就作出处理决定。因此,言词证据的获取对于监察机关查获案件有着重要的作用。基于此,鼓励被调查人认罪自首对于监察机关及时查获贪污贿赂等职务犯罪,将犯罪扼杀在摇篮中,达到预防职务犯罪的目的,以及维护国家和人民的利益都有着重要的

意义。

赋予监察机关自首从宽建议权使得被调查人的自首有了法律上的保障，对于鼓励被调查人认罪自首有一定的法律保障。不仅有助于司法机关节约追查或者追捕被调查人所需的人力、物力、财力，也有助于司法机关及时、全面地收集证实犯罪所需的证据材料。

自首从宽建议权的施用。首先，监察机关自首从宽制度是一种建议的权力，不具有约束力，对于符合条件的被调查人，可以在移送人民检察院时提出从宽处罚的建议。这种建议不影响检察院法院相关职能的行使。其次，监察机关对于这种符合条件的被调查人，应当经领导人员集体研究，并报上一级监察机关批准决定。监察机关将相关的证据材料及从宽建议书报上一级监察机关批准，上一级监察机关经书面审查，认为确有必要的，应签字同意。

第十五节 揭发立功从宽建议权

《监察法》第三十二条规定："职务违法犯罪的涉案人员揭发有关被调查人职务违法犯罪行为，查证属实的，或者提供重要线索，有助于调查其他案件的，监察机关经领导人员集体研究，并报上一级监察机关批准，可以在移送人民检察院时提出从宽处罚的建议。"这是关于监察机关对职务违法犯罪的涉案人员提出从宽处罚建议的规定。规定本条的主要目的是鼓励职务违法犯罪的涉案人员积极配合监察机关的调查工作，将功折罪争取宽大处理，也为监察机关顺利查清案件提供有利条件，节省人力物力，提高反腐败工作的效率。

一、揭发立功从宽建议权的法律含义

监察法将揭发立功的从宽建议权单列，体现了揭发职务犯罪对调查处置职务违法和职务犯罪工作的直接作用和法治价值。

职务违法犯罪的涉案人员揭发有关被调查人职务违法犯罪行为，查证属实的，或者提供重要线索，有助于调查其他案件的行为，可视为一种立功的表现。为了达到鼓励被调查人立功的效果，监察机关移送人民检察院时可以提出从宽处罚的建议。立功从宽处罚是立功制度赖以存在的关键。世界各国、各地区刑法凡有立功及相关规定的,都无一例外地规定了立功从宽处罚的原则。其主要原因是对于立功者从宽处罚,才使得犯罪人在犯罪以后积极配合改造,及时查获案件。而且我们这里说的监察机关的立功从宽建议权只是一种建议并不具有约束力,不影响法院检察院独立行使职权。

二、揭发立功从宽处罚建议的两种情形

一是揭发有关被调查人职务违法犯罪行为,查证属实的。"有关被调查人",是指揭发的犯罪行为必须是他人而非自己的。这里的有关被调查人,既包括自然人,也包括单位。因此,揭发交代的若只是自己的犯罪行为,即使该行为未被监察机关所掌握,也只能认定为自首或坦白,而不能成立立功。同时在共同犯罪中,共犯检举揭发同案犯共同犯罪事实的行为不可能是立功。同案犯与检举人共同实施的罪行,应视为检举人自己所犯罪行的一部分,故当检举人符合自首的其他条件时,这种对同案犯共同实施罪行的交代应视为自首,即对同案犯共同实施罪行的交代是共犯自首的成立条件之一,这是自首的本质和共同犯罪的特性所决定的。因此,无论是共同犯罪还是单独犯罪,只要犯罪人的交代没超过自己所犯罪行的范围便不可能构成立功,反之才构成立功。"职务违法犯罪行为",指揭发的必须是他人违法或者犯罪行为,仅仅揭发他人违背了一般的道德行为并不构成立功。"查证属实",即揭发的犯罪行为必须经监察机关查证,且必须客观属实、确实存在,未经查证、无从查证或经查不实的,则无论是职务犯罪人员有意捏造还是记忆错误或其他原因,均不构成立功。最后揭发行为与被揭发的犯罪被查证属实间必须存在因果关系。也就是说,正是由于职务犯罪人员的揭发,才使得被揭发的有关被调查人被抓获或被证实有罪。如果揭发的犯罪行为被查证属实的原因是监察机关自己的侦查工作或他人的投案自首或其他人提供线索等所致,与揭发行为间不存在因果关系,则不能视为立功。

二是提供重要线索,有助于调查其他案件的。"重要线索",即职务犯罪人员有提供重要线索的行为。所谓重要线索,指的是据其足以破获其他案件的线索。如果所提供的线索只是其他案件中无关紧要的事实,并不足以破获该案件,则不能成立立功。"有助于调查其他案件"即职务犯罪人员提供的线索是有利于调查其他案件的,如果是监察机关已经掌握的线索,则不宜认定为立功。最后,提供重要线索的行为与调查其他案件之间必须存在因果关系。也就是说,提供的线索对于案件的调查起到了重要作用,如二者之间不存在因果关系,案件的侦破是由于其他原因所致,也不能成立立功。

需要注意的是,有的被调查人,为了做到所谓的立功表现,胡乱指供,所供所指不仅不是事实,而且是诬陷好人,险些使无罪的人受到追究。对于这些虚假的检举揭发和案件线索就不能认为是立功。有的被调查人提供的相关案情事实是当地人所共知的,其检举揭发和案件线索真实,但并不符合规定的标准,不是有效的检举揭发和案件线索,不能帮助监察机关破获案件,因此也不应认定为立功。立功的内容应当真实有效。所谓真实是指被调查人揭发、检举本人罪行以外的其他罪行,为监察机关提供查获案件的线索,或抓捕罪犯及其他立功的内容必须客观属实。所谓有效,是指被调查人立功的内容具有实质意义,即有利于及时准确的惩治罪犯,排除社会治安的严重隐患,有效地保护了国家利益。真实性和有效性的统一决定着立功内容的价值。如果被调查人检举揭发的事实虽是真实的,但无实质意义,则不属于立功行为。

三、揭发立功从宽处罚建议的价值及其施用

目前监察委员会的设立是整合反腐败资源力量,扩大监察范围,丰富监察手段,实现对行使公权力的公职人员监察全面覆盖,建立集中统一、权威高效的监察体系,履行反腐败职责。在反腐败查处的高压态势下,设立立功制度是贯彻惩办与宽大相结合、宽严相济的刑事政策的具体体现。

揭发职务犯罪立功制度对国家而言,意味着实现正义,维持秩序。犯罪人的立功推进揭露犯罪进程,尽快向被告人、被害人及社会其他成员宣告刑事案件中的法律结果,案件的终局落幕能够尽快恢复社会的和平生活。立功制度对犯罪人而言意味着自由。立功无论是在审判阶段还是在行刑阶段得到认定,都是有利于被告人和罪犯的,对他们是有利而无害。法律对立功的表现没有限定种类,对立功者是否出于悔罪不予考虑,对自己提供检举线索,无需承

担查证属实的责任,检举成功了,被告人一般可获得从宽处罚,检举不成功也不承担不利的后果。可见法律尽可能地为被调查人创造立功条件。设立立功制度,实际上是以对立功者提供从宽处罚的条件去获取其他已然和未然犯罪的情况,从而达到打击惩罚犯罪和预防犯罪的目的。这样,可以节省监察机关人力、财力、物力上的花费,大大提高查获案件的效益,而国家失去的司法成本是部分的刑罚权。当然,立功这一从宽处罚的情节,是必须在罪刑相适应原则和刑罚目的所允许要求的范围内适用的,如果超越了依法从宽的界限而宽大无边,那就既违背罪刑相适应原则,又有悖于刑罚目的要求,从而会削弱刑事法的效果。

从涉嫌犯罪人员的角度看,其立功行为本质上是有利于国家和社会的行为,因而得到肯定积极的评价自然成为其合理的期待。鉴于其犯罪应受刑罚处罚的特殊情况,立功制度依据其立功行为对社会贡献的大小而适度减轻甚至免除刑罚完全正当,正是正义性的体现。从社会公众的角度看,立功制度"善有善报、恶有恶报"的道义根基为其奠定了牢固而广泛的群众基础,对犯罪分子刑事责任上的从宽平复了人们善恶报应的情感,从而使其正义性得以体现。在社会方面,立功制度对生产进步的促进显而易见。首先,立功制度有着鼓励的作用:一是具有协助监察机关工作的性质从而有利于稳定社会治安的行为。这类行为有利于促进社会的稳定,而社会稳定是生产进步的前提和保障,这一点在我国处理改革、发展、稳定三者关系的实践中得到生动体现。二是弘扬正气的行为。这类行为有利于促进精神文明建设,有利于鼓舞人心、振奋精神、增强干劲、发明革新等行为。其次,立功制度也体现着平等的效果:第一,监察法对立功的主体规定为"职务违法犯罪的涉案人员"。因此凡是构成职务犯罪的人,无论其犯的是何种罪行,也不论应判处何种、多重的刑罚,都可以成为立功的主体。这也就意味着不论性别、年龄、民族、籍贯、职业、信仰、权力大小、财富多少,只要职务犯罪人员有符合监察法规定的立功表现,都可以被认定为立功而得以从宽。第二,立功认定的条件和从宽的幅度都由法律明文规定,从而保证了立功制度可得到平等适用。最后,立功也体现着效率的原则。在职务犯罪中,大多数案件表现为窝案,往往是上下级之间相互串通,同时也表现为共同犯罪,涉案人员比较多,这种情况下,职务犯罪人员交代了已知的其他人员的情况或者重大线索对于调查其他关联案件意义重大,极大地提高了司法效率,有利于节约司法资源。

监察机关提出从宽处罚建议的施用。首先,监察机关立功从宽制度是一种建议的权力,不具有约束力,对于符合条件的被调查人,可以在移送人民检察院时提出从宽处罚的建议。这种建议不影响检察院法院相关职能的行使。其次,监察机关对于这种符合条件的被调查人,应当经领导人员集体研究,并报上一级监察机关批准决定。经监察委员会全体研究决定通过的证据材料应加盖监察委员会公章,并由负责人签字同意,同时出具从宽建议书。监察机关将相关的证据材料及从宽建议书报上一级监察机关批准,上一级监察机关经书面审查,认为确有必要的,应签字同意。

第十六节　调查取证合法性

《监察法》第三十三条规定:"监察机关依照本法规定收集的物证、书证、证人证言、被调查人供述和辩解、视听资料、电子数据等证据材料,在刑事诉讼中可以作为证据使用。监察机关在收集、固定、审查、运用证据时,应当与刑事审判关于证据的要求和标准相一致。以非法方法收集的证据应当依法予以排除,不得作为案件处置的依据。"这是关于监察机关所收集的证据的法律效力,取证的要求和标准,以及非法证据排除规则的规定。

一、监察机关调查取证合法性的法律含义

监察机关调查取证的合法性是指监察机关依法收集的证据材料,在刑事诉讼中可以作为证据使用。依法收集的证据材料在监察程序和刑事诉讼程序中流转,要求监察机关取证必须与刑事侦查机关标准一致。监察机关作为集监督、调查、处置职责为一体的国家机构,其调查职责包括公职人员职务违法调查和职务犯罪调查。坚持这两种程序取证要求的同质性,目的在于:其一,监察机关对涉及职务违法的公职人员直接作出政务处分决定,这一决定将严重影响被处分人的实体权利,因此监察机关须在证据充分、事实清楚的基础上

作出处置决定。借鉴刑事诉讼中对于证据的要求，有利于保障执纪监察的质量。其二，人民法院是唯一具有定罪权的国家机构，监察机关在职务犯罪调查中收集的有关资料须交由检察机关审查起诉，再由人民法院作出裁判，这必然导致涉嫌职务犯罪的公职人员及其相关证据在监察程序和刑事诉讼程序中的移送。因此，监察法通过立法对监察机关取证工作作出要求，保证证据在两个不同程序中的同质性。立法规定监察机关收集的证据材料，在刑事诉讼中可以作为证据使用，主要是由于：

首先，这是程序衔接的要求。《监察法》第四十五条第四款规定："对涉嫌职务犯罪的，监察机关经调查认为犯罪事实清楚，证据确实、充分的，制作起诉意见书，连同案卷材料、证据一并移送人民检察院依法审查、提起公诉。"也即是说，监察活动中对于公职人员的职务犯罪调查，最终须移交司法机关，由检察机关审查起诉，由审判机关定罪量刑。同时，在检察机关自侦部门转隶后，原先的职务犯罪侦查的主体不复存在，而根据《监察法》的规定，职务犯罪调查与原检察机关行使的职务犯罪侦查在内容上并无很大区别。调查，在某种程度上甚至可以视为替代了原有的侦查。对于职务犯罪的查办由原先的侦查—审查起诉—审判模式转化为调查—审查起诉—审判模式。因此，规定监察程序收集的证据可以在刑事诉讼中作为证据使用有其程序价值，若非如此，对于职务犯罪的司法审判将无证可用。

其次，借鉴于司法实践经验。现行《刑事诉讼法》第五十二条第二款规定：行政机关在行政执法和查办案件过程中收集的物证、书证、视听资料、电子数据等证据材料，在刑事诉讼中可以作为证据使用。因为在长期的司法实践中发现，如果要求刑事侦查机关重新对此类证据进行收集，会加重司法机关办案负担，而且很多实物证据实际上也无法"重新"收集。如果这些证据材料在刑事诉讼中不能作为证据使用，司法机关查明案件事实就会存在严重困难，不利于打击犯罪的要求。这是刑事司法在证据领域累积的宝贵经验。同时，区别于行政机关收集言词证据的效力，监察机关调查程序收集到的被调查人供述和辩解、证人证言这类言词证据在刑事诉讼中可以作为证据使用，源于本条第二款之规定，即监察机关在收集、固定、审查、运用证据时，应当与刑事审判关于证据的要求和标准相一致。

二、监察机关调查取证的基本要求和标准

《监察法》规定了监察证据与刑事证据的同质性要求。《刑事诉讼法》中刑事审判要求证据具有：客观性、关联性、合法性。在认定案件事实时，需做到案件事实清楚，证据确实充分的证明标准。参照刑事审判对于证据的要求和标准，监察机关在收集、固定、审查、运用证据时有如下要求。

第一，收集、固定证据的要求。1.必须依照法定程序收集证据。如讯问被调查人，应由监察机关工作人员两人以上进行；搜查时出示搜查证；证人笔录必须交本人核对。2.收集证据必须客观、全面，不能只收集一方面的证据。3.严禁以非法方法收集证据。主要是指严禁刑讯逼供，严禁以威胁、引诱、欺骗方式来获取证据。4.要保证一切与案件有关或者了解案件情况的人，有客观充分提供证据的条件。5.除特殊情况外，可以吸收与案件有关或者了解案情的公民协助调查。这是指收集证据工作要依靠人民群众。其中"特殊情况"，主要是指与案件有关的人参与调查可能会泄露案情，导致被调查人逃跑，或者与被调查人串通，毁灭、隐匿证据。其次，对涉及国家秘密的案件，不应知悉该国家秘密的人也不得参与调查。对于收集、固定不同种类证据的工作方法，已在不同调查措施之中详细规定，本条款是总括性的要求，为调查措施的具体实施提供参照标准、理论支撑。

第二，审查、运用证据的要求。整个刑事诉讼可以看成是一个取证、举证、质证、认证的流程，而证据规则在证据材料收集的基础上，约束证据材料取舍的活动准则。在长期的司法历程中，我国刑事诉讼法确立了五大证据规则：1.相关性规则，也称关联性规则，是指只有与诉讼中的待证事实具有相关性的证据才允许在诉讼中提交。主要表现为对品格证据和类似行为证据排除。2.非法证据排除规则，是指以非法方法取得的证据不得进入审判程序用作证明被告人有罪的根据，本条第三款将详细叙述此规。3.最佳证据规则，也称原始文书规则，它是指在以书证来证明案件主要事实，除非有法定例外情形，必须提供书证材料的原始件。4.意见证据规则，是指证人只能就其所亲身感知的案件事实作出陈述，而不得对案件事实作出推断性意见。5.补充证据规则，是指为防止错误认定事实，在运用某一证明力薄弱的证据来证明案件事实时，法律规定须有其他证据予以补强的规则。监察机关作为具有实体处置权力的

国家机构,在审查、运用证据时,借鉴刑事诉讼证据规则,在查办公职人员职务违法和调查公职人员职务犯罪中,有利于提高办案质量,保护被调查人合法权益,确保程序衔接顺畅。

三、以非法方法收集的证据应当依法予以排除

根据《监察法》的规定,监察机关以非法方法收集的证据应当依法予以排除,不得作为案件处置的依据。重在强调证据必须经查证属实,才能作为案件处置的根据,是正确查处案件,防止错案,保障无辜的人不受追究的有效措施。参照《刑事诉讼法》第五十四条的规定,以非法方法收集的证据主要包括两大类:第一类是采用刑讯逼供等非法方法收集的被调查人供述和采用暴力、威胁等非法方法收集的证人证言。"等非法方法",是指违法程度和对当事人的强迫程度达到与刑讯逼供或者暴力、威胁相当,使其不得不违背自己意愿陈述的方法。采用以上非法方法收集言词证据,严重侵犯当事人的人身权利,破坏监察机关形象,极易造成冤假错案,对此类证据应当严格地予以排除。第二类是收集证据不符合法定程序的实物证据。不符合法定程序包括不符合法律对于取证主体、取证手续、取证方法的规定,如由不具备办案资格的人提取的物证,未出示搜查证搜查取得的书证等。

应当注意的是,监察法条文采用总括式的"以非法方法收集的证据应当依法予以排除"进行叙述,区别于刑事诉讼条文,在立法上对"以非法方法收集的证据"做了言词证据和实物证据的区分。《刑事诉讼法》规定:对于非法收集的言词证据,直接予以排除,对于以非法方法收集的物证、书证,可能严重影响司法公正的,应当予以补正或者作出合理解释;在不能补正或者作出合理解释后,才对该证据予以排除。也即是说,在《监察法》的条文中,并未明确规定对于以非法方法收集的物证、书证是否应当经补正或者合理解释不能以后,才予以排除。但鉴于本条前两款的规定,从体系解释的角度出发,监察法虽对此未做明确规定,但由于物证、书证在一定程度上具有唯一性,一旦被排除就不可能再次取得,同时这类证据在性质上属于客观证据,取证程序的违法一般不影响证据的可信度,所以若要排除物证、书证在监察程序中的适用,必须先经补正或者作出合理解释。

第十七节　调查管辖权

《监察法》第三十四条规定："人民法院、人民检察院、公安机关、审计机关等国家机关在工作中发现公职人员涉嫌贪污贿赂、失职渎职等职务违法或者职务犯罪的问题线索，应当移送监察机关，由监察机关依法调查处置。被调查人既涉嫌严重职务违法或者职务犯罪，又涉嫌其他违法犯罪的，一般应当由监察机关为主调查，其他机关予以协助。"这是关于职务违法犯罪问题线索移送制度和管辖的规定。规定职务违法犯罪问题线索移送制度，有利于审判机关、检察机关、公安机关、审计机关等国家机关，及时移送其发现的公职人员涉嫌职务违法犯罪的问题线索，发挥相关机关反腐败的协同配合作用，确保监察机关及时查处各种职务违法犯罪行为。明确职务违法犯罪案件的管辖权，有利于监察机关和其他有关机关各司其职、各尽其责，避免争执或推诿。

一、监察机关调查管辖权的法律含义

监察委员会的职务犯罪调查管辖权，是指依据监察法规定，人民法院、人民检察院、公安机关、审计机关等国家机关在工作中发现公职人员涉嫌贪污贿赂、失职渎职等职务违法或者职务犯罪的问题线索，应当移送监察机关，由监察机关依法调查处置。

根据现行《刑事诉讼法》第十八条第一款规定：刑事案件的侦查由公安机关进行，法律另有规定的除外。对刑事案件进行侦查是公安机关的重要职责，因此，除法律另有规定的以外，所有刑事案件的侦查工作，都应由公安机关负责。其中，除法律另有规定的，即本条款所规定的，人民法院、人民检察院、公安机关、审计机关等国家机关在工作中发现公职人员涉嫌贪污贿赂、失职渎职等职务违法或职务犯罪的问题线索，应当移送监察机关。实质上通过立法确立监察机关职务犯罪调查管辖权的独享。

职务犯罪调查管辖权，是建立在对职务犯罪的界定和职务犯罪的调查这两个部分上的，这一概念由职务犯罪侦查管辖权转化而来，但又不完全等同于职务犯罪侦查管辖权之内涵。首先,监察法中的职务犯罪,是指所有行使国家公权力的公职人员利用职务便利,实施的有悖于其职责的行为,包括职务违法行为和职务犯罪行为。区别于检察机关自侦案件立案管辖的范围。其次,职务犯罪的调查,是指监察机关通过对被调查人采取调查措施,收集对被调查人有关问题的证据材料,此处的职务犯罪调查是一种广义上的职务犯罪调查,包括职务违法行为调查和职务犯罪行为调查。区别于检察机关对职务犯罪嫌疑人采取的侦查措施。因此,职务犯罪调查是指,监察机关依据法律规定,为收集被调查人职务违法和职务犯罪行为的相关证据,采取各种调查措施的活动。职务犯罪调查管辖权,是指各级监察机关依据法律规定,对职务违法和职务犯罪进行调查活动的权力划分。

职务犯罪调查管辖权由监察机关独享,是基于职务犯罪的方式更加多样,手段更加隐蔽的大背景下,国家需要一个相对独立、职责明晰、业务专业的部门,来减少惩治腐败过程中其他政府部门的牵制和干扰,从而加强对职务犯罪的惩治和预防。职务犯罪行为人作为公权力行使者客观上隶属于国家机关,极有可能运用各种关系向所隶属国家机关寻求帮助,而一旦这些机关的工作人员运用权力阻挠侦查,侦查工作将陷入绝境。职务犯罪多发生于行政机关,职务犯罪侦查工作的主导者只有独立于行政机关,才能最大限度地避免听命于可能为职务犯罪行为人提供庇护的行政官员,有效开展侦查。结合域外经验来看,职务犯罪侦查(我国现在指调查)机构独立行使职务犯罪侦查(调查)权是世界各国和地区发展的趋势,如新加坡的反贪污调查局、我国香港特别行政区的廉政公署,这类机构在体制上的独立性,使得其在反腐败工作中表现突出。因此,监察法确保监察机关相对独立的地位,确保其独立行使职务犯罪调查权。

最后,监察法条文对于问题线索的移送机关是一种不完全的列举。公安机关的刑事侦查、人民检察院的审查起诉、人民法院的刑事审判和审计机关的审计活动都有可能发现公职人员职务违法和职务犯罪线索。除此之外的其他国家机关发现的有关职务违法和职务犯罪问题线索,都应当移交监察机关进行查明。

二、职务犯罪互涉案件中职务犯罪调查优先原则

《监察法》规定,被调查人既涉嫌严重职务违法或者职务犯罪,又涉嫌其他违法犯罪的,一般应当由监察机关为主调查,其他机关予以协助,从而确立了职务犯罪互涉案件中职务犯罪调查优先原则。

职务犯罪的互涉案件,是指监察机关在调查公职人员职务违法或职务犯罪案件时,发现当事人还实施了属于公安机关管辖的案件,或者公安机关在侦查普通刑事案件时,发现当事人实施了属于监察机关管辖的职务案件。《监察法》规定,在此种情况下,一般应当由监察机关为主调查,其他机关予以协助——也即职务犯罪调查优先原则。职务犯罪调查优先原则,是指一旦对被调查人决定实施调查,其他主体的权力不得在法律上替代或损害监察机关的相对优势地位,并对与职务犯罪存在某种牵连的其他类型犯罪,享有依法排他性效果的管辖和处理权力。

这一原则的确立主要是基于:打击职务犯罪的需要。目前,我国社会中职务犯罪呈高发态势,腐败渎职犯罪严重侵犯了国家和公共利益以及职务的廉洁性,影响我们党和国家的形象。如果任由其横行,最终影响整个经济社会和党的执政根基,严厉打击反腐败犯罪势在必行。同时职务犯罪案件不同于普通刑事案件,对其查处具有很大难度。因为,职务犯罪的主体是手握公权力的国家公职人员,其自身的高素质和丰富的阅历使其具有一定的反查处能力。同时,这类犯罪的犯罪方式具有隐蔽性,即使有案发线索也不会很清晰,相关证据往往难以收集、固定。在我国以往的司法实践中,对于职务犯罪的互涉案件,采用的是各管各的、主罪主侦模式,即公安机关和检察院按照法定分工进行侦查活动。但这种侦查模式,人为地将职务犯罪互涉案件内在的联系分离开来,本来互相关联的案件由不同机关侦查,给这类互涉案件的侦查带来了巨大的困难。如,在侦查阶段很难区分侦查对象的主、从罪,容易造成侦查管辖争议。同时,在此种侦查模式下,由两个不同的侦查主体对互涉案件分别行使管辖权,容易造成人力的重复投入、重复取证,拖延侦查效率。强调职务犯罪调查优先原则,由监察机关为主,其他机关配合,有利于资源的及时共享,避免重复取证,浪费公共资源,及时综合所得证据从整体高度出发对案件进行突破。此种模式,不仅有利于职务犯罪的调查,也有利于对互涉案件的查处。

第五章　监察程序研究

第一节　报案举报受理

《监察法》第三十五条规定："监察机关对于报案或者举报,应当接受并按照有关规定处理。对于不属于本机关管辖的,应当移送主管机关处理。"这是关于监察机关处理报案、举报的规定。人民群众的报案和举报是监察机关发现和查处职务违法犯罪行为的重要线索来源和渠道,明确监察机关接受报案或者举报的义务,有利于保护人民群众参与反腐败斗争的积极性。

一、报案举报受理法律含义

报案举报的受理是指依照法律规定,监察机关对于报案或者举报,应当接受并按照有关规定处理。"报案"是指有关单位或者个人向监察机关报告发现有违法犯罪事实或者违法犯罪人员。"举报"是指当事人以外的其他知情人员向国家监察机关检举、揭发有关人员的违法犯罪事实或者线索的行为。根据本条规定,无论报案或者举报对象、事项、性质如何,国家监察机关都不得拒绝、推诿,而应当接受。

我国是人民民主专政的社会主义国家,国家的一切权力属于人民,人民是国家的主人。同违法犯罪行为作斗争,既是公民的权利,也是公民的义务,尤其是对于行使公权力的公职人员。我国《宪法》第四十一条规定,中华人民共和国公民对于任何国家机关和国家工作人员,有提出批评和建议的权利;对于任何国家机关和国家工作人员的违法失职行为,有向有关国家机关提出申诉、控告或者检举的权利,但是不得捏造或者歪曲事实进行诬告陷害。对于公民的申诉、控告或者检举,有关国家机关必须查清事实,负责处理。任何人不得压制和打击报复。另外,《党章》也规定了党员有检举揭发违法乱纪的权利和义务。① 对行使公权力的公职人员的违法犯罪行为,既要国家监察机关依职权主动发现,也要依靠人民法院、人民检察院、公安机关、审计机关等国家机关在工作中发现移送监察机关依法调查处置。与此同时,更不能忽视广大人民群众的力量,这是监察机关对于报案或者举报都应当接受的法理基础。

二、报案举报的规范处置

监察机关接受报案或举报后均应依规处理,对于报案或者举报,由于报案人或者举报人本身并不熟知法律法规,报案或举报的对象、事项并不一定是由接受报案或者举报的监察机关管辖,或者案件本身并不属于国家监察机关管辖范围,或者属于国家监察机关管辖范围但并非接受报案或举报的国家监察机关管辖范围。对此,本条在赋予国家监察机关接受报案或者举报的法定职责的基础上,进一步规定应当按照有关规定处理。对于不属于本机关管辖的,应当移送主管机关处理。如案件不属于国家监察机关管辖范围的,则移送给其他机关、单位处理。如属于国家监察机关管辖,但是并非本机关管辖的,则移送给有管辖权的国家监察机关处理。对此,《监察法》第二章“监察机关及其职责”对监察机关的设置与职权职责进行了相关规定。其他法律法规、党规党纪也对相关主体、案件等管辖问题进行了规定。国家监察机关对于报案或者举报,要在接受之后严格按照相关规定进行甄别,准确判断案件或相关线索的性质,既不僭越职权,也不推诿履职。

---

① 《党章》第三条规定了党员必须履行下列义务:(六)切实开展批评和自我批评,勇于揭露和纠正违反党的原则的言行和工作中的缺点、错误,坚决同消极腐败现象作斗争。第四条规定了党员享有下列权利:(四)在党的会议上有根据地批评党的任何组织和任何党员,向党负责地揭发、检举党的任何组织和任何党员违法乱纪的事实,要求处分违法乱纪的党员,要求罢免或撤换不称职的干部。

《监察法》设定了监察机关接受报案、举报的法定义务和职责,体现了国家监察机关设立的宗旨和责任担当,保护人民群众同违法犯罪行为作斗争的积极性,具有重要的意义;同时也遵循了职权法定和程序法定原则,对于保证监察机关依法公正高效行使监察权,维护宪法法律权威,确保法律秩序稳定,具有重要的现实意义。

第二节　监察程序与监督管理

《监察法》第三十六条规定:"监察机关应当严格按照程序开展工作,建立问题线索处置、调查、审理各部门相互协调、相互制约的工作机制。监察机关应当加强对调查、处置工作全过程的监督管理,设立相应的工作部门履行线索管理、监督检查、督促办理、统计分析等管理协调职能。"这是关于监察机关加强监察工作监督管理的总体规定。规定本条的主要目的是强化监察机关自我监督和制约。

一、监察程序与监督管理的法律含义

习近平总书记多次强调,信任不能代替监督,监察委员会监督范围扩大了、权限丰富了,对监察委员会自身的要求必须严之又严、慎之又慎。监察机关作为依法开展国家监察的专责机关,其履行监察职能的过程也是行使公权力的过程。本条规定贯彻习近平总书记的要求,立足信任不能代替监督、监督是为了支撑信任,与党的纪律检查机关监督执纪工作规则相衔接,针对纪检监察工作中可能发生问题的关键点、风险点,将实践中行之有效的自我监督做法上升为法律规范,规定了严格的内部监督制约制度,有利于防止因权力过于集中而引发的有案不查、以案谋私等问题。

程序是有关时、空、步骤要素的汇聚。没有程序安排,实体内容无法落实;缺乏程序规则,实体规则无法自然实现,只能沦为"一纸空文"。因此,程序规范既承担着保障实体规范实现的重要价值,与此同时,程序规范本身体现出的参与、民主、文明、高效等特点,还具有超越实体的独立价值。重视程序规则建设,已经成为现代法治理念和建设的重要内容,完善严密、科学可行的程序规则,尤其是对公权力运行的程序设置,对于确保公权力有效运行、防止权力滥用侵害权利,具有十分重大的现实意义。长期以来,我国纪检监察机关一直高度重视程序规范建设,相关法律法规、党规党纪中都有执纪执法的程序内容,司法机关办理案件更是有着严密的程序依据。《监察法》吸收了这一经验,专设"监察程序"一章,明确指出"监察机关严格按照程序开展工作",并对监察机关履行职责各个环节作出了一系列程序性规定,充分保障了监察机关履职用权的正当性,彰显了以法治思维和法治方式反对腐败的立法理念。

二、建立各部门相互协调、相互制约的工作机制

建立问题线索处置、调查、审理各部门相互协调、相互制约的工作机制,是监察机关履行职能、实现宗旨的关键所在,也是国家监察体制改革的重要内容。本条款规定内容主要来自《中国共产党纪律检查机关监督执纪工作规则(试行)》。该规则第五条规定:"创新组织制度,建立执纪监督、执纪审查、案件审理相互协调、相互制约的工作机制。市地级以上纪委可以探索执纪监督和执纪审查部门分设,执纪监督部门负责联系地区和部门的日常监督,执纪审查部门负责对违纪行为进行初步核实和立案审查;案件监督管理部门负责综合协调和监督管理,案件审理部门负责审核把关。"《中国共产党纪律检查机关监督执纪工作规则(试行)》于 2017 年 1 月 8 日由中国共产党第十八届中央纪律检查委员会第七次全体会议通过,是中央纪委贯彻落实十八届六中全会精神的重大举措。体现出全面从严治党,纪检机关首先要扎紧制度的笼子把自己摆进去的理念和要求,目的是构建自我监督体系,推进纪检机关治理体系和治理能力现代化。过去,纪检监察室既有对领导干部的日常监督权,还有发现问题线索后的立案审查权、立案后的调查取证权,集多种权力于一身。权力越大,风险就越大。针对这个问题,监督执纪规则明确了改革的构想和方向,对案件监督管理部门、执纪监督部门、执纪审查部门、案件审理部门职能作出明确规定,形成机构内部职能、职责的制衡。监察委员会要着力加强自我监督和制约,通过明确工作职能、细化履职方式、完善配套制度,形成相互协调、相互制约的工作机制。在领导体制上,探索统分结合,实行既分工负责又集体决策的体制。实行"监督、审查、案管、审理"相对分离,纪委监委领导班子成员分别分管执纪监督、审查调查、案件监督管理和案件审理。建立集体决策制度,问题线索处置、审查调查方案、采取审查措施必须经集体研究决定,审理意见与审查调查意见不一致时必须经集体研究,经协商一致,按程序报批。在工作机制上,探索流程再造,建立既相互协调又相互制约的机制。案件监督管理部门集中统一管理所有反映领导干部的问题线索,实行动态更新、汇总核对、全程监控,对执纪监督、审查调查工作进行综合协调和监督管理;执纪监督部门负责所联系地区和部门的日常监督,不负责具体案件查办;审查调查部门负责对违纪违法行为进行初步核实和审查调查,实行一次一授权,不固定联系某一地区或者部门,由案件监督管理部门统一调度;案件审理部门负责审核把关,对事实不清、证据不足的,退回审查调查部门补充证据或重新调查。

三、加强对调查、处置工作全过程的监督管理

设立相应的工作部门履行线索管理、监督检查、督促办理、统计分析等管理协调职能,是加强监察机关内部监督管理和协调职能的规定。监察机关的调查、处置工作,是以国家强制力为后盾的、关乎公职人员政治生命、切身利益乃至人身自由的职权活动,如果出现工作上的偏差,极易导致冤假错案,损害党和国家形象。为防止调查、处置权力滥用,纪检监察机关不仅加强监督管理,还进行制度创新,形成各环节间相互制衡的权力机构。通过明确工作职能、细化履职方式、完善配套制度,形成相互协调、相互制约的工作机制。《中国共产党纪律检查机关监督执纪工作规则(试行)》第十条规定:"纪检机关案件监督管理部门负责对监督执纪工作全过程进行监督管理,履行线索管理、组织协调、监督检查、督促办理、统计分析等职能。"为确保集中统一领导,保证质量和效率,建立相互支持、协调衔接的工作机制,案件监督管理部门负责对审查调查部门的线索处置、审查调查情况进行跟踪研判,在安全保障、陪护力量协调等方面支持审查调查部门的工作。审查调查部门要将工作进展、线索处置进度以及相关审查调查数据统计情况及时报送案件监督管理部门,便于汇总分析。案件审理部门要在制定取证指南、细化证据标准、发布典型案例等方面,对审查调查部门的工作进行指导和支持。

第三节　问题线索处置

《监察法》第三十七条规定:"监察机关对监察对象的问题线索,应当按照有关规定提出处置意见,履行审批手续,进行分类办理。线索处置情况应当定期汇总、通报,定期检查、抽查。"这是关于问题线索处置程序和要求的规定。处置反映公职人员涉嫌职务违法犯罪的问题线索,是监察机关开展工作的基础和前提。规定问题线索处置的具体程序和要求,有利于加强对问题线索处置各个环节的监督和制约,实现对问题线索的有效管控。

一、问题线索处置的法律含义

《监察法》规定监察机关对监察对象的问题线索,应当按照有关规定提出处置意见,履行审批手续,进行分类办理。处置意见应当在收到问题线索之日起 30 日内提出,并制定处置方案,履行审批手续,不得拖延和积压。

处置主要有谈话函询、初步核实、暂存待查、予以了结四种。暂存待查是指线索反映的问题虽具有一定的可查性,但由于时机、现有条件、涉案人一时难以找到等种种原因,暂不具备核查的条件而存放备查。予以了结是指线索反映的问题失实或没有可能开展核查工作而采取的线索处置方式。包括虽有职务违法事实但情节轻微不需追究法律责任,已建议有关单位作出恰当处理的,以及被反映人已去世的等情况。

在处置具体问题线索时,要提高政治站位,把握"树木"与"森林"的关系,不能只分析具体的线索和案件,只见"树木"、不见"森林"。应当既研究分析被反映公职人员个人情况,还要结合问题线索所涉及地区、部门、单位总体情况,在综合分析的基础上,对个体问题线索提出实事求是的处置意见。①

"问题线索"过去通常叫案件线索。《中国共产党纪律检查机关监督执纪

---

① 　参见中共中央纪律检查委员会、国家监察委员会法规室编写:《〈中华人民共和国监察法〉释义》,中国方正出版社 2018 年版,第 180—181 页。

工作规则(试行)》对这一称谓的改变,体现了纪检机关职能的转变,是对党章规定的回归。线索管理是监督执纪工作的源头,关乎反腐败成效。党的十八大以来,中央纪委首先对反映领导干部问题线索进行"大起底",规范线索管理和处置。在总结实践经验的基础上,规则明确要求信访部门归口受理违反党纪的信访举报,分类摘要后移送案件监督管理部门,实行集中管理、动态更新、定期汇总核对,各环节层层报批、签字,对问题线索实施有效管控。对反映的问题线索,承办部门应当按照谈话函询、初步核实、暂存待查、予以了结四类方式处置。

二、问题线索处置的方式要求

根据《中国共产党党内监督条例》第二十九条规定,党的各级纪律检查委员会应当认真处理信访举报,做好问题线索分类处置,早发现早报告,对社会反映突出、群众评价较差的领导干部情况及时报告,对重要检举事项应当集体研究。定期分析研判信访举报情况,对信访反映的典型性、普遍性问题提出有针对性的处置意见,督促信访举报比较集中的地方和部门查找分析原因并认真整改。《中国共产党纪律检查机关监督执纪工作规则(试行)》专章规定了"线索处置",明确了问题线索来源的四个主要渠道:一是信访举报,主要指群众来信、来访、电话举报、网络举报等。二是纪检机关监督执纪过程中发现的问题线索,如被审查人和其他涉案人员检举揭发的问题线索。三是巡视组移交的违纪问题线索。四是其他单位移交的问题线索,主要包括审计部门审计要情反映,以及其他行政、司法机关移交的问题线索等。根据该规则第十二条至第十七条规定,纪检机关信访部门归口受理同级党委管理的党组织和党员干部违反党纪的信访举报,统一接收下一级纪委和派驻纪检组报送的相关信访举报,分类摘要后移送案件监督管理部门。执纪监督部门、执纪审查部门、干部监督部门发现的相关问题线索,属本部门受理范围的,应当送案件监督管理部门备案;不属本部门受理范围的,经审批后移送案件监督管理部门,由其按程序转交相关监督执纪部门。案件监督管理部门统一受理巡视工作机构和审计机关、行政执法机关、司法机关等单位移交的相关问题线索。纪检机关对反映同级党委委员、纪委常委,以及所辖地区、部门主要负责人的问题线索和线索处置情况,应当向上级纪检机关报告。案件监督管理部门对问题线索实行集中管理、动态更新、定期汇总核对,提出分办意见,报纪检机关主要负责人批准,按程序移送承办部门。

如移送执纪监督部门采取谈话函询方式处置问题线索的,就要拟订谈话函询方案和相关工作预案,按程序报批。对需要谈话函询的下一级党委(党组)主要负责人,应当报纪检机关主要负责人批准,必要时向同级党委主要负责人报告。谈话应当由纪检机关相关负责人或者承办部门主要负责人进行,可以由被谈话人所在党委(党组)或者纪委(纪检组)主要负责人陪同;经批准也可以委托被谈话人所在党委(党组)主要负责人进行。谈话过程应当形成工作记录,谈话后可视情况由被谈话人写出书面说明。函询应当以纪检机关办公厅(室)名义发函给被反映人,并抄送其所在党委(党组)主要负责人。被函询人应当在收到函件后 15 个工作日内写出说明材料,由其所在党委(党组)主要负责人签署意见后发函回复。被函询人为党委(党组)主要负责人的,或者被函询人所作说明涉及党委(党组)主要负责人的,应当直接回复发函纪检机关。谈话函询工作应当在谈话结束或者收到函询回复后 30 日内办结,由承办部门写出情况报告和处置意见后报批。根据不同情形作出相应处理:(一)反映不实,或者没有证据证明存在问题的,予以了结澄清;(二)问题轻微,不需要追究党纪责任的,采取谈话提醒、批评教育、责令检查、诫勉谈话等方式处理;(三)反映问题比较具体,但被反映人予以否认,或者说明存在明显问题的,应当再次谈话函询或者进行初步核实。谈话函询材料应当存入个人廉政档案。

三、问题线索处置后的管理监督

《监察法》规定监察机关在线索处置后管理监督必须跟进,线索处置情况应当定期汇总、通报,定期检查、抽查。承办部门要指定专人负责管理问题线索,定期汇总、通报,定期检查、抽查。对问题线索逐件编号登记、建立管理台账。线索管理处置各环节均须由经手人员签名,全程登记备查。纪检监察机关应当根据工作需要,定期召开专题会议,听取问题线索综合情况汇报,进行分析研判,对重要检举事项和反映问题集中的领域深入研究,提出处置要求。

承办部门应当结合问题线索所涉及地区、部门、单位总体情况,综合分析,按照谈话函询、初步核实、暂存待查、予以了结四类方式进行处置。线索处置不得拖延和积压,处置意见应当在收到问题线索之日起 30 日内提出,并制定处置方案,履行审批手续。承办部门应当定期汇总线索处置情况,及时向案件监督管理部门通报。案件监督管理部门定期汇总、核对问题线索及处置情况,向纪检机关主要负责人报告。另外,各部门应当做好线索处置归档工作,归档材料应当齐全完整,载明领导批示和处置过程。

第四节　初步核实

《监察法》第三十八条规定:"需要采取初步核实方式处置问题线索的,监察机关应当依法履行审批程序,成立核查组。初步核实工作结束后,核查组应当撰写初步核实情况报告,提出处理建议。承办部门应当提出分类处理意见。初步核实情况报告和分类处理意见报监察机关主要负责人审批。"这是关于监察机关进行初步核实的规定,主要目的是规范初步核实的程序,明确开展初步核实工作的具体要求,确保初步核实工作顺利开展,使调查工作始终处于主动地位。

一、初步核实的法律含义

初步核实是指监察机关对受理和发现的反映监察对象涉嫌违法犯罪的问题线索,进行初步了解、核实的活动。初步核实是监察机关调查工作的重要环节,初步核实过程中所查明的有无违法犯罪事实情况,以及所收集到的证据材料,是是否立案调查的重要依据,为案件调查工作奠定一定的基础。

初步核实阶段的主要任务是了解核实所反映的主要问题是否存在,以及是否需要给予所涉及的监察对象政务处分。在初步核实工作中,核查组要突出重点,抓住主要问题收集证据、查清事实,也要注意保密,尽量缩小影响。核查组经批准可采取必要措施收集证据,比如与相关人员谈话了解情况,要求相关组织作出说明,调取个人有关事项报告,查阅复制文件、账目、档案等资料,查核资产情况和有关信息,进行鉴定勘验等。如需要采取技术调查或者限制出境等措施的,监察机关应当严格履行审批手续,交有关机关执行。

初步核实工作结束后,核查组应当撰写初步核实情况报告,列明被核查人基本情况、反映的主要问题、办理依据及初步核实结果、存在疑点、处理建议,由核查组全体人员签名备查。承办部门应当综合分析初步核实情况,按照拟立案审查、予以了结、谈话提醒、暂存待查,或者移送有关机关处理等方式提出分类处理建议。初步核实情况报告和分类处理建议报监察机关主要负责人审批,必要时向同级党委(党组)主要负责人报告。

监察机关调查的对象大都是公职人员,特别是一些重大案件,涉及一定层级的领导干部,社会影响大,如果稍有不慎出现偏差,不仅会给调查工作带来困难,还会产生不良的政治和社会影响,因此初步核实工作必须严格保密,并按照法定程序开展。①

二、初步核实的程序要求

一直以来,初步核实是纪检监察机关问题线索处置方式之一,是指纪检机关按照规定对受理的党员或党组织违纪行为的线索,进行初步核查、证实的活动。初步核实的任务是,了解所反映的主要问题是否存在,为立案与否提供依据。对反映行政监察对象的案件线索进行初步审查,可参照对党纪案件初步核实的条件执行。《中国共产党章程》、《中国共产党纪律检查机关案件检查工作条例》、《中国共产党纪律检查机关案件检查工作条例实施细则》、《监察机关调查处理政纪案件办法》、《中共中央纪委关于进一步加强和规范办案工作的意见》(中纪发〔2008〕33 号)、《中国共产党纪律检查机关监督执纪工作规则(试行)》等规定中进行了全面规定。根据《中国共产党纪律检查机关监督执纪工作规则(试行)》第二十二条至第二十三条规定,采取初步核实方式处置问题线索,应当制定工作方案,成立核查组,履行审批程序。被核查人为下一级党委(党组)主要负责人的,纪检机关应当报同级党委主要负责人批

---

①　参见中共中央纪律检查委员会、国家监察委员会法规室编写:《〈中华人民共和国监察法〉释义》,中国方正出版社 2018 年版,第 183—185 页。

准。核查组经批准可采取必要措施收集证据,与相关人员谈话了解情况,要求相关组织作出说明,调取个人有关事项报告,查阅复制文件、账目、档案等资料,查核资产情况和有关信息,进行鉴定勘验。需要采取技术调查或者限制出境等措施的,纪检机关应当严格履行审批手续,交有关机关执行。

由此可见,《监察法》结合了上述有关规定,对初步核实程序进行规定。具体而言,有以下几个方面:(1)初核应具备的条件。包括:掌握所反映的被调查对象的违法犯罪的案件线索;所掌握的案件线索属于本级监察机关管辖;案件线索具有存在的可能性,并具有可调查性;案件线索可能构成违法犯罪,需要追究法律责任;已履行必要的受理审批手续。(2)依法履行审批手续。重程序是讲政治的具体表现,没有严格的程序作保障,工作就可能偏离方向。初步核实是发现违法犯罪行为的手段,直接关系着问题线索下一步的走向。对于监察机关而言,强化程序观念,严格按程序办事,既是约束,也是一种保护。按照《中国共产党纪律检查机关监督执纪工作规则(试行)》规定,采取初步核实方式处置问题线索"应当制定工作方案"、"履行审批程序"。对此,监察机关案件承办部门应当起草问题线索初核请示,报监察机关主要负责人批准。制定初核方案,列明核查组成员组成、核查的主要问题、主要工作思路和步骤、主要核查措施、相关纪律要求、需要注意的问题等。成立核查组,填写《初步核实呈批表》报监察机关主要负责人批准,并送案件监督管理部门备案。事先报告、注重程序,旨在强化管理,减少随意性,防止监察机关在初步核实中"避重就轻"、"轻描淡写",也防止出现先斩后奏、搞倒逼等现象,更防止出现跑风漏气、泄露秘密问题。总之,只有讲程序、守纪律,才能确保初核的真实性、合法性。(3)成立核查组。核查组是指针对要采取初步核实方式处置的问题线索,由监察机关承办部门成立的初步核查和核实工作的小组,主要任务是采取必要措施收集证据,了解问题线索是否存在,并如实撰写初核情况报告,提出处理建议。

三、初步核实及其结果的处理

初步核实工作的开展。初步核实的任务在于了解问题线索是否存在。初核审批程序完成后,要完成初核的任务,就必须用证据说话,进行收集证据和核实工作程序。结合上述有关规定,核查组在收集证据时可以采用的各项措施,概括起来可分为"面对面"和"背对背"两种方式:一是与被核查人本人谈话了解情况,就是"面对面"直接收集言词证据的方式;二是与其他相关人员谈话、要求相关组织作出说明、调取个人有关事项报告、查阅复印文件账目档案等资料,查核资产情况和有关信息,进行鉴定勘验,或者采取技术调查、限制出境等措施。这些属于在被核查人未知情的情况下收集言词、实物证据或者控制被调查人的方式。或者需要注意的是,这些初核措施需在"经批准"和"严格履行审批手续"的前提下进行,意在防止擅自扩大权限,避免初核措施"滥用"、"乱用",保障被核查人权利,降低因措施使用不当而带来的负面影响和风险。另外,由于初核工作是对反映的主要问题开展核查,不同于立案后的全面审查,应当对核查的问题有所侧重,围绕主要问题收集关键证据。

初步核实工作结束后处理。核查组完成初步核实工作后,应当撰写初核情况报告,列明被核查人基本情况、反映的主要问题、办理依据及初核结果、存在疑点、处理建议,由核查组全体人员签名后,报承办部门研究提出分类处理意见。按照《中国共产党纪律检查机关监督执纪工作规则(试行)》第二十四条的规定,初步核实的处理建议,应当根据证据证明的事实结论,用党规党纪和国法的尺子衡量,依照监督执纪"四种形态",区别不同情况提出"拟立案审查"、"予以了结"、"谈话提醒"、"暂存待查"、"移送有关机关处理"和"查清后拟给予党纪政务处分"等下一步工作建议。

四、初步核实承办部门工作流程

接到初核情况报告后,承办部门应当综合分析初核情况,提出处置建议。对于谈话提醒、暂存待查、移送有关机关处理的,交承办部门办理;对于予以了结的,经批准移送案件监督管理部门进行程序性审核并形成审查报告;对于拟立案审查、查清给予党纪政务处分的,按照立案审查程序办理。

初核情况报告和分类处理意见报监察机关主要负责人审批。对于初核程序中的审批,《中国共产党纪律检查机关监督执纪工作规则(试行)》改变了《案件检查工作条例实施细则》中初核情况报告"由室主任(室主任不在时由副主任)签名后呈报分管纪检室领导审批"的规定,明确报"纪检机关主要负责人审批",并增加了"必要时向同级党委(党组)主要负责人报告"。《监察法》予以借鉴,规定初核情况报告和分类处理意见由监察机关主要负责人审判,旨在形成环环相扣、相互制约的制度设计,是"信任不能代替监督"理念在初核环节的体现,避免在操作上掺杂一些个人的意见或者人为干预影响等,防止以案谋私、权力滥用。

第五节　监察立案

《监察法》第三十九条规定:"经过初步核实,对监察对象涉嫌职务违法犯罪,需要追究法律责任的,监察机关应当按照规定的权限和程序办理立案手续。监察机关主要负责人依法批准立案后,应当主持召开专题会议,研究确定调查方案,决定需要采取的调查措施。立案调查决定应当向被调查人宣布,并通报相关组织。涉嫌严重职务违法或者职务犯罪的,应当通知被调查人家属,并向社会公开发布。"这是关于监察机关立案的条件和程序,以及立案后处理的规定。

一、监察立案的法律含义

立案是监察机关调查职务违法、职务犯罪的重要环节,必须严格依法进行。规定本条的主要目的是规范监察机关的立案工作,保证其准确、及时地立案,保障被调查人及其家属的知情权。

监察立案应当符合三个条件:一是存在职务违法或者职务犯罪的事实。监察机关立案所需的职务违法或者职务犯罪的事实,仅指初步确认的部分职务违法或者职务犯罪的事实,而不是全部职务违法或者职务犯罪的事实,全部事实要到调查阶段结束之后才能得以查清,而且还要经过审理之后才能认定。二是需要追究法律责任。有职务违法或者职务犯罪的事实,只是立案的必备条件之一,但并不是所有职务违法或者职务犯罪的事实都需要立案查处,能否立案还要看是否需要追究法律责任,如情节显著轻微不需要追究法律责任的,就不需要立案。是否需要追究法律责任,要根据有关法律法规的规定来确认。三是按照规定的权限和程序办理立案手续。这里讲的"规定的权限和程序",

主要是指《中国共产党纪律检查机关监督执纪工作规则（试行）》第二十六条的规定，即对符合立案条件的，由承办部门起草立案审查呈批报告，经纪检监察机关主要负责人审批后，报同级党委（党组）主要负责人批准，予以立案审查。有关负责人应当严格审核把关，认为符合立案条件的，批准立案；认为不符合立案条件的，不批准立案，由监察机关作出其他处理；认为需要对某些问题作进一步了解的，退回立案报告，由承办部门作进一步了解。①

二、监察立案后调查方案的确定

依据《监察法》规定，依法批准立案后，应当主持召开专题会议，研究确定调查方案，决定需要采取的调查措施。由于案件进入立案程序后将进入实质性的调查阶段，对案件办理和被调查人的权利影响较大，因此必须确立十分严肃、严谨的程序机制。对此，监察法借鉴了《中国共产党纪律检查机关监督执纪工作规则（试行）》第二十六条相关规定，②主要包括以下几个方面内容：（1）立案由监察机关主要负责人依法批准。具体而言，由承办部门起草立案审查呈批报告，经监察机关主要负责人审批。（2）主持召开专题会议，研究确定调查方案，决定需要采取的调查措施。由此可见，批准立案后，进入确定调查方案和调查措施程序，即具体研究布置案件下一步调查所要采取的方式方法和手段措施。确定方式规定为专题会议，且由监察机关主要负责人主持。根据《中国共产党纪律检查机关监督执纪工作规则（试行）》第二十七条相关规定，纪检机关主要负责人批准审查方案包括批准成立审查组，确定审查谈话方案、外查方案，审批重要信息查询、涉案款物处置等事项。执纪审查部门主要负责人研究提出审查谈话方案、外查方案和处置意见，审批一般信息查询，对调查取证审核把关。

---

① 参见中共中央纪律检查委员会、国家监察委员会法规室编写：《〈中华人民共和国监察法〉释义》，中国方正出版社 2018 年版，第 186—187 页。

② 第二十六条规定："对符合立案条件的，承办部门应当起草立案审查呈批报告，经纪检机关主要负责人审批，报同级党委（党组）主要负责人批准，予以立案审查。纪检机关主要负责人主持召开执纪审查专题会议，研究确定审查方案，提出需要采取的审查措施。立案审查决定应当向被审查人所在党委（党组）主要负责人通报。对严重违纪涉嫌犯罪人员采取审查措施，应当在 24 小时内通知被审查人亲属。严重违纪涉嫌犯罪接受组织审查的，应当向社会公开发布。"

三、监察立案后通知有关单位和人员

依据《监察法》规定,立案调查决定应当向被调查人宣布,并通报相关组织。由于立案条件和程序的严格设置,对被调查人而言,立案调查决定的正式作出,将意味着其正式进入被调查环节,其人身、自由、财产权益往往将面临各种调查措施的限制乃至剥夺。与此同时,也会对被调查人单位等相关组织产生现实影响,后续往往会由调查取证等措施的根据。因此,基于对被调查人知情权等权利的保障,并为后续调查工作进行相关准备,体现监察机关办案的正式性和严肃性,应当将立案调查决定向被调查人本人宣布,并通报相关组织。①

依据《监察法》规定,涉嫌严重职务违法或者职务犯罪的,应当通知被调查人家属,并向社会公开发布。在案件进入决定立案调查后,不仅对被调查人和相关组织有现实影响,而且如果被调查人涉嫌严重职务违法或者职务犯罪,后续可能会采取限制剥夺人身自由的留置措施及其他调查取证措施,这也将对被调查人的家属产生现实影响,因此对涉嫌严重职务违法或者职务犯罪的,应当通知被调查人家属,满足家属的知情权需要。另外,对于涉嫌严重职务违法或者职务犯罪的案件,立案决定作出后向社会公开发布,既是满足社会公众知情权的需要,同时也是监察机关办案公开、接受社会监督的要求,更有助于起到震慑违法犯罪活动,严厉惩处职务腐败行为的效果。②

第六节　调查取证要求

《监察法》第四十条规定:"监察机关对职务违法和职务犯罪案件,应当进行调查,收集被调查人有无违法犯罪以及情节轻重的证据,查明违法犯罪事实,形成相互印证、完整稳定的证据链。严禁以威胁、引诱、欺骗及其他非法方

---

① 根据《中国共产党纪律检查机关监督执纪工作规则(试行)》第二十六条规定,立案审查决定应当向被审查人所在党委(党组)主要负责人通报。

② 根据《中国共产党纪律检查机关监督执纪工作规则(试行)》第二十六条规定,对严重违纪涉嫌犯罪人员采取审查措施,应当在 24 小时内通知被审查人亲属。严重违纪涉嫌犯罪接受组织审查的,应当向社会公开发布。

式收集证据,严禁侮辱、打骂、虐待、体罚或者变相体罚被调查人和涉案人员。"这是关于监察机关调查取证工作要求的规定。

一、调查取证要求的法律含义

依法全面收集证据。依法全面收集证据主要是指,监察机关调查人员必须严格依照规定程序,收集能够证实被调查人有无违法犯罪以及情节轻重的各种证据。这要求我们收集证据必须要客观、全面,不能只收集一方面的证据。监察机关调查人员在收集完证据之后,要对收集到的证据进行分析研究,鉴别真伪,找出证据与案件事实之间的客观内在联系,形成相互印证、完整稳定的证据链。

严禁以非法方式收集证据。严禁以非法方式收集证据主要是指,严禁刑讯逼供,严禁以威胁、引诱、欺骗及其他非法方式来获取证据。特别是以刑讯逼供、威胁、引诱、欺骗方式取得的被调查人和涉案人员的口供,是其在迫于压力或被欺骗情况下提供的,虚假的可能性非常之大,仅凭此就作为定案根据,极易造成错案。其中,刑讯逼供包括以暴力殴打、长时间不让睡眠等方式对被调查人和涉案人员逼取口供。通过思想政治工作让被调查人和涉案人员主动交代,争取从宽处理;对被调查人和涉案人员宣讲党和国家的政策,宣传法律关于如实供述自己罪行可以从轻处罚的规定,不属于强迫犯罪嫌疑人证实自己有罪。①

监察机关调查取得的证据,要经得起公诉机关和审判机关的审查,经得起历史和人民的检验,只有这样,监察机关办理的案件才能真正成为铁案。如果证据不扎实、不合法,轻则检察机关会退回补充调查,影响惩治腐败的效率;重则会被司法机关作为非法证据予以排除,影响案件的定罪量刑;对于侵害当事人权益、造成严重问题的,还要予以国家赔偿。所以,各级纪委监委一定要有强烈的法律意识,从一立案就要严格依法、严格按标准收集证据,不能等到临近移送司法,甚至进入司法程序后,再去解决证据合法性的问题,这是以法治

---

① 参见中共中央纪律检查委员会、国家监察委员会法规室编写:《〈中华人民共和国监察法〉释义》,中国方正出版社 2018 年版,第 190—191 页。

思维和法治方式惩治腐败最直接、最基本的要求。规定本条的主要目的是从正、反两方面规范监察机关的调查取证工作,保证监察机关依法、全面收集证据、查清犯罪事实。

二、职务违法犯罪案件调查取证的具体要求

《监察法》规定,监察机关依照本法规定收集的物证、书证、证人证言、被调查人供述和辩解、视听资料、电子数据等证据材料,在刑事诉讼中可以作为证据使用。监察机关在收集、固定、审查、运用证据时,应当与刑事审判关于证据的要求和标准相一致。以非法方法收集的证据应当依法予以排除,不得作为案件处置的依据。该条规定,首先对监察机关获取的证据在刑事诉讼中的证据能力进行了肯定,解决了监察机关调查取证在刑事诉讼中的证据资格问题,与 2012 年《刑事诉讼法》修订所明确的行政执法办案证据在刑事诉讼中的使用规定相契合,[①]破解了长期以来纪检监察执法取证在刑事诉讼中证据资格受到质疑,以及在刑事诉讼中面临"转换"的现实困境。另外,该条规定明确指出了监察机关在收集、固定、审查、运用证据时的证据要求和标准,应当与刑事审判相一致,特别是借鉴了《刑事诉讼法》关于非法证据排除的规定。这不仅为监察机关调查取证设定了高标准、严要求,为监察机关调查取证设定了明确的标准依据,强化了"证据裁判"原则在监察机关的适用地位,体现出监察机关对接"以审判为中心的诉讼制度改革"方向,并有助于提高监察机关查办腐败案件质量,切实保障被调查人的合法权益,提高监察机关查办案件的权威,对于确保国家监察体制改革的正当性与党和国家推进全面从严治党、全面依法治国都有着极为重大的现实意义。本条规定在《监察法》第三十三条规定的基础上,借鉴了《刑事诉讼法》第五十条的规定,[②]进一步就监察机关调

---

① 《刑事诉讼法》第五十二条第二款规定:"行政机关在行政执法和查办案件过程中收集的物证、书证、视听资料、电子数据等证据材料,在刑事诉讼中可以作为证据使用。"

② 《刑事诉讼法》第五十条规定:"审判人员、检察人员、侦查人员必须按照法定程序,收集能够证实犯罪嫌疑人、被告人有罪或者无罪、犯罪情节轻重的各种证据。严禁刑讯逼供和以威胁、引诱、欺骗以及其他非法方法收集证据,不得强迫任何人证实自己有罪。必须保证一切与案件有关或者了解案情的公民,有客观地充分地提供证据的条件,除特殊情况外,可以吸收他们协助调查。"

查取证活动的要求进行规定。

对于职务违法和职务犯罪案件,监察机关都应当进行调查。这是监察机关发挥职能、行使职权的基本要求。调查取证必须客观全面,既要收集被调查人有违法犯罪行为以及违法犯罪情节重的证据,也要收集被调查人没有违法犯罪行为或违法犯罪情节轻的证据,即不能只收集不利于被调查人的证据,而不收集有利于被调查人的证据。最后,监察机关调查取证,应当查明违法犯罪事实,形成相互印证、完整稳定的证据链。这是对监察机关查明违法犯罪事实应当达到的证据要求的规定。

在我国刑事司法实践中,证据互相印证是侦控机关审查起诉、法官据以断案的司法传统。证据相互印证规则主要在三个领域发挥作用:一是用来确定自相矛盾的言词证据的证明力,二是用来审查案件是否达到法定证明标准,三是用来判断被告人供述是否得到补强。作为一项旨在对证明力加以限制的证据规则,证据相互印证规则强调无论是证据事实还是案件事实,都要根据两个以上具有独立信息源的证据加以认定,注重证据信息的相互验证,避免仅凭孤证定案,这有利于防止伪证、避免冤假错案的发生。印证最基本的含义,是指两个以上具有独立信息来源的证据,对各自的真实性和可靠性作出的验证。由于在所包含的事实信息方面出现了重合或者交叉,印证通常发生在两个以上证据之间,使这些事实信息的真实性得到证明。因此,一方面,证据之间相互印证的规则主要用于验证单个证据的真实性。与此同时,证据之间相互印证还可以成为证明被告人犯罪事实的重要标准。这主要体现在,通过对直接证据的印证,其他证据足以与直接证据一起发挥直接证明案件主要事实的作用。而在只有间接证据的案件中,通过各项间接证据相互间的印证,全案证据能够建立起紧密联系而非孤立存在的状态,使证据信息链条之间产生相互验证关系,最终形成了完整的证据链条并证明案件事实。可以说,在某种意义上,全案证据相互印证成为"事实清楚、证据确实充分"要求中的最低限度标准。对于"完整稳定",其中"完整"指向的是证据数量和涵盖面的要求,即用于查明违法犯罪事实的证据需要具备全面性,对于证明违法犯罪构成要件的证据不可缺失、遗漏或者片面;"稳定"指向的是证据状态的一致性和平稳性,即用于证明违法犯罪事实的证据,在证明指向和效果上应当保持一致。我国司法实践中所遵循的形成"证据相互印证"或者"完整稳定的证据链",在此前的相关司法解释中被确立为一项证据规则。如2010年最高人民法院、最高人民检察院、公安部、国家安全部、司法部颁行的《关于办理死刑案件审查判断证据若干问题的规定》第五条,即对"事实清楚、证据确实充分"的证明标准作出了明确的解释,对于只依据间接证据定案的证明标准也给出了说明。"证据之间相互印证"、"证据之间合理排除矛盾"、"形成完整的证明体系"等印证规则已经成为我国成文法律的有机组成部分。

形成相互印证、完整稳定的证据链,意味着监察机关调查取证后,能够形成确定性结论,进而能够锁定违法犯罪行为的证明效果,即全案证据之间必须形成一个不相矛盾、能够相互印证且能够证明违法犯罪案件事实的证据链条。这样的规定,对监察机关调查取证提出了高标准、严要求,同时也有助于监察机关提高办案质量,保证案件在随后的其他处置特别是进入到刑事诉讼审查起诉、审判环节能够得到预期效果,使监察机关查办案件能够经得起法律和历史的检验,实现"让人民群众在每一个案件中感受到公平正义"的目标。

三、严禁以非法方式收集证据

《监察法》规定严禁以威胁、引诱、欺骗及其他非法方式收集证据,严禁侮辱、打骂、虐待、体罚或者变相体罚被调查人。这是对非法取证、刑讯逼供、变相体罚等的禁止性规定。被调查人在西方文明演进和法律发展历程中,中世纪制度化、常规化的刑讯,导致犯罪嫌疑人、被告人沦为诉讼的客体,并使诉讼程序野蛮而缺失正当性,因而在进入近现代之后被抛弃。在我国,基于打击犯罪、维护社会稳定的价值导向,以及重实体、轻程序的价值理念,在过去的司法实践中,刑讯逼供、暴力取证现象时有发生。近些年来所发现、平反的冤假错案中,几乎都可以找到刑讯逼供、违法取证的问题。对此,自2010年最高人民法院、最高人民检察院、公安部、国家安全部和司法部联合发布《关于办理死刑案件审查判断证据若干问题的规定》,到2012年《刑事诉讼法》修订,再到党的十八届三中全会审议通过的《中共中央关于全面深化改革若干重大问题的决定》、十八届四中全会审议通过的《中共中央关于全面推进依法治国若干重大问题的决定》明确要求,严格实行非法证据排除规则,健全落实非法证据排除等法律原则的法律制度,加强对刑讯逼供和非法取证的源头预防。2017年4月,中央全面深化改革领导小组第三十四次会议审议通过《关于办理刑事案件严格排除非法证据若干问题的规定》。2017年6月27日,最高人民法院、最高人民检察院、公安部、国家安全部和司法部联合发布《关于办理刑事案件严格排除非法证据若干问题的规定》,我国已建立起一套比较完善的非法证据排除规则。《刑事诉讼法》第五十条明确规定"严禁刑讯逼供和以威胁、引诱、欺骗以及其他非法方法收集证据",而且2012年刑事诉讼法修订,特别新增"不得强迫任何人证实自己有罪",确立了不强迫自证其罪规则。综合来看,无论刑事诉讼规则本身,还是规则的演变历程,都体现出我国对刑讯逼供、野蛮执法的直接否定,都宣示着对不择手段、不计代价发现真相模式的反对,都明示着对注重人权保障、防范冤假错案的目标指引,都彰显着建立文明理性的正当法律程序的价值追求。

对于监察机关执法办案而言,同样需要秉持惩罚职务违法犯罪与被调查人权利并重、实体正义与程序正义并重的基本价值理念,并自觉承担起"维护宪法和法律的尊严"的历史使命和责任担当,绝不能出现违法取证、不文明办案。对此,《监察法》第三十三条规定"以非法方法收集的证据应当依法予以排除,不得作为案件处置的依据",直接借鉴了《刑事诉讼法》关于非法证据排除的规则,便是明证。而本条规定"严禁以威胁、引诱、欺骗及其他非法方式收集证据,严禁侮辱、打骂、虐待、体罚或者变相体罚被调查人",则以明示规范对监察机关调查取证进行了规定。威胁,是指威逼胁迫使他人陷入恐惧的行为;引诱,是指以某种条件诱惑他人陷入错误的行为;欺骗,是指以虚构或虚假事项使他人陷于错误的行为。这些行为不仅不文明,侵害了被调查人员或其他人员的利益,而且往往使被调查人陷于错误,导致收集的证据缺乏真实可靠性,最终影响案件查办质量,因此是非法证据排除规则的重要内容。所谓侮辱,是指以言行侮弄羞辱别人,使对方人格或名誉受到损害。使用暴力或者以其他方法,公然贬损他人人格,破坏他人名誉,情节严重的行为,还可以构成侮辱罪。所谓打骂,是指对被调查人进行殴打和辱骂的行为。所谓虐待,是指出于取乐、迫害、发泄等目的,使用极其残忍的手段,对人造成身体上伤害或心理上恐惧的行为。所谓体罚,是指通过对人身体的责罚,特别是造成疼痛,来进行惩罚或教育的行为。这些都是对被调查人的不文明、不人道的行为,也是我国早在 1986 年签署并于 1988 年生效的联合国《禁止酷刑和其他残忍、不人道或有辱人格的待遇或处罚公约》所禁止的行为。毫无疑问,上述行为具有共同的非理性和低俗特点,因而也随着时代的进步而被全世界范围正常的法治国家所抛弃。在现代文明的社会关系和交往各个环节,包括在追究犯罪活动中,都排斥这些野蛮的行为。而且,对于查明案件、调查违法犯罪而言,无论是威胁、引诱、欺骗还是侮辱、打骂、虐待、体罚或变相体罚这些包含对人身、健康、自由的软暴力或硬伤害,其对查明真相、认定事实不仅无益,还往往因造成被调查者意志不自主而"屈打成招"进而带来真相发现错误的后果。

第七节　调查措施执行程序

《监察法》第四十一条规定:"调查人员采取讯问、询问、留置、搜查、调取、查封、扣押、勘验检查等调查措施,均应当依照规定出示证件,出具书面通知,由二人以上进行,形成笔录、报告等书面材料,并由相关人员签名、盖章。调查人员进行讯问以及搜查、查封、扣押等重要取证工作,应当对全过程进行录音录像,留存备查。"这是关于监察机关采取调查措施的程序性规定。

一、调查措施执行程序的法律含义

习近平总书记强调,在赋予监察委员会必要权限的同时,也要加强监督制约、防止权力滥用。要规范监察委员会的工作审批和内控程序,通过全程记录、录音录像等严格的程序设计和细致的监督举措,把规矩严起来。规定本条的主要目的是对监察机关采取调查措施的程序提出明确要求,规范取证工作,防止权力滥用,保护被调查人合法权益。

调查人员采取讯问、询问、留置、搜查、调取、查封、扣押、勘验检查等调查措施,均应当依照规定出示证件,出具书面通知,由二人以上进行,形成笔录、报告等书面材料,并由相关人员签名、盖章。这些程序性规定要求,对查明违法犯罪事实,形成客观有效、相互印证、完整稳定的证据链具有重要的现实意义和深厚的法治意义。

《中国共产党纪律检查机关监督执纪工作规则(试行)》第三十二条规定:严格依规收集、鉴别证据,做到全面、客观,形成相互印证、完整稳定的证据链。调查取证应当收集原物原件,逐件清点编号,现场登记,由在场人员签字盖章;调查谈话应当现场制作谈话笔录并由被谈话人阅看后签字。已调取证据必须及时交审查组统一保管。

最高人民法院、最高人民检察院、公安部、国家安全部和司法部联合发布的《关于办理刑事案件严格排除非法证据若干问题的规定》第七条规定:收集物证、书证不符合法定程序,可能严重影响司法公正的,应当予以补正或者作出合理解释;不能补正或者作出合理解释的,对有关证据应当予以排除。

证件是身份的证明。出示证件是为了证实身份的合法性,以避免出现冒充调查人员侵犯相关人员权利的情况和以不了解或质疑调查人员的身份为由而拒绝履行义务,抗拒调查人员的调查行为,从而引起双方的对方冲突,甚至造成严重后果。

书面通知是通过文字或书面材料成立意思表示的法律行为形式,具有意思表示准确、有据可查、便于预防纠纷的优点。根据现代各国的法律,书面形式是法律行为成立的基本形式;其中重要的法律行为依法必须以书面形式进行。出具书面通知是为了证实行为的合法性,告知相关人员需履行的法律义务,同时也是为了充分保障相关人员的知情权和保护其合法权益。而二人以上目的是调查人员的相互配合、相互监督。书证则是指以文字、符号、图案等所记载的内容表达的与案件事实有关的人的思维或者行为的书面材料。书证是重要法定证据形式,也是调查结果的真实反映。签名、盖章是相关人员对调查材料内容的确认,也是调查材料发生法律效力、能够作为证据的前提。

二、调查措施执行程序的基本规范

采取调查措施的程序规范主要有四个要件:一是依照规定出示证件。出示证件的目的是证明调查人员的真实身份,以便相关单位和人员积极有效地配合。如询问证人时应当出示工作证件,即出示能够证实调查人员身份的有效工作证。二是出具书面通知。监察机关决定采取调查措施时,应当制作书面通知,交由调查人员向相关单位或个人在现场出示,以证明调查人员的行为经过监察机关合法授权。如进行搜查必须向被搜查单位或个人出示搜查证明文件,否则相关单位或个人有权不予配合。三是由二人以上进行。规定采取调查措施,应当由两名以上调查人员进行,主要考虑是:(1)实际工作的需要,有利于客观、真实获取和固定证据。(2)有利于互相配合、互相监督,防止个人徇私舞弊或发生刑讯逼供、诱供等非法调查行为。(3)有利于防止一些被调查人诬告调查人员有人身侮辱、刑讯逼供等行为。四是形成笔录、报告等书面材料,并由相关人员签名、盖章。笔录、报告等书面材料是证据的重要载体,有利于保证证据的客观和真实。要求由相关人员签名、盖章,是对笔录、报告等书面材料的核对与认可,以防止歪曲被调查人、证人的真实意图,或者出现强加于人的主观臆断甚至捏造事实等情况。重要取证工作应当全程录音录像。调查人员进行讯问以及搜查、查封、扣押等重要取证工作,应当全程录音录像,目的是留存备查,这既是对重要取证工作的规范,也是对调查人员的保护。录音录像应当符合全程的要求,如果不能保证全程录音录像,录制设备的开启和关闭时间完全由调查人员自由掌握,录音录像就不能发挥证明取证工作合法性的作用。

需要注意的是,监察机关对调查过程的录音录像不随案移送检察机关。检察机关认为需要调取与指控犯罪有关并且需要对证据合法性进行审查的录音录像,可以同监察机关沟通协商后予以调取。所有因案件需要接触录音录像的人员,应当对录音录像的内容严格保密。①

三、调查措施执行程序的相关规定

依据《监察法》规定,讯问以及搜查、查封、扣押等重要取证工作,应当对全过程进行录音录像,留存备查。录音录像是视听资料最常见的形式。视听资料是采用现代化技术手段,将可以重现案件原始声响、形象的录音录像资料和储存于电子计算机的有关资料及其他科技设备提供的信息,用来作为证明

_____

① 参见中共中央纪律检查委员会、国家监察委员会法规室编写:《〈中华人民共和国监察法〉释义》,中国方正出版社2018年版,第192—194页。

案件真实情况的资料。

科学技术的进步必然引起诉讼手段的革新。视听资料作为一种独立的证据种类进入司法实践,是现代科学技术发展的产物和必然结果。一方面,视听资料储存容量大、易于保存和使用,能够通过音响效果不中断的播放来再现案件事实真相,具有高度的连续性;录音、录像磁带和电子计算机储存的数据,具有体积小、重量轻、便于保存、易于使用之优点,利用相应的设备可以重复使用且内容不发生变化,同时不易受主、客观因素的影响。另一方面,视听资料具有高度的准确性和直观性。视听资料属于实物证据,一般来说,这种证据具有客观性,在形成过程中一般不受录制人主观因素的影响而造成对案件事实的歪曲。只要录制对象正确、录制方法得当、录制设备正常,视听资料就能十分准确地记录案件事实。借助相应的技术设备,视听资料就能够直接再现一定的案件事实或法律行为。通过对有关案件事实的声音、图像等的视听感知,案件事实的发生过程能再一次直观、生动、形象地展现在人们的眼前,孰是孰非一清二楚。

在我国,三大诉讼法中均有视听资料作为证据的规定。同时,最高人民法院、最高人民检察院、公安部、国家安全部和司法部联合发布的《关于办理刑事案件严格排除非法证据若干问题的规定》第十条规定:侦查人员在讯问犯罪嫌疑人的时候,可以对讯问过程进行录音录像;对于可能判处无期徒刑、死刑的案件或者其他重大犯罪案件,应当对讯问过程进行录音录像。侦查人员应当告知犯罪嫌疑人对讯问过程录音录像,并在讯问笔录中写明。第十一条规定:对讯问过程录音录像,应当不间断进行,保持完整性,不得选择性地录制,不得剪接、删改。鉴于监察对象的特殊性,此款规定,重要的取证工作应当对全过程进行录音录像。

第八节 严格执行调查方案

《监察法》第四十二条规定:"调查人员应当严格执行调查方案,不得随意扩大调查范围、变更调查对象和事项。对调查过程中的重要事项,应当集体研究后按程序请示报告。"这是关于执行调查方案的规定。规定本条的主要目的是督促调查人员讲政治、顾大局,严格执行调查方案,强化程序意识,按程序工作,严格请示报告制度和集体研究,杜绝个人专断,以案谋私。

一、严格执行调查方案的法律含义

监察机关开展调查工作既要体现从严监督,也要体现惩戒与教育相结合,宽严相济,目的并非单纯的一网打尽,要具体情况具体分析。调查工作的开展必然要根据实际情况,有明确的针对性和指向性。调查方案是民主决策、科学设计的结果,是开展调查工作的直接依据。调查工作必须严格按照调查方案确定的目标、内容、范围、对象、方法、队伍的组织、经费的筹划、任务和时间的安排开展,不得随意扩大调查范围、变更调查对象和事项。这也体现了对被调查人合法权益的保护。

"严格执行调查方案,不得随意扩大调查范围、变更调查对象和事项",是程序正义法治原则在监察执法办案中的重要体现。程序正义从某种意义上说,就是必须克服执法者的恣意。任何人都不是神仙圣人,都有认识和道德水平的局限性,只要失去有效制约,就有可能滥用权力。为了减少乃至杜绝权力的负效应,防止权力的滥用,就必须制约权力,监督权力。程序正义对恣意有着天生的预防和监督能力。它是防控权力的重要机制,是保障公民权利的重要途径,是保证权力行使的合理性的有效措施,是维护国家与社会稳定的有效条件。这一突出功能理应在监察执法实践中得到更加充分的发挥。但应当注意的是,职务违法犯罪行为的复杂性,决定了调查方案不可能面面俱到,对调查方案没有预见,或者调查过程中突发的情况,调查人员按程序请示后,可以根据实际工作需要,对调查方案进行适当的调整,以便查清案件事实;如果情况十分紧急,不及时处理可能会造成严重不利后果,实在来不及按程序请示的,调查人员经集体研究后也可以临机作出处置,但事后应当立即按程序向监察机关领导人员报告说明。[1]

---

① 参见中共中央纪律检查委员会、国家监察委员会法规室编写:《〈中华人民共和国监察法〉释义》,中国方正出版社2018年版,第195—196页。

二、调查过程中重要事项的请示报告

重要事项请示报告是调查活动中的一项重要原则。《中国共产党纪律检查机关监督执纪工作规则(试行)》第九条规定：严格执行请示报告制度，对作出立案审查决定、给予党纪处分等重要事项，纪检机关应当向同级党委(党组)请示汇报并向上级纪委报告，形成明确意见后再正式行文请示。遇有重要事项应当及时报告，既要报告结果也要报告过程。坚持民主集中制，线索处置、谈话函询、初步核实、立案审查、案件审理、处置执行中的重要问题，应当经集体研究后，报纪检机关主要负责人、相关负责人审批。

请示报告制度是党的重要规矩与纪律。中国共产党自建党伊始就非常强调党内重要情况的请示与报告。请示报告制度是党内组织正常运行的重要制度保证，是历史经验的总结，有力推进了党的作风和纪律建设。党的十八大后中央多次强调各级领导班子和领导干部都要严格执行请示报告制度。习近平总书记指出："请示报告制度是我们党的一项重要制度，是执行党的民主集中制的有效工作机制，也是组织纪律的一个重要方面。"

调查方案具有相对确定性，其执行是一个变化的、复杂的过程，对于调查过程中出现的各种情况，特别是查明重大事项可能导致调查中止、终止、终结或改变调查方向等有关内容时，应当集体研究，仔细甄别，按程序请示报告。这是加强党对监察工作领导的必然要求。

第九节　留置措施程序规定

《监察法》第四十三条规定："监察机关采取留置措施，应当由监察机关领导人员集体研究决定。设区的市级以下监察机关采取留置措施，应当报上一级监察机关批准。省级监察机关采取留置措施，应当报国家监察委员会备案。留置时间不得超过三个月。在特殊情况下，可以延长一次，延长时间不得超过三个月。省级以下监察机关采取留置措施的，延长留置时间应当报上一级监察机关批准。监察机关发现采取留置措施不当的，应当及时解除。监察机关采取留置措施，可以根据工作需要提请公安机关配合。公

安机关应当依法予以协助。"这是关于留置措施的审批权限、期限、执行和解除的规定。

一、留置措施程序规范的法律含义

贯彻落实党的十九大精神,用留置取代"两规"措施,并规定严格的程序,有利于解决长期困扰我们的法治难题,彰显全面依法治国的决心和自信。规定本条的主要目的是强化监察机关使用留置措施的程序制约,通过审批权限上提一级,严格限制留置期限,要求采取该措施不当时应当及时解除等,防止监察机关滥用留置措施。

留置措施审批、执行和解除规定主要包括三个要件:

留置的审批权限。各级监察机关采取留置措施,都应当经本机关领导人员集体研究决定,不能以个人意志代替集体决策、以少数人意见代替多数人意见。就批准权限而言,市级、县级监察机关决定采取留置措施,还应当报上一级监察机关批准;省级监察机关采取留置措施,还应当报国家监察委员会备案。

留置的期限和解除。一般情况下,留置期限不得超过三个月。这里的三个月是固定期限,不因案件情况的变化而变化;不能因发现"新罪"(监察机关之前未掌握的被调查人的职务违法犯罪)重新计算留置期限。特殊情况下,可以延长一次,延长的时间也不得超过三个月,因此留置期限最长不得超过六个月。省级以下(含省级)监察机关延长留置期限的,除了经本机关领导人员集体研究决定外,还应当报上一级监察机关批准。

公安机关协助执行留置措施。监察机关不配备类似检察院、法院"法警"那样的强制执行队伍,因此,在采取留置等措施过程中,需要公安机关的协助配合。一般来说,公安机关协助监察机关执行留置主要有两种情况:一是监察机关对被调查人采取留置措施,将其带至留置场所,可能需要公安机关配合执行,以防止相关单位或个人的阻挠。二是将被调查人留置在特定场所后,也可能需要公安机关派人进行看护,以保证被留置人员的安全,保障留置期间讯问等相关调查工作的顺利进行。

需要注意的是,关于留置期限问题,有的同志反映时间不够,希望延长。

对此,我们不能简单地从办案需要考虑,而要从政治上认识。时间过长,会增加社会对留置措施的疑虑和担心,安全风险责任也加大。解决这个问题,还是要把留置前的工作做得更扎实,提高效率,突出重点。①

二、留置措施决定权的相关规定

留置措施的决定权是留置措施程序控制的核心环节。监察机关采取留置措施,应当由监察机关领导人员集体研究决定。这是关于监察机关采取留置措施的最基本的决定程序。对于检察机关审查批准逮捕,根据《刑事诉讼法》第八十七条规定,模式为由检察长决定和重大案件提交检察委员会讨论决定,而对于监察机关,采取的是"监察机关领导人员集体研究决定"模式的设置,提高了留置措施适用的门槛,有助于发挥集体领导的民主决策优势,最大限度地消除留置措施的随意启动和适用,防范留置措施滥用进而侵犯公民人身自由风险的发生,体现出以留置措施代替"两规"并严肃慎重使用的改革初衷,对于提高留置措施的规范化和法治化,树立国家监察机关运用法治思维和法治方式反对腐败良好形象,具有重要的保障意义。

依据《监察法》规定,设区的市级以下监察机关采取留置措施,应当报上一级监察机关批准。省级监察机关采取留置措施,应当报国家监察委员会备案。这是对监察机关留置措施决定权的分层级表述。一是对于设区的市级以下监察机关,采取留置措施须报上一级监察机关批准;二是省级监察机关采取留置措施,须报国家监察委员会备案。这样规定类似于传统上检察机关办理自侦案件审查决定逮捕的模式,即《人民检察院刑事诉讼规则(试行)》第三百二十七条规定,省级以下(不含省级)人民检察院直接受理立案侦查的案件,需要逮捕犯罪嫌疑人的,应当报请上一级人民检察院审查决定。对监察机关采取留置措施留置限定报请上级监察机关批准或者备案,可以有效地利用上级监察机关较高的监察业务能力,避免下级监察机关错误适用留置措施,同时能够避免同体监督弊端,提高留置措施适用的公信力和权威性。这既体现出

---

① 参见中共中央纪律检查委员会、国家监察委员会法规室编写:《〈中华人民共和国监察法〉释义》,中国方正出版社 2018 年版,第 197—199 页。

严格慎重适用留置措施,防止留置权滥用侵害权利的立法目的,同时也是对"中华人民共和国监察委员会领导地方各级监察委员会的工作,上级监察委员会领导下级监察委员会的工作"监察领导体制的契合,有助于监察机关建立完备的领导监督制约工作体系。

三、适用留置措施时限的相关规定

依据《监察法》规定,留置时间不得超过三个月。在特殊情况下,可以延长一次,延长时间不得超过三个月。关于留置措施的时限,首先,由于这一措施属于预防性措施的范畴,不具有惩罚性,因此在期限设定模式上应当采取最长期限限制下的根据调查需要调整模式,即立法中仅规定留置可以持续的最长期限,具体被留置对象需要留置的时间,由监察机关根据调查需要和被留置对象情况的变更适时调整。其次,对于腐败行为的调查需要强有力的调查措施为保障,针对腐败行为调查取证难度大,被调查对象反调查能力强的现实情况,对于留置措施的期限设置应当以满足调查需要为限。不能过长,否则可能对公民基本权利限制过重,但也不能过短,否则无法发挥留置措施的制度预设功能。

根据本条规定:(1)留置时间不得超过三个月。在特殊情况下,留置措施可以延长一次,且延长时间不得超过三个月。省级以下监察机关采取留置措施的,延长留置时间应当报上一级监察机关批准。对于留置的时限,应当结合监察机关办案实践情况和既有相关规定综合考虑,既不能过短影响监察机关执法办案工作,也不能过长影响被调查人的人身自由和工作生活。根据《中国共产党纪律检查机关监督执纪工作规则(试行)》第二十八条规定,审查组可以依照相关法律法规,经审批对相关人员进行调查谈话,查阅、复制有关文件资料,查询有关信息,暂扣、封存、冻结涉案款物,提请有关机关采取技术调查、限制出境等措施。审查时间不得超过 90 日。在特殊情况下,经上一级纪检机关批准,可以延长一次,延长时间不得超过 90 日。需要提请有关机关协助的,由案件监督管理部门统一办理手续,并随时核对情况,防止擅自扩大范围、延长时限。另外,《刑事诉讼法》第七十七条规定:"监视居住最长不得超过六个月。"综合而论,设置不超过三个月的常规留置期,并针对特殊情形,允许延长一次不超过三个月的期限,能够发挥留置措施的立法功能。在监察实践中,监察机关必须严格遵守留置时限规定,注意以下几点:一是三个月是一次留置的最长时限,而非确定时限。确定时限应当结合具体案件及查办情况来定,并非每次决定留置措施都"顶格用满"三个月,避免"不超过"形同虚设。二是严格把握延长,并非所有案件不加区别一概适用延长,首先应当符合"特殊情况"条件,对此,可根据留置措施适用条件和具体案情,把握被调查人涉嫌贪污贿赂等职务违法犯罪的程度,涉及案情的重大复杂程度,自杀、逃跑、串供或者伪造、隐匿、毁灭证据等妨碍调查的可能性等;其次,省级以下监察机关采取留置措施的,延长留置时间应当报上一级监察机关批准;最后,留置措施可以延长以一次为限,且延长时间不得超过三个月。(2)监察机关发现采取留置措施不当的,应当及时解除。实事求是、有错必纠,是我党一贯坚持的工作原则和作风。留置措施对公民人身自由产生较大影响,因此须保证适用准确。如果出现留置措施不当,监察机关应当主动承担自我纠错职责,及时解除该项措施。本项规定意味着监察机关在采取了留置措施后,并不"一劳永逸",而是仍应当对留置措施的合法性负责,决不能将错就错、一错到底,否则既不利于对被调查人的权益保障,也有损留置措施的正当性,进而影响监察机关依法开展监察工作的公信力和权威。

四、适用留置措施公安机关的协助配合

监察机关调查措施的实施,实践中往往需要相关单位的协助配合。对此,《监察法》第四条规定了"监察机关在工作中需要协助的,有关机关和单位应当根据监察机关的要求依法予以协助。"作为监察机关的一项具有强制性的调查措施,留置直接指向被调查人的人身自由,在采取留置措施时,为确保及时有效实施该项措施,并防止发生意外。考虑到被留置对象在调查结束后有可能被移送审查追诉,部分腐败行为情节严重的被留置对象在被采取留置措施时可能采取反抗或者逃避留置执行的行为。监察机关采取留置措施时,可以根据工作需要提请公安机关配合。而公安机关是人民民主专政的重要工具,人民警察是武装性质的国家治安性质力量,且具有最常规、最有力的刑事案件侦查力量,长期以来,在纪检监察机关查办案件过程中,公安机关协助开

展相关工作也是常态。当监察机关采取留置措施时,可以根据工作需要提请公安机关配合。公安机关应当依法予以协助。

下图为基层监察机关留置措施流程图。

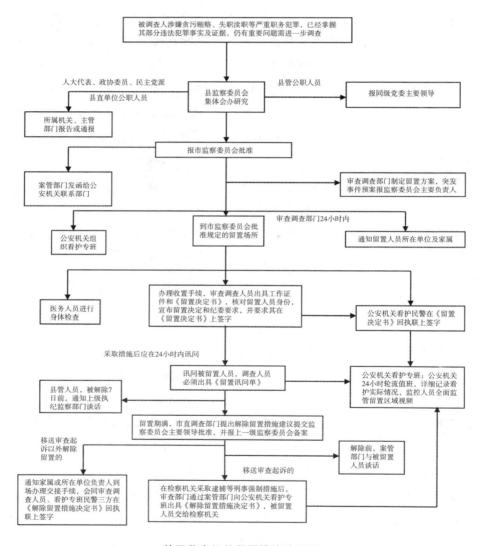

基层监察机关留置措施流程图

第十节　留置措施实施及刑期折抵

《监察法》第四十四条规定:"对被调查人采取留置措施后,应当在二十四小时以内,通知被留置人员所在单位和家属,但有可能毁灭、伪造证据,干扰证人作证或者串供等有碍调查情形的除外。有碍调查的情形消失后,应当立即通知被留置人员所在单位和家属。监察机关应当保障被留置人员的饮食、休息和安全,提供医疗服务。讯问被留置人员应当合理安排讯问时间和时长,讯问笔录由被讯问人阅看后签名。被留置人员涉嫌犯罪移送司法机关后,被依法判处管制、拘役和有期徒刑的,留置一日折抵管制二日,折抵拘役、有期徒刑一日。"这是关于留置期间监察机关工作要求,以及被留置人合法权益保障的规定,主要目的是规范留置期间监察机关的调查取证工作,促进留置措施的规范化、法治化,保障被留置人的合法权益。

一、留置措施实施及刑期折抵的法律含义

留置措施实施及刑期折抵的主要内容包括三个要件:第一,规定了通知被留置人所在单位和家属。采取留置措施后,被留置人与外界失去联系,如果监察机关不通知被留置人所在单位和家属,他们可能会误以为被留置人已经失踪或死亡,引起不必要的猜测,因此,除通知有碍调查的以外,监察机关应当在采取留置措施后二十四小时以内,通知被留置人所在单位和家属。通知是原则,不通知是例外。有碍调查的情形消失以后,监察机关应当立即通知被留置人所在单位和家属。第二,规定了被留置人员的权利保障。留置期间,监察机关应当保障被留置人的饮食、休息和安全,对患有疾病或者身体不适的,应当及时提供医疗服务,这既是保障被留置人的合法权益,也有利于保证调查工作的顺利进行。第三,规定了刑期折抵。具体的折抵规则是,涉嫌犯罪的被留置人移送司法机关后,被依法判处管制、拘役或者有期徒刑的,留置一日折抵管制的刑期二日,折抵拘役、有期徒刑的刑期一日。

总体上看,监察法关于留置期间被留置人的权利保障问题与刑事诉讼法相比,有三大明显进步:一是留置比侦查羁押的期限大大缩短。留置最长期限为六个月,而单个罪名的侦查羁押期限可达七个月,发现漏罪可再按此重新计算侦查期限,在刑事诉讼实践中对人身自由的限制时限可能达到二十个月以上。二是留置条件极大改善。根据国家监察体制改革先行试点省市的做法,被留置人员一般单独安排居住,不上戒具,有标准化的留置室、医疗和饮食起居保障。而现行刑事诉讼中,原则上采取混押,可以上戒具。三是对办案的监督措施更加完善。《监察法》规定,调查人员进行讯问以及搜查、查封、扣押等重要取证工作时,应当全程录音录像,留存备查。而《刑事诉讼法》第一百二十一条规定,侦查人员在讯问犯罪嫌疑人的时候,可以对讯问过程进行录音或者录像;对于可能判处无期徒刑、死刑的案件或者其他重大犯罪案件,应当对讯问过程进行录音或者录像。[1]

二、采取留置措施后通知所在单位和家属

根据《监察法》的规定,采取留置措施后,除有可能毁灭、伪造证据,干扰证人作证或者串供等有碍调查情形的,应当在二十四小时以内,通知被留置人员所在单位和家属。

在刑事诉讼中,对人身自由带来限制的强制措施,多有通知家属或所在单位的规定。如,根据《刑事诉讼法》第七十三条规定,指定居所监视居住的,除无法通知的以外,应当在执行监视居住后二十四小时以内,通知被监视居住人的家属。根据第八十三条规定,拘留后,应当立即将被拘留人送看守所羁押,至迟不得超过二十四小时。除无法通知或者涉嫌危害国家安全犯罪、恐怖活动犯罪通知可能有碍侦查的情形以外,应当在拘留后二十四小时以内,通知被拘留人的家属。有碍侦查的情形消失以后,应当立即通知被拘留人的家属。根据第九十一条规定,逮捕后,应当立即将被逮捕人送看守所羁押。除无法通知的以外,应当在逮捕后二十四小时以内,通知被逮捕人的家属。另外,根据

[1] 参见中共中央纪律检查委员会、国家监察委员会法规室编写:《〈中华人民共和国监察法〉释义》,中国方正出版社2018年版,第200—203页。

第四十二条规定:"辩护人或者其他任何人,不得帮助犯罪嫌疑人、被告人隐匿、毁灭、伪造证据或者串供,不得威胁、引诱证人作伪证以及进行其他干扰司法机关诉讼活动的行为。违反前款规定的,应当依法追究法律责任,辩护人涉嫌犯罪的,应当由办理辩护人所承办案件的侦查机关以外的侦查机关办理。辩护人是律师的,应当及时通知其所在的律师事务所或者所属的律师协会。"

《监察法》合理吸收和拓展了《刑事诉讼法》的相关规定,由于留置措施的适用,不仅限制被留置人员的人身自由,同时也对被留置人员的工作和生活造成影响。因此,通常情况下,为保证被留置人员家属的知情权,监察机关在采取留置措施后,应当及时通知其家属。另外,由于监察机关查办案件为职务违法犯罪,因此也应当及时通知被留置人所在单位。通知时间则限定为采取留置措施后二十四小时内。当然,通过上述《刑事诉讼法》规定可见,并非所有案件在所有情形下均应当在采取强制措施后二十四小时内通知家属。对于特定类型的案件或者出现可能有碍侦查的情形时,如果通知或过早通知家属,将对案件侦查工作带来严重损害,不利于惩罚犯罪。在刑事案件尤其是腐败案件中,被调查人以及相关利害关系人经常采取上述手段对抗组织调查、阻碍案件查办,以达到逃避追究和处理的目的。因此,对于监察机关查办案件采取留置措施,也应当考虑到特殊情形。根据该条规定,不在采取留置措施后的二十四小时内通知的情形为"有可能毁灭、伪造证据,干扰证人作证或者串供等有碍调查"。其中,毁灭证据是指将证据毁坏、涂抹、砸碎、撕碎、抛弃或者使用其他方法让其灭失或者不能再作为证据使用、丧失证明作用的行为;伪造证据是指制作虚假的证据载体或证据信息,如补开假的单据、证明、篡改账目,甚至直接制作并不存在的物证、书证等行为;干扰证人作证是指以暴力、威胁、引诱等手段,指使或影响了解真相的证人不提供证言或提供错误证言,或让不了解案件情况的人提供虚假证言的行为;串供是指与同案人或者证人建立"攻守同盟",串通口径应对办案机关侦查或调查的行为。另外,出现其他有待调查的情形,也属于"二十四小时内通知"的例外情形。在《监察法》一审稿中,"通知例外"情形的条件表述为"除有碍调查",通知的对象为"所在单位或家属"。《监察法》最终细化了相关限制性规定,并扩大了通知的对象,进一步体现防止权力滥用,保障公民权利的立法价值。

三、被留置人员的权利保障

依据《监察法》规定,保障被留置人员的饮食、休息和安全,提供医疗服务。讯问被留置人员应当合理安排讯问时间和时长,讯问笔录由被讯问人阅看后签名。2012 年《刑事诉讼法》对于传唤、拘传的相关内容进行了修订。其中特别增加规定"传唤、拘传犯罪嫌疑人,应当保证犯罪嫌疑人的饮食和必要的休息时间。"①这主要是针对在过去的司法实践中,有的侦查机关及其办案人员,往往因时间紧迫而采取连续传唤、拘传的形式变相拘禁犯罪嫌疑人,进而采取疲劳审讯甚至不保证犯罪嫌疑人必要饮食、休息和日常生活需求的办法进行办案。这样的做法既严重侵害了犯罪嫌疑人的合法权益,同时也由于滋生或伴随刑讯逼供等而造成冤假错案问题,并在根本意义上违背刑事诉讼无罪推定原则和给予嫌疑人人道待遇的刑事司法准则。

对于监察机关查办案件而言,被留置人员作为调查对象,同样受无罪推定原则的保护,也应当享有公民最基本的人道待遇和权益。因此在留置期间,除必要的人身自由限制措施之外,对其基本权利应当给予必要的保障,尤其是基本的生活待遇应当进行全面保障。监察机关应当保障被留置人员的饮食、休息,提供医疗服务。另外,人身安全也是最基本的权利,因此留置还要保障人身安全,监察机关应当承担安全保障的义务和责任。《监察法》设置保障被留置人员安全的内容和相关法律责任。对于被留置人员的讯问,也应当体现上述人道、安全理念,讯问被留置人员应当合理安排讯问时间和时长,杜绝出现疲劳审讯等不人道、不文明、不安全办案。

讯问笔录是言词证据的重要载体,为保证讯问笔录的真实可靠,一方面需要对讯问方式等进行明确规定,特别是明确禁止以刑讯逼供等非法方法获取证据,以及对于非法获取的证据予以排除,不得作为定案处置的依据。另一方面,还需要对讯问笔录的形成制作过程进行规范,既保证讯问工作的

---

① 《刑事诉讼法》第一百一十七条规定:"对不需要逮捕、拘留的犯罪嫌疑人,可以传唤到犯罪嫌疑人所在市、县内的指定地点或者到他的住处进行讯问,但是应当出示人民检察院或者公安机关的证明文件。对在现场发现的犯罪嫌疑人,经出示工作证件,可以口头传唤,但应当在讯问笔录中注明。传唤、拘传持续的时间不得超过十二小时;案情特别重大、复杂,需要采取拘留、逮捕措施的,传唤、拘传持续的时间不得超过二十四小时。不得以连续传唤、拘传的形式变相拘禁犯罪嫌疑人。传唤、拘传犯罪嫌疑人,应当保证犯罪嫌疑人的饮食和必要的休息时间。"

规范化,保证笔录的客观真实性,进而有助于查明案件的真实情况,获得可靠的证据,同时也对被调查人员的权利保障。我国《刑事诉讼法》第一百二十条对此进行了相关规定,即"讯问笔录应当交犯罪嫌疑人核对,对于没有阅读能力的,应当向他宣读。如果记载有遗漏或者差错,犯罪嫌疑人可以提出补充或者改正。犯罪嫌疑人承认笔录没有错误后,应当签名或者盖章。侦查人员也应当在笔录上签名。犯罪嫌疑人请求自行书写供述的,应当准许。必要的时候,侦查人员也可以要犯罪嫌疑人亲笔书写供词。"《监察法》除在其他方面对讯问进行规定以外,本条特别规定"讯问笔录由被讯问人阅看后签名。"这有利于保障被讯问人的知情权,防止调查人员进行错误、虚假记录。

综上,被留置人同样受到无罪推定原则的保护,同样享有公民的基本权利,在留置期间,除必要的人身自由限制措施之外,监察机关采取留置措施以及讯问,都应当承担保障被留置人员基本权利的职责。《监察法》第六十五条,还特别将"违反规定发生办案安全事故,或者发生安全事故后隐瞒不报、报告失实、处置不当的"规定为法律责任的情形之一,即监察机关及其工作人员有该行为的,对负有责任的领导人员和直接责任人员依法给予处理。

四、被留置期限折抵刑期

依据《监察法》规定,被留置人员涉嫌犯罪移送司法机关后,被依法判处管制、拘役和有期徒刑的,留置期限应当折抵刑期。我国《刑法》第四十一条、第四十四条、第四十七条对拘留、逮捕的期限折抵管制、拘役、有期徒刑的刑期作了规定,即"管制的刑期,从判决执行之日起计算;判决执行以前先行羁押的,羁押一日折抵刑期二日"、"拘役的刑期,从判决执行之日起计算;判决执行以前先行羁押的,羁押一日折抵刑期一日"、"有期徒刑的刑期,从判决执行之日起计算;判决执行以前先行羁押的,羁押一日折抵刑期一日"。这主要是考虑到拘留逮捕羁押措施本身不属于刑罚处罚,而只是为了保障诉讼顺利进行采取的对人身自由的限制或者剥夺措施。因此在判处刑罚之前,对罪犯人身自由的先期剥夺或限制,应当在承担的刑罚中予以折抵。2012 年《刑事诉讼法》修订,第七十四条对指定居所监视居住折抵期限及具体标准进行了规定,即"指定居所监视居住的期限应当折抵刑期。被判处管制的,监视居住一日折抵刑期一日;被判处拘役、有期徒刑的,监视居住二日折抵刑期一日。"这主要是考虑到,指定居所监视居住有别于羁押措施,其对于公民人身自由的限制和剥夺方式、程度以及在执行中的处遇不同。但是,比一般的监视居住和取保候审更强。相比刑罚而言,指定居所监视居住与管制的强度相似,但低于拘役、有期徒刑。

对于监察机关采取的留置措施,首先,留置措施和刑事诉讼强制措施一样,只是为了保障案件查办工作的顺利进行,本身没有惩罚性。其次,被留置人员在被依法最终处理之前,都还只是处于被调查状态,即使是涉嫌职务犯罪,那么刑事诉讼无罪推定原则对其也适用。最后,留置措施对人身自由同样构成限制,对工作、生活同样造成影响。并且留置对人身自由造成影响的方式、程度和执行中的处遇,要比指定居所监视居住更加严重,而与拘留、逮捕比较类似。因此,被留置人员涉嫌犯罪移送司法机关后,被依法判处管制、拘役和有期徒刑的,留置期限应当与刑期相折抵。具体的折抵标准为留置一日折抵管制二日,折抵拘役、有期徒刑一日。根据刑法规定的计算方法,管制、拘役、有期徒刑的刑期,从判决执行之日起计算,即判决开始执行的当日起计算,当日包括在刑期之内。判决执行之日,是指罪犯被送交监狱或者其他执行机关执行刑罚之日,而不是判决生效的日期。对于虽然已经作出有罪判决,但是犯罪分子尚未交付监狱或者其他执行机关执行的,还不能算判决执行之日,不能开始计算刑期。

第十一节　监察处置结果

《监察法》第四十五条规定:"监察机关根据监督、调查结果,依法作出如下处置:(一)对有职务违法行为但情节较轻的公职人员,按照管理权限,直接或者委托有关机关、人员,进行谈话提醒、批评教育、责令检查,或者予以诚勉;(二)对违法的公职人员依照法定程序作出警告、记过、记大过、降级、撤职、开除等政务处分决定;(三)对不履行或者不正确履行职责负有责任的领导人员,按照管理权限对其直接作出问责决定,或者向有权作出问责决定的机关提出问责建议;(四)对涉嫌职务犯罪的,监察机关经调查认为犯罪事实清楚,证据确实、充分的,制作起诉意见书,连同案卷材料、证据一并移送人民检察院依法审查,提起公诉;(五)对监察对象所在单位廉政建设和履行职责存在的问题等提出监察建议。监察机关经调查,对没有证据证明被调查人存在违法犯罪行为的,应当撤销案件,并通知被调查人所在单位。"本条规定了监察机关根据监督、调查结果,依法履行处置职责的六种方式。主要目的是规范和保障监察机关的处置工作,既防止监察机关滥用处置权限,也保证监察机关依法履行处置职责。

一、监察处置结果的法律含义

监察处置结果是指监察机关根据监督、调查结果,依法作出不同处置。监察机关各项职能的发挥,既有赖于法律赋予权限的充分行使,更在于根据监督、调查的情形而最终作出的处置结果。离开最终的处置结果,国家监察权的设立初衷就无法最终实现,监察法的立法目的也将落空。本条款的关键词是"根据监督、调查结果"和"依法处置",蕴含着以事实为根据、以法律为准绳的法治原则。

《监察法》将处置结果分为五项。第一项规定了"红红脸、出出汗"。所谓"红红脸、出出汗",是指根据党内监督必须把纪律挺在前面,运用监督执纪"四种形态"不断净化政治生态的精神,对有职务违法行为但情节较轻的公职人员,可以免于处分,而是代之以谈话提醒、批评教育、责令检查,或者予以诫勉等相对更轻的处理。第二项规定了政务处分。对职务违法的公职人员,监察机关应当依法作出政务处分决定。在统一的公职人员政务处分规定出台以前,对不同的公职人员,监察机关可以参照现行有关处分规定进行政务处分,如公务员有《公务员法》、行政机关公务员等有《行政机关公务员处分条例》、事业单位工作人员有《事业单位工作人员处分暂行规定》等。监察机关给予公职人员政务处分,应当坚持实事求是和惩前毖后、治病救人的原则;应当做到事实清楚、证据确凿、定性准确、处理恰当、程序合法、手续完备;应当使公职人员所受的政务处分与其职务违法行为的性质、情节、危害程度相适应。第三项规定了问责。问责的主体是监察机关，或者有权作出问责决定的机关。问责的对象是负有责任的领导人员，而不是一般工作人员，以突出领导干部这个"关键少数"；也不是有关单位，因为监察对象是行使公权力的公职人员，而不包括其所在单位。问责的情形是领导人员不履行职责或不正确履行职责，如管理失之于宽松软，该发现问题没有发现，发现问题不报告不处置，造成严重后果的；推进廉政建设和反腐败工作不坚决、不扎实，管辖范围内腐败蔓延势头没有得到有效遏制，损害群众利益的不正之风和腐败问题突出等。问责的方式是，监察机关按照管理权限直接作出通报、诫勉、组织调整或组织处理、处分等问责决定，或者向有权作出问责决定的机关提出问责建议。第四项规定了移送起诉。移送的主体是有管辖权的监察机关，包括接受指定管辖的监察机关；移送的对象是涉嫌职务犯罪的被调查人，以及监察机关制作的起诉意见书、案卷材料、证据等；移送的条件是经调查认为犯罪事实清楚，证据确实充分的；接受移送的主体是检察机关。对监察机关移送的案件，应由检察机关作为公诉机关直接依法审查、提起公诉，具体工作由现有公诉部门负责，不需要检察机关再进行立案。第五项规定了提出监察建议。监察建议是指监察机关依法根据监督、调查结果，针对监察对象所在单位廉政建设和履行职责存在的问题等，向相关单位和人员就其职责范围内的事项提出的具有一定法律效力的建议。这里所说的"具有一定的法律效力"，是指监察建议的相对人无正当理由必须履行监察建议要求其履行的义务，否则，就应当承担相应的法律责任。因此，监察建议不同于一般的工作建议。一般来说，监察机关遇有下列情形时，可以提出监察建议：拒不执行法律、法规或者违反法律、法规，应当予以纠正的；有关单位作出的决定、命令、指示违反法律、法规或者国家政策，应当予以纠正或者撤销的；给国家利益、集体利益和公民合法权益造成损害，需要采取补救措施的；录用、任免、奖惩决定明显不适当，应当予以纠正的；依照有关法律、法规的规定，应当给予处罚的；需要完善廉政建设制度的；等等。此外，监察机关在调查过程中发现立案依据失实，或者没有证据证明存在违法犯罪行为，不应对被调查人追究法律责任的，应当及时终止调查，决定撤销案件，并将撤销案件的原因和决定通知被调查人及其所在单位，并在一定范围内为被调查人予以澄清。对此作出明确规定，对于保护公职人员的合法权利，及时终止错误或者不当的调查行为,是十分必要的。①

对于"监督、调查结果",要严把证据关,牢固树立证据意识,客观全面地收集、审查证据。执法过程中对事实的认定必须以证据为基础,离开证据就没有所谓的"事实"。因此,监察机关在办理职务违法犯罪案件中,要坚持基本事实清楚,基本证据确凿,坚持不偏不倚、客观公正、实事求是。特别是在处置环节上,既不能搞有罪推定,也不能简单搬用"疑罪从无",要在事实清楚、证据确凿上下功夫。在对"依法处置"的理解上,就是要严把法律适用关。法律是监察机关行使职权的依据,也是作出判断的准则。执法实践中,公然违反法律,枉法处置现象虽然鲜见,但因法律水平不高而导致的错误理解和错误适用法律的情况时有发生。因此,监察机关和监察人员要努力提高遵守法律的自觉性,努力提高法律水平,严格把好法律适用关,实现依法处置上的公平正义。

二、对有职务违法行为但情节较轻的公职人员的处置

针对"有职务违法行为但情节较轻的公职人员"的处理机制,是按照管理权限,直接或者委托有关机关、人员,进行谈话提醒、批评教育、责令检查,或者予以诫勉。总体而言,这些处置主要来自当前党纪监督处理中"四种形态"中的"第一种形态",其价值在于对于苗头性、倾向性的问题,尽早发现、尽早纠正。2016年10月发布的《中国共产党党内监督条例》第二十一条规定:"坚持党内谈话制度,认真开展提醒谈话、诫勉谈话。发现领导干部有思想、作风、纪律等方面苗头性、倾向性问题的,有关党组织负责人应当及时对其提醒谈话;发现轻微违纪问题的,上级党组织负责人应当对其诫勉谈话,并由本人作出说明或者检讨,经所在党组织主要负责人签字后报上级纪委和组织部门。"本项规定的处置措施主要借鉴了《中国共产党纪律检查机关监督执纪工作规则(试行)》第二十一条关于以采取谈话函询方式处置问题线索以及第二十四条

---

① 参见中共中央纪律检查委员会、国家监察委员会法规室编写:《〈中华人民共和国监察法〉释义》,中国方正出版社2018年版,第205—208页。

关于初核后处理等相关规定。① 谈话提醒,指在党内监督中发现党员、干部有思想、作风、纪律等方面的苗头性、倾向性问题或接到对党员、干部一般性违纪问题的反映,及时对其提醒谈话,将问题制止、解决在萌芽状态,让党员、干部做到"有则改之,无则加勉",旨在"敲响警钟、防微杜渐"。批评教育,通常是指口头的形式指出对象的错误及其危害性,找出犯错误的根源,以使其从中吸取教训不再犯错。责令检查,通常是指责令调查对象以书面形式就所犯错误及其原因以及将来改正错误的办法作出深刻认识和表态。相比批评教育,责令检查更加严肃。予以诫勉,即进行诫勉谈话,诫勉谈话作为组织处理方式之一,是落实监督执纪"四种形态"、把纪律挺在前面的具体措施,发挥着咬耳扯袖、红脸出汗的作用,体现严管就是厚爱、抓早抓小的精神。它不仅适用于党员领导干部,也适用于一般党员干部,根据《中国共产党党内监督条例》等法规,党组织发现党员领导干部有轻微违纪问题的,应当对其进行诫勉谈话,并由本人作出说明或检讨。

三、对违法的公职人员依照法定程序作出政务处分决定

本项是针对违法的公职人员,依据法定程序所作出的政务处分决定。相比上一项,本项针对的是违法情节相对较重、需要给予政务处分的人员,措施包括警告、记过、记大过、降级、撤职和开除等,具体措施要根据被调查人员违法性质和情节严重来定。根据《公务员法》规定:(1)警告,即对违反行政纪律的行为主体提出告诫,使之认识应负的行政责任,以便加以警惕,使其注意并改正错误,不再犯此类错误。这种处分适用于违反行政纪律行为轻微的人员。(2)记过,即记载或者登记过错,以示惩处之意。这种处分,适用于违反行政纪律行为比较轻微的人员。(3)记大过,即记载或登记较大或较严重的过错,

---

① 《中国共产党纪律检查机关监督执纪工作规则(试行)》第二十一条规定:谈话函询工作应当在谈话结束或者收到函询回复后30日内办结,由承办部门写出情况报告和处置意见后报批。根据不同情形作出相应处理:(一)反映不实,或者没有证据证明存在问题的,予以了结澄清;(二)问题轻微,不需要追究党纪责任的,采取谈话提醒、批评教育、责令检查、诫勉谈话等方式处理;(三)反映问题比较具体,但被反映人予以否认,或者说明存在明显问题的,应当再次谈话函询或者进行初步核实。谈话函询材料应当存入个人廉政档案。第二十四条第二款规定:承办部门应当综合分析初核情况,按照拟立案审查、予以了结、谈话提醒、暂存待查,或者移送有关党组织处理等方式提出处置建议。

以示严重惩处的意思。这种处分,适用于违反行政纪律行为比较严重,给国家和人民造成一定损失的人员。(4)降级,即降低其工资等级。这种处分,适用于违反行政纪律,使国家和人民的利益受一定损失,但仍然可以继续担任现任职务的人员。(5)撤职,即撤销现任职务。这种处分适用于违反行政纪律行为严重,已不适宜担任现任职务的人员。(6)开除,即取消其公职。这种处分适用于犯有严重错误已丧失国家工作人员基本条件的人员。

四、对负有责任的领导人员直接作出问责决定,向有权作出问责决定的机关提出问责建议

针对不履行或者不正确履责情形的处置方式包括两种:一是按照管理权限,对负有责任的领导人员作出的直接问责决定;二是向有权作出问责决定的机关提出问责建议。问责即追究政府官员的责任,意即权责对等。在全面深化改革的关键时期,大力推进党政问责,努力建设责任政府,让政府及其官员为其权力负起责任来,全面提升公共治理的绩效,提高公共服务和决策管理水平,是现代民主政治的基本要求,是推进全面从严治党的关键内容,也是全面建设法治国家的应有之义,更是推进国家治理体系和治理能力现代化的重要途径。

根据2016年《中国共产党问责条例》规定,党组织和党的领导干部有失职失责的情形,造成严重后果或者影响恶劣的,要进行严肃问责,包括六种情况①,对党组织的问责方式包括:(1)检查。对履行职责不力、情节较轻的,应当责令

---

① 一是党的领导弱化,党的理论和路线方针政策、党中央的决策部署没有得到有效贯彻落实,在推进经济建设、政治建设、文化建设、社会建设、生态文明建设中,或者在处置本地区本部门本单位发生的重大问题中领导不力,出现重大失误,给党的事业和人民利益造成严重损失,产生恶劣影响的;二是党的建设缺失,党内政治生活不正常,组织生活不健全,党组织软弱涣散,党性教育特别是理想信念宗旨教育薄弱,中央八项规定精神不落实,作风建设流于形式,干部选拔任用工作中问题突出,党内和群众反映强烈,损害党的形象,削弱党执政的政治基础的;三是全面从严治党不力,主体责任、监督责任落实不到位,管党治党失之于宽松软,好人主义盛行、搞一团和气,不负责、不担当,党内监督乏力,该发现的问题没有发现,发现问题不报告不处置、不整改不问责,造成严重后果的;四是维护党的政治纪律、组织纪律、廉洁纪律、群众纪律、工作纪律、生活纪律不力,导致违规违纪行为多发,特别是维护政治纪律和政治规矩失职,管辖范围内有令不行、有禁不止,团团伙伙、拉帮结派问题严重,造成恶劣影响的;五是推进党风廉政建设和反腐败工作不坚决、不扎实,管辖范围内腐败蔓延势头没有得到有效遏制,损害群众利益的不正之风和腐败问题突出的;六是其他应当问责的失职失责情形。

其作出书面检查并切实整改。(2)通报。对履行职责不力、情节较重的,应当责令整改,并在一定范围内通报。(3)改组。对失职失责,严重违反党的纪律、本身又不能纠正的,应当予以改组。对党的领导干部的问责方式包括:(1)通报。对履行职责不力的,应当严肃批评,依规整改,并在一定范围内通报。(2)诫勉。对失职失责、情节较轻的,应当以谈话或者书面方式进行诫勉。(3)组织调整或者组织处理。对失职失责、情节较重,不适宜担任现职的,应当根据情况采取停职检查、调整职务、责令辞职、降职、免职等措施。(4)纪律处分。对失职失责应当给予纪律处分的,依照《中国共产党纪律处分条例》追究纪律责任。上述问责方式,可以单独使用,也可以合并使用。问责决定应当由党中央或者有管理权限的党组织作出。其中对党的领导干部,纪委(纪检组)、党的工作部门有权采取通报、诫勉方式进行问责;提出组织调整或者组织处理的建议;采取纪律处分方式问责,按照党章和有关党内法规规定的权限和程序执行。

五、对被调查人涉嫌职务犯罪案件,移送人民检察院,依法提起公诉

针对监察机关监督、调查后认定的最为严重的情形,即被调查人涉嫌了职务犯罪而将其移送人民检察院依法提起公诉。根据本项规定,主要有以下几个方面内容:(1)被调查人的行为涉嫌了职务犯罪,且监察机关认为犯罪事实清楚,证据确实、充分。按照《刑事诉讼法》的规定,公诉案件中被告人有罪的举证责任由人民检察院承担。侦查终结、提起公诉以及判处被告人有罪的证明标准为"案件(犯罪)事实清楚,证据确实、充分"。《监察法》第四十七条也规定,对监察机关移送的案件,人民检察院认为犯罪事实已经查清,证据确实、充分,依法应当追究刑事责任的,应当作出起诉决定。由此可见,监察机关经过监督、调查,如果认为被调查人的行为构成职务犯罪且符合起诉条件,则应当移送人民检察院依法提起公诉。(2)移送起诉的具体要求还包括制作起诉意见书,并连同案卷材料、证据一并移送。其中起诉意见书,是指监察机关调查终结后认为被调查人构成犯罪,而依法向人民检察院提出的追究被调查人刑事责任的法律文书;案卷材料、证据包括监察机关查办案件所用的各种手续、文书和调查获取的证据。这些都是在案件移送后,人民检察院进行审查起诉的对象和内容,因而需要一并移送。

六、提出监察建议和依法撤销案件

针对监察机关在监督、调查案件过程中,发现的监察对象所在单位廉政建设和履行职责存在的问题作出的处置。监察机关查办案件的过程,往往不仅能够查出被调查人违法犯罪问题,而且还能发现相关单位廉政建设和履行职责中存在的直接或根本性的弊端,因此,充分发挥并广泛应用监察建议,是监察机关履行"开展廉政建设和反腐败工作"的一项重要手段,对于推动建立反腐败长效机制,具有重大的现实意义。

在案件查办过程中,随着调查的不断深入,可能发现并没有违法犯罪行为,那么此时,监察机关应当及时撤销案件。从实体上看,撤销案件的根据是没有证据证明存在违法犯罪行为,此时因缺乏继续调查、处置的事实依据,本着实事求是的原则和客观公允的态度,监察机关应当撤销案件。从程序设计看,在《监察法》规定一系列监督、调查追究责任的程序中,加上使案件终止的撤销程序,体现出"有进有出"的完备程序体系。而且,及时撤销案件对于被调查人及相关单位、人员而言,也意味着尽早摆脱被调查的不利处境,尽快获得客观公允的法律评价,获得自由、尊严的恢复。

总体而言,《监察法》处置结果的规定与党的十八届六中全会通过的《中国共产党党内监督条例》中的党内监督必须把纪律挺在前面,运用监督执纪"四种形态"的要求高度契合,即经常开展批评和自我批评、约谈函询,让"红红脸、出出汗"成为常态;党纪轻处分、组织调整的成为违纪处理的大多数;党纪重处分、重大职务调整的成为少数;严重违纪涉嫌违法立案审查的成为极少数。"四种形态"是对党的十八大以来党风廉政建设实践经验的科学总结,是把纪律和规矩挺在前面的具体体现,反映了以习近平同志为核心的党中央对管党治党规律的深刻把握。

第十二节　违法所得处置

《监察法》第四十六条规定:"监察机关经调查,对违法取得的财物,依法予以没收、追缴或者责令退赔;对涉嫌犯罪取得的财物,应当随案移送人民检察院。"这是关于涉案财物如何处置的规定,目的是规范监察机关对涉案财物的处理工作。

一、违法所得处置的法律含义

监察机关查办腐败案件,不仅要依法追究相关人员的法律责任,同时也不能放松对涉案财物的处理。挽回腐败分子给国家造成的损失,其实是一场"协同作战"。

违法所得处置主要包括两个方面内容:一是没收、追缴或者责令退赔。对被调查人违法取得的财物,监察机关可以依法予以没收、追缴或者责令退赔,目的是防止职务违法的公职人员在经济上获得不正当利益,挽回职务违法行为给国家财产、集体财产和公民个人的合法财产造成的损失。"没收",是指将违法取得的财物强制收归国有的行为,没收的财物一律上缴国库。"追缴",是指将违法取得的财物予以追回的行为,追缴的财物退回原所有人或者原持有人;依法不应退回的,上缴国库。"责令退赔",是指责令违法的公职人员将违法取得的财物予以归还,或者违法取得的财物已经被消耗、毁损的,用与之价值相当的财物予以赔偿的行为。责令退赔的财物直接退赔原所有人或者原持有人,无法退赔的,应当上缴国库。二是随案移送。对被调查人涉嫌犯罪取得的财物,监察机关应当在移送检察机关依法提起公诉时随案移送,以保证检察机关顺利开展审查起诉工作。对随案移送检察机关的财物,监察机关要制作移送登记表。与检察机关办理交接手续时,双方应当逐笔核对财物情况以及相对应的犯罪事实,做到心中有数。

需要注意的是,在法院依法作出判决后,检察机关应将未认定的涉案财物退回监察机关,监察机关应当视情况作出相应处理,对违法取得的财物,可以依法予以没收、追缴或者责令退赔;对被调查人的合法财物,将原财物予以归还,原财物被消耗、毁损的,用与之价值相当的财物予以赔偿。[①]

二、违法所得处置及其类型和方式

涉案款物的类型。在反腐实践中,虽然违纪违法情节和贪腐数额都不尽

---

① 参见中共中央纪律检查委员会、国家监察委员会法规室编写:《〈中华人民共和国监察法〉释义》,中国方正出版社 2018 年版,第 209—210 页。

相同,但是总体而言,违纪违法所得可以分为两种情况:一种是犯罪所得,就是案件经过司法程序,最终被法院判决认定是实施犯罪所获得的财物,由法院依法上缴国库;另一种是违纪所得,是指不构成犯罪,但被纪检监察机关认定为违反党纪政纪行为,实施该行为所获得的财物,这一部分由纪检监察机关收缴并上缴国库。

涉案款物暂扣后的处理。在查办腐败案件的过程中,涉案款物只是被纪检监察机关"暂扣","暂"即表示"暂时"、"暂且",那么接下来这些被扣的涉案款物将被作何处理,一种是属于涉嫌犯罪所得的,案件移交司法机关的同时,相关款物一并移交司法机关依法处理;另一种是违纪所得的,由纪检监察机关依纪收缴,上缴国库;再有经调查不属于涉案款物的,及时予以退还。

纪检监察机关处理违纪违法所得的涉案款物的依据:纪检监察机关处理违纪所得需要"循规蹈矩"和"量体裁衣"。"循"和"蹈"的规矩指的是:现行的党纪法规和国家法律法规,主要的依据有《中国共产党纪律处分条例》,还有《中华人民共和国行政监察法》及其实施条例、《中国共产党纪律检查机关监督执纪工作规则(试行)》等等。为了规范纪检监察机关暂扣、保管和处置涉案款物工作,中央纪委出台了《中国共产党纪律检查机关查办案件涉案款物管理暂行规定》,同时又针对中央纪委的自办案件也出台了相关的涉案款物管理规定,另外还有《监察机关没收追缴和责令退赔财物办法》等其他的相关规章制度,都对涉案款物的暂扣、保管以及处置监管进行了规范。如《中国共产党纪律检查机关监督执纪工作规则(试行)》第四十三条规定,对被审查人违纪所得款物,应当依规依纪予以没收、追缴、责令退赔或者登记上交。对涉嫌犯罪所得款物,应当随案移送司法机关。对经认定不属于违纪所得的,应当在案件审结后依纪依法予以返还,办理签收手续。根据以上规定,监察机关会"量体裁衣"对违纪所得采用三种方式处理:没收、追缴和责令退赔。第一,没收。违反规定收受的礼金、回扣、酬金等,这些钱款应当是没收的。第二,追缴。追缴的对象包括违反规定占有的公共财产,或者是应当交公而没有交公的礼品等。第三,责令退赔。责令退赔针对的是违反规定挥霍浪费国有资产。

涉案财物的最终去向。用上述三种方式处理过的违纪所得的涉案财物,还有"最后一公里"需要到达:对于没收的违法所得,应当是一律上缴国库。

对于追缴或责令退赔的款物,依法不应当退回、退赔,或者是因为客观原因不能退回、退赔的,也应当上缴国库。对于这些上缴国库的财物,如果是钱款的话,就由纪检监察机关直接上缴国库;如果是物品,就要由相关的部门通过拍卖等方式,变现以后把变价款上缴国库。

根据规定,纪检监察机关处理涉案款物的工作,有多个部门参与,这些部门是各自分工、各负其责,相互监督、相互制约。在每一个环节上都非常严密谨慎,由案件审理室提出具体处理意见,纪检监察室协同机关事务管理局负责具体办理,案件监督管理室负责全过程的监督检查。

三、对涉嫌犯罪取得的财物随案移送检察机关

对涉嫌犯罪取得财物随案移送,规范刑事诉讼涉案财物处置工作,对保证刑事诉讼顺利进行、保障当事人合法权益、确保司法公正具有重要意义。虽然我国刑法、刑事诉讼法对涉案财物处置都有规定,有关部门也出台了一些司法解释和规范性文件,但执法司法实践中涉案财物处置工作随意性大,保管不规范、移送不顺畅、信息不透明、处置不及时、救济不到位等问题突出,严重损害当事人合法权益,严重影响司法公信力。司法不公、贪赃枉法的一个突出问题就发生在刑事诉讼涉案财物处置的过程中,社会反映十分强烈。自 2012 年刑事诉讼法修订,就针对该项问题进行了重点修订,如在第二百三十四条增加规定"人民法院作出的判决,应当对查封、扣押、冻结的财物及其孳息作出处理。"另外,还有两处修订,一是根据实践需要增加了对"查封"财物及其孳息的处理;二是为了保证人民法院正确处理查封、扣押、冻结的财物及其孳息,增加应当制作清单、随案移送的规定。① 党中央对规范刑事诉讼涉案财物处置

---

① 《刑事诉讼法》第二百三十四条规定:公安机关、人民检察院和人民法院对查封、扣押、冻结的犯罪嫌疑人、被告人的财物及其孳息,应当妥善保管,以供核查,并制作清单,随案移送。任何单位和个人不得挪用或者自行处理。对被害人的合法财产,应当及时返还。对违禁品或者不宜长期保存的物品,应当依照国家有关规定处理。对作为证据使用的实物应当随案移送,对不宜移送的,应当将其清单、照片或者其他证明文件随案移送。人民法院作出的判决,应当对查封、扣押、冻结的财物及其孳息作出处理。人民法院作出的判决生效以后,有关机关应当根据判决对查封、扣押、冻结的财物及其孳息进行处理。对查封、扣押、冻结的赃款赃物及其孳息,除依法返还被害人的以外,一律上缴国库。司法工作人员贪污、挪用或者私自处理查封、扣押、冻结的财物及其孳息的,依法追究刑事责任;不构成犯罪的,给予处分。

工作高度重视,党的十八届三中、四中全会明确提出"规范查封、扣押、冻结、处理涉案财物的司法程序"。鉴于涉案财物处置涉及不同的诉讼领域、不同的执法司法环节,情况较为复杂,政策性、操作性要求都很高,难以用一个文件统一规范。2014年12月30日,中央全面深化改革领导小组第八次会议审议通过了《关于进一步规范刑事诉讼涉案财物处置工作的意见》。随后,最高人民检察院、公安部等也发布了新的涉案财物管理的相关规定。

对于监察机关而言,《监察法》在监察权限部分对调查、查封、扣押等措施进行了相关规定,另根据《监察法》第十一条、第四十五条规定,对被调查人涉嫌职务犯罪,监察机关经调查认为犯罪事实清楚,证据确实、充分的,制作起诉意见书,连同案卷材料、证据一并移送人民检察院,依法提起公诉。综上,监察机关对于涉嫌犯罪取得的财物,应当在移送人民检察院依法提起公诉时,随案移送。如果监察机关不遵守本项规定,存在"违反规定处置查封、扣押、冻结财物"情形的,将构成《监察法》第六十五条规定的"法律责任"。

第十三节　案件移送审查起诉

《监察法》第四十七条规定:"对监察机关移送的案件,人民检察院依照《中华人民共和国刑事诉讼法》对被调查人采取强制措施。人民检察院经审查,认为犯罪事实已经查清,证据确实、充分,依法应当追究刑事责任的,应当作出起诉决定。人民检察院经审查,认为需要补充核实的,应当退回监察机关补充调查,必要时可以自行补充侦查。对于补充调查的案件,应当在一个月内补充调查完毕。补充调查以二次为限。人民检察院对于有《中华人民共和国刑事诉讼法》规定的不起诉的情形的,经上一级人民检察院批准,依法作出不起诉的决定。监察机关认为不起诉的决定有错误的,可以向上一级人民检察院提请复议。"这是关于检察机关对监察机关移送的案件如何处理的规定。

一、案件移送审查起诉的法律含义

习近平总书记强调,要通过改革创新,整合反腐败职能,在法治和制度上形成既相互衔接,又相互制衡的机制。监察机关查处的案件移交检察机关,由检察机关负责批捕、审查起诉、提起公诉,由法院进行审判。规定本条的主要目的是保证检察机关依法、及时开展审查起诉工作,确保监察机关与检察机关在办理职务犯罪案件过程中有序衔接、相互制约。

案件移送审查起诉包括四个要件:一是检察机关依法采取强制措施。对监察机关移送的被调查人,检察机关可以依照《刑事诉讼法》的规定进行审查,视情况采取拘留、逮捕、监视居住等强制措施。为做好监察机关与检察机关办理职务犯罪案件工作衔接,对监察机关已经采取留置措施的案件,检察机关应当在监察机关移送案件之前对是否采取和采取何种强制措施进行审查,在移送之日作出决定并执行。二是检察机关依法作出起诉决定。对监察机关移送检察机关提起公诉的案件,符合"犯罪事实已经查清"、"证据确实、充分"、"依法应当追究刑事责任"三个条件的,应当依法作出起诉决定。三是规定了退回补充调查或者自行补充侦查。对监察机关移送的案件,检察机关经审查后认为犯罪事实不清、证据不足,需要补充核实的,应当退回监察机关补充调查,必要时可以自行补充侦查;监察机关进行补充调查的期限是一个月,补充调查最多两次。这是检察机关对监察机关进行监督的重要体现和制度措施。四是规定了作出不起诉决定。对监察机关移送的案件,检察机关经审查认为有《刑事诉讼法》规定的不起诉情形的,经上一级检察机关批准,可以作出不起诉的决定;监察机关认为检察机关作出的不起诉决定有错误的,可以向其上一级检察机关提请复议。

需要注意的是,实践中,检察机关作出不起诉决定前,应当积极主动地与监察机关开展工作层面的沟通,征求移送案件的监察机关或者其上一级监察机关的意见。①

二、案件移送审查起诉的程序规范

监察机关根据监督、调查结果,对被调查人涉嫌职务犯罪,监察机关经调

---

① 参见中共中央纪律检查委员会、国家监察委员会法规室编写:《〈中华人民共和国监察法〉释义》,中国方正出版社 2018 年版,第 212—216 页。

查认为犯罪事实清楚,证据确实、充分的,制作起诉意见书,连同案卷材料、证据一并移送人民检察院,依法提起公诉。根据《刑事诉讼法》第一百六十七条规定,凡需要提起公诉的案件,一律由人民检察院审查决定。因此,对于监察机关移送的案件,人民检察院也应当对案卷材料和据以定罪量刑的证据进行全面审查。根据《刑事诉讼法》第一百六十八条规定,人民检察院审查案件的时候,必须查明:(一)犯罪事实、情节是否清楚,证据是否确实、充分,犯罪性质和罪名的认定是否正确;(二)有无遗漏罪行和其他应当追究刑事责任的人;(三)是否属于不应追究刑事责任的;(四)有无附带民事诉讼;(五)侦查活动是否合法。根据《人民检察院刑事诉讼规则(试行)》第三百六十三条规定,人民检察院审查移送起诉的案件,应当查明:(一)犯罪嫌疑人身份状况是否清楚,包括姓名、性别、国籍、出生年月日、职业和单位等;单位犯罪的,单位的相关情况是否清楚;(二)犯罪事实、情节是否清楚;实施犯罪的时间、地点、手段、犯罪事实、危害后果是否明确;(三)认定犯罪性质和罪名的意见是否正确;有无法定的从重、从轻、减轻或者免除处罚的情节及酌定从重、从轻情节;共同犯罪案件的犯罪嫌疑人在犯罪活动中的责任的认定是否恰当;(四)证明犯罪事实的证据材料包括采取技术侦查措施的决定书及证据材料是否随案移送;证明相关财产系违法所得的证据材料是否随案移送;不宜移送的证据的清单、复制件、照片或者其他证明文件是否随案移送;(五)证据是否确实、充分,是否依法收集,有无应当排除非法证据的情形;(六)侦查的各种法律手续和诉讼文书是否完备;(七)有无遗漏罪行和其他应当追究刑事责任的人;(八)是否属于不应当追究刑事责任的;(九)有无附带民事诉讼;对于国家财产、集体财产遭受损失的,是否需要由人民检察院提起附带民事诉讼;(十)采取的强制措施是否适当,对于已经逮捕的犯罪嫌疑人,有无继续羁押的必要;(十一)侦查活动是否合法;(十二)涉案款物是否查封、扣押、冻结并妥善保管,清单是否齐备;对被害人合法财产的返还和对违禁品或者不宜长期保存的物品的处理是否妥当,移送的证明文件是否完备。

人民检察院经过全面审查,认为犯罪嫌疑人的犯罪事实已经查清,证据确实、充分,依法应当追究刑事责任的,应当作出起诉决定,根据《刑事诉讼法》第一百七十二条,按照审判管辖的规定,向人民法院提起公诉,并将案卷材料、证据移送人民法院。所谓"犯罪事实已经查清",是指对犯罪的主要事实已经查清,一些个别细节无法查清或者没有必要查清但不影响定罪量刑的,也应当视为犯罪事实已经查清。具体而言,根据《人民检察院刑事诉讼规则(试行)》第三百九十条规定,具有下列情形之一的,可以确认犯罪事实已经查清:(一)属于单一罪行的案件,查清的事实足以定罪量刑或者与定罪量刑有关的事实已经查清,不影响定罪量刑的事实无法查清的;(二)属于数个罪行的案件,部分罪行已经查清并符合起诉条件,其他罪行无法查清的;(三)无法查清作案工具、赃物去向,但有其他证据足以对被告人定罪量刑的;(四)证人证言、犯罪嫌疑人供述和辩解、被害人陈述的内容中主要情节一致,只有个别情节不一致且不影响定罪的。对于符合第二项情形的,应当以已经查清的罪行起诉。所谓"证据确实、充分",是指用以证明案件事实的证据是否真实可靠,能否反映案件的真实情况,取得的证据能否足以证实调查终结认定的犯罪事实和情节。2012年《刑事诉讼法》修订对"证据确实、充分"的条件进行了进一步明确,即该法第五十三条规定,证据确实、充分,应当符合以下条件:(一)定罪量刑的事实都有证据证明;(二)据以定案的证据均经法定程序查证属实;(三)综合全案证据,对所认定事实已排除合理怀疑。所谓"依法应当追究刑事责任",是指根据《刑法》的规定,犯罪嫌疑人有刑事责任能力,应当对犯罪嫌疑人判处刑罚,且不存在《刑事诉讼法》第十五条规定的情形。对于同时符合上述条件的,人民检察院应当作出起诉决定。

三、退回监察机关补充调查和自行补充侦查

在普通刑事诉讼中,《刑事诉讼法》第一百七十一条规定了人民检察院在审查起诉环节中"补充侦查"的情形,即"人民检察院审查案件,对于需要补充侦查的,可以退回公安机关补充侦查,也可以自行侦查。对于补充侦查的案件,应当在一个月以内补充侦查完毕。补充侦查以二次为限。补充侦查完毕移送人民检察院后,人民检察院重新计算审查起诉期限。对于二次补充侦查的案件,人民检察院仍然认为证据不足,不符合起诉条件的,应当作出不起诉的决定。"从该条规定可见,人民检察院在审查起诉中,如果认为需要补充侦查,那么可以采取两种途径解决:一是退回公安机关补充侦查,这主要是对那

些犯罪事实不清、证据不足,或者有遗漏罪刑和其他需要追究刑事责任的人,可能影响对犯罪嫌疑人定罪量刑的案件;二是人民检察院自行补充侦查,这主要是指案件只是有部分证据需要查证,而自己又有能力侦查的或者自行侦查更有利于案件正确处理的案件。

对于监察机关办案而言,仍然存在人民检察院认为需要补充核实的情形,通过进一步调查或者侦查,将有助于审查和未来的提起公诉活动。因此有必要设置类似于刑事诉讼法关于补充侦查的程序机制,以巩固监察机关办案成果,提高人民检察院办理监察机关移送案件的质量。对检察机关退回补充调查案件,调查组应根据检察机关提出的补充调查提纲和收集证据的清单,区分不同情况,经本级监察委员会主要负责人批准后,作如下处理:(一)原调查认定的基本犯罪事实清楚、证据不够充分的,应当补充证据,制作补充调查报告书,移送检察机关审查;对于无法补充的证据,应当写明理由。(二)在补充调查过程中,发现新的同案犯或新的罪行,需要追究刑事责任的,应当重新制作移送审查起诉书,移送检察机关审查。(三)发现原认定的犯罪事实有重大变化,不应当追究刑事责任的,应当重新提出处理意见,并将处理结果通知退查的检察机关。(四)发现原认定的犯罪事实有重大变化,应当改变罪名或增减犯罪事实的,应当重新提出处理意见,重新移送检察机关审查。(五)原认定犯罪事实清楚,证据确实、充分,检察机关补充调查决定不当的,应当说明理由,移送检察机关审查。

四、检察不起诉程序规范和监察复议

不起诉,是指人民检察院对侦查终结的案件进行审查后,认为犯罪嫌疑人没有犯罪事实,或者依法不应当追究刑事责任,或者提起刑事公诉在刑事政策上没有必要性,或者起诉证据不足,从而作出不将犯罪嫌疑人提交人民法院审判、追究刑事责任的一种处理决定。根据现代刑事诉讼的控审分离原则,不起诉将意味着不启动审判程序,从而在审查起诉阶段终止刑事诉讼。对于犯罪嫌疑人而言,不起诉决定意味着其行为在法律上是无罪的。不起诉制度通过及时终结错误或不必要的刑事追究活动,强化了犯罪嫌疑人的权益保障,节约了诉讼资源,同时依靠监察机关不起诉裁量权的行使,合理地分流案件,更好

地实现刑罚目的。

对于监察机关调查涉嫌职务犯罪案件,仍然由人民检察院承担审查起诉和起诉职能,因此同样对接和适用《刑事诉讼法》关于不起诉的相关规定。根据本条规定,有以下几层意思。

第一,出现了《刑事诉讼法》规定的不起诉情形。根据《刑事诉讼法》的规定,不起诉的种类和情形包括:(1)法定不起诉,又称绝对不起诉,是指对于法定情形的案件,人民检察院没有或者丧失了追诉权,或者缺乏追诉条件而不能进行追诉,必须作出不起诉的决定。根据《刑事诉讼法》第一百七十三条规定,"犯罪嫌疑人没有犯罪事实,或者有本法第十五条规定的情形之一的,人民检察院应当作出不起诉决定。对于犯罪情节轻微,依照刑法规定不需要判处刑罚或者免除刑罚的,人民检察院可以作出不起诉决定。"其中,"犯罪嫌疑人没有犯罪事实",包括犯罪行为并非本犯罪嫌疑人所为,以及该案所涉行为依法不构成犯罪。对于监察机关移送的案件,如果人民检察院经过审查后认为被调查人没有犯罪事实,或者具有《刑事诉讼法》第十五条规定的情形之一,①此时因缺乏刑事追诉的事实或法律基础,应当严格按照刑事诉讼法规定作出不起诉决定。(2)酌定不起诉,又称相对不起诉,是指对于特定情形的案件,法律赋予检察机关根据刑事政策和公共利益裁量决定如何处理的权力,既可以选择提起公诉,也可以不起诉。《刑事诉讼法》第一百七十三条第二款规定:"对于犯罪情节轻微,依照刑法规定不需要判处刑罚或者免除刑罚的,人民检察院可以作出不起诉决定。"对于监察机关移送的案件,人民检察院适用酌定不起诉同样须具备以下两个条件:一是人民检察院认为被调查人涉嫌的职务犯罪行为符合刑法规定的犯罪构成要件,已经构成犯罪,应当负刑事责任;二是该职务犯罪情节轻微,依照刑法规定不需要判处刑罚或者免除刑罚。其中"不需要判处刑罚"是指《刑法》第三十七条规定的"对于犯罪情节

---

① 《刑事诉讼法》第十五条规定,有下列情形之一的,不追究刑事责任,已经追究的,应当撤销案件,或者不起诉,或者终止审理,或者宣告无罪:(一)情节显著轻微、危害不大,不认为是犯罪的;(二)犯罪已过追诉时效期限的;(三)经特赦令免除刑罚的;(四)依照刑法告诉才处理的犯罪,没有告诉或者撤回告诉的;(五)犯罪嫌疑人、被告人死亡的;(六)其他法律规定免予追究刑事责任的。

轻微不需要判处刑罚的,可以免予刑事处罚。""免除刑罚"是指刑法各种法定免除刑罚的规定的情形,如自首、立功、中止犯等。(3)证据不足不起诉,又称存疑不起诉。根据《刑事诉讼法》第一百七十一条第四款规定,"对于二次补充侦查的案件,人民检察院仍然认为证据不足,不符合起诉条件的,应当作出不起诉的决定。"根据该条规定,对于监察机关移送的职务犯罪案件,人民检察院经审查后,认为需要补充核实的,应当退回监察机关补充调查,必要时可以自行补充侦查,对于二次补充调查或侦查后,人民检察院仍然认为证据不足,不符合起诉条件的,此时因缺少刑事追诉的证据基础,则应当严格按照刑事诉讼法的规定,作出不起诉决定。需要注意的是,此种情形的不起诉,人民检察院没有进行裁量的余地,这也是 2012 年刑事诉讼法修订时新增的内容,①立法目的在于保障公民权利,防止利用退回补充侦查来延长办案期限,导致反复补充侦查不放人,使案件久挂不决问题。对于监察机关查办案件来说,也应当严格遵守本条规定。当然,刑事诉讼法限定的是二次补充侦查之后的法律效果,即"应当作出不起诉决定",其前提是经过了两次补充调查或侦查。那么对于未经补充调查或侦查的案件,不能直接作出这种不起诉决定;对于经过一次补充调查或侦查的案件,人民检察院仍然认为证据不足,不符合起诉条件且没有必要退回补充调查必要的,则可以作出不起诉决定。另外,根据《人民检察院刑事诉讼规则(试行)》第四百零四条规定:"具有下列情形之一,不能确定犯罪嫌疑人构成犯罪和需要追究刑事责任的,属于证据不足,不符合起诉条件:(一)犯罪构成要件事实缺乏必要的证据予以证明的;(二)据以定罪的证据存在疑问,无法查证属实的;(三)据以定罪的证据之间、证据与案件事实之间的矛盾不能合理排除的;(四)根据证据得出的结论具有其他可能性,不能排除合理怀疑的;(五)根据证据认定案件事实不符合逻辑和经验法则,得出的结论明显不符合常理的。"对于此种情形的不起诉,根据《人民检察院刑事诉讼规则(试行)》第四百零五条规定:"人民检察院根据刑事诉讼法第一百七十一条第四款规定决定不起诉的,在发现新的证据,符合起诉

_____

① 2012 年《刑事诉讼法》修订时,对于补充侦查的次数也进行了明确限定,即根据第一百七十一条第三款规定,对于补充侦查的案件,应当在一个月以内补充侦查完毕。补充侦查以二次为限。补充侦查完毕移送人民检察院后,人民检察院重新计算审查起诉期限。

条件时,可以提起公诉。"

　　第二,人民检察院作出不起诉决定,应当经过上一级人民检察院批准。这是关于人民检察院对监察机关移送案件作出不起诉决定的批准程序的规定。在刑事诉讼中,对于普通刑事案件,人民检察院作出不起诉的报批程序,通常是"经检察长或者检察委员会决定"即可。① 但是,为了加强上级人民检察院对下级人民检察院办理直接受理侦查案件工作的领导和监督制约,2005 年 12 月最高人民检察院发布了《关于省级以下人民检察院对直接受理侦查案件作撤销案件、不起诉决定报上一级人民检察院批准的规定(试行)》,要求省级以下(含省级)人民检察院办理直接受理侦查的案件,拟作撤销案件、不起诉决定的,应当报请上一级人民检察院批准。在此基础上,通过实践经验总结,《人民检察院刑事诉讼规则(试行)》第四百零七条对此予以吸收规定。这一规定,是上级检察机关对自侦案件侦查监督重要体现,也是最高人民检察院建立自侦案件侦查监督体系的内容之一,对于增强检察机关内部监督制约、提高执法公正性和公信力具有重要的意义。对于监察机关查办涉嫌职务犯罪案件,规定人民检察院作出不起诉决定,应当经过上一级人民检察院批准,一方面,体现出上述检察机关内部监督制约机制的延续,而且在案件类型上,原来由检察机关直接受理侦查的案件也"移交"给了国家监察机关,延续报请上级人民检察院批准的模式也没有扩大适用的案件类型;另一方面,由上一级人民检察院批准不起诉决定,也体现出对国家监察机关查办案件进行处理的慎重和严谨。

　　监察委员会履行监督、调查、处置的职责,人民检察院行使公诉权。对于监察委员会移送的案件,检察院认为需要补充核实的,应当退回监察委员会补充调查,必要时可以自行补充侦查。对于有刑事诉讼法规定的不起诉的情形的,经上一级检察院批准,可以依法作出不起诉决定,这体现了对检察机关权力的尊重,也体现了监察机关与司法机关互相配合、互相制约的原则。而且,

---

　　① 相关规则可见《人民检察院刑事诉讼规则(试行)》第四百零一条、第四百零三条、第四百零六条。另外,为简化审批程序,提高诉讼效率,2012 年刑事诉讼法修订后的《人民检察院刑事诉讼规则(试行)》对此前规则进行了修订,将原来由经检察委员会讨论决定修改为检察长或检察委员会决定。

《监察法》规定,监察机关依照本法规定收集的物证、书证、证人证言、被调查人供述和辩解、视听资料、电子数据等证据材料,在刑事诉讼中可以作为证据使用。监察机关在收集、固定、审查、运用证据时,应当与刑事审判关于证据的要求和标准相一致。以非法方法收集的证据应当依法予以排除,不得作为案件处置的依据。这一规定对监察机关办理职务犯罪案件提出了明确的证据要求,即符合刑事诉讼证据标准,体现出检察委员会主动对接"以审判为中心"的改革方向。另外,习近平总书记指出,推进司法体制改革,要紧紧牵住司法责任制这个"牛鼻子",保证法官、检察官做到"以至公无私之心,行正大光明之事"。司法责任制改革是司法体制改革的重要基石,具有基础性、全局性、决定性地位。2015 年 8 月 18 日,《关于完善人民检察院司法责任制的若干意见》经中央全面深化改革领导小组审议通过,明确规定"检察官对检察长(分管副检察长)负责,在职权范围内对办案事项作出决定",业务部门负责人不再对案件进行审核、审批。通过对检察官的合理授权,凸显了检察官在司法办案中的主体地位,较好地体现了"谁办案谁负责、谁决定谁负责"的改革要求。司法责任制是检察官依法独立行使职权的逻辑前提,"办案终身追责制"要求检察官对自己办理的案件直接负责,一旦出现错案,检察官将面临被追责的风险。如果检察官作出不起诉的决定必须征求监察机关的意见,那么将会对检察官依法独立行使检察权造成不利影响,而且有违"权力与责任相统一"的基础法理。

第三,监察机关认为不起诉的决定有错误的,可以要求复议。在刑事诉讼中,为防范不起诉权力的滥用,保障相关主体的合法权益,《刑事诉讼法》等相关法律规范对公安机关、被害人和被不起诉人规定了针对不起诉决定的不同制约措施。根据《刑事诉讼法》第一百七十五条规定,对于公安机关移送起诉的案件,人民检察院决定不起诉的,应当将不起诉决定书送达公安机关。公安机关认为不起诉的决定有错误的时候,可以要求复议,如果意见不被接受,可以向上一级人民检察院提请复核。对监察机关办理查办职务犯罪案件而言,设置相应的监督制约机制,即监察机关认为不起诉决定有错误的,可以要求复议,也是权力制约和权利保障的一种体现。

第十四节　逃匿或死亡案的调查与没收

《监察法》第四十八条规定："监察机关在调查贪污贿赂、失职渎职等职务犯罪案件过程中，被调查人逃匿或者死亡，有必要继续调查的，经省级以上监察机关批准，应当继续调查并作出结论。被调查人逃匿，在通缉一年后不能到案，或者死亡的，由监察机关提请人民检察院依照法定程序，向人民法院提出没收违法所得的申请。"这是关于被调查人逃匿、死亡案件违法所得没收程序的规定，本条的主要目的是规范监察机关提请司法机关依法启动被调查人逃匿、死亡案件违法所得没收的程序，保护国家和人民利益。

一、逃匿或死亡案的调查与没收的法律含义

在司法实践中，一些案件的犯罪嫌疑人、被告人长期潜逃或者死亡，如果按照普通案件所适用的诉讼原则和程序，则无法进行审判，也无法及时挽回犯罪造成的国家、社会或个人的损失。这种情形在贪污贿赂腐败案件中非常典型，犯罪嫌疑人往往在犯罪过程中就把贪污贿赂等腐败违法所得转移至境外或予以隐藏，如果贪腐分子长期潜逃或死亡，又没有建立有效的财产追回机制，既无法挽回相应损失，更无法对贪腐行为进行有效的制裁和震慑。对此，《联合国反腐败公约》在第五十四条"通过没收事宜的国际合作追回资产的机制"中规定，为依照本公约第五十五条就通过或者涉及实施根据本公约确立的犯罪所获得的财产提供司法协助，各缔约国均应当根据其本国法律，考虑采取必要的措施，以便在因为犯罪人死亡、潜逃或者缺席而无法对其起诉的情形或者其他有关情形下，能够不经过刑事定罪而没收这类财产。[①]《联合国打击跨国有组织犯罪公约》第十二条也规定，缔约国应在本国法律制度的范围内尽最大可能采取必要措施，以便能够没收：（1）来自本公约所涵盖的犯罪的犯

---

　　①　参见赵秉志、王志祥、郭理蓉编:《〈联合国反腐败公约〉暨相关重要文献资料》，中国人民公安大学出版社2004年版，第30页。

罪所得或价值与其相当的财产；（2）用于或拟用于本公约所涵盖的犯罪的财产、设备或其他工具。缔约国应采取必要措施，辨认、追查、冻结或扣押本条第一款所述任何物品，以便最终予以没收。①

为严厉打击贪污贿赂等严重犯罪活动，及时追缴犯罪违法所得及其他涉案财产，并与我国加入的反腐败国际公约相衔接，2012年《刑事诉讼法》修订，在"特别程序编"中，新增了"犯罪嫌疑人、被告人逃匿、死亡案件违法所得没收程序"章，明确了"对于贪污贿赂犯罪、恐怖活动犯罪等重大犯罪案件，犯罪嫌疑人、被告人逃匿，在通缉一年后不能到案，或者犯罪嫌疑人、被告人死亡，依照刑法规定应当追缴其违法所得及其他涉案财产的，人民检察院可以向人民法院提出没收违法所得的申请"等违法所得没收程序规则。国家监察体制改革后，监察机关承担着"调查职务违法和职务犯罪，开展廉政建设和反腐败工作"的重大任务。与此同时，在被调查人不能到案的情况下，如果继续查办处置，特别是处理有关案件财产，还事关被调查人及相关利害关系人的财产权等权益。因此，监察法更应当建立与国际公约、刑事诉讼法在理念和内容上一致、衔接的违法所得没收程序，成为监察机关查办职务违法犯罪活动的重要举措和程序内容。

根据本条规定，可以从以下几个方面解读：一是从适用条件看。根据本条规定，适用案件类型为"贪污贿赂、失职渎职等职务犯罪案件"。一方面，本条限定为"职务犯罪案件"，因此并不包括违法行为，即不构成犯罪的职务违法行为不适用本条规定。另一方面，从条文表述来看，贪污贿赂、失职渎职等职务犯罪案件，既包括了狭义上的贪污罪，以及挪用公款罪、私分国有资产罪、私分罚没财物罪、巨额财产来源不明罪、隐瞒境外存款罪等广义上的贪污犯罪，同时也包括受贿罪、行贿罪、介绍贿赂罪等贿赂犯罪，以及各种失职渎职犯罪。另外，法条采取的并非完全列举的方式，而是规定了具有兜底性质的"等职务犯罪案件"。② 二是从继续调查的必要性看。在刑事诉讼中，如果

---

① 参见赵秉志、王志祥、郭理蓉编：《〈联合国反腐败公约〉暨相关重要文献资料》，中国人民公安大学出版社2004年版，第151页。

② 刑事诉讼法对违法所得没收程序规定的案件类型，也是采取类似模式，即"贪污贿赂犯罪、恐怖活动犯罪等重大犯罪案件"。

被追诉人逃匿,那么相关机关应当采取有关措施保证犯罪嫌疑人、被告人到案。如果被追诉人在诉讼过程中死亡,则根据《刑事诉讼法》第十五条规定,不追究刑事责任,已经追究的,应当撤销案件,或者不起诉,或者终止审理,或者宣告无罪。但是,党纪规则对违纪党员下落不明或死亡,仍然有进行处分的相关规定。① 刑事诉讼法规定的违法所得没收程序,也包括对案件事实、违法所得及其他涉案财产的调查事项内容。② 对此,在监察机关查办职务犯罪过程中,也有可能出现被调查人逃匿或者死亡,但这并不当然意味案件查办终结。如果根据案件性质或者涉案财产具体情况,如果有必要继续调查的,则需要经过法定程序继续调查。三是从继续调查程序看。对于监察机关在调查贪污贿赂、失职渎职等职务犯罪案件过程中,被调查人逃匿或者死亡,有必要继续调查的,根据本条规定,须经省级以上监察机关批准,继续调查并作出结论。经省级以上监察机关批准,提高了此种情形下继续调查的批准级别,主要考虑是为了限定和有效控制本项措施的适用。由于本项程序,针对的是被调查人不到案情形下的处理,因此,为谨慎起见,防范权力滥用造成被调查人和其他利害关系人合法权益受损,规定由省级以上监察机关进行批准较为适宜。省级以上监察机关批准之后,监察机关应当在原调查的基础上继续开展调查工作,并作出结论。既包括被调查人涉案事实和证据认定的内容,也应当包括被调查人逃匿、被通缉或者死亡的情况,同时还应当包括违法犯罪所得及其他涉案财产的具体情况等。这也为案件后续走向违法所得没收

---

① 《中国共产党纪律处分条例》第三十六条规定,对违纪后下落不明的党员,应当区别情况作出处理:(一)对有严重违纪行为,应当给予开除党籍处分的,党组织应当作出决定,开除其党籍;(二)除前项规定的情况外,下落不明时间超过六个月的,党组织应当按照党章规定对其予以除名。第三十七条规定,违纪党员在党组织作出处分决定前死亡,或者在死亡之后发现其曾有严重违纪行为,对于应当给予开除党籍处分的,开除其党籍;对于应当给予留党察看以下(含留党察看)处分的,作出书面结论,不再给予党纪处分。

② 《公安机关办理刑事案件程序规定》第三百二十八条规定了"犯罪嫌疑人死亡,现有证据证明其存在违法所得及其他涉案财产应当予以没收的,公安机关可以进行调查。公安机关进行调查,可以依法进行查封、扣押、查询、冻结。"《人民检察院刑事诉讼规则(试行)》第五百三十三条规定:"人民检察院直接受理立案侦查的案件,犯罪嫌疑人逃匿或者犯罪嫌疑人死亡而撤销案件,符合刑事诉讼法第二百八十条第一款规定条件的,侦查部门应当启动违法所得没收程序进行调查。"

程序奠定基础。

二、逃匿或死亡案违法所得的依法没收

根据《监察法》规定,被调查人逃匿,在通缉一年后不能到案,或者死亡的,由监察机关提请人民检察院依照法定程序,向人民法院提出没收违法所得的申请。其中,除死亡情形外,如果被调查人逃匿,还必须符合"通缉一年后不能到案"条件。监察机关采取通缉措施规定于《监察法》第二十九条规定,即依法应当留置的被调查人如果在逃,监察机关可以决定在本行政区域内通缉,由公安机关发布通缉令,追捕归案。通缉范围超出本行政区域的,应当报请有权决定的上级监察机关决定。另外,由本项规定可知,监察机关启动违法所得没收程序与《刑事诉讼法》相关规定相衔接,即并非由监察机关直接向人民法院提出违法所得没收申请,而是由监察机关提请人民检察院依照法定程序,由人民检察院向人民法院提出违法所得的申请。那么,结合《刑事诉讼法》的相关规定,具体程序可以为:监察机关对于符合本条规定的案件,提出违法所得没收意见书,连同相关证据材料一并移送同级人民检察院。人民检察院在收到监察机关移送的没收违法所得意见书后,应当查明:(1)是否属于本院管辖;(2)是否符合《刑事诉讼法》第二百八十条第一款规定的条件;(3)犯罪嫌疑人身份状况,包括姓名、性别、国籍、出生年月日、职业和单位等;(4)犯罪嫌疑人涉嫌犯罪的情况;(5)犯罪嫌疑人逃匿、被通缉或者死亡的情况;(6)违法所得及其他涉案财产的种类、数量、所在地,以及查封、扣押、冻结的情况;(7)与犯罪事实、违法所得相关的证据材料是否随案移送,不宜移送的证据的清单、复制件、照片或者其他证明文件是否随案移送;(8)证据是否确实、充分;(9)相关利害关系人的情况。人民检察院在接到监察机关移送的没收违法所得意见书后30日以内,作出是否提出没收违法所得申请的决定。30日以内不能作出决定的,经检察长批准,可以延长15日。对于监察机关移送的没收违法所得案件,经审查认为不符合条件的,应当作出不提出没收违法所得申请的决定,并向监察机关书面说明理由;认为需要补充证据的,应当书面要求监察机关补充证据,必要时也可以自行调查。其他具体程序可见刑事诉讼法及相关司法解释对于违法所得没收程序的规定。

第十五节　不服处理决定的救济

《监察法》第四十九条规定:"监察对象对监察机关作出的涉及本人的处理决定不服的,可以在收到处理决定之日起一个月内,向作出决定的监察机关申请复审,复审机关应当在一个月内作出复审决定;监察对象对复审决定仍不服的,可以在收到复审决定之日起一个月内,向上一级监察机关申请复核,复核机关应当在二个月内作出复核决定。复审、复核期间,不停止原处理决定的执行。复核机关经审查,认定处理决定有错误的,原处理机关应当及时予以纠正。"这是关于复审、复核的规定,主要目的是明确监察对象对监察机关涉及本人的处理决定不服提出复审、复核的程序和时限,保障监察对象的合法权益,促进监察机关依法履职、秉公用权。

一、不服处理决定救济的法律含义

为权利受到程序处理结局影响的人提供救济渠道,是正当程序必须具备的基本内容。对于监察机关办案而言,案件处理结果对于监察对象具有直接的利益关系,因此也应当为其提供基本的救济渠道。这既能够保障监察对象的合法权益,也能够监督保障监察机关办案质量。

不服处理决定救济主要有三层含义:一是复审、复核的程序。"复审",是指监察对象对监察机关作出的涉及本人的处理决定不服,自收到处理决定之日起一个月内,可以向作出决定的监察机关申请复审,作出决定的监察机关依法受理后,应当对原处理决定进行审查核实并作出复审决定。"复核",是指监察对象对复审决定不服,自收到复审决定之日起一个月内,可以向作出复审决定的监察机关的上一级监察机关申请复核,上一级监察机关依法受理后,对原复审决定进行审查核实并作出复核决定。复审是复核的前置程序,未经复审的,不能提出复核申请。规定复审、复核程序的目的在于保证监察机关正确、及时处理复审、复核案件,维护复审、复核申请人的合法权益,维护和监督监察机关依法办事。二是复审、复核的时限。本条对复审、复核期间作了明确规定,即"复审机关应当在一个月内作出复审决定","复核机关应当在二个月内作出复核决定"。"一个月"应当自复审机关收到复审申请之日起计算,这是作出原处理决定的监察机关进行复审活动的期限,"二个月"应当自复核机关收到复核申请之日起计算,这是上一级监察机关进行复核活动的期限。规定复审、复核期间的目的在于保证监察机关及时处理复审、复核案件,维护复审、复核申请人的合法权益。三是复审、复核期间原处理决定的效力。复审、复核期间,不停止原处理决定的执行。规定复审、复核期间不停止原决定的执行,是因为监察机关处理决定和复审决定,是一级国家机关依法作出的,对监察对象和监察机关均有约束力,双方都必须严格执行,非依法定程序不得随意变更和撤销。在复审、复核期间不停止原处理决定的执行,有利于保障监察机关代表国家作出的处理决定、复审决定的效力,维护监察机关的工作秩序,维护法律秩序和公共利益。同时,作这样的规定,也不影响对复审、复核申请人合法权益的保护,监察机关经过复审、复核认为原处理决定不适当的,可以作出变更或者撤销原处理决定的复审、复核决定。这一复审、复核决定的效力始于原处理决定生效之时。①

二、不服处理决定救济的方式及事项

(一)监察对象对监察机关作出的涉及本人的处理决定不服的,可以向作出决定的监察机关申请复审

主要包括以下几方面内容:(1)适用的主体是监察对象,即监察对象对监察机关涉及本人的处理决定不服。监察对象是权益受到监察决定指向和结果影响的主体,因此,救济的对象也应当是监察对象本人。(2)救济程序的启动事由是监察对象"不服"监察机关对本人的处理决定。不服即不服从、不认可,既可以是对监察机关事实认定的不认可,包括认为没有违法犯罪事实,或者有违法犯罪事实但是并非监察机关认定的事实;也可以是对监察机关适用法律定性处理的不认可。当然,作为救济启动程序条件的"不服",是监察对

---

① 参见中共中央纪律检查委员会、国家监察委员会法规室编写:《〈中华人民共和国监察法〉释义》,中国方正出版社2018年版,第221—223页。

象本人的主观认识,无论其认识是否有理有据,都不影响其申请的权利。(3)救济的渠道是,向作出决定的监察机关申请复审,即再次审理。申请复议权作为监察对象的一项程序性救济权利,监察机关应当予以充分保障,不能加以限制或剥夺。

（二）对复审决定仍不服的,可以向上一级监察机关申请复核

在监察对象向作出决定的监察机关申请复审后,监察机关复审结果可能令监察对象信服,也可能仍然不服。如果监察对象对作出决定的监察机关的复审决定仍然不服的,可以向上一级监察机关申请复核。这样规定,首先进一步保障了监察对象的权利,不仅提供了额外的救济渠道,而且也能消减监察对象对作出决定的原监察机关"自我复审"而产生的不信任感,有助于监察对象对监察结果产生信服感,增强监察工作的权威。与此同时,规定首先由作出决定的监察机关进行复审,再由上一级监察机关进行复核,体现出监察机关自我纠错与上级领导、监督的运行机制。

（三）复审、复核期间,不停止原处理决定的执行

这是对复审、复核期间原处理决定效力的规定,即复审、复核期间,不停止原处理决定的执行。对于监察对象不服监察机关作出的处理决定而提出的复审、复核请求,为法律赋予监察对象的一项程序性救济权利,并不代表复审、复核请求一经提出,即改变原处理决定或停止原决定的执行,复核、复审本身即对原决定的再次审查,而再次审查的结果,可能认定原处理决定有错误,也可能认定原处理决定没有错误。因此,在最终审查结果作出前的复审、复核期间,原处理决定不能停止执行。

（四）复核受理机关审查认定处理决定有错误的,原处理机关应当及时予以纠正

复审、复核,本身既是对监察对象权利保障的救济机制,同时也是监察机关自我纠错的程序机制。因此,必须秉持实事求是的基本理念,对于不服从作出处理决定的监察机关的决定及复审决定而由上一级监察机关进行复核的,如果上一级监察机关复核后认为原处理决定确实有错误,那么原处理机关应当及时纠正,并按照纠正后的处理决定执行。这体现出上级监察机关对下级监察机关的监督以及对被调查人权利的及时有效保障。

第六章　反腐败国际合作研究

第一节　国际合作职责

《监察法》第五十条规定:"国家监察委员会统筹协调与其他国家、地区、国际组织开展的反腐败国际交流、合作,组织反腐败国际条约实施工作。"这是关于国家监察委员会履行统筹协调反腐败国际合作职责的规定。

一、国际合作职责基本内涵

党的十八大以来,以习近平同志为核心的党中央高度重视反腐败国际合作。习近平总书记反复强调,"决不能让腐败分子躲进'避罪天堂'、逍遥法外","腐败分子即使逃到天涯海角,也要把他们追回来绳之以法,5 年、10 年、20 年都要追"。党的十九大指出:不管腐败分子逃到哪里,都要缉拿归案、绳之以法。加强反腐败国际合作,倡导构建国际反腐败新秩序,有利于表明中国共产党坚定不移反对腐败的鲜明态度,呼吁世界各国共同打击跨国腐败犯罪,为国际反腐败事业贡献中国智慧,提供中国方案。规定本条的主要目的是明确国家监察委员会在反腐败国际合作中的职责,促进持续深入开展反腐败国际合作和追逃追赃工作,坚决遏制腐败蔓延和腐败分子外逃势头。

监察委员会国际合作职责主要包括两个方面内容:一是组织反腐败国际条约实施工作。对我国签署的反腐败国际条约,国家监察委员会要组织国内有关部门研究如何开展实施工作,包括研究条约对我国反腐败工作的利弊,条约与我国法律制度如何衔接,条约涉及的我国重要法律的起草和修改等;

要组织国内有关部门接受履约审议,督促有关部门做好自评清单填写和提交工作,接受审议国对我国进行实地访问等。二是统筹协调与其他国家、地区、国际组织开展的反腐败国际交流、合作。我国有关部门、组织等与其他国家、地区、国际组织开展反腐败国际交流与合作,无论是以官方为主的形式,还是以民间为主的形式,国家监察委员会都要在党中央的集中统一领导下,发挥统筹协调的作用,有关各方要发出同一个声音,绝不允许自说自话,甚至各自为战。①

二、反腐败国际交流、合作的统筹协调

腐败犯罪的国际化趋势,要求各国开展反腐败国际合作。联合国前秘书长安南曾说:"腐败是全球公害,它破坏经济,削弱民主和法制,扰乱公共秩序,并使有组织犯罪和恐怖主义更加猖獗,给广大发展中国家的人民带来了巨大的灾难。"②随着经济全球化的发展,腐败犯罪呈现出跨国化的发展趋势,危害整个国际社会的稳定和发展,任何一个国家都不能置身事外。目前,涉及腐败犯罪的资金跨国流动,在全球范围内急剧增长,世界银行专家丹尼尔·考夫曼在本世纪初曾估算过,腐败每年给各国经济造成的损失达1.5万亿美元,占世界GDP的5%,全世界每年约有2万亿美元涉及腐败的资金在跨国流动,相当于全球33万亿美元生产总值的6%。③而我国腐败犯罪的国际化趋势,同样不容忽视。据有关资料显示,近30年来,外逃官员数量约为4000人,携走资金500多亿美元,人均约1亿元。④

面对日益严峻的跨国反腐败形势,世界各国形成共同打击腐败共识。对此,我国一直秉承开放的态度,与世界各国积极签署多边、双边国际条约,这其

---

① 参见中共中央纪律检查委员会、国家监察委员会法规室编写:《〈中华人民共和国监察法〉释义》,中国方正出版社2018年版,第224—226页。

② 参见陈正云、李翔、陈鹏展:《〈联合国反腐败公约〉全球反腐败的法律基石》,中国民主法制出版社2006年版,第1页。

③ 参见陈立虎:《〈联合国反腐败公约〉与国际反腐合作》,《检察风云》2004年第22期。

④ 参见《海外追逃大限日到期近30年4000人携走资金500多亿美元》,人民网 http://sc.people.com.cn/n/2014/1202/c345460-23084440.html,最后访问时间2017年11月19日。

中包括《联合国打击跨国有组织犯罪公约》、《联合国反腐败公约》①等具有重要影响的国际公约。同时,党的十八大之后,党和国家领导人在重大外交活动中,不断就反腐败问题发表重要论述,表明我国坚定不移反对腐败的鲜明态度,呼吁世界各国共同打击跨国腐败犯罪。在反腐败国际合作上主动出击,积极寻求同其他相关国家的合作。我国先后签署了《北京反腐败宣言》、《二十国集团反腐败追逃追赃高级原则》、《中华人民共和国和加拿大关于分享和返还被追缴资产的协定》等多项反腐败国际合作条约。目前,我国已经与法国、意大利等48个国家签署了双边引渡条约②,签订多项民事、刑事司法协助条约等反腐败国际条约。③在反腐败多边合作机制方面,我国也积极参与,截至当前,我国已参与了15个国际反腐败多边机制,例如二十国集团反腐败工作组、亚太经合组织反腐败工作组、亚太经合组织反腐败执法合作网络、国际反腐败学院、金砖国家反腐败合作机制、亚洲监察专员协会理事会等。④上述大量反腐败国际条约和多边合作机制,为我国开展反腐败国际合作提供了坚实的法律基础和有效的合作规范。但是,要将反腐败国际条约落到实处,强化反腐败国际交流、合作,取得实实在在的成效,还需由国家监察委员会牵头组织统筹协调。

三、反腐败国际条约的组织实施

国家监察委员会作为法定国家反腐职能部门,履行统筹国内国际反腐的

---

①　参见赵秉志、王志祥、郭理蓉编:《〈联合国反腐败公约〉暨相关重要文献资料》,中国人民公安大学出版社2004年版。本文有关《联合国反腐败公约》、《联合国打击跨国有组织犯罪公约》条文均引自此书。而《联合国反腐败公约》是迄今为止联合国历史上第一部指导国际反腐败斗争的法律文件,被称为"21世纪国际合作的里程碑",是世界各国联合打击腐败的重要法律依据。

②　参见《中纪委:中国已经和48个国家签署引渡条约》,新浪网http://news.sina.com.cn/sf/news/2017-01-10/doc-ifxzkfuk3328212.shtml,最后访问时间2017年1月10日。

③　参见《我国对外缔结司法协助及引渡条约情况》,中华人民共和国外交部网站http://www.fmprc.gov.cn/web/ziliao_674904/tytj_674911/wgdwdjdsfhzty_674917/t1215630.shtml,最后访问时间2017年11月19日。

④　参见中共中央纪律检查委员会、国家监察委员会法规室编写:《〈中华人民共和国监察法〉释义》,中国方正出版社2018年版,第228页。

法定职责,尤其组织反腐败国际条约的实施具有毋庸置疑的正当性。在反腐败国际合作的具体工作中,虽然我国已经同许多国家、地区或国际组织签订了大量的双边或多边条约,但是却因种种原因还有很大的发展空间,需要由国家监察委员会统筹协调我国与其他国家、地区、国际组织的交流合作,推动我国国际反腐工作向纵深发展。

在国际合作层面,反腐败国际条约的实施需要统筹协调,以取得更大的成效。当前,虽然反腐败国际合作总体上呈现出积极发展的态势,但是由于国家间的法律理念、传统、政治制度的不同,在反腐败国际合作中还存在一些问题,阻碍着反腐败国际合作进一步发展。以腐败犯罪所得的国际追缴合作为例,因腐败犯罪所得追缴返还本身的特殊性,在开展相关的国际合作中,还存在很多不确定性。由于当前腐败犯罪所得流入国大都是美国等西方发达国家,而赃款流出国一般是发展中国家。因此,在反腐败国际合作中,大都是发展中国家向发达国家提出腐败犯罪所得追缴的请求,发达国家则很少向发展中国家提出同类的请求。而在某些具体案件中,腐败犯罪所得的追缴活动有可能影响赃款流入国投资形势的稳定、金融机构的信誉或者其他经济利益。因此,对这些腐败犯罪所得流入国而言,囿于国家利益的原因可能不愿配合腐败犯罪所得流出国的追缴和返还请求。尤其是在腐败犯罪所得追缴成本得不到合理的补偿或者预先垫付的情形下,被请求方可能不愿配合请求方的腐败犯罪所得追缴行动。因为,国家一般追求它的国家利益,一旦涉及它的国际利益,国家很少像道德高尚的圣徒一样行动。①

在以往的反腐败国际合作实践工作中曾存在太多这样的案例:请求方与被请求方因没有就犯罪收益没收后的分享问题达成协议,使得本已有效开展的调查和追缴犯罪所得和收益的国际司法合作陷于停滞或以失败而告终。②如中国银行开平支行特大贪污案主犯余振东等人在外逃时将腐败犯罪所得4.82亿美元资产转移至境外,案发后三名主犯中许超凡、许国俊在美国受审并被判处有期徒刑,余振东在国内受审,被判处有期徒刑。美国在办理此案

---

① 参见[美]迈克尔·G.罗斯金等:《政治学与生活》(第12版),林震等译,中国人民大学出版社2014年版,第334—335页。

② 参见黄风:《资产追回问题比较研究》,北京师范大学出版社2010年版,第2页。

时,将通过采用民事没收程序追缴的 355 万美元于 2003 年返还给我国。但是,在办理此案时美国和加拿大共扣押、冻结、没收 4 亿多美元的腐败犯罪资产,返还给我国的仅仅是其中的一小部分,目前仍有大量的腐败资产在犯罪人服法后需要追回。① 2018 年 7 月 11 日,在中央反腐败协调小组国际追逃追赃工作办公室的统筹协调下,外逃美国 17 年的开平支行案主犯许超凡被从美国强制遣返,截至 2018 年 7 月,开平案涉案赃款已追回 20 多亿元人民币。② 但耗费大量人力物力资源。因此,在国际层面上,反腐败国际合作工作需要国家监察委员会的统筹协调,组织实施,积极与相关国家、地区开展谈判磋商,形成长效合作机制,扩大我国反腐国际成效,巩固和发展反腐败斗争的压倒性态势。

而且,一些反腐败国际合作条约明确要求,各缔约国设置专职机关负责开展相关的反腐合作。如《联合国反腐败公约》第三十六条规定:"各缔约国均应当根据本国法律制度的基本原则采取必要的措施,确保设有一个或多个机构或者安排了人员专职负责通过执法打击腐败。这类机构或者人员应当拥有根据缔约国法律制度基本原则而给予的必要独立性,以便能够在不受任何不正当影响的情况下有效履行职能。这类人员或者这类机构的工作人员应当受到适当培训,并应当有适当资源,以便执行任务。"③根据该公约的要求和国家监察委员会的职责权限,国家监察委员会是履行这一国际合作职能的法定专职机关。因为,国家监察委员会成立后,国家监察委员会整合最高人民检察院、监察部等相关部门的反腐败职能,成为我国反腐败中央机关,统一行使国家反腐职能。而且,在监察体制改革之后,只有国家监察委员会具有相应反腐职能的独立性并能够调动适当资源,确保反腐败国际合作的专业性和专业化,并通过自身的职责履行形成高效权威的长效机制,保持国际反腐的高压态势。因此,必然由国家监察委员会统筹协调我国的反腐败国际交流与合作,组织国

① 参见黄风:《国际刑事司法合作的规则与实践》,北京大学出版社 2008 年版,第 251—258 页。转引自谢丽珍:《违法所得没收特别程序研究》,法律出版社 2016 年版,第 1—2 页。

② 参见《中国银行开平支行案主犯许超凡被从美国强制遣返》,新华网,2018 年 7 月 11 日。

③ 参见赵秉志、王志祥、郭理蓉编:《〈联合国反腐败公约〉暨相关重要文献资料》,中国人民公安大学出版社 2004 年版,第 18 页。

际条约的实施工作。

当前,我国通过"天网"系列专项行动,将大量的外逃人员抓捕归案,并将大量的外逃赃款追回,成效显著①。但是与外逃的大量人员和巨额的赃款相比,追回的"人"和"物"都只是冰山一角②,反腐败国际合作的工作仍然任重而道远。因此,必须加快反腐败国际条约的实施工作,以适应当前的反腐败工作需求。然而,反腐败国际条约实施涉及多个部门,既包括行政机关,又包括司法机关,需要一个强有力的职能部门统筹组织,以保证部门间工作衔接得有序协调,以提高国际条约实施工作的效率。而且,国家监察委员会在组建的过程中,整合吸纳了我国其他反腐职能的部门为一体,将原来分散的反腐职权集中,这就省去原来部门之间协调、沟通、请示审批环节,提升了条约实施工作信息传递的速度,从而提高了反腐败国际条约实施的效率、降低了相应的时间成本,总体上提升了我国反腐败国际合作工作的效率。因而,由国家监察委员会组织反腐败国际条约的实施,是适应当前国内外反腐败斗争形势的需要,是我国依法治国基本方略下法治反腐的必然要求。

第二节　国际合作领域

《监察法》第五十一条规定:"国家监察委员会组织协调有关方面加强与有关国家、地区、国际组织在反腐败执法、引渡、司法协助、被判刑人的移管、资产追回和信息交流等领域的合作。"这是关于国家监察委员会组织协调开展反腐败合作的规定,主要目的是明确国家监察委员会组织协调国内有关方面开展反腐败对外交流与合作的领域,促进我国反腐败国际工作的顺利、有序开展。

---

① 《法制日报》2016年9月12日第5版报道:自2014年以来,我国开展"天网2014"、"天网2015"行动,已从70多个国家和地区追回外逃人员1915人,追赃金额74.7亿元,目前"百名红通人员"已有三分之一(33人)落网……;中央纪委监察部网站2017年3月8日《"天网2017"行动启动》中报道:2016年已从70多个国家和地区追回外逃人员1032人,其中国家工作人员134人,"百名红通人员"19人,追回赃款24亿元。

② 参见张磊:《腐败犯罪境外追逃追赃的反思与对策》,《当代法学》2015年第3期。

一、国际合作领域的法律含义

反腐败国际合作是一个全局性、系统性的工作。同时工作中又要抓住主要工作的主要方面,才能推动工作的又好又快开展。因而,在反腐败国际合作中,国家监察委员会应组织协调有关方面与有关国家、地区、国际组织重点做好各领域的合作工作。

反腐败国际合作领域包括六个方面:一是"反腐败执法"合作,是指我国公安机关、司法行政部门等,与有关国家、地区、国际组织在调查腐败案件、抓捕外逃涉案人等方面开展的合作,如公安机关协调国际刑警组织发布"红色通缉令"。二是"引渡",是指根据双边条约、多边条约或以互惠为基础,向外逃涉案人所在地国提出请求,将涉嫌犯罪人员移交给国内进行追诉和处罚。三是"司法协助",是指根据双边条约、多边条约或以互惠为基础,我国与有关国家、地区之间,在对条约或协定等所涵盖的犯罪进行的侦查、起诉和审判过程中,相互提供最广泛的司法方面的协助。四是"被判刑人的移管",是指外逃人员所在国依据本国法和我们提供的证据,对我国外逃人员进行定罪判刑后,将该外逃人员移交我国服刑。五是"资产追回",是指对贪污贿赂等犯罪嫌疑人携款外逃的,通过与有关国家、地区、国际组织的合作,追回犯罪资产。六是"信息交流",是指我国与有关国家、地区、国际组织之间,发展和共享有关腐败的统计数字、分析性专门知识和资料,以及有关预防和打击腐败最佳做法的资料等。

还要注意的是,反腐败国际合作方式包括双边合作和多边合作两种:一是双边合作。"双边反腐败国际条约",是指我国与某一个国家、地区、国际组织签署的反腐败国际条约,如《中泰引渡条约》。我国开展反腐败双边合作的形式主要有:建立反腐败交流合作关系、签署双边合作谅解备忘录、将反腐败合作纳入战略与经济对话、签署反腐败经验交流与互学互鉴的合作协议等。二是多边合作。"多边反腐败国际条约",是指我国与两个以上的国家、地区、国际组织签署的反腐败国际条约,如《联合国反腐败公约》。①

---

① 参见中共中央纪律检查委员会、国家监察委员会法规室编写:《〈中华人民共和国监察法〉释义》,中国方正出版社 2018 年版,第 227—228 页。

二、反腐败国际合作领域的六大领域

（一）反腐败执法合作

即我国公安机关、司法行政部门等，与有关国家、地区、国际组织在调查腐败案件、抓捕外逃涉案人等方面开展的合作。①

世界各国之间在反腐败问题上进行的各种形式的配合与协作。② 从广义上讲，只要是依法开展的合作，不论其依据刑事法律、行政法律、民事法律，或其他法律开展的国际合作，都可称之为执法合作。③《联合国反腐败公约》第四十八条将执法合作规定为："缔约国应当在符合本国法律制度和行政管理制度的情况下相互密切合作，以加强打击本公约所涵盖的犯罪的执法行动的有效性。"④并规定各缔约国应当就以下几个方面的犯罪信息展开执法交流合作：（1）犯罪嫌疑人的身份、行踪和活动，或者其他有关人员的所在地点；（2）腐败犯罪所得或财产的去向；（3）用于或企图用于腐败犯罪的财产、设备或其他工具的去向；（4）适当时提供必要数目的与犯罪所用物品相同的物品供分析或侦查用；（5）交换腐败犯罪所采用的手段和方法的信息；（6）加强反腐败人员和专家的交流；（7）其他措施。因此，国家监察委员会在国际反腐败执法合作中，应该在包括但不限于上述几个方面的领域展开广泛的合作。

（二）引渡合作

即根据双边条约、多边条约或以互惠为基础，向外逃涉案人所在地国提出请求，将涉嫌犯罪人员移交给国内进行追诉和处罚。⑤

引渡是指不同国家相互根据请求将在本国境内发现的、在对方国家受到刑事追诉或者已被判处刑罚的人移交给请求国，以便对其提起刑事诉讼或者

---

① 参见中共中央纪律检查委员会、国家监察委员会法规室编写：《〈中华人民共和国监察法〉释义》，中国方正出版社 2018 年版，第 227 页。

② 参见杨宇冠、吴高庆主编：《〈联合国反腐败公约〉解读》，中国人民公安大学出版社 2004 年版，第 393 页。

③ 参见樊崇义、王建明主编：《〈联合国反腐败公约〉与我国职务犯罪侦查研究》，中国方正出版社 2011 年版，第 371 页。

④ 参见赵秉志、王志祥、郭理蓉编：《〈联合国反腐败公约〉暨相关重要文献资料》，中国人民公安大学出版社 2004 年版，第 27—28 页。

⑤ 参见中共中央纪律检查委员会、国家监察委员会法规室编写：《〈中华人民共和国监察法〉释义》，中国方正出版社 2018 年版，第 227 页。

执行刑罚合作。① 国际引渡合作中需遵循一定的原则,具体是:互惠原则;条约前置主义原则,原则上不与没有缔结引渡条约的国家进行引渡合作;双重犯罪原则;引渡合作的犯罪需是"可引渡的犯罪",即犯罪需达到一定的严重程度;特定性原则,这是对引渡请求方的一项法律约束,即请求方只能按照引渡请求中所列并且得到被请求方准许的特定犯罪进行追诉和量刑,而且不得擅自将被引渡人再引渡给第三方;或引渡或起诉原则,即对被请求引渡的人或者引渡给请求方,或者按照本国法律移交本国司法机关进行审判。

《联合国反腐败公约》第四十四条②为了加强各国间的反腐败合作,对上述引渡中遵循的原则和条件进行了突破,如将"双重犯罪原则"上升至"双重可罚原则";规定公约规定的腐败犯罪均是可以引渡的犯罪;双方无引渡条约时可以将公约作为引渡的法律依据;腐败犯罪不视为政治犯;不得以财税犯罪为由拒绝引渡;被请求方在不违反本国法律的情况下,紧迫时可以对被引渡人采取强制措施,确保引渡时其在场。《联合国打击跨国有组织犯罪公约》第十六条也进行了相类似的规定。

引渡国际合作中被请求方会因一定的理由拒绝引渡,这些理由包括:本国国民不引渡;政治犯不引渡;不正当的追诉目的;军事犯罪;财税犯罪;死刑不引渡;正当程序和特别法庭;时效与赦免;一事不再理;缺席审判;管辖权欠缺;人道主义考虑;豁免权。③

（三）司法协助

即根据双边条约、多边条约或以互惠为基础,我国与有关国家、地区之间,在对条约或协定等所涵盖的犯罪进行的侦查、起诉和审判过程中,相互提供最广泛的司法方面的协助。④

在国际公法上,司法协助是指主权国家为了共同打击犯罪,以其签署的国

---

① 参见黄风:《国际刑事司法合作的规则与实践》,北京大学出版社 2008 年版,第 19 页。

② 参见赵秉志、王志祥、郭理蓉编:《〈联合国反腐败公约〉暨相关重要文献资料》,中国人民公安大学出版社 2004 年版,第 21—22 页。

③ 参见黄风:《国际刑事司法合作的规则与实践》,北京大学出版社 2008 年版,第 45—73 页。

④ 参见中共中央纪律检查委员会、国家监察委员会法规室编写:《〈中华人民共和国监察法〉释义》,中国方正出版社 2018 年版,第 227 页。

际公约、区域公约或双边条约为依据,在平等互惠的基础上,为其他缔约国代为执行某些司法行动的活动。① 司法协助有广义的司法协助和狭义的司法协助之分。广义的司法协助包括引渡、小司法协助、相互承认与执行刑事判决和刑事诉讼移管。② 狭义的司法协助也称"小司法协助",它的范围包括刑事诉讼文书的送达、调查取证、解送被羁押者出庭作证、移交物证和书证、冻结或扣押财产、提交法律情报等。③

从反腐败国际司法协助和执法合作的内容看,二者是两个不同的合作领域,但是二者又具有一定的交叉。两者的相同之处是,二者均是以打击腐败犯罪为宗旨;同时二者在合作过程中采取的某些措施可能是相同的,如调查取证过程中追查用于腐败犯罪的财产、设备和犯罪工具的去向等。但是二者又具有明显的不同。首先,二者的合作主体不同,司法协助主体一般指广义的刑事司法机关,而执法合作的主体泛指一切拥有行政执法职能的机关,甚至可以是依据本国法律不享有刑事司法权的机关。其次,二者的合作目的和对象不同,司法协助一般是为了办理具体的刑事案件或在立案后的刑事诉讼程序中进行,需适用双重犯罪的标准;而执法合作是为了预防、侦查犯罪或者行政违法行为展开,不需适用双重犯罪的标准。再次,二者所采用的程序不同,司法合作需遵循专门的司法程序或相应的程序进行,而执法合作则没有严格的限制,只以合法、有效、快捷为标准。最后,二者法律依据的效力不同,司法协助所依据的法律须经一定立法审议和批准程序,而执法合作的法律依据一般仅需双方主管行政主管机关签批就可生效。④

《联合国反腐败公约》第四十六条将司法协助合作的范围规定为"缔约国应当在对本公约所涵盖的犯罪进行的侦查、起诉和审判程序中相互提供最广泛的司法协助",即将司法协助限定为狭义的司法协助,并对司法协助的内容进行了详细的列举。而且《联合国反腐败公约》对传统的司法协助理念进行

---

① 参见李翔:《反腐败国际刑事合作机制研究》,北京大学出版社2011年版,第59页。
② 参见黄风:《国际刑事司法合作的规则与实践》,北京大学出版社2008年版,第103页。
③ 参见黄风:《国际刑事司法合作的规则与实践》,北京大学出版社2008年版,第104页。
④ 参见黄风:《国际刑事司法合作的规则与实践》,北京大学出版社2008年版,第112—113页。

了一定的突破,如规定辨认、冻结、追查犯罪所得和追回资产,使腐败犯罪所得或腐败犯罪收益的追缴可以独立于刑事诉讼的进程进行,允许不以腐败犯罪事实或刑事责任的判定为前提。同时,还规定被请求国在特定情形下,可以无须事先请求而向请求国提供腐败犯罪相关资料;并允许通过远程视频的方式作证。①

（四）被判刑人的移管

即外逃人员所在国依据本国法和我们提供的证据,对我国外逃人员进行定罪判刑后,将该外逃人员移交我国服刑。②

在国际公法上,被判刑人移管是指一国将在本国境内被判处自由刑的犯罪人移交给犯罪人国籍国或常住地国以便服刑,犯罪人的国籍国或常住地国接受移交并执行所判刑罚的活动。③ 也可以将被判刑人移管理解为,是被请求国根据请求国的请求,将在其境内被判处监禁或者其他原因被剥夺人身自由的他国公民送还其国籍国或居住国,进行服刑的国际刑事合作机制。④《联合国反腐败公约》第四十五条对被判刑人移管规定:"缔约国可以考虑缔结双边或多边协定或者安排,将因实施根据本公约确立的犯罪而被判监禁或者其他形式剥夺自由的人移交其本国服满刑期。"因而,被判刑人移管,实质上就是对移管请求国判决的变相承认与执行,在未缔结相互承认与执行判决与裁定的国家间,不失为一种有效的替代措施。

国家间被判刑人移管的目的,就是让被判刑人在熟悉的环境中服刑和接受教育改造,克服语言文化和生活习惯的障碍,使其在服刑结束后早日重新地适应社会生活。同时,对于判刑国而言,将在本国判刑的外国囚犯送回其国籍国,有利于其服刑管理而且方便刑罚的执行;对于执行国而言,有利于体现其保护本国国民的原则,提高国家的权威性和社会的稳定性,因此被判刑人移管合作是一种互惠互利的反腐败国际合作方式。我国目前已经与乌克兰、俄罗

---

① 参见黄风主编:《中国境外追逃追赃经验与反思》,中国政法大学出版社 2016 年版,第143—150 页。

② 参见中共中央纪律检查委员会、国家监察委员会法规室编写:《〈中华人民共和国监察法〉释义》,中国方正出版社 2018 年版,第 227 页。

③ 参见张智辉:《国际刑法通论》(增补本),中国政法大学出版社 1999 年版,第 383 页。

④ 参见李翔:《反腐败国际刑事合作机制研究》,北京大学出版社 2011 年版,第 66 页。

斯、西班牙、葡萄牙等国缔结了被判刑人移管的双边条约。

被判刑人移管国际合作中应遵循以下原则：1. 有利于被判刑人原则；2. 不加重刑罚原则；3. 一罪不再罚原则；4. 相互尊重主权和管辖权原则。同时，被判刑人移管合作还应符合以下条件：1. 被判刑人是执行国的国民；2. 被判刑人所犯之罪在执行国也构成犯罪；3. 被判刑人仍须服一定期限的刑罚；4. 在执行国不存在尚未完结的上诉或申诉程序；5. 必须获得被判刑人的同意。①

（五）资产追回

即对贪污贿赂等犯罪嫌疑人携款外逃的，通过与有关国家、地区、国际组织的合作，追回犯罪资产。②

有学者将资产追回概括为，资产流出国在资产流入国没有采取没收等处置措施的情况下，通过一定的途径对该资产主张所有权而将其追回，或者由资产流入国对腐败资产进行没收后，再将其返还给资产流出国的资产追回机制。③《联合国反腐败公约》将资产的追回手段分为两大类，分别是直接追回财产的措施和通过没收事宜的国际合作追回资产的机制，即资产的直接追回机制和资产的间接追回机制。《联合国反腐败公约》第五十三条规定资产的直接追回措施可分为三种：1. 资产流出国依据资产流入国的法律，在民事诉讼中依法提起确权之诉，主张对非法转移财产的所有权；2. 资产流出国依据资产流入国法律，在民事诉讼中，依法提起侵权之诉，要求侵犯财产的被告人进行补偿或损害赔偿；3. 资产流出国在资产流入国对腐败犯罪所涉财产进行没收或处理之时，直接向相应司法机关提供所有权证明，要求返回。④

《联合国反腐败公约》第五十四条规定资产的间接追回措施可分为三种：1. 执行请求国关于腐败资产的罚没判决或裁定；2. 通过由腐败资产所在地主

---

① 参见黄风：《国际刑事司法合作的规则与实践》，北京大学出版社 2008 年版，第 197—203 页。

② 参见中共中央纪律检查委员会、国家监察委员会法规室编写：《〈中华人民共和国监察法〉释义》，中国方正出版社 2018 年版，第 227 页。

③ 参见李翔：《反腐败国际刑事合作机制研究》，北京大学出版社 2011 年版，第 73 页。

④ 参见赵秉志、王志祥、郭理蓉编：《〈联合国反腐败公约〉暨相关重要文献资料》，中国人民公安大学出版社 2004 年版，第 30 页。

管机关进行刑事追诉而没收此涉案财产；3.在犯罪人死亡、潜逃或缺席而无法对其进行起诉或采取其他有关情形下，采取不经刑事定罪而直接没收此类涉案财产。① 简言之，直接追赃属于私法救济的途径；间接追赃属于公法救济的途径，需要国家间合作才能实现，是反腐败国际合作的重点。

采取没收事宜的国际合作应注意以下几个方面的事项：首先，合作的条件：1.合作双方具有执行腐败犯罪没收事宜的国际法律依据；2.没收此类犯罪所得的国际合作双方均具有的国内法依据，且不能损害被请求国法律的基本原则、公共利益和其他基本利益。其次，合作的内容：1.没收的对象，《联合国反腐败公约》第二条第五项和第三十一条将没收对象规定为，通过实施腐败犯罪而直接或间接产生或者获得的任何财产，包括腐败犯罪所得或与腐败犯罪价值相当的财产，以及用于或者拟用于实施腐败犯罪的财产、设备或工具。具体转化为三种表现形态：（1）替代收益，即由犯罪所得全部或部分转变或转化的其他财产；（2）混合收益，即犯罪所得已经与从合法来源获得的其他财产相互混合；（3）利益收益，即由犯罪所得、犯罪所得转变或转化而成的财产或者已经与犯罪所得相混合的财产所产生的收入或其他利益。② 2.合作的义务，被请求国接到请求国的合作请求后，应在本国法律范围内尽最大可能配合请求国的请求，以便实现没收事宜的合作；请求国在提出没收事宜合作的请求时，应提供相应的请求文书和必要的证据材料。3.请求的处理，被请求国接到请求后，依据国际条约和国内法的规定和程序采取行动，配合请求国的工作，并有权拒绝不符合国际条约、危害国家主权、证据不充分、价值极其轻微的合作请求。再次，采取没收事宜的合作还需确保善意第三人的合法利益。

被请求国没收腐败犯罪资产后，在不损害善意第三人的前提下，依据法律规定将追缴没收的资产返还原合法所有权人，并在返还前扣除被请求国在没收过程中支出的合理费用。同时，在资产追回国际合作过程中，一些国家将对被追缴资产的进行分享是视为进行合作的条件。资产分享原本是各国在共同打击某些跨国犯罪的实践中采用的做法，目的是提高各国参与相关打

---

① 参见赵秉志、王志祥、郭理蓉编：《〈联合国反腐败公约〉暨相关重要文献资料》，中国人民公安大学出版社2004年版，第30—31页。

② 参见黄风：《国际刑事司法合作的规则与实践》，北京大学出版社2008年版，第162页。

击合作的积极性,后来被一些国家扩展适用到不属于国际犯罪的刑事案件中。美国、加拿大等西方国家是善于运用这一措施的国家。根据美国的相关法律规定和司法实践,外国分享的比例主要取决于该国在国际司法协助合作中的贡献大小,实践中具体分为三个层次:1. 重大协助,分享比例为50%—80%;2. 实质性帮助,分享比例为 40%—50%;3. 提供便利,分享比例为40%以下。①

(六)信息交流

即我国与有关国家、地区、国际组织之间,发展和共享有关腐败的统计数字、分析性专门知识和资料,以及有关预防和打击腐败最佳做法的资料等。②

犯罪情报信息十分重要,有学者指出:"犯罪情报信息是对犯罪情况的全方位记录,可以从中分析出各种犯罪的成因、特点,犯罪活动的规律以及发展趋势;可以掌握有关犯罪活动的情况,如跨境的策划、准备、实施过程,犯罪手段、工具和技能的运用,有组织犯罪的基本情况以及犯罪对象的有关资料等。警察机构如能将协同收集到的上述信息及时互相通报,将有助于警察机构针对具体情况拟订切实可行的防范措施并采取联合行动打击犯罪活动。"③同理,在反腐败的国际合作中,加强信息的交流合作,互相熟知对方的反腐动态和国际最新反腐败相关法律制度方面的信息,对提升反腐败国际合作效率,扩大反腐败国际合作成果至关重要。《联合国反腐败公约》第六十一条对信息的交流作出如下规定:"1. 各缔约国均应当考虑在同专家协商的情况下,分析其领域内腐败方面的趋势以及腐败犯罪实施的环境。2. 缔约国应当考虑为尽可能拟订共同的定义、标准和方法而相互并通过国际和区域组织发展和共享统计数字、有关腐败的分析性专门知识和资料,以及有关预防和打击腐败的最佳做法的资料。3. 各缔约国均应当考虑对其反腐败政策和措施进行监测,并

---

① 参见张士金:《资产追回国际法律合作问题研究》,中国人民公安大学出版社 2010 年版,第 135—136 页。

② 参见中共中央纪律检查委员会、国家监察委员会法规室编写:《〈中华人民共和国监察法〉释义》,中国方正出版社 2018 年版,第 227—228 页。

③ 参见高智华:《区域刑事司法协助中警务合作的模式与路径》,《中国人民公安大学学报(社会科学版)》2009 年第 1 期。

评估其效力和效率。"①《联合国打击跨国有组织犯罪公约》第二十八条②也对信息交流合作进行了相类似的规定。

　　古人云"知己知彼,百战不殆","他山之石,可以攻玉"。因此,我国在反腐败国际合作应强化信息交流工作,了解新的腐败犯罪行为方式,交流人员培训、公职人员监管等方面的经验,学习其他国家的腐败犯罪案件研究成果。同时,及时地将我国要追捕的犯罪嫌疑人和要追缴的腐败资产向世界公布,表明我国反腐败斗争的决心和态度。通过信息的交流,占据国际道义的制高点,倡导构建国际反腐新秩序,压缩外逃人员的生存空间,进一步扩大我国国际反腐的成效。而且,通过反腐信息的交流能够有效提升我国国际反腐工作能力,提高反腐败国际合作的工作效率,推动我国国际反腐工作向纵深发展。

　　上述六种反腐败国际合作领域,是当前国家监察委员会组织协调合作交流的重点领域,随着反腐败国际合作工作的深入,会有更多新的国际合作方式的出现,进一步提升我国的反腐败国际合作水平。

第三节　追逃、追赃、防逃规定

　　《监察法》第五十二条规定:"国家监察委员会加强对反腐败国际追逃追赃和防逃工作的组织协调,督促有关单位做好相关工作:(一)对于重大贪污贿赂、失职渎职等职务犯罪案件,被调查人逃匿到国(境)外,掌握证据比较确凿的,通过开展境外追逃合作,追捕归案;(二)向赃款赃物所在国请求查询、冻结、扣押、没收、追缴、返还涉案资产;(三)查询、监控涉嫌职务犯罪的公职人员及其相关人员进出国(境)和跨境资金流动情况,在调查案件过程中设置防逃程序。"本条是关于反腐败国际追逃追赃和防逃工作的规定,主要目

---

① 参见赵秉志、王志祥、郭理蓉编:《〈联合国反腐败公约〉暨相关重要文献资料》,中国人民公安大学出版社2004年版,第34页。
② 参见赵秉志、王志祥、郭理蓉编:《〈联合国反腐败公约〉暨相关重要文献资料》,中国人民公安大学出版社2004年版,第163页。

的是进一步明确国家监察委员会在反腐败国际追逃追赃和防逃工作中的组织协调、督促落实职责,推动国内有关单位积极履行反腐败国际合作相关职责。

一、追逃、追赃、防逃法律含义

追逃、追赃、防逃是国家监察委员会反腐败国际合作的重要职责,需要加强组织协调,督促有关单位做好相关工作。党的十八大以来,在中央反腐败协调小组直接领导下,中央追逃办加强统筹协调,各地区各部门积极行动、密切协作,主体责任层层压实,追逃追赃体制机制逐步健全,国际执法协作网络越织越密,追逃追赃工作取得显著成效。仅2017年就从70多个国家和地区追回外逃人员1300人,追回人数创历史新高。其中,国家工作人员347人,"百名红通"14人,追回赃款9.8亿元人民币。①

随着国家监察法的实施,国家监察委员会成为追逃追赃和防逃工作的责任主体,"加强对反腐败国际追逃追赃和防逃工作的组织协调",就要抓住当前反腐败国际共识不断增强的机遇,持续推进"猎狐"、"天网"等专项行动,紧盯重点外逃区域、重点个案,做到追逃防逃一起抓、追逃追赃一起抓、受贿行贿一起抓。同时加强反腐败综合执法国际协作,积极参与制定相关国际规则,推动双边引渡、司法协助条约谈判取得新成果,不断提高国际追逃追赃能力和成效。继续公开曝光外逃人员信息,旗帜鲜明、理直气壮开展宣传,打好政治战、外交战、法律战、舆论战和信息战,进一步占据道义制高点。坚持问题导向,加强追逃追赃调查研究,不断健全体制机制,强化工作力量,建设一支政治过硬、本领高强、作风优良的追逃追赃国家队。

"督促有关单位做好相关工作",就是要帮助有关单位深刻认识追逃追赃工作是全面从严治党、遏制腐败蔓延的重要一环,要认清当前形势,提高政治站位,坚决贯彻落实党的十九大精神和中央纪委二次全会工作部署,牢固树立"四个意识",增强"四个自信",不断提高做好追逃追赃工作的自觉性、主动性

---

① 参见《中央追逃办召开会议研究部署2018年工作驰而不息推动追逃追赃向纵深发展》,中央纪委国家监委网站 http://www.ccdi.gov.cn/toutiao/201802/t20180209_163746.html,最后访问时间2018年4月15日。

和责任感。坚持统筹协调,全国一盘棋,坚持有逃必追、一追到底,追逃追赃、驰而不息,实现追回数量新突破,有效遏制外逃人员增长,为推动反腐败斗争压倒性态势向压倒性胜利转化作出新贡献。

二、反腐败追逃工作的实施

依据监察法规定,对于重大贪污贿赂、失职渎职等职务犯罪案件,被调查人逃匿到国(境)外,掌握证据比较确凿的,通过开展境外追逃合作,追捕归案。这一规定的要义是:国家监察委员会组织协调国际追逃的案件,为重大职务犯罪案件;被调查人已经逃匿到国(境)外;监察机关已经掌握比较确凿的证据;应当通过开展境外追逃合作,将被调查人追捕归案。对此,应从以下几个方面加以理解。

(一)何谓"重大职务犯罪案件"

根据我国相关法律的规定,职务犯罪案件包括贪污贿赂类、失职渎职类和公职人员利用职权侵犯公民人身权利和民主权利类犯罪案件,这三大类犯罪案件共涉及 50 多个罪名。根据《关于人民检察院直接受理立案侦查案件立案标准的规定(试行)》(1999 年)①、《最高人民检察院关于渎职侵权犯罪案件立案标准》(2006 年)②、《最高人民法院、最高人民检察院关于办理贪污贿赂刑事案件适用法律若干问题的解释》(2016 年)③、最高人民检察院关于印发《人民检察院直接受理立案侦查的渎职侵权重特大案件标准(试行)》的通知(2001 年)④等相关司法解释的规定,贪污贿赂类犯罪重大案件的立案标准是——依据犯罪的事实、情节,已经或者可能被判处十年有期徒刑以上刑罚的,或者案件在本省、自治区、直辖市或者全国范围内有较大影响的贪污受贿

---

① 参见最高人民检察院网 http://www.spp.gov.cn/site2006/2006-02-22/00024-104.html,访问时间 2017 年 10 月 5 日。

② 参见法律图书馆网 http://www.law-lib.com/law/law_view.asp? id=167455&page=3,访问时间 2017 年 10 月 5 日。

③ 参见最高人民检察院网 http://www.spp.gov.cn/zdgz/201604/t20160419_116381.shtml,访问时间 2017 年 10 月 5 日。

④ 参见法律图书馆网 http://www.law-lib.com/law/law_view.asp? id=111425,访问时间 2017 年 10 月 5 日。

案件;失职渎职类犯罪案件中滥用职权罪重大案件立案标准是——致人死亡二人以上,或者重伤五人以上,或者轻伤十人以上的,或造成直接经济损失五十万元以上的;玩忽职守罪重大案件立案标准是——致人死亡三人以上,或者重伤十人以上,或者轻伤十五人以上的,或造成直接经济损失一百万元以上的。从以上的法律规定,能够看出贪污贿赂类和失职渎职类犯罪重大案件都是给国家和社会造成重大损失或具有重大社会影响的案件,成功办理此类案件能够取得良好的社会效应。

境外追逃工作涉及广泛而复杂的法律知识和高昂的追逃成本,需要相关工作人员不仅要了解并熟知国际法和合作对方国家的法律制度,还要熟练运用我国的法律法规,综合考量,最大限度地为我国在合作中争取有利条件,用最小的投入,获得收益的最大化。我国国际追逃成效显著,但是仍有大量的外逃人员未被抓捕归案。因而,在现有追逃工作人员和经费有限的情况下,应首先抓住重点,将具有重大社会效应的外逃人员和转移的赃款追回,满足人民群众惩治腐败犯罪分子的需求,挽回国家财产的损失,以保持反腐败斗争的高压态势。因此,国家监察委员会组织协调有关机关进行国际追逃工作的案件,应是贪污贿赂、失职渎职等重大职务犯罪案件。

(二)被调查人逃匿到国(境)外

国家监察委员会组织协调国际追逃的前提条件之一,是被调查人逃匿到国(境)外。首先,只有被调查人外逃,才需要国家监察委员会组织协调进行国际追逃。国际追逃涉及国家间的合作,而国家间由于法律传统、文化差异等方面的不同,导致法律规定和适用上的差异,如在举证程序、证据规则、是否适用死刑等方面存在明显的不同。同时,尊重国家主权是国际合作原则性条件。因此,我国在抓捕外逃被调查人的过程中,需要协调我国外交、司法部门等国家机关与相关国家做好协调衔接工作,在相互尊重国家主权和平等互惠的基础上,确保国际追逃工作的有效开展。其次,职务犯罪被调查人通过外逃,逃避我国法律的制裁,损害我国法律的权威性,必须将其抓捕归案,使其接受法律的制裁。确保任何人不能通过犯罪获得收益,以维护法律的权威性和社会的公平正义。目前,我国外逃腐败犯罪嫌疑人的数量较多,但是一直没有一个具体准确的统计数字。据香港《文汇报》2004年1月29日引述的资料显示:

2003 年上半年,我国共有 8371 名贪官外逃,其中县处级以上干部外逃 3908
人,占外逃人员总数的近一半。广东、河南、福建三省的外逃人员分别是 1204
人、804 人、586 人。① 大量的腐败犯罪分子外逃,没有受到应有法律惩罚,是
对我国法治反腐的挑战,也会降低我国法律的权威性,不利于对潜在的腐败犯
罪分子形成震慑作用。因此,国家监察委员会组织协调有关机关,进行国际抓
捕,将外逃被调查人绳之以法。

（三）掌握比较确凿的证据

国家监察委员会进行国际追逃合作的基础是,已经掌握了比较确凿的证
据。对被调查人犯罪事实的认定完全依赖于证据,而且国际追逃中向合作方
提出配合请求的依据,最终也会归结到我国提供的证据上。在证据的证明标
准上,我国《刑事诉讼法》将刑事案件的证据证明标准规定为"事实清楚,证据
确实、充分"②,而我国外逃人员集中的英美法系国家,在证据适用上的总原则
则是"犯罪的性质越严重,必要的证据最低要求就越高"③。目前,对于追逃引
渡过程中提供的证据材料,国际上存在三种不同的标准。第一种是"表面证
据"标准,即请求方所提供的犯罪证据,在未遇反驳的情况下,构成将有关人
员提交法院审判的充足证据。这种标准在一些国家也被表述为"合理根据"
或者"重大嫌疑"标准。第二种标准是要求说明存在足够证据,他虽然不要求
提供证据、但要求提供"现有证据摘要以及一项根据请求国法律上述证据足
以证明有理由起诉该人的说明"。第三种是"零证据"标准,即只要求请求方
提供对被请求引渡人签发的逮捕令以及有关的案情摘要。④ 因而,国家监察
机关在组织协调进行国际追逃的过程中,要严格审核相关的证据材料,使其不
仅要符合我国的证据标准,更要符合追逃合作方的证据标准,并根据追逃工作
的实际需要随时完善和补充相关的材料,确保追逃合作的顺利开展。

---

① 参见陈雷:《建立健全防范腐败分子外逃工作机制》,载黄风、赵林娜主编:《国际刑事司
法合作:研究与文献》,中国政法大学出版社 2009 年版,第 43 页。
② 参见陈瑞华:《刑事证据法学》(第二版),北京大学出版社 2014 年版,第 305 页。
③ 参见[英]塞西尔·特纳:《肯尼刑法原理》,王国庆等译,华夏出版社 1989 年版,第
548 页。
④ 参见黄风:《国际刑事司法合作的规则与实践》,北京大学出版社 2008 年版,第 86 页。

（四）开展境外追逃合作

国家监察委员会组织协调有关机关进行国际追逃时，方式是通过境外追逃。当下，我国主要是通过采取提请国际刑警组织发布通报等有效措施进行。目前，国际刑警组织有 184 个成员机构，这些机构中的庞大的警察网络、先进的通信设施和数据处理系统，对于侦查、发现和追踪职务犯罪信息及外逃人员的行动轨迹等重要追逃信息，具有无可比拟的优势。尤其是国际刑警组织的"红色通缉令"，能够对外逃人员造成极大的心理和社会压力，迫使其主动投案自首，回国接受法律的惩罚。因此，通过与国际刑警组织的合作，能够有效推动我国追逃工作的开展。

但是，在国际追逃的过程中对国际刑警组织的局限性也要有清醒的认识，不能过分地倚重这一方式。国际刑警组织是各国警察机关之间的一个松散的合作组织，它不是一个"超国家"的司法机构或执法机构，只能"在各国现行法律的限度之内"开展合作。[①] 国际刑警组织的主要职责是成员间相互交换信息和情报，在引渡合作方面，其职责仅限于向各成员单位转发外逃人员的通缉令和拘捕令，并搜集和交换有关外逃人员所在地和踪迹方面的信息。该组织本身不具体负责外逃人员的引渡，而是采取联络、协调、斡旋的方式，促成相关国家的引渡合作。[②] 因而，国际刑警组织的"红色通缉令"，只能起到信息情报交换的作用，对于大多数成员国不具有强制的约束力。而且，在一些"三权分立"的西方国家，警察的权限受到严格制约，特别是在涉及人身自由和财产权利的问题上，没有法官或者检察官签发的命令或指示，警察机关是不能擅自行动的。如依据《加拿大刑事司法协助法》第十七条规定："收到文件和信息的主管机关应向其相信犯罪的全部或部分证据所在的省的法院申请收集证据的命令。"[③]因此，国家监察委员会在组织协调有关机关进行国际追逃时，应灵活运用国际刑警组织通报、引渡、遣返、劝返、异地追诉等多种有效追逃措施，成

---

① 参见《国际刑警组织章程与规则章程》，转引自黄风、赵林娜主编：《国际刑事司法合作：研究与文献》，中国政法大学出版社 2009 年版，第 25 页。

② 参见朱恩涛主编：《国际刑警与红色通缉令》，中国人民公安大学出版社 2006 年版，第 67 页。

③ 参见《加拿大刑事司法协助法》，王强军译，载黄风、赵林娜主编：《国际刑事司法合作：研究与文献》，中国政法大学出版社 2009 年版，第 391 页。

功地完成追逃工作。

在追逃实践中,在非常情形下还会采取非常规追逃措施。非常规追逃措施常见的有两种,具体而言是:1.绑架,采用绑架的手段将在逃人员抓捕回国;2.诱捕,将犯罪嫌疑人引诱到诱骗国境内、国际公海、国际空域或有引渡条约的第三国,然后进行逮捕或引渡。① 由于这两种措施的适用,均未经犯罪嫌疑人所在的主权国家的批准,是犯罪嫌疑人追捕国擅自开展调查活动,往往会违反犯罪嫌疑人所在地国家的刑事法律,并构成非法拘禁罪或绑架罪,进而引发严重的外交纠纷。因此,在实践中,非常规的追逃手段很少被使用。

(五)被调查人追捕归案

国家监察委员会组织协调有关机关加强国际追逃合作,最终目的就是将外逃的腐败分子抓捕归案。外逃的腐败犯罪分子,大多是行使公权力的公职人员,而且其中的大部分是原工作部门的领导或负责人,在其出逃前,其腐败行为已严重侵害了正常的工作秩序,并且其腐败行为往往涉及严重的经济问题,在当地造成了不良的社会影响。人民群众对这些腐败分子深恶痛绝,将其抓捕归案使其受到应有的法律惩罚,能够满足人民群众的殷切希望,而且能够对潜在的犯罪分子起到震慑作用,实现惩治腐败犯罪一般预防和特殊预防的相结合。同时,近年来重点领域的腐败案件呈现出"窝案"、"串案"现象上升的趋势,往往出逃的腐败犯罪分子一人涉嫌多罪、数罪缠身的案件很多,将出逃的犯罪分子抓捕归案,对于查清案件事实、查明涉案人员和涉案资金的流向和具体数额具有极其重要的意义。而且,通过将外逃人员抓捕归案,也能将陷于停滞的诉讼程序重新启动,使案件审查结案,使遭到破坏的法律秩序早日恢复,维护我国法律的权威性。

同时,将外逃人员早日抓捕归案,对其自首或立功情节进行认定,严格依法进行审判,符合从轻、减轻处罚的,在量刑时依法予以认定,使其接受法律的惩罚和再教育,并将审判结果及时地进行通报,表明我国法治反腐的决心和行

① 参见中共中央纪律检查委员会、国家监察委员会法规室编写:《〈中华人民共和国监察法〉释义》,中国方正出版社 2018 年版,第 231 页。

动,在国际上提升我国的法治形象,威慑其他未归案的外逃人员。国际追逃工作中,将一些比较典型的外逃人员抓捕归案,能够极大地震慑其他出逃人员或同案犯。如原中国银行哈尔滨河松街支行行长高山,于2012年8月回国自首并接受司法审判。而高山能够回国自首,一方面是迫于中加两国强大的追捕压力;同时其也看到赖昌星、邓心志、崔自力等与其类似的外逃人员,在被抓捕归案后,受到依法公正的审判,这对高山的触动很大,强化了其回国自首的决心。

因此,将出逃人员追捕归案,有利于维护法律权威,体现我国全面依法治国的战略;而且通过案件的办理能够找出社会管理的漏洞,及时进行完善,提高腐败犯罪的一般预防能力,推进国家治理体系和治理能力现代化,增强国际竞争力,为我国经济和社会更好更快地发展,打下坚实的基础。而且,将腐败犯罪分子追捕归案并进行依法惩处,能够恢复人民群众对遭受严重破坏的金融体系、民主体制和法制的信心,从而避免人民群众对政府和官员信任度下降、社会思想道德败坏,以及法制观念的虚无等现象。[1]

三、反腐败追赃工作的实施

国(境)外追逃追赃是反腐败国际司法合作的两大主题,二者同等重要。追逃是解决人的问题,通过国际合作把外逃的犯罪嫌疑人或被告人遣返回国,绳之以法;追赃是解决物的问题,要把被非法转移到境外的违法所得及收益追回。[2]

国家监察委员会在组织有关机关进行反腐败国(境)外追赃过程中,应遵循相关工作的客观规律和赃款赃物所在国的法律,按照相应的法定程序办理,提请赃款所在国予以协助,帮助我国完成赃款赃物的追回。这些程序具体就是相关资产的查询、冻结、扣押、没收、追缴和返还工作。

反腐败国际追赃工作中,首先要做好的是相关腐败资产的查询、冻结和扣押工作,为开展进一步的追赃工作奠定基础。而这些工作的开展,需要以双边、多边国际条约和合作方的国内法为基础。如美国、加拿大等国要求,开展

---

[1] 参见张士金:《资产追回国际法律合作问题研究》,中国人民公安大学出版社2010年版,第24—25页。

[2] 参见黄风:《资产追回问题比较研究》,北京师范大学出版社2010年版,第1页。

相应的司法协助要以缔结的条约为基础,按照双边协定的程序进行。同时,联合国和一些国际组织提倡在没有缔结双边条约时,以相关的多边国际条约或公约为依据,如以《联合国反腐败公约》、《联合国打击跨国有组织犯罪公约》作为开展反腐败国际合作的法律依据。在反腐败国际合作的实践中,一些国家明确表示以多边国际公约作为开展合作的法律依据。如,欧洲的西班牙、瑞士、波兰、罗马尼亚、乌克兰,美洲的阿根廷、巴西、哥伦比亚,大洋洲的新西兰等国均将《联合国打击跨国有组织犯罪公约》作为合作的法律依据。① 因此,在开展追赃国际查询、扣押、冻结合作时,应灵活运用相关条约或协定,确保查询工作的顺利开展。

反腐败国际追赃合作在具备合作的法律基础之上,还存在一般性的合作条件、证据标准的要求以及合理的拒绝理由,在提出合作请求之时应予以注意。国际追赃合作中,一般要求追缴的资产需与刑事案件相关、转移腐败资产的行为符合双重犯罪原则、请求方需作出互惠、对等、支付必要费用的承诺。为了共同打击腐败犯罪,扩大反腐败国际追赃合作的范围,《联合国反腐败公约》、《反洗钱金融行动特别工作组 40+9 建议》②等多边条约对上述条件进行了突破,如《联合国反腐败公约》第四十三条第一款、第五十四条第一款第三项规定,要求各缔约国在民事、行政案件中对反腐败展开合作,并允许非定罪没收。③

反腐败国际追赃中查询、冻结、扣押工作,因采取措施的不同,对证据的证明标准的要求也不同。一般性的证明标准是需证明"犯罪行为已经发生;追缴的资产与犯罪行为或犯罪人相关联或者在我国同等情形下资产也需被没收;证据需能证明追缴资产所在具体地点"。没收的证明标准则更高,民事没

---

①　参见王君祥:《违法所得没收特别程序问题研究》,法律出版社 2015 年版,第 238 页。

②　参见严立新、张震编:《反洗钱基础教程》,复旦大学出版社 2008 年版,第 244—266 页。

③　《联合国反腐败公约》第四十三条第一款规定:"在适当而且符合本国法律制度的情况下,缔约国应当考虑与腐败有关的民事和行政案件调查和诉讼中相互协助。"第五十四条第一款第三项规定:"考虑采取必要的措施,以便在因为犯罪人死亡、潜逃或者缺席而无法对其起诉的情形或者其他有关情形下,能够不经过刑事定罪而没收这类财产。"《反洗钱金融行动特别工作组 40+9 建议》第三十七条规定:"即使有关犯罪不属于双重犯罪,各国也应尽量互相提供司法协助。在规定有关犯罪必须属双重犯罪才可互相提供司法协助或引渡的情况下,如果两国都把构成有关犯罪的行为列作犯罪,则无论两国是否把该犯罪列入同一犯罪类别,或以同一罪名描述该犯罪,该犯罪都应视为双重犯罪。"

收需达到"优势证据"标准,刑事没收需达到"排除合理怀疑"或"确实充分"的证据标准。①② 同时,对于证人证言等证据的证明标准因合作措施的不同,也有不同的证据证明标准。

反腐败国际追赃工作中,国际上允许的拒绝理由包括:1. 根本利益,采取国际合作,可能损害国家主权、公共秩序和对资源的过度负担;2. 价值微不足道的资产,在腐败资产国际追缴过程中,需要花费大量的金钱和时间,如果追缴的资金价值较小,甚至不足以支付追缴过程中的必要花费,则合作请求可能被拒绝;3. 双重危险以及在被请求的国家进行诉讼或调查,当犯罪行为人已被定罪或被宣告无罪,或追缴的资产正在诉讼过程中,则可能被拒绝;4. 刑罚的性质和严苛程度,如涉及没收,在被请求国不存在与我国相同的刑罚,则可能被拒绝;5. 豁免权,如果转移腐败资产的犯罪行为人有豁免权,则合作请求有可能被拒绝;6. 缺乏法定程序,如作出的追缴的判决缺乏公平的听证、未给予第三方保护以及基于种族、国籍、性别等无歧视原则,则合作请求可能被拒绝。③ 因而,在进行反腐败国际追赃工作,提出查询、冻结、扣押合作请求时,应充分考虑相关国家以往在国际合作中的习惯做法,做好相应的对策,有的放矢,避免被拒绝后措手不及。

反腐败国际追缴有关机关与合作方依据上述法律规定,开展有效的查询合作,以确定出逃赃款的数额、范围、地点,进而提请合作方采取相应的扣押、冻结措施。而在当今的互联网时代,腐败犯罪行为人在进行资产转移的过程

---

① 参见谢丽珍:《违法所得没收特别程序研究》,法律出版社 2016 年版,第 268 页。

② 美国证据法针对不同的待证事实,确立了多个等级的证明标准,分为理论上的"绝对确定性"(达到 100%的确信度)、"排除合理怀疑"(达到 95%以上的可信度)、"清晰而有说服力的证明"(达到 80%的可信度)、"优势证据"(达到 50%以上的可信度)、"有理由的怀疑"(达到 30%以上的可信度)、"单纯怀疑"(达到 10%左右的可信度)、"合理怀疑"(达到 5%左右的可信度)、"无信息"(相当于 0%的可信度)。其中"单纯怀疑"用来证明启动侦查或者大陪审团调查程序的证明标准;"优势证据"是一般民事诉讼的证明标准,作为被告方证明积极抗辩事由的证明标准。以上分类参见[美]戴尔卡门:《美国刑事诉讼——法律和实践》,张鸿巍等译,武汉大学出版社 2006 年版,第 539 页以下。转引自陈瑞华:《刑事证据法学》(第二版),北京大学出版社 2014 年版,第 298—299 页。

③ 参见[法]让-皮埃尔·布鲁恩、拉里萨·格雷等:《追缴腐败犯罪资产:从业者指南》,王晓鑫译,中国政法大学出版社 2015 年版,第 168—169 页。

中,并不是简单字面意义上的"携款潜逃",而是在转移资产的过程中,进行精密的谋划,使资产的转移会做得非常的隐秘和形式合法化,如通过离岸中心、虚假法人的交易、地下钱庄或境外赌场等方式秘密地转移资产。通过以上这些洗钱的方式,使腐败犯罪所得成为形式上"合法"的收入或者通过洗钱的方式将资金转移的路径和线索模糊化,使追查人员难以甄别,以此来方便腐败分子在境外挥霍和使用。因此,在查询转移的腐败资产时,相关工作人员应系统分析银行报表、商业记录、金融文件和合同、询问相关人员获取与腐败转移资产相关的信息,充分利用互联网"大数据"分析工具,通过个人和公司企业间的资金流确定洗钱的线索,通过个人财产权属信息和税收记录确定现金转移的线索,综合所有线索最后确定腐败转移资产最终的所在地及具体的规模和数量。

反腐败国际追赃工作人员,在完成查询工作的基础上,及时地向合作方提出请求,对被追缴资产采取冻结、扣押的临时保全措施。同时,相关腐败资产的管理工作也需重视,确保被采取相应保全措施的资产不因管理问题而出现不应有的贬值或损耗。在此基础之上就应提交更加充分的证据,向腐败资产所在国提出没收、追缴的合作请求,为最终将涉案腐败资产返还回国内做准备。被请求方接到没收请求后,对相关请求进行审查之后,在符合本国法律的前提下移交有权机关进行处理。

世界各国对于腐败犯罪资产的没收大致可分为三种,分别是刑事没收、非定罪没收和行政没收。刑事没收是指通过法院的庭审或者被告人认罪程序对转移腐败资产人的刑事定罪,相关的涉案腐败资产自然成为判决的一部分而予以没收。非定罪没收是指在不要求定罪的情况下没收相应的涉案资产。通常适用于犯罪人已经死亡、逃匿或被免于起诉;转移的腐败资产已经找到但是没有"所有权人";刑事诉讼中因证据不足转移腐败资产人被无罪释放。因此,非定罪没收是针对转移的腐败资产本身的诉讼,是对"物"的诉讼。行政没收是指不需要司法判决文书就能直接实行的没收。通常由行政执法机关在工作中,直接依职权实施。如海关在执行检查工作中,发现直接进行的现金跨境转移,可依职权直接予以没收,这种方式是最便捷和经济的方式。在没收转移的腐败资产时,没收腐败资产的范围的确定包括基于财产的没收和基于价值的没收两种方式。基于财产的没收是指对犯罪收益、犯罪工具或经证据证实的犯罪收益或工具的没收。而犯罪收益包括直接或间接取得的收益;混合收益所设的资产。基于价值的没收是指对犯罪行为所产生的收益的价值,规定了与该价值相等的罚款,即使相关的犯罪收益已经灭失,在执行没收判决时,要求被执行人支付同等价值的资产。其理论原因是犯罪总收益的计算,不应因价值的损失或资产的损耗而减少,因为犯罪收益的价值在收益产生的那一刻是"具体化的"。[1] 因而,在转移的腐败资产被没收之时,对于腐败资产的范围计算应采取基于价值没收和基于财产没收相结合的方式,扩大追缴转移的腐败资产的范围,减少因腐败行为所造成的损害。

反腐败国际追赃在腐败资产所在国,在完成没收和追缴后,就需依相关的协定将涉及的资产返还回我国,这也是反腐败国际追赃合作的最终目的。反腐败国际追赃中,因为涉及的腐败犯罪所得在另一国家或司法管辖区,追缴的过程需要采取国际合作的方式,合作中许多国家将"分享没收的犯罪所得"视为合作的基础。而且请求返还的腐败犯罪资产在被请求国国内,按照国际法"缔约地支配原则",腐败犯罪所得所在国完全可以依照本国国内法进行支配而不受腐败所得原所有权的约束。如德国《国际刑事事项司法协助法》第五十六条第四款规定:"如果是不受条约管辖的领域,德国在给予没收财产方面的协助后,被没收财产的所有权归德国所有。"[2]随着腐败犯罪所得跨国转移案件的增多,为了扩大国家间反腐败国际追赃的合作,一些国际组织也提倡在扣除追赃过程中支出的合理费用后,合作双方在腐败犯罪所得的追缴和返还中就相关的涉案资产进行分享,以提高涉案资产所在国在腐败资产追缴和返还上的积极性,共同打击跨国腐败犯罪。美国是最善于运用资产分享制度的国家,根据美国司法部的资料统计,自1989年至2001年6月,美国司法部门已向27个国家采用资产分享的方式返还了一亿七千万美元的资产,同时,美国也以相同的方式从加拿大、英国、瑞士等国追回相关的涉案资产。[3]

根据相关国际的协议或协定,腐败犯罪所得资产的返还包括直接返还和

---

[1] 参见[法]让-皮埃尔·布鲁恩、拉里萨·格雷等:《追缴腐败犯罪资产:从业者指南》,王晓鑫译,中国政法大学出版社2015年版,第127页。

[2] 参见谢丽珍:《违法所得没收特别程序研究》,法律出版社2016年版,第280页。

[3] 参见黄风:《资产追回问题比较研究》,北京师范大学出版社2010年版,第142页。

根据协议返还两种方式。直接返还就是依据相关的司法程序直接进行返还,被请求方需承认请求方对腐败犯罪所得的所有权,涉及合作双方对没收裁决或令状的承认,条件较为严格。根据协议返还,就是腐败资产国际追赃合作中的双方,依据双边或多边或资产分享协议,根据分享比例进行返还。如美国对追缴资产的分享按相关国家在追缴国际合作中的"贡献"确定相应的比例:1.重大协助,分享比例为 50%—80%;2.较大协助,分享比例为 40%—50%;3.提供便利,分享比例为 40%以下。①　因此,应尽快地与相关国家达成协议,将大量转移至国(境)外的腐败犯罪资产追回国内。目前,我国已经与加拿大签署了《中华人民共和国和加拿大关于分享和返还被追缴资产的协定》。同时,我国和美国双方同意在追赃领域,商谈相互承认与执行没收判决事宜。随着我国反腐败国际追赃工作的持续推进,会同越来越多的国家签订相应的分享返还腐败资产的协议,进一步地扩大我国反腐败国际追赃的成效。

四、反腐败防逃工作的实施

反腐败防逃就是通过查询、监控涉嫌职务犯罪的公职人员及其相关人员进出国(境)和跨境资金流动情况,在调查案件过程中设置防逃程序,防止腐败犯罪嫌疑人的出逃和将腐败犯罪所得向国外的转移。无论从反腐败社会效益,还是从经济成本上考虑,设置并执行好反腐败防逃措施,都是反腐败工作最优的选择。而为防止腐败犯罪嫌疑人和腐败犯罪所得出逃,国家监察委员会应组织协调有关机关从法律、制度、机制、信息联络等方面做好工作,综合运用立法、司法、执法工作的结合,形成多层次、网格化、立体式的防逃网络,长效化的工作机制,有效地防止腐败犯罪嫌疑人和财物的出逃转移。具体而言,相关国家机关应该做好以下方面的工作:

第一,应该做好职能部门之间的协调工作,并形成防逃长效合作机制。由于反腐败防逃工作涉及国家监察委员会、公安、海关、边防、外交、民航、银行等多个部门的工作,因此应在国家监察委员会的组织下,成立反腐败防逃预警和工作交流的长效合作机制,具体的成员部门包括:最高人民法院、最高人民检

---

①　参见黄风:《资产追回问题比较研究》,北京师范大学出版社 2010 年版,第 143 页。

察院、公安部、国家安全部、外交部、司法部、财政部、审计署、中国人民银行、海关总署、人力资源和社会保障部等部门,具体工作应由国家监察委员会内部预防腐败工作部门负责。国家监察委员会定期召集相关成员部门举行会议,通报防逃工作的最新进展,各成员部门就所掌握的涉及腐败犯罪嫌疑人和腐败犯罪所得的信息进行沟通,针对出现的最新动向,研究下一阶段的工作部署,并传达和学习国际上反腐败工作中的最新工作经验和技术,国家监察委员会在综合各成员部门提供信息的基础上,制定相应的政策、措施,并在此基础上监督已有和新实行措施的实施工作,按相应规定追责失职工作部门及其工作人员,确保各项防逃措施落实到位,防止犯罪嫌疑人利用防逃工作的漏洞趁机出逃。

第二,国家监察委员会组织相关职能部门应充分利用当前的网络信息优势,建立相应的网络信息共享平台,随时掌握犯罪嫌疑人和涉案资金的最新动态。当前各职能部门都有内部系统的信息统计平台,利用当前的互联网和大数据技术,能够做到内部信息的实时掌握。但是,横向上与其他职能部门之间信息的沟通则较少,不同的反腐职能部门间不能及时地共享反腐信息。而且,由于现行信息传递机制的限制,向其他部门公开相应的信息需要一定的审批程序,造成信息的时效性和便利性不足,不利于防逃工作的开展。因此,国家监察委员会应组织协调有关部门建立一个信息网络平台,使相关职能部门及时将自己部门所掌握的信息上传该平台,然后由国家监察委员会将这些信息进行整合,利用互联网大数据技术,分析腐败犯罪嫌疑人和腐败犯罪资产的动向,最终形成相应的预警信息,并将预警信息传达给各职能部门,为各职能部门采取防逃措施赢得准备时间。同时,国家监察委员会组织各职能部门利用这一信息网络平台,强化与国际反腐败机构或同行间加强信息交流,交换犯罪嫌疑人及其境外代理人的相关信息,做好防逃预防措施,使犯罪嫌疑人外逃企图难以实现。

第三,国家监察委员会组织我国有关国家职能部门做好相关公职人员的信息采集制度,并强化证照的管理和公务人员的出国审批制度。国家监察委员会组织相关国家职能部门,加强公职人员的信息采集制度,掌握相关公职人员的个人基本信息和家庭信息。通过公职人员个人信息的采集能够将公职人员的指纹、面部识别等基本信息确定,并通过公安部门我国公民身份信息库的完善,确保公职人员只有一套身份识别信息,防止腐败犯罪嫌疑人用虚假的身份证明出逃。通过公职人员家庭信息的采集,确定公职人员是否在境外有亲属、子女亲属是否已经办理了移民、在境外是否拥有资产。并在此基础上进行信息对比分析,定期进行裸官清查,对有腐败犯罪嫌疑的公职人员进行重点监控,做好防逃工作。

与此同时,还应加强公职人员的护照管理。禁止公职人员拥有多个护照,完善公职人员只能拥有一本因公出国护照和因私出国护照的制度,对公职人员申请因私出国护照进行严格的审批,在腐败犯罪信息共享的基础上,对防逃系统监控公职人员的因私护照坚决不予批准。对已经拥有因私出国护照的公职人员,要求将因私出国护照由相关部门进行统一管理,并做好相关信息备案、更新工作,对不严格履行护照管理制度的公职人员,严格依法依规进行追责。对涉嫌腐败犯罪并重点监控的公职人员违反相关规定的,必要时可作废其因私出国护照。对公职人员持有公务护照、外交护照需出国执行公务的,同样采取严格的审批制度,核实其公务内容,对无正当理由的,不予批准。同时出国执行公务回国后,公务护照、外交护照同样需要由相关职权部门统一管理,需要再次出国执行公务的,在具备齐全的审批手续后,再交由申请人使用。

第四,国家监察委员会应组织有关国家职能部门完善我国的反洗钱制度,严格监管资金的跨境流动,防止腐败犯罪嫌疑人通过洗钱的方式向境外转移犯罪所得。腐败犯罪嫌疑人转移犯罪资产的方式有很多种,大体上可以归纳为以下几种方式:(1)通过地下钱庄、境外赌场等转款。如成克杰通过香港商人张静海将款项转移至香港,成克杰支付张静海费用人民币 1150 万元。(2)通过代理人或者移民海外的子女直接将款项汇至境外的账户或在境外直接收受回扣。(3)假借对外投资、合资、贸易以及其他非贸易渠道,将国有资产转移至目的国,然后通过一定的方式和途径,将转移的资产变为私有。(4)直接携款潜逃。如原中国银行南海支行丹灶办事处信贷员谢炳峰、储蓄员麦容辉在贪污银行巨额资金案发后,携带巨额现金偷渡到香港,后持假护照逃往泰国。(5)在境外直接侵吞国有资产。这种方式通常是由国有企业境外分支机构的管理者或者经营者在与境外企业进行交易合作时所采取。① 这些洗钱的方式,随着互联网技术和经济全球化的发展,出现了许多新的变种,变得更加隐秘和形式"合法化"。

对此,应依据《联合国反腐败公约》规定,结合我国现有《中华人民共和国反洗钱法》、中国人民银行《金融机构反洗钱规定》、中国保险监督管理委员会《金融机构客户身份识别和客户身份资料及交易记录保存管理办法》以及相应的公职人员财产公示制度等金融监管制度,核实存入大额资金的账户和实际收益人身份,并对担任重要职位的腐败犯罪嫌疑人、其家庭成员、其关系密切人员以及其代理人持有的账户强化审查和重点关注。依据中国人民银行《金融机构大额交易和可疑交易报告管理办法》实施的监控腐败犯罪嫌疑人资金变动的状况,并根据资金变动的情况做好相应的预警工作,严防腐败犯罪资产通过金融机构进行转移出逃。在加强金融机构内部反洗钱的基础上,还应强化对现金和网络虚拟货币的监管,通过限制每日支取现金数额和大额现金支取实名制、采集取款人图像等措施,防止腐败犯罪嫌疑人直接支取现金携款潜逃;通过对网络虚拟货币的监管,严控不受监管的虚拟交易,必要时可以通过法律法规的形式予以禁止,严防腐败犯罪嫌疑人通过网络虚拟交易向境外转移资产。与此同时,还应审核并禁止"空壳银行"的存在,防止腐败犯罪嫌疑人利用空壳银行转移犯罪资产。在完善我国现有反洗钱和资金转移监管制度的基础上,还需积极地同国际反腐败、反洗钱机构合作交流,不断完善我国的金融监管制度。

第五,国家监察委员会应组织有关国家职能部门强化边境公安、海关等有关机关的防控工作,打击走私和偷渡国境的行为,严防腐败犯罪嫌疑人出逃和转移犯罪资产。边境防控,作为我国防止腐败犯罪嫌疑人出逃和腐败犯罪所得向境外转移的最后一道防线,是反腐败防逃工作中重要的一环,也是最为关键的一环。腐败犯罪嫌疑人为了逃避法律的制裁,有可能会铤而走险,通过偷渡、走私、地下赌场等方式转移携款潜逃或转移犯罪所得。因此,公安、海关、

---

① 参见余怿:《论公安机关境外追赃》,载赵秉志总主编:《国际刑事司法协助专题整理》,中国人民公安大学出版社 2007 年版,第 388—389 页。

交通、国家安全等部门需密切配合,守护好防逃的最后一道门。首先,国家监察委员会应组织相关的边境防控职能部门,充分利用防逃信息共享平台建立高效、便捷的联络机制,按照监察委员会的预警信息,对于限制离境、立案通缉人员重点关注,对于突发的腐败犯罪嫌疑人出逃线索及时地共享,并在最快的时间内完成防逃工作部署,防止因信息沟通不畅、工作衔接存在漏洞而致使腐败犯罪嫌疑人出逃。其次,国家监察委员会应组织相关边境防控部门,构建联合打击走私、偷渡等犯罪行动的长效合作机制,切断腐败犯罪嫌疑人非法出境的途径,将腐败犯罪嫌疑人围堵在我国境内。再次,边境防控机关在国家监察机关的组织下,加强与相邻国家边境防控机关的反腐败执法合作,交流反腐败情报信息,对边境相邻地区的地下赌场、钱庄等的非法经营机构,展开联合执法,摧毁腐败犯罪嫌疑人非法转移腐败犯罪资产的中介机构,使腐败犯罪嫌疑人没有渠道非法转移违法所得。最后,边境防控机构应做好我国边境地区人民群众的思想工作,并及时地将通缉和限制出境的腐败犯罪嫌疑人信息告知广大群众,采取精神和物质双重奖励的方式,鼓励人民群众及时举报发现可疑人员,通过人民群众中的监督,让腐败犯罪嫌疑人无处藏身,防止其非法出逃。

第六,国家监察委员会组织牵头及时向国家有关部门提出完善我国反腐败立法工作的建议,通过反腐败国际合作的方式消灭国外的"避罪天堂",使腐败犯罪没有法外之地,从根本上断绝腐败犯罪嫌疑人出逃的目标。目前,我国腐败犯罪嫌疑人出逃和转移腐败犯罪所得的目的地,大都是与我国没有签订引渡协议和资产返还分享协议的国家,如美国、加拿大等国。反腐败犯罪嫌疑人逃至这些国家后,因我国与这些国家没有双边的引渡协议等国际司法协助合作协议,追逃工作缺乏长效的合作机制,加上我国与这些国家的法治传统、司法理念的不同,致使腐败犯罪嫌疑人追逃工作不能形成制度化、规范化的长效合作机制,只能针对个案进行协调,国际追逃效率较低。同时,由于相关国家在腐败违法所得没收、追缴的程序与我国存在差异,腐败犯罪违法所得追缴的工作的开展也举步维艰。因此,为了从根本上预防腐败犯罪嫌疑人出逃,应尽快地同美国等腐败犯罪嫌疑人主要逃往目的国,签订相应的引渡协议和资产返还分享协议等反腐败国际合作条约,协调我国与这些国家间的反腐败防逃工作,使腐败犯罪嫌疑人无处可"逃"。而转移的腐败犯罪所得及时地被相关国家追缴返还,能摧毁腐败犯罪嫌疑人出逃后的生存物质基础。同时,在没有签订相关司法协助协议的情况下,积极运用逃往目的国的国内法和多边国际协议,利用遣返、在被请求国国内提起刑事诉讼等多种反腐败国际合作方式追逃,多种防逃措施协调配合震慑腐败犯罪嫌疑人,以达到反腐败防逃的目的。

第七章　对监察机关和监察人员的监督研究

第一节　人大及其常委会监督

《监察法》第五十三条规定："各级监察委员会应当接受本级人民代表大会及其常务委员会的监督。各级人民代表大会常务委员会听取和审议本级监察委员会的专项工作报告,组织执法检查。县级以上各级人民代表大会及其常务委员会举行会议时,人民代表大会代表或者常务委员会组成人员可以依照法律规定的程序,就监察工作中的有关问题提出询问或者质询。"这一规定的主要目的,是明确各级人大及其常委会对监察委员会进行监督的具体形式,强化人大监督的实效性,提高监察委员会和监察人员主动接受人大监督的意识。

一、人大及其常委会监督的法律含义

监察法规定了各级监察委员会应当接受本级人大及其常委会的监督。我国的政体是人民代表大会制度,既不是"三权分立",也不是"五权宪法",在人民代表大会统一行使国家权力的前提下,对行政机关、监察机关、审判机关、检察机关的职权又有明确划分;人大与行政机关、监察机关、审判机关、检察机关都是党领导下的国家机关,虽然职责分工不同,但工作的出发点和目标是一致的,都是为了维护国家和人民的根本利益,这是我国政治制度的特点和优势。人大与行政机关、监察机关、审判机关、检察机关的关系,既有监督,又有支持;既要依法监督,又不代替行使行政、监察、审判、检察职能。监察委员会由人大

产生,理应对其负责,受其监督。

我国宪法规定中华人民共和国的一切权力属于人民。人民行使国家权力的机关是全国人民代表大会和地方各级人民代表大会,县级以上的地方各级人民代表大会设立常务委员会。国家权力,又称公共权力,是以国家名义并由国家机构行使的处理国家对内对外事务的权力。监察委员会对行使公权力的公职人员进行监察,调查职务违法和职务犯罪的权力本身也是一种公权力即监察权,来自于人民并应受人民监督,因此县级以上地方各级监察委员会由本级人民代表大会产生,对本级人民代表大会及其常务委员会负责并接受监督。简单地解释就是:人民把主权让渡给选举的代表,由代表机关选举、监督或罢免国家机关及工作人员,由人民选举出来的国家机关工作人员对人民负责,并接受人民监督。习近平总书记强调,要加强对权力运行的制约和监督,把权力关进制度的笼子里,形成不敢腐的惩戒机制、不能腐的防范机制、不易腐的保障机制,这深刻揭示了制约监督权力的基本路径。

党的十八届六中全会公报指出:监督是权力正确运行的根本保证。权力作为一种集中起来的控制力和社会影响力,不仅代表着对社会的责任和义务,同时也标志着权力行使者不同于一般人的特殊地位、身份。这种以强制力为后盾的权力,不论受支配一方是否情愿,都必须服从。这就使权力的拥有者具有凌驾于他人之上、滥用权力的可能。法国杰出的思想家孟德斯鸠指出,一切有权力的人都容易滥用权力,这是万古不易的一条经验。有权力的人使用权力一直到遇有界限的地方才休止。权力的这些特性,能使有人格缺陷的人产生强烈的占有欲。而他们一旦获得权力,就会改变权力设置时的初衷,利用公共权力为个人牟取不正当利益。因此,用权者必受监督,是权力运行的基本法则。也就是说,要使公共权力沿着国家、社会和群众的整体意志和利益的正确轨道运行,就必须强化对权力的监督和制约。健全国家监察体系,强化人民代表大会及其常务委员会对监察权力的监督,就是通过对国家机关和执掌公共权力的人员包括监察人员的执法问责、依法监督,防止公共权力的异化和滥用,把权力关进制度的笼子里。

二、人大常委会专项工作报告,组织执法检查

根据《中华人民共和国各级人民代表大会常务委员会监督法》(以下简称《监督法》)规定,各级人民代表大会常务委员会每年选择若干关系改革发展稳定大局和群众切身利益、社会普遍关注的重大问题,有计划地安排听取和审议本级人民政府、人民法院和人民检察院的专项工作报告;有计划地对有关法律、法规实施情况组织执法检查。

各级人民代表大会常务委员会对监察委员会的监督可以参照《监督法》相关规定,可以听取和审议本级监察委员会的专项工作报告,并组织执法检查。《监督法》第二条规定:"各级人民代表大会常务委员会依据宪法和有关法律的规定,行使监督职权。各级人民代表大会常务委员会行使监督职权的程序,适用本法;本法没有规定的,适用有关法律的规定。"监察委员会组建后,按照权力属性,也应当被纳入各级人民代表大会常务委员会的监督范围之内。参照人大常委会对"一府两院"的经常性监督工作,对监察委员会的监督应涵盖以下内容:

一是听取和审议监察委员会专项工作报告。本级监察委员会就某一专门事项的工作向本级人大常委会作报告,由人大常委会进行审议的监督活动。根据《监督法》第二章的规定,这一方式的主要内容和程序是:1.制定年度计划和确定议题。根据《监督法》第八条的规定,确定议题的原则是:①要选择关系改革发展稳定大局的重大问题;②要选择群众切身利益的重大问题;③要选择社会普遍关注的重大问题。参照《监督法》第九条规定,确定议题的途径:①本级人大常委会在执法检查中发现的突出问题;②人大代表对监察委员会工作提出的建议、批评和意见集中反映的问题;③本级人大常委会组成人员提出的比较集中的问题;④本级人大专门委员会、常委会工作机构在调查研究中发现的突出问题;⑤人民来信来访集中反映的问题;⑥社会普遍关注的其他问题。2.启动专项报告程序和专题调研。《监督法》第十条规定:常委会听取和审议专项工作报告前,主任会议可以组织本级人大常委会组成人员和本级人大代表,对有关工作报告进行视察或专题调查研究。参加视察或专题调查研究的人大代表可以列席常委会会议,提出意见。参照《监督法》第十一条规定,常委会办事机构应当将各方面对该项工作的意见汇总,交由本级监察委员会研究并在专项工作报告中作出回应。3.听取和审议专项工作报告。会议期间，由监察委员会负责人向常委会全体会议作报告。由常委会组成人员对报告进行审议。常委会认为必要时，可对专项报告作出决议。常委会组成人员的审议意见，交报告机关研究处理。4.对报告机关整改情况的督办。参照《监督法》第十四条的规定，报告机关应正式向常委会提出整改的书面报告。如常委会对专项报告作出决议的，报告机关应当将执行决议的情况，在规定的期限内向常委会报告。5.通报和公布有关情况。参照《监督法》第十四条的规定，常委会应将专项工作报告、审议意见、报告机关整改情况报告或执行决议情况报告，向本级人大代表通报并向社会公布。

二是决算监督，计划、预算执行情况监督及审计工作报告监督具体可参见《监督法》第三章，其中作了具体的、程序化的规定。1.计划监督。（1）听取和审议半年度计划执行情况。参照《监督法》第十六条规定，各级监察委员会应当每年向本级人大常委会报告本年度上一阶段计划的执行情况。（2）听取和审议中长期规划的中期评估报告。参照《监督法》第二十一条规定，五年规划实施的中期阶段，监察委员会要进行中期评估，并提请本级人大常委会对中期评估报告进行审议。对规划中期评估需要调整的，应当将调整方案提请本级人大常委会审查和批准。2.听取和审议有关报告及对审议意见的处理。常委会组成人员对监察委员会草案报告、计划和预算执行情况报告、审计工作报告进行审议。常委会认为必要时，可以对审计工作报告作出决议，本级监察委员会应当在决议规定的期限内，将执行决议的情况向常委会报告。

三是法律法规实施情况的检查。执法检查的特征：第一，执法检查的性质是国家权力机关的监督。第二，执法检查的主体是各级人大常委会。第三，执法检查的监督对象是本级法律实施机关。执法检查的作用：一是可以有效推动法律、法规的正确实施，促进各级监察委员会依法行使权力。二是促进一些关系广大人民群众切身利益的热点问题和倾向性问题的逐步解决。三是可以进行生动有效的法制宣传教育，组织新闻媒体广泛宣传，营造良好的执法环境。四是通过执法检查，发现现行法律法规本身的缺陷和不足，提出修订和完善有关法律法规的建议和意见，促进立法水平和质量的提高。

《监督法》第四章对执法检查这一监督形式的内容和程序作了规定，主要是:1.制订执法检查计划。2.拟订执法检查方案。包括检查的重点内容、检查组组成和分组情况、检查的时间和地点、检查的步骤和方式等内容。《监督法》第二十四条规定,执法检查组的成员,从本级人大常委会组成人员以及人大有关专门委员会组成人员中确定,可以邀请本级人大代表参加。3.组织和开展执法检查。直接检查和委托检查。《监督法》第二十五条规定,全国人大常委会和省级人大常委会可以委托下一级人大常委会对被检查的法律法规在本辖区内的实施情况进行检查,受委托的人大常委会应将检查的情况书面报送上一级人大常委会。4.撰写执法检查报告。根据《监督法》第二十六条的规定,执法检查报告应包括三个方面的内容:①对所检查的法律、法规实施情况进行评价;②提出执法中存在的问题和改进执法工作的建议;③对有关法律法规提出修改完善的建议。5.听取和审议报告及对审议意见的处理。执法检查组组长向常委会全体会议报告执法检查情况,常委会组成人员对执法检查报告进行审议。

三、人大常委会就监察工作中的有关问题提出询问或质询

人大常委会可对监察工作中的有关问题提出询问或者质询的规定即:询问和质询是人民代表大会及其常务委员会举行会议时,人民代表大会代表或者常务委员会组成人员,依照法律规定的程序所采取的监督方式。

询问是人大常委会组成人员对本级监察工作中不清楚、不理解、不满意的方面提出问题,要求作出说明和解释的一种活动。参照《监督法》第三十四条规定,对询问的含义是:凡是参加会议的常委会组成人员和经过常委会决定的列席会议的人员均可以提出询问。可以是口头询问或书面询问,可以是个人或几个人联名提问。一般是由负责人到会当场答复,不能当场答复的,经说明原因,可以在下次会议上答复或者书面答复。答复不满意的,可跟进询问,再作回答。

质询是人民代表大会或人大常委会组成人员在人民代表大会或常务委员会会议期间对监察委员会提出质问并要求答复的一种书面文件。参照《监督法》第三十五条至第三十八条对质询的规定,对质询可作如下理解:第一,质询是以质询案的形式提出的,质询案应当写明质询对象、什么事项、什么理由

提出质询。但需注意,一个质询案,只能对一个对象、一个问题提出,多个对象、多个问题应分别提出。第二,质询案由省、地级人大常委会由其组成人员5人以上联名,县级人大常委会由其组成人员3人以上联名,才能提出质询案,并且必须是书面提出,不能口头提出。第三,质询案提出后,由主任会议决定交由受质询机关答复。是口头答复还是书面答复,是会议期间答复还是闭会期间答复,答复的具体时间,等等,均由主任会议决定。第四,由谁作答复?口头答复的,由受质询机关的负责人到会答复,书面答复的,由受质询机关的负责人签署。第五,提案的常委会组成人员过半数对答复不满意的,可以提出要求,经主任会议决定,由受质询机关再作答复。再作答复仍不满意的,可向常委会提出就质询的事项作专项工作报告或组织执法检查的建议。

第二节　信息公开　接受监督

《监察法》第五十四条规定:"监察机关应当依法公开监察工作信息,接受民主监督、社会监督、舆论监督。"这是关于监察机关接受外部监督的规定,主要目的是设定监察机关自觉接受各方面监督的义务。

一、信息公开、接受监督法律含义

党的十九大报告指出,增强党自我净化能力,根本靠强化党的自我监督和群众监督。要把监察机关的自我监督与民主监督、社会监督、舆论监督有机结合起来,形成发现问题、纠正偏差的有效机制,构建日臻完善的监督和制衡体系。要加强对权力运行的制约和监督,让人民监督权力,让权力在阳光下运行,把权力关进制度的笼子。强化自上而下的组织监督,改进自下而上的民主监督,发挥同级相互监督作用,加强对党员领导干部的日常管理监督。

信息公开、接受监督的规定主要包括两个方面内容:一是依法公开监察工作信息。各级监察委员会应当进一步建立健全监察工作信息发布机制,在主流媒体和主要网站第一时间发布监察工作信息,主动公开工作流程,自觉接受人民群众和新闻媒体监督。尤其是对于社会广泛关注、涉及人民群众切身利益的重大案件查办等工作,监察机关要严格执行有关规定,及时将有关情况向社会公开。二是接受民主监督、社会监督、舆论监督。民主监督一般是指人民政协或者各民主党派等主体对监察机关及其工作人员的工作进行的监督。党的十九大报告指出,加强人民政协民主监督,重点监督党和国家重大方针政策和重要决策部署的贯彻落实。社会监督一般是指公民、法人或其他组织对监察机关及其工作人员的工作进行的监督。舆论监督一般是指社会各界通过广播、影视、报纸、杂志、网络等传播媒介,发表自己的意见和看法,形成舆论,对监察机关及其工作人员的工作进行的监督。需要注意的是,这些监督应当在法律规定的范围内进行。依法监督与非法干预不能混为一谈。监察机关依法独立行使监察权正是针对行政机关、社会团体或个人的非法干预而言的。这是监察机关履行监察职能的重要保证。在实际工作中,监察机关要注意把民主监督、社会监督与舆论监督同无理干扰、非法干涉区别开来,自觉地接受各方面的监督,从而保证监察职权的正确行使。①

二、依法公开监察工作信息

监察委员会作为反腐败专责机关,依法公开监察工作信息,既是保障人民群众对反腐败工作知情权、参与权和监督权的必然要求,又是坚持反腐败专门工作与群众路线相结合的重要途径。让人民监督权力,以公开促公正,以公开促规范,以公开保证监察权依法独立公正行使。通过监察信息公开,促进监察委员会依法办案、文明办案,促进监察人员素质的提高,推动监察工作和监察队伍建设健康发展。

依法公开监察工作信息要积极适应新媒体时代特征,开设互联网门户网站,设置监务公开专栏和网上举报、网上联络、网上咨询、网上接访等互动平台,开通微博和微信等公众平台,并实现各平台功能整合、数据同步。同时,可积极利用手机报、手机客户端等新媒体优势,主动发布监察工作动态、预防腐败知识、警示教育案例以及监察案件办理信息等,及时向社会各界传递"阳光

---

① 参见中共中央纪律检查委员会、国家监察委员会法规室编写:《〈中华人民共和国监察法〉释义》,中国方正出版社 2018 年版,第 242—243 页。

监察"正能量。可考虑把举报接待、控告受理作为监察信息的重要窗口,建立"一站式"服务机制。不仅要设置群众申诉、控告举报、监务查询、监察咨询等服务窗口,还要设置电子触摸屏和显示屏自助服务区域。让群众通过专人服务窗口,可以详细了解办事程序、进行监察咨询或者完成举报、控告等工作;在自助服务区,可通过触摸屏或大屏幕滚动信息全面了解监察委员会职能职责、机构设置和监察工作动态等信息,也可进行提交举报、控告线索等操作,最大限度地保障人民群众对监察工作的参与权、知情权和表达权。

公开监察信息应把握公开的尺度,处理好公开与保密的关系。在利益多元化的今天,监察公开并不是毫无限制地越公开越好。应制定统一的监察公开实施细则和规范,并允许监察公开实施细则例外情形的存在。通常情况下,涉及国家秘密、个人隐私的案件一律不公开;涉及商业秘密的案件,案件当事人申请不公开的,可以不公开。此外,对监察委员会公开执法办案的内容也不应不加任何限制地规定一律"公开曝光",除了依法不公开的案件之外,对依法应当公开的案件也不是全过程都要公开,如监察委员会业务部门讨论案件的过程就不能公开。这有利于给监察人员创造一个相对独立、自由的空间,让监察人员在没有外界干扰和心理压力的环境中,只依据事实、法律和自己所掌握的专业和实践经验办理案件并作出处断。

三、监察工作接受民主监督

民主监督最早来源于"互相监督",毛泽东在《论十大关系》中正式提出中国共产党与各民主党派互相监督的思想。互相监督的思想是老一辈无产阶级革命家在领导党和国家长期革命斗争中总结出的宝贵经验,是建立统一战线政权中不断实践得出的宝贵经验。毛泽东就提出党外人士对共产党的工作提出意见,结合党内监督"内外夹击"促使共产党积极办事,把事情办好。虽然当时没有使用"监督"二字,但是民主党派对共产党进行监督的思想早就已经存在。1948 年 2 月,毛泽东指出"与党外人士合作,对于整掉党内的官僚主义、不民主、贪污现象有极大好处"。① 1979 年,互相监督被引申为民主监督,

---

① 郑宪:《再谈民主监督》,《中央社会主义学院学报》2004 年第 2 期。

写入政协的第三部章程,人民政协的职能当时是"政治协商、民主监督"。人民政协的民主监督,作为我国监督体系的一个重要组成部分,在我国的政治生活中发挥着积极的作用,党和政府、广大人民群众也对民主监督有着很高的要求、抱有很大的期待,人民政协的民主监督职能受到高度重视。

民主监督主要是通过提出建议和批评协助党和国家机关改进工作,提高工作效率,克服官僚主义。邓小平对民主监督的重要性作了多次强调。他指出,"实行群众监督可以把群众的积极性调动起来"。只有把群众的积极性充分调动起来,建设中国特色社会主义才会有更广泛的基础。加强民主监督,有利于集思广益,正确决策。邓小平同志说:"由于我们党的执政党地位,我们的一些同志很容易沾染上主观主义、官僚主义和宗派主义的习气。因此,对于我们党来说,更需要广泛听取来自各个方面的批评和监督,以利于集思广益,取长补短,克服缺点,自我完善。"建立和完善民主监督制度,可以防止特权和腐败滋生。特权主义和腐败分子,最害怕的是群众。正因为如此,邓小平同志要求,"要有群众监督制度,让群众和党员监督干部,特别是领导干部。凡是搞特权、特殊化,经过批评教育又不改的,人民就有权进行检举、控告、弹劾、撤换、罢免,要求他们在经济上退赔,并使他们受到法律、纪律处分"。

民主监督的途径主要有:通过信访举报制度;通过人大代表、政协委员联系群众制度;通过舆论监督制度;监督听证会、民主评议会、网上评议政府等。人民政协民主监督的主要形式有:政协全体会议、常委会议、主席会议向党委和政府提出建议案;各专门委员会提出建议或有关报告;委员视察、委员提案、委员举报、大会发言、反映社情民意或以其他形式提出批评和建议;参加党委和政府有关部门组织的调查和检查活动;政协委员应邀担任司法机关和政府部门特约监督人员等。

在多党合作中,中国共产党与民主党派实行互相监督。由于中国共产党处在执政地位,更加需要自觉接受民主党派的监督。在多党合作中进一步发挥民主党派的民主监督作用,具有重大意义。发挥民主党派的民主监督作用,是中国共产党领导的多党合作和政治协商制度的必然要求。中国共产党与各民主党派在为实现共同目标而奋斗的过程中团结合作,同时又实行互相监督。1956 年,中国共产党提出了与民主党派"长期合作、互相监督"的方针。毛泽东同志在阐述这一方针时指出:打倒一切,把其他党派搞得光光的,只剩下共产党的办法,使同志们很少听到不同意见,弄得大家无所顾忌,这样做很不好。我们有意识保留民主党派,就是要听不同意见。他还说:各党派互相监督的事实早已存在,就是各党派互相提意见,作批评。所谓互相监督,当然不是单方面的,共产党可以监督民主党派,民主党派也可以监督共产党。为什么要让民主党派监督共产党?这是因为一个党同一个人一样,耳边很需要听到不同的声音。大家知道,主要监督共产党的是劳动人民和党员群众,但有了民主党派,对我们更有益。在新时期,根据阶级关系的深刻变化,中国共产党又进一步提出了与民主党派"长期共存、互相监督、肝胆相照、荣辱与共"的方针。由此可见,中国共产党历来是把互相监督作为多党合作的一项重要内容。坚持和完善中国共产党领导的多党合作和政治协商制度,就必须进一步发挥民主党派的民主监督作用。

民主监督对加强和改善中国共产党的领导,提高党的执政能力,有着重要作用。没有监督的权力必然导致腐败。早在1945年7月,黄炎培先生访问延安时,与毛泽东同志谈到历史上许多政权"其兴也勃焉","其亡也忽焉"的现象,提出共产党能否摆脱这种周期率。毛泽东同志答:我们已经找到了新路,我们能跳出这周期率。这条新路,就是民主。只有让人民来监督政府,政府才不敢松懈。新中国成立后,中国共产党成为执政党,党制定的方针、政策正确与否,直接关系到社会主义事业的成败和国家的兴衰,非常需要听到来自各方面的意见和批评,接受监督。邓小平同志指出:一个党,一个国家,最怕鸦雀无声。对中国来说,谁有资格犯大错误?就是中国共产党。因此,我们要特别提高警惕。所谓监督来自三个方面:第一是党的监督。第二是群众监督。第三是民主党派和党外人士的监督。民主党派由各界知识分子和有一定影响的代表性人士组成,其监督一般具有较广泛的代表性;民主党派作为政治联盟,具有自身独特的视角,能够对共产党提出一种单靠党员不容易提供的监督。民主党派的民主监督具有层次高、范围广泛、形式灵活的特点,它与共产党的党内监督、法律监督、行政监督、舆论监督相辅相成,具有不可替代的重要作用。

《中国人民政治协商会议章程》(简称《政协章程》)第一章第三条明确规定:中国人民政治协商会议全国委员会和地方委员会的主要职能是政治协商、

民主监督、参政议政……民主监督是对国家宪法、法律和法规的实施,重大方针政策的贯彻执行情况,国家机关及其工作人员的工作,通过建议和批评进行监督。2006 年 2 月 8 日,中共中央颁发了《关于加强人民政协工作的意见》(中发[2006]5 号),明确了人民政协的民主监督是政治监督,要求各级党委和政府自觉接受民主监督,要完善机制,在知情环节、沟通环节、反馈环节上建立健全制度,畅通渠道,提高民主监督的质量和成效。人民政协的民主监督是我国社会主义监督体系的重要组成部分,是在坚持四项基本原则的基础上通过提出意见、批评、建议的方式进行的政治监督。它是参加人民政协的各党派团体和各族各界人士通过政协组织对国家机关及其工作人员的工作进行的监督,也是中国共产党在政协中与各民主党派和无党派人士之间进行的互相监督。对于我们党来说,更加需要接受来自各个方面的监督。民主监督有利于消除腐败现象、克服官僚主义和不正之风;有利于改进国家机关和国家工作人员的工作;有利于维护国家利益和公民的合法权益;有利于激发广大公民关心国家大事、为社会主义现代化建设出谋划策的主人翁精神。

正如习近平总书记指出的那样:"人民政协是国家治理体系的重要组成部分,要适应全面深化改革的要求,以改革思维、创新理念、务实举措大力推进履职能力建设,努力在推进国家治理体系和治理能力现代化中发挥更大作用。"①人民监察委员会作为国家专门反腐败工作职能部门和纪委合署办公,享有监督权,但是任何权力都有可能被滥用,如果没有人来监督监督者,那监督者很有可能利用权力侵犯他人权益、损害公共利益,权力如果不被关在制度的笼子里运行,那就会成为魔鬼,掌权者利用权力不断扩张,不断腐蚀放纵自我,势必导致国家和社会产生动荡,不利于和谐社会稳定向前发展,因此监察委员会的工作必然要受民主监督。人民政协和民主党派可以针对监察委员会工作中存在的问题进行沟通协商、批评建议等监督活动。要充分调动民主党派的监督积极性,运用民主党派的监督权对监察委员会工作进行监督,在防止权力被滥用的同时又保证监察委员会的工作有序运行。

---

① 陈宏宇:《民主监督:职能变迁与制度边界——以人民政协民主监督为例的研究》,《经济社会体制比较》2016 年第 6 期。

四、监察工作接受社会监督

社会监督顾名思义是由人民群众作为监督的主体,包括由公民、法人或其他组织对国家机关及其工作人员的职务行为进行的监督。人民群众对监察委员会的工作进行监督、批评和建议,防止监察委员会滥用权力不作为或者乱作为。社会监督主要是通过批评、建议、检举、揭发、申诉、控告等基本方式对国家机关及其工作人员权力行使行为的合法性与合理性进行监督。在监察权运行过程中,不断扩大公众参与范围,方便社会公众了解情况、参与监督。从转变理念、完善制度、创新方式等方面入手,持续用力、久久为功,促进监察内部监督和人民群众监督相辅相成。

一是增强自觉接受监督意识,养成在党组织和人民群众监督之下工作、生活的习惯。实践中,有的纪检监察人员自觉接受监督的观念不强,对监督存在模糊甚至错误认识,把人民群众监督看作是同自己“过不去”,感到“丢面子”、“失威信”。实际上,人民群众的批评监督可以帮助监察委员会和监察人员少犯甚至不犯错误,是对公务人员最好的保护。能否自觉接受人民群众监督,是衡量监察干部政治觉悟和思想境界高低的重要标尺。善待批评声音,才是真正的胸襟;欢迎他人监督,才是真正的自信;做到从谏如流,才是真正的智慧。纪检监察人员要以闻过则喜的雅量、见贤思齐的精神、择善而从的品格,主动接受人民群众批评监督,善于从人民群众中汲取智慧和力量,在保证个人健康成长的同时,促进党和国家事业健康发展。

二是创新监督方式手段,促进党内监督和人民群众监督有机融合、精准高效。新一轮科技革命兴起,特别是移动互联网、物联网及云计算、大数据、人工智能的发展,人类生活所经历的一切都在转变。这样一个快速发展的时代,从未在人类历史上发生过。这不仅更新了我们认识世界的思维方法,也给监督工作提供了新途径、新手段。中央纪委监察部网站开通以来,通过设置举报专区、开设廉政留言板和加强交流互动等形式,极大地方便了人民群众监督举报。新形势下,我们要站在时代的潮头,把科技革命与监督创新深度融合起来,通过理念的转变、科技的运用、机制的创新,实现党内监督和人民群众监督有机融合、精准高效。借鉴一些地方、部门在人民群众身边设立微信公众平台、开通随手拍一键举报等做法,让人民群众监督更加方便快捷,让不正之风和腐败现象无处藏身。大力推广信访微信公众号、手机客户端信访应用和远程视频接访,方便人民群众网上投诉、评价,进一步打造开放、动态、透明、便民的"阳光信访"新模式。建立健全网络舆情收集、研判、处置机制,对人民群众和媒体反映的重要信息和线索及时跟进,不断聚集和提升网络监督正能量。大数据能够揭示人们以往难以认识到的事物内在关联性,是促进监督工作转型升级的重要抓手。要总结有的地方实施"数据铁笼"计划的经验,用大数据编织制约权力的笼子,使权力运行过程全程电子化、处处留痕迹,增强监督工作预见性、精确性、高效性,增强监督结果可信度、说服力。建立情况明、数据准、可监控的数据库,推动各类监督信息跨地区、跨部门互通共享,预防减少举报线索重复受理现象,切实提高监督工作效率。

三是广泛发动人民群众,推动形成人人要监督、人人愿监督、人人敢监督的良好氛围。习近平总书记明确指出:"人民群众中蕴藏着治国理政、管党治党的智慧和力量,从严治党必须依靠人民。"①我们要充分发扬社会主义民主,贯彻党的群众路线,营造鼓励监督、保护监督的环境,激发人民群众主人翁意识和监督热情。长期以来,受各种因素影响,有的群众监督主体意识不强,不愿监督、不敢监督、不会监督的问题较为突出,影响了监督实效。我们要采取媒体宣传、干部宣讲、专家解读等形式,深入开展对党和国家的监督政策法规宣传,帮助广大人民群众了解、掌握有关监督知识,增强监督意识和能力。要引导人民群众依法依规进行监督,提倡署真实姓名反映违纪违法事实,养成在法治轨道上表达诉求、开展监督的习惯。2016 年 3 月,最高人民检察院、公安部、财政部联合印发《关于保护、奖励职务犯罪举报人的若干规定》,对于维护举报人合法权益、鼓励群众依法举报职务犯罪,具有重要意义。要健全落实监督保障制度,加强对监督者的保护,对监督有功的给予奖励,对监督保障不力的依法依规追究责任,充分调动广大人民群众监督的积极性、主动性。

五、监察工作接受舆论监督

舆论是社会公众对社会现象所表现出的一致的、强烈的、理智或非理智

---

① 引自《习近平就新形势下坚持从严治党提出 8 点要求》,人民网 http://legal.people.com.cn/n/2014/1009/c188502-25792716.html,2014 年 10 月 9 日。

的、可持续性的看法,这种看法反过来又影响社会现象的发展。舆论的形成可以是自发的,即来源于群众,传播于群众;也可以是源于某种目的性的引导,即经过权力机关的组织和动员传播于群众。① 不论哪种方式,最后形成的舆论都是反映了一定社会范围内,多数人的看法和意见。舆论监督是以舆论为途径,由广大的社会公众对权力机关或人员,自由发表批评或表扬的意见,产生一种客观的、或正或反的效果。② 随着时代进步、科技不断发展,网络、媒体、手机电脑电视让信息传递更加迅速,公民发现事实、发表意见的渠道更多更便捷,逐渐形成了一个完整的舆论监督体系。由于舆论监督的监督方式具有监督主体隐秘性的特点,可以减少举报人的举报风险,消除举报人内心忧虑,可极大地鼓舞公民对监察委员会存在的问题进行批评和指正。运用舆论监督,可以让权力运行在阳光之下。舆论监督是新闻媒体拥有运用舆论的独特力量,帮助公众了解政府事务、社会事务和一切涉及公共利益的事务,并促使其沿着法制和社会生活公共准则的方向运作的一种社会行为的权力。网络也有利于公民之间搭起舆论的桥梁,最终形成强大的舆论压力,促使监察委员会认真负责地履行职责,依法办事。

舆论监督是人民群众行使社会主义民主权利的有效形式,其主要监督方式有报道、评论、讨论、批评、发内参等,但其核心是公开报道和新闻批评。因为舆论监督的实现需要两个环节:一是提供足够的舆论信息,即可以形成舆论的事实和情况,使人们对经济生活、政治生活及社会生活有充分的了解;二是在拥有信息的情况下,对各种政治、经济和社会现象及有关人员进行理性的、坦率的评论。在信息日益丰富的情况下,舆论批评显得越来越重要。通过人们对普遍关心的问题进行论辩、辩驳乃至争论,即众多个体意见的充分互动,最终达到某种为一般人普遍赞同、且能在心理上产生共鸣的一致性意见,从而推动人类社会的进步。舆论监督的过程就是发现问题、分析问题、解决问题的过程。

舆论监督是促进监察委员会依法监察、从严监察的重要保障。在构建社

---

① 陈力丹:《论我国舆论监督的性质和存在的问题》,《新闻与传播》2003 年第 9 期。
② 陈力丹:《舆论学——舆论导向研究》,中国广播电视出版社 2008 年版,第 55 页。

会主义和谐社会中,舆论监督的作用也日益彰显。今天,社会结构的变化、不同利益群体和不同利益诉求的相继出现、人民内部矛盾的内容与表现形式的变化,给舆论监督带来了许多新问题,在这样的背景下,舆论监督在推进监察工作中的作用,显得更加突出。作为党和人民的喉舌,媒体在进行舆论监督时要深刻认识协调社会利益关系的规律,准确把握新形势下人民内部矛盾的新变化新趋势,不熟视无睹、不主观武断、不推波助澜,在掌握新规律的基础上,力求舆论监督的方向更准确,把握更适度、更科学,为构建有效率的监察体系负起传媒应尽的责任。因为无论从广义上理解的公民享有对国家和社会事务实行舆论监督的权力和自由,还是从狭义上理解的公民依法运用新闻传媒充分发表意见,建议和呼声,表达自己的意志的权力和自由,都是人民群众通过舆论对各级监察委员会及其工作人员的工作,以及社会事务实行的监督。

第三节　监察队伍建设

《监察法》第五十五条规定:"监察机关通过设立内部专门的监督机构等方式,加强对监察人员执行职务和遵守法律情况的监督,建设忠诚、干净、担当的监察队伍。"这是关于监察机关内部监督的规定,主要目的是加强监察机关自身建设,严明政治纪律,建设一支让党放心、人民满意的监察队伍。

一、监察队伍建设的法律含义

习近平总书记强调,执纪者必先守纪,律人者必先律己,要求纪检监察干部做到忠诚坚定、担当尽责、遵纪守法、清正廉洁。① 忠诚干净担当是打铁必须自身硬的具体化,是每一位监察人员的基本标准。监察人员必须从严要求自己,做到政治忠诚、本人干净、敢于担当。监察法将监察人员和监察队伍的基本要求用法律形式固定下来,使监察队伍建设走上制度化、规范化的轨道。

---

① 参见《习近平:以永远在路上的执着把从严治党引向深入》,中国共产党新闻网http://cpc.people.com.cn/n1/2018/0111/c640094-29759916.html。

监察法关于监察队伍建设规定主要包括三个方面内容：一是监察队伍建设监督方式。通过设立干部监督室等内部专门的监督机构，市地级以上监察机关探索日常监督和案件调查部门分设，问题线索处置、调查、审理各部门建立相互协调、相互制约的工作机制等方式，不断强化自我监督。同时，监察法对强化监察委员会的自我监督作了一系列制度规定。二是监察队伍建设监督内容。监察机关对监察人员进行内部监督的主要内容是监察人员执行职务和遵守法律情况。"执行职务"，是指监察人员代表监察机关行使职权、履行法定义务，其行为产生的法律后果由监察机关负责。"遵守法律"，是对监察人员的一般要求，不论是执行职务还是日常生活中，监察人员都应模范遵守国家法律法规。三是监察队伍建设监督目的。即建设政治忠诚、本人干净、敢于担当的监察队伍。政治忠诚，就是在严峻复杂的形势面前保持头脑清醒，牢固树立"四个自信"。要始终在思想上政治上行动上同党中央保持高度一致，坚决贯彻党的路线方针政策，坚决维护党中央权威和集中统一领导。本人干净，就是面对别有用心的人和腐败分子拉拢腐蚀，守住干净这条底线，守住党纪国法的底线。始终绷紧党纪国法这根弦，坚决杜绝泄露工作秘密、擅自处理问题线索等问题，严禁办人情案、关系案。只有守住了党纪国法，才能做到清清白白、干干净净。敢于担当，做好本职工作，勇于承担责任，切实履行好法律赋予的监察工作职责。以党和人民的利益为重，铁面执法，不怕得罪人。领导骨干，对干部既要教育、锻炼、培养又要言传、身教、严管。要为党和国家的事业发展着想，领出好班子、带出好队伍、形成好风气。①

二、设立监察机关内部专门机构加强自身监督

习近平总书记强调，历史使命越光荣，奋斗目标越宏伟，执政环境越复杂，越要从严治党。② 从严治党是全面的，监察机关采取设立内部专门的监督机构等方式，就是为了解决自我监督问题。

---

① 参见中共中央纪律检查委员会、国家监察委员会法规室编写：《〈中华人民共和国监察法〉释义》，中国方正出版社2018年版，第244—248页。

② 参见《习近平：历史使命越光荣奋斗目标越宏伟 越要增强忧患意识越要从严治党》，新华网 http://www.xinhuanet.com/plitics/2014-10/08/c_1112740503.htm。

（一）设立内部专门的监督机构

监察委员会不仅要接受外部监督还要有严格的内部监督。监督机关对本单位的工作人员执行职务和遵守法律的情况加以监督，定期对监察人员进行考核，对监察人员不依法履行职务的行为依法予以警告、记过、降职、撤职、开除等处分；对监察人员存在违反法律的行为依法严肃处理，构成犯罪的移送司法机关处理。这些自我监督的手段和措施，都要通过设立内部专门的监督机构等方式来实现。设立内部专门的监督机构，就是要加强日常管理监督，使"两学一做"教育常态化制度化，引导纪检监察干部自觉做到忠于职守、秉公执法，清正廉洁、保守秘密，为全党全社会树立严格自律的标杆。

内部专门的监督机构要履行自身建设的主体责任。细化责任清单，明确责任主体，加强自上而下的监督管理。对纪检监察干部违纪违法案件开展"一案双查"，加大问责力度，既追究直接责任，又追究领导责任，把管事与管人结合起来，促进自我监督责任落到实处。要健全监督制约的内控机制，问题线索由相关部门集中统一管理，动态更新、全程监控。执纪监督和审查调查部门分设，实行执纪监督、审查调查、案件监督管理、案件审理分离。严格执行回避、保密、安全、脱密期管理和从业限制规定。处置问题线索、确定审查方案、采取审查措施、协调审理与审查意见，均由集体研究决定，形成既相互协调又相互制衡的工作机制。要加强纪检监察干部监督机构建设，实行提级监督，延伸监督触角。开展案件复查，既复查案件本身情况，也查明调查人员依规依法履职情况。抓住监督重点，对线索受理、初步核实、立案审查等监督权运行关键环节进行经常性检查。加强审理监督，对调查取证、定性处理的合规合法性进行监督审核。加强巡视监督，把监督权运行情况纳入巡视内容，发现问题，形成震慑。

（二）加强对监察人员执行职务和遵守法律情况的监督

加强对监察人员执行职务监督，是确保监察权规范运行、监察人员秉公执法的重要途径。对于监察人员违法执行职务的行为，应当把纪律挺在前面，运用监督执纪"四种形态"，根据监察人员违法行使监督权的情节、性质、后果等严重程度，进行分类处理。

对监察人员执行职务的监督，可从四个方面加强工作：一是对监察人员违法行使监察权的苗头性、倾向性行为,要及时进行谈话提醒、批评教育、责令检查、红脸出汗、咬耳扯袖,促其警醒,使其增强执纪者更要守纪、执法者更要守法的意识,做到忠诚干净担当。二是对监察人员打听案情、过问案件、说情干预,未经批准接触被调查人、涉案人员及其特定关系人或者私下交往,越权或私自接触相关地区、部门、单位党委(党组)负责人的情况,一律进行登记备案、先行停职,一经查实,对未造成实质性后果、本人表现一向良好、认错态度诚恳的,视情给予谈话函询,诫勉谈话或组织处理,情节较重或造成一定后果的调离纪检监察系统。三是对未经批准、授权处置问题线索,发现重大案情隐瞒不报,私自留存、处理涉案材料,利用职权或者职务上的影响干预调查工作、以案谋私,违法窃取、泄露调查工作信息,泄露举报事项、举报受理情况以及举报人信息,对被调查人逼供、诱供或者侮辱、打骂、虐待、体罚或者变相体罚,违反规定处置查封、扣押、冻结财物,违反规定发生办案安全事故或者发生办案安全事故后隐瞒不报、报告失实、处置不当,违反规定采取留置、限制出境或者不按规定解除出境限制,以及其他滥用职权、玩忽职守、徇私舞弊,严重触犯党的纪律处分条例和国家法律法规的行为,应当严格依纪依法给予党纪政务处分和组织处理;构成犯罪的,依法追究刑事责任。四是监察人员严重违纪违法的,追究负有责任的领导人员和直接责任人员责任。

加强对监察人员遵守法律情况的监督,是打铁必须自身硬的客观要求。监察人员越是权力、岗位重要,就越要做到遵纪守法,越要受到严格管理和监督。如果因为信任疏于监督,甚至放手不管、放任自流,再好的监察人员有可能成为越轨的火车,做出自毁前程、践踏法纪的举动。近年来,对纪检监察人员监督力度不断加大,监督机制日益完善,效果也日益显现。但要看到,监督"虚化"、流于形式的问题仍然存在。在监督环节上,重选拔任用,轻任后监督;在监督对象上,重一般干部,轻领导骨干;在监督内容上,重日常事务,轻原则问题;在监督时段上,重"八小时以内",轻"八小时以外";在监督形式上,重事后查处,轻事前监督。管理监督功能发挥不好,对苗头性倾向性问题不敢管、不愿管,甚至哄着护着,就可能使小毛病演变成大问题,少数被查处的纪检监察人员情况说明,组织信任有余而监督不足,后果十分严重。

自觉接受党组织的管理监督,是每个监察人员的应有态度。即使对那些严于律己、品行端正的监察人员,监督也绝不多余。道德修养、党性锤炼不可能一劳永逸,那种视监督为"找碴"、"整人"的干部,总有一天会将组织的信任"挥霍一空",只有把监督当成警戒、作镜子,处处对照、时时检查,找出不足、改正缺点,才能赢得组织更大的信任,挑起更重的担子。严是爱,松是害。党组织加强监督管理,是对监察人员的真正关爱,对党的事业的高度负责。搞好监督,要进一步健全制度机制,切实发挥监督体系的功能作用;要坚持对上对下一个样,此时彼时一个样,大事小事一个样;要克服好人主义思想,不怕丢选票,不怕得罪人,敢于坚持原则、敢于较真碰硬;要保持有规必依、执规必严、违规必究的高压态势,对违反纪律,不讲规矩的人和事,该批评的批评,该制止的制止,使每个监察人员心有所畏,言有所戒,行有所止。

加强对监察人员遵守法律情况的监督,关键在于落实有权必有责,滥权必追责的法治原则。如果既没办法在源头上达到对监察人员的有效监督与制约,也没办法及时补救监察人员的失职或滥用职权的行为,那么我们只能在刑法的预防效果的理论中受到启发,转而通过制定对监察人员失职失责行为的追责制度来达到一般预防的效果和监督的目的①。

传统的个人归责无法把追责制度的监督效果最大化,一案双查制就是既追究直接责任,还追究有关领导人的责任。运用到监察委员会及其监察人员,典型的就是在调查工作结束后发现立案依据不充分或失实,案件处置出现重大失误,监察人员严重违法这几种失职或者滥用职权的行为。对于案件处置出现重大失误,监察委员会监察人员的处置包含以下四种:对违法的公职人员作出政务处分决定;对行使职权中存在的问题提出监察建议;对履职不力、失职失责的领导人员进行问责;对涉嫌职务犯罪的,将调查结果移送检察机关依法直接提起公诉②。明确列出具体哪些处置行为可能会演变成为监察人员失职滥权行为,对于监察委员会的监督将起到非常重要的作用,既可节约监察委员会花费在监督这方面的人财物等资源,又能够直接清晰地让我们进一步追究直接责任和相关领导人的责任,这无疑在加强了监察委员会对监察人员的

---

① 吴建雄、郭太盛、郭烽:《把权力关进制度笼子的科学要义》,《红旗文稿》2017年第2期。
② 吴建雄、李春阳:《健全国家监察组织架构研究》,《湘潭大学学报(哲学社会科学版)》2017年第1期。

履职监督的同时,还增加了额外效益。

三、建设忠诚、干净、担当的监察队伍

党的十八大以来,以习近平同志为核心的党中央高度重视纪检监察干部队伍建设。监察法要得到落实,关键在于建设一支忠诚干净担当的纪检干部队伍。"对党忠诚、个人干净、敢于担当"与我们党的好干部标准是一脉相承的。尽管各个历史时期党对干部的要求不同,尽管不同时代的优秀干部各有特点,但信念坚定、为民服务、勤政务实、敢于担当、清正廉洁是始终不变的价值底色,德才兼备是始终贯穿的价值主线。"对党忠诚、个人干净、敢于担当"体现了做人做事做官的高度统一,对党忠诚是党员干部的政治品格,个人干净是党员干部做人的底线,敢于担当是党员干部为官的职业素质,"三句话"实质上是党员干部安身立命、做人做事做官的"三要素",缺一不可。这"三句话"既朴素又简洁、既好记又易懂、既有现实性又有针对性,要求明确、掷地有声。"对党忠诚、个人干净、敢于担当"是辩证统一的整体,涵盖了政治建设、思想建设、业务建设、作风建设、品德建设等各个方面,更加突出了对监察干部的政治品格要求、党性修养要求和职业素质要求,是对新时期监察好干部标准的丰富和发展。

第一,监察干部必须坚定理想信念,这是抵制消极腐朽思想侵蚀的力量之源。习近平总书记指出:"全党同志要强化党的意识,始终把党放在心中最高位置,牢记自己的第一身份是共产党员,第一职责是为党工作,做到忠诚于组织,任何时候都与党同心同德。"①对党忠诚,是党的事业顺利发展的坚强政治保证,也是建设好监察干部队伍必须解决的重大原则问题。对党忠诚,就是要在党言党、在党忧党、在党为党,绝对忠于党、忠于祖国、忠于人民,不管面临什么艰难险阻,不管遇到什么大风大浪,都要始终坚持中国共产党的领导,始终坚守共产党人的精神追求,始终坚定马克思主义的信仰,始终坚定共产主义理想和中国特色社会主义信念。在新时代,广大监察干部更要自觉在思想上、政

---

① 参见《严明党的纪律,增强组织纪律性》,《十八大以来重要文献选编》(上),中央文献出版社 2014 年版,第 766—767 页。

治上、行动上同以习近平同志为核心的党中央保持高度一致，始终一心向党，齐心协力做好监察各项工作。要彻底地、无条件地、不掺任何杂质地、没有任何水分地忠诚于党，永不背叛自己的入党誓词和神圣使命。要坚持"革命理想高于天"，随时准备为党和人民利益牺牲一切，言行一致、表里如一，对党、对组织、对同志讲真话、讲实话、讲心里话，绝不能说一套做一套、阳奉阴违、口是心非。要把系统掌握马克思主义基本理论作为看家本领，切实加强对马克思列宁主义、毛泽东思想的学习，加强对中国特色社会主义理论体系的学习，加强习近平总书记系列重要讲话精神的学习，进一步坚定道路自信、理论自信、制度自信、文化自信，做到虔诚而执着、至信而深厚。要持之以恒地用最新理论武装头脑。以习近平同志为核心的党中央把思想建党和制度建党相结合，提出了管党治党的新思想新观点新论断。要做到忠诚，就要解决好世界观、人生观、价值观这个"总开关"问题，提高思想认识水平。监察干部要与时俱进，学深学透党的最新理论，学以致用，融会贯通。要自觉学习和维护党章。党章承载了无数共产党人的智慧结晶，党内各项法规源于党章，党章是全党的总规矩。监察干部肩负着依照党章和党组织赋予的权力开展对领导干部的监督执纪问责工作职责，更应自觉学习、贯彻和维护党，密切血肉联系，紧盯关键少数，厚植执政之基。要有敢于斗争的奋斗精神。监察干部所从事的工作是不断开创廉洁建设和反腐败事业新格局的工作，遇到困难是难免的。监察干部要有为了党和人民的事业殚精竭虑、砥砺前行的胸怀格局，有忠诚为党的事业贡献力量的自觉。

第二，监察干部承载着党和国家的重托，肩负着反腐倡廉的艰巨任务，必须做到自身干净。习近平总书记指出："一个人能否廉洁自律，最大的诱惑是自己，最难战胜的敌人也是自己"，"贪如火，不遏则燎原；欲如水，不遏则滔天"。① 党员干部贪污腐化，就是对党和人民事业的背叛。个人干净是领导干部立身之本，广大监察干部，任何时候都要要"三省吾身"，自觉做到敬畏人民、敬畏法纪、敬畏组织、敬畏权力，始终坚守个人干净的为官底线，守住自己

的政治生命线。思想上必须清醒。要树立正确的世界观、人生观、价值观和正确的权力观、地位观、利益观,坚定崇高理想信念,任何时候都要把党和人民利益放在第一位。要思想纯正,品行端正,在各种诱惑面前把握住自己,守得住清贫、耐得住寂寞、稳得住心神、经得住考验,严守党纪国法,牢记规章制度,时时处处严格约束自己。经济上必须清白。要正确看待利与义的关系,算清腐败七笔账,算清"政治账"——断送政治前途,算清"经济账"——人财两空,算清"名誉账"——身败名裂,算清"家庭账"——妻离子散,算清"亲情账"——众叛亲离,算清"自由账"——身陷牢笼,算清"健康账"——终日人心惶惶。让头脑冷静下来,刹住车、掉转头、找新路、走对路。生活上必须清新。倡导高尚正派、恬淡健康的生活方式,做到慎言、慎行、慎权、慎独、慎微、慎友,时刻防止"贪欲缠身"、"人情腐败"、"权力寻租"和"温水煮青蛙"陷阱,切实管住嘴、管住手、管住脚,筑起防线、抗拒诱惑。要牢记,严管就是厚爱,信任不能代替监督。实践证明,加强对干部日常管理监督是关键。各级监察委员会要按照要求,强化机关党组织建设,发挥机关党委、纪委作用;加强巡视组、专案组临时党支部建设,以党的建设带动对干部的严格管理监督,始终确保监察干部干净。随着全面从严治党、党风廉政建设和反腐败斗争不断深入,纪检机关承担的任务更重,自身建设标准要求更高,这就越发凸显加强纪检监察队伍建设的紧迫性,各级监察委员会相关机构应将纪检监察队伍建设摆在更加重要的位置,坚持不懈地抓下去。

第三,监察干部必须勤于履责、勇于担责、敢于负责,在敢于担当中历练提高。习近平总书记指出:"担当大小,体现着干部的胸怀、勇气、格调,有多大担当才能干多大事业。"[①]当前,监察工作正在全国全面铺开,要求在真抓实干中建功立业,创造经得起实践、人民、历史检验的业绩。要敢想敢做敢当,牢固树立责任重于泰山的意识,自觉消除私心杂念,坚持党的原则第一、党的事业第一、人民利益第一,面对大是大非敢于亮剑,面对矛盾敢于迎难而上,面对危机敢于挺身而出,面对失误敢于承担责任,面对歪风邪气敢于坚决斗争,平常

① 引自《习近平在全国组织工作会议上的讲话》(2013年6月28日),中国网 http://news.china.com.cn/2015-09/01/content-36470693.htm。

时候看得出来、关键时刻豁得出来、危急关头顶得上去,做时代的劲草、真金。无私才能无畏,无私才敢担当。党员干部要有无私情怀,大公无私、公私分明、先公后私、公而忘私,把宗旨深深烙在"心"里,用人民赋予的权力全心全意为人民服务,切实做到为党分忧、为国尽责、为民奉献,绝不能打着"公"字的旗号谋私利之实。担当需要勇气,更需要能力。① 要善于用战略思维、辩证思维、系统思维、创新思维、底线思维和法治思维观察分析问题,以踏石留印、抓铁有痕的劲头干工作,要把全部心思和精力用在监察事业上,用心用情用力做好工作,真正做到敬业、勤业、精业。要严格按工作要求担当责任。要清醒地认识到,监察委员会不是"保险箱",监察干部也不是生活在真空里,党员干部存在的问题,监察队伍同样存在。比如,有的干部不敢担当、怕得罪人,遇到问题绕着走,不想干、不作为;有的干部在新形势下履职能力不足,对把纪律挺在前面、运用"四种形态"的认识不深、办法不多;有的干部社会交往不慎重,交友过杂过滥;有的干部无视审查纪律和保密纪律,跑风漏气、打探消息,甚至说情抹案、以案谋私。监察法对工作流程进行了制度性约束。监察干部要严格按照规则要求执纪,对已有明确要求的必须模范执行,对于尚未明确规定但在实践过程中有所涉及的要结合实际去执行。加强对典型案件的剖析研究。监察干部要对查办的重大违纪和涉嫌违法的反面典型案例进行剖析研究,发挥查办案件的治本功能,以案治本、以查促改、以实际行动作出应有的贡献。要注重加强学习增强履职能力。随着经济活动、业务往来的多样化,违纪行为也更加多样和隐蔽,监察干部不能仅靠过去的传统做法,而要把学习作为一种工作习惯,不断增长看家本领。努力学习和掌握丰富的社会知识,不断积累知识储备。不但要熟悉党章等党内法规,还要通过新闻报道、文件通知了解上至中央下到机关部门、企业单位的重要政策方针、制度规定。增强互联网思维,善于在纷繁复杂的信息中搜寻有效线索,不断增强信访举报线索初步核实工作的针对性和实效性。要注重提升素质增强担当能力。监察工作不仅政治性、专业性强,还涉及多个领域和层面。因此,对监察干部的素质培养,还应当着

---

① 李纪恒:《党员干部要始终做到忠诚干净担当——深入学习习近平总书记关于好干部标准的重要论述》,《求是》杂志 2015 年第 1 期。

眼于全过程业务素质的提升。人事部门也要为监察干部拓展培训渠道,帮助监察干部拓展知识领域,更新知识结构,增强知识储备。

第四节　监察人员职务要求

《监察法》第五十六条规定:"监察人员必须模范遵守宪法和法律,忠于职守、秉公执法,清正廉洁、保守秘密;必须具有良好的政治素质,熟悉监察业务,具备运用法律、法规、政策和调查取证等能力,自觉接受监督。"这是关于监察人员在守法义务和业务能力等方面要求的规定,主要目的是规范监察人员的行为,促进监察人员更好地履行本职工作。

一、监察人员职务要求的法律含义

监察人员职务要求主要包括守法义务、履职要求和基本素质三个方面内容。守法义务方面,强调监察人员作为执法人员要做遵守宪法和法律的标杆。正人先正己、打铁必须自身硬。监察人员责任重大,只有自身过硬,才能挺直腰杆去监督其他公职人员。监察人员要牢固树立法治观念,培养增强法律意识,提高遵守法律的自觉性,做遵纪守法的模范。

履职要求方面强调:一要"忠于职守",认真履行职责,坚守工作岗位,恪尽职守。对于自己范围内的事要坚持原则、竭尽全力、克服困难、任劳任怨,以对国家、对人民高度负责的精神,圆满完成本职工作。二要"秉公执法",在履行职责中应实事求是,正确运用权力,客观、公正地执行国家法律。监察人员必须尊重事实,重证据、重调查,以事实为根据,以法律为准绳,不徇私枉法,客观、公正地严格执法。三要"清正廉洁",不贪赃枉法,不以权谋私,在监督、促进监察对象遵纪守法、廉洁奉公等方面真正做到"执法如山"、"铁面无私"。四要"保守秘密",牢固树立保守党和国家秘密的观念,严格遵守保密法律和纪律,严守有关保密工作的规定。

基本素质方面:第一,"具有良好的政治素质",切实把"四个意识"体现在思想上和行动上,把政治和业务有机统一起来,紧紧跟上中央要求,坚定政治立场,把责任追究真正落到实处,推动全面从严治党不断向纵深发展。在同不正之风和腐败现象的斗争中不断锤炼党性、磨砺心性,在消极腐败面前不动摇,金钱利诱面前不动心。第二,"熟悉监察业务",掌握监察专业知识及相关业务知识。注重培养专业能力、专业精神,增强适应新时代中国特色社会主义发展要求的本领。第三,"具备运用法律、法规、政策和调查取证等能力",掌握相关法律、法规、政策知识,并善于在调查取证等工作中加以运用。监察机关依法对行使公权力的公职人员进行监察,调查职务违法和职务犯罪,因此监察人员必须具备相应知识和能力,努力养成严、实、深、细的工作作风。第四,"自觉接受监督",提高政治站位,充分认识严管就是厚爱,把监督当成一种关心、爱护和保护,增强遵纪守法的自觉性,用实际行动证明,监察人员队伍是一支党和人民信得过、靠得住的队伍。①

二、监察人员遵守宪法和法律的义务

宪法是我国的根本大法,规定了国家的根本制度和根本任务,是我们进行社会主义现代化建设的根本保障。我国的法律以宪法为依据制定,并由国家强制力为保障而实施的行为规范。遵守宪法与法律,是各个国家机关、各个社会组织、团体和每个公民的义务。作为行使国家监察权力的监察人员,应当树立宪法至上的思维,维护宪法与法律的权威,自觉在宪法和法律的范围内活动。监察人员必须模范遵守宪法和法律,这就要求监察人员以自身的言行、举止来维护宪法的权威,必须依据宪法和法律的规定,在宪法和法律规定的职权范围内,按照法律规定的程序,依照法律的规定进行监察活动,自觉履行规范遵守宪法和法律的义务。

在贯彻实施监察法的过程中,如何增强监察干部模范遵守宪法的自觉性,是一个十分重要的问题。宪法是国家的根本大法,是治国安邦的总章程。依法治国,核心是依宪治国;依法执政,核心是依宪执政。对宪法的重要性、权威性,需要监察干部在实际工作过程中身体力行,模范地遵守宪法。因此,要树

---

① 参见中共中央纪律检查委员会、国家监察委员会法规室编写:《〈中华人民共和国监察法〉释义》,中国方正出版社 2018 年版,第 249—252 页。

立和维护宪法的权威,监察干部首先要无条件地带头模范遵守宪法,在任何时候任何情况下不做违宪的事,不做背离宪法原则和精神的事。"党必须在宪法和法律范围内活动","任何机关和个人都不能有超越宪法的特权","党员必须模范遵守国家的法律法规",这些是对监察干部的基本要求。特别是在推行依法治国、依法执政的今天,更需要努力提高全党依法执政的能力,善于通过法定程序,使党的主张成为国家意志;善于促进民主的法制化和法制的民主化,让更多的人民群众参与对国家和社会生活的管理和监督;善于以自身遵纪守法的模范行动,带领人民群众不断地完善法治秩序和法治环境,把党的领导、人民当家作主与依法治国有机地统一起来。随着法治的推进,全党的宪法意识在明显增强。监察干部面对重大决策,首先思考的问题是:是否合乎宪法和法律?守住的一条准则是:合宪则能做,不合宪则不能做。比如修改后的宪法规定,要"尊重和保障人权",可是有些地方滥用警力、随意抓人、超期羁押等侵犯人权的行为还屡禁不止。出现这样的事,相当程度上是"权大于法"、"官大于法"的观念在作怪,有些干部仍习惯于以权代法、以权压法。一些人敢于知宪违宪的另一个原因,就是认为"只听违法必究,未见违宪必究";轻微违法有人管,重大违宪无人管,做了也就做了,不会被追究。有鉴于此,要对症下药,双管齐下:一要组织监察干部学法,使大家知宪法懂宪法;二要严明纪律,任何人不能以任何借口违宪,不能以任何借口和托词不遵守和不执行宪法。"宪法比天大。"在宪法面前人人平等,谁都没有超越宪法的特权。谁损害了宪法的权威,也就损害了党的权威,损害了最广大人民群众的根本利益。人民代表大会要切实强化宪法监督。监察干部做了违宪的事,既触犯了国家的法律又触犯了党的纪律,党的纪检部门也要管,要作为违纪行为认真查处。自律与他律相结合,才能更有效地保证监察干部模范地遵守宪法,自觉地维护宪法的权威。

三、监察人员忠于职守、秉公执法,清正廉洁、保守秘密的要求

监察人员应勤勉尽责,用自己的全部精力,兢兢业业、专心致志地工作,严格履行工作职责,承担起本职位的责任。监察人员在办理案件中必须要保持公正,严格遵守法律,秉公办事,严格执行法律,不贪赃枉法,忠于职守,做到

品行端正、公正无私。监察人员在监察工作中经常会遇到涉及党和国家的秘密的案件,保守秘密是监察人员必须具备的素质。对于涉及国家秘密、商业秘密、个人隐私的案件,必须严格依照法律规定的程序办理,不得随意泄露。打铁必须自身硬。监察委员会要强化自我约束,加强日常管理监督,引导纪检监察干部自觉做到忠于职守、秉公执法,清正廉洁、保守秘密,为全党全社会树立严格自律的标杆。为了做到这些,可考虑采用以下办法:一是扎紧织密制度笼子。严格工作程序、有效管控风险点,强化对监督执纪各环节的监督制约,明确纪委监委内部谁来监督、监督什么、怎么监督的问题。二是创新组织制度。建立执纪监督、执纪审查、案件审理相互协调、相互制约的工作机制,执纪监督室负责联系地区和部门的日常监督,执纪审查室负责对违纪案件行为进行初步核实和立案审查,案件监督管理室负责综合协调和监督管理,案件审理室负责审核把关。三是充分发挥纪检监察干部监督室作用。纪检监察干部监督室要重点盯紧机关、巡视机构、派驻纪检组,坚持把纪律和规矩挺在前面,从小处抓起,从日常抓起,让咬耳扯袖、红脸出汗成为常态。常态化开展干部谈心谈话、家访等工作,把监督范围从"工作圈"延伸至"生活圈"、"交往圈"。持续刀刃向内,对不适宜在纪检监察系统工作的干部及时进行组织调整,对纪检监察干部违纪违法问题零容忍。四是要主动接受审计、群众和社会监督。加强对监委财政预算执行和其他财务情况进行审计,堵住薄弱环节和制度漏洞。充分发挥特邀监察员的作用,赋予特邀监察员加强对纪检干部思想、工作、生活等方面情况的监督。坚持执纪开放理念,开展人大代表、政协委员、党风监督员、特邀监察员、基层群众、网友代表等"走进监委"活动,进一步增强机关干部主动接受监督的自觉。①

四、监察人员必备的政治业务素质

(一)必须具有良好的政治素质

监察人员本身应该具有良好的政治素养,不断提高政治觉悟和加强职业

---

① 参见 https://www.icswb.com/h/162/20180131/523018.html。

道德修养。把坚定正确的政治方向放在首位,坚持为人民服务、为社会主义服务的方向;牢固树立全心全意为人民服务的思想,是社会主义道德建设的中心,也是社会主义道德的集中体现。与此同时,要遵守宪法、法律和纪律。政治素质在不同时代、不同环境下,要求不尽相同,但一个监察干部,必须具有良好政治素质,则是基本要求。政治素质是在一个监察干部所必须具备的各种素质中最根本的素质。在革命战争年代,政治素质要求每一个党员干部要忠诚于党的事业,甚至准备为党的事业献出自己的一切。在和平建设时期,随着环境的改变,党成为执政党,肩负着领导全国人民建设社会主义和中华民族伟大复兴的重任,同样要求各级领导者,尤其是监察干部在政治上清醒、坚定,不负人民的重望。"政治上靠得住"是对监察干部政治素质的最基本要求。这里所说的"政治",既包括在思想上树立崇高的理想和坚定的信念,具有较高的马克思主义理论水平和政治素养;也包括在行动上认真贯彻落实习近平新时代中国特色社会主义思想,坚决与党中央保持高度一致,认真执行党的路线方针政策;还包括在面对各种挑战和考验时,能够具有见微知著的政治鉴别力,具有高度的政治敏锐性,不断提高工作的预见性和科学性。当前,世界风云变幻,各种各样的思潮、理论陆续传入,各种各样的诱惑也会不断向监察干部袭来。在这样的情况下,各级监察干部一定要能够坚持正确的政治方向、政治立场,在重大原则问题上分得清是非,在重大关头和各种风浪中经得起考验。监察干部不论是在重大问题上,还是日常工作中处理政务,都要做到坚持原则,明辨是非,始终保持政治上的清醒和坚定。监察干部应当以高度的政治责任感来认识这个问题,自觉按照中央的要求,全面提高自身素质特别是政治素质,进一步增强政治意识,提高政治水平,始终保持政治上的清醒和坚定。

(二)必须具备运用法律政策履行监督职责的能力

从监察人员自身工作来看,必须不断加强职业道德修养,熟悉自身的监察岗位、职责,提升业务水平。监察工作对党的事业非常重要,办案质量直接影响到我党的执政,影响民心。因此,监察人员一定要认真负责,在办案过程中,忠于职守,掌握熟悉监察业务。监察人员需具备运用法律、法规、政策和调查取证等能力,在办理相关案件时,要做到事实清楚、证据确凿、定性准确、处理恰当、手续完备、程序合法,严格依照法律、法规、政策来办理案件,处理工作事宜。调查取证是监察委员会查处案件的中心环节,事关整个案件的调查成败,监察人员应通过拟订调查方案、宣布调查决定、实施调查取证、撰写调查报告的过程,不断提升办案取证的能力。

(三)必须具有自觉接受监督的品格

自觉接受监督,从严约束自己是对每一名监察干部的一项要求、一份责任、一种境界。接受监督要形成自然行为习惯。习惯是内化于心的思想自觉。"少成若天性,习惯如自然。"要形成这种视监督既是约束,也是爱护的习惯,要把监督看作是最大的爱护、最好的保护、最亲的呵护,把纪律当成最可靠的保险、最好的护身符,在潜移默化中形成自觉,成为习惯。要守住底线,不逾越规纪,干干净净做事,清清白白做人,使自觉接受监督在日常言行中形成条件反射,成为习惯。要慎独、自律、知敬畏,不仅是在工作上,要自觉按照权力运行规则办事,让权力在阳光下运行,时时以党纪国法提醒自己,不断增强秉公用权的透明度;就是在别人看不到、听不到的时候,在"八小时以外"的私底下、无人时、细微处,也要时刻以典型案例警示自己,自觉脱离低级趣味,主动抵制奢华低俗,要懂得感恩知足,淡泊名利,反对拜金主义、享乐主义和奢靡之风,保持高尚的精神追求。坚持将纪律挺在前面,时刻以纪律规矩约束自己,不断反省自己,完善自己,使日常工作生活中不经意的行为举止也坚持以规则为准绳,形成良好的行为习惯。自律不能代替他律,失去监督的权力容易导致腐败。形成有效监督,要进一步扎牢织密制度笼子,建立涵盖党内监督、民主监督、司法监督、群众监督、舆论监督等多种监督形式的权威高效监督体系,做到监督全方位、全覆盖;做到有力监督,要瞪大眼睛吹开浮土找裂纹,做到有案必查,查处必严,形成震慑。"近朱者赤,近墨者黑。"只有用严格的制度保障,严肃执纪问责,持续不断正风肃纪,才能让领导干部自觉接受监督成为习惯,才能换来海晏河清、朗朗乾坤。①

---

① 参见 http://news.163.com/17/1025/00/D1I6LTE0000187VG.html。

第五节　监察人员职业规范

《监察法》第五十七条规定:"对于监察人员打听案情、过问案件、说情干预的,办理监察事项的监察人员应当及时报告。有关情况应当登记备案。发现办理监察事项的监察人员未经批准接触被调查人、涉案人员及其特定关系人,或者存在交往情形的,知情人应当及时报告。有关情况应当登记备案。"这是关于办理监察事项报告备案的规定,主要目的是完善过程管控制度,避免出现跑风漏气、以案谋私、办人情案等问题。这既是对监察人员的严格要求,也是真正的关心爱护。

一、监察人员职业规范的法律含义

国家监察委员会被赋予了特定的权力的同时,意味着肩负着更大的责任。而作为国家权力的行使者,有权必有责、用权受监督的理论在监察委员会及其监察人员身上同样适用。党的十八大之后中纪委专门设立了对纪委工作人员实施监督的内设机构,集中力量解决"灯下黑"的问题,移交司法机关处理的有十几人,纪律处分的有几十人。打铁必须自身硬,只有解决好自我监督问题,才能够增强社会公众对国家监察体制改革的信心,更好发挥监察委员会的监督功能①。监察机关对监察人员的履职监督,是监察委员会自我监督的体现。

监察人员职业规范有两层含义。第一,规定的是对监察人员干预案件的处理。对监察人员在线索处置、日常监督、调查、审理和处置等各环节有打听案情、过问案件、说情干预等行为的,办理监察事项的监察人员应当按照有关规定及时向组织反映。第二,规定的是对监察人员违反规定接触有关人员的处理。知情人既包括共同办理该监察事项的其他监察人员,也包括被调查人、

①　马怀德:《国家监察体制改革的重要意义和主要任务》,《国家行政学院学报》2016 年第 6 期。

涉案人员及其特定关系人或者其他人员。对两款规定的情况,监察机关应当全面、如实记录,做到全程留痕,有据可查。

依据监察法规定,对于违法干预案件、接触相关人员的监察人员,应当依法给予政务处分;是党员的,要依照《中国共产党纪律处分条例》追究党纪责任。构成犯罪的,还应当依法追究刑事责任。①

二、监察人员违反职业规范的报告备案

（一）对于打听案情、过问案件、说情干预的及时报告和登记备案

监察人员打听案情、过问案件、说情干预,主体是监察人员,其对象是向办理监察事项的监察人员打听案情、过问案件、说情干预。向监察人员打听案情、过问案件、说情干预的主体通常情况下不仅包含了与案件有利害关系的人,如被监察人员、被调查人员及其特定关系人,同时也包含其他不调查负责具体案件的监察人员。"及时报告"和"登记备案"的规制对象为监察人员,是监察机关内部的一种监督机制,是对监察人员自身的监督。

实践中干预监察人员办案的方式在情节上具有层次性。打听案情只是获取信息的了解咨询,但利用了监察机关内部关系资源,监察人员有可能是受人之托,也有可能与监察对象具有特殊关系。不管何种原因,监察人员之间的同事关系会对办理监察事项的监察人员造成隐性的影响。过问案件和说情干预两种方式具备了显性的干预故意和行动方案,监察人员利用职权或人情关系主动影响办理监察事项的监察人员,甚至给其施加压力,目的在于为监察对象说情开脱,干扰监察人员办案的情节更为严重。

监察法强调报告备案的及时性,目的是警示监察人员不应当随意透露案件真实情况和进展,遇到监察人员打听案情、过问案件、说情干预的情形应该及时向监察机关相关负责人或者办案主管监察人员报告并登记备案。监察机关内部构建报告备案制度为监察机关内部监督提供了制度保障,同时也是对办理监察事项的监察人员的一种保护措施,有利于办案的独立性和公正性。

---

① 参见中共中央纪律检查委员会、国家监察委员会法规室编写:《〈中华人民共和国监察法〉释义》,中国方正出版社2018年版,第253页。

这是从党的十八大以来总结的反腐败斗争的经验教训,外力的打击和抑制不是长远的做法,反腐的第一步是不敢腐,但是最终是要做到不能腐和不想腐,尽管这需要长远的战略谋划、严密的制度体系和完备的法治保障。明确监察人员的职业行为规范,就是要求监察人员能够带头自我净化、自我完善、自我革新、自我提高。

(二)对于未经批准接触被调查人及相关涉案人员的及时报告和登记备案

监察人员职业规范所涉事项是监察机关自我监督体系的一部分,对监察人员职业规范监督限于监察机关内部,即办理监察事项的监察人员对其他监察人员的监督,主体为知情人,办理监察事项的监察人员成了监督对象。作为办理监察事项的监察人员在本条中的身份具备了一种辩证关系,既是监督者,又是被监督者。另外,知情人的范围应该不局限于监察人员,这里的知情人包括其他一切发现监察人员存在与被调查者、涉案人员及其特定人员交往情形的人,不仅包括监察人员、被调查人、涉案人员及其特定关系人,还包括其他党政机关、社会企事业单位、社会公众等等。只要发现办理监察事项的监察人员未经批准接触被调查人、涉案人员及其特定关系人,或者存在交往情形的,不管是监察人员还是其他人,都有权利和义务及时报告。知情者范围的扩大理解实质就是对社会监督的深刻体现,调动社会公众的力量对监察人员进行监督,以促进监察委员会更科学、更高效地对监察人员实行监督。

监察人员不得未经批准接触这些对象是为了防止监察人员在办理具体案件之前对案件形成预断,影响案件的调查工作的展开,也是防止在这种接触过程中出现权力寻租、权钱交易的腐败现象。需要注意的是,这并不意味着直接剥夺监察人员接触被调查人、涉案人员及其特定关系人,如果确有必要或者因为具体案件的复杂程度不同等因素,经过相关批准,监察人员仍然是可以接触这些人员的。

同监察人员不应当随意透露案件真实情况和进展的行为规范一样,当监察人员存在与被调查人、涉案人员及其特定关系人有特定交往情形的,监察人员应当主动及时地报告并登记备案,如果被发现的,发现者也应当及时向监察机关及其他监察人员报告并登记备案。当监察人员与这些对象存在交往情形的情况时,很难保证被调查人及其家属乃至社会公众对调查和处置结果的信服,甚至进一步导致最终的司法公正问题。

第六节　监察人员的回避

《监察法》第五十八条规定:"办理监察事项的监察人员有下列情形之一的,应当自行回避,监察对象、检举人及其他有关人员也有权要求其回避:(一)是监察对象或者检举人的近亲属的;(二)担任过本案的证人的;(三)本人或者其近亲属与办理的监察事项有利害关系的;(四)有可能影响监察事项公正处理的其他情形的。"规定本条的主要目的是确保监察工作客观、公正、合法,树立监察机关公正执法的良好形象。

一、监察人员回避的法律含义

回避是指办理监察事务的监察人员遇有法律规定的情形,应当不参加该具体案件的监督、调查、处置活动。实行回避制度有着重要的法治价值。

首先,有利于案件或事项的客观公正处理,实现实体公正。在监察活动中,要使案件在实体上得到公正处理,监察机关应依照法律履行监督、调查、处置职责,收集被调查人有无违法犯罪以及情节轻重的证据,查明违法犯罪事实,形成相互印证、完整稳定的证据链。在发现事实的基础上,监察机关根据监督、调查结果,依法作出处置。发现案件真相和正确作出处置,务必使办理监察事项的监察人员在监察过程中保持客观公正的品格,这就要求监察人员与案件没有利害关系以及排除其他可能影响案件公正处置的关系来实现,如果监察人员在监督、调查、处置等各个监察环节存在法定的妨碍诉讼公正进行的情形,就应回避,只有这样才能防止监察人员先入为主预断或徇私舞弊,保证案件得到公正、客观的处理。

其次,有利于防止执法偏见,彰显程序正义。试想,如果办案人员是监察对象或者检举人的近亲属,或者担任过本案的证人,或者是与办理的监察事项有利害关系等有可能影响监察事项公正处理情形的,其所办案和事项是难以做到客观公正的。即使做到了客观公正，也难以取信于当事人和社会公众。实行回避制度，可以消除监察对象及其他相关人员的思想顾虑，实现程序正义，避免不必要的申诉，提高办案效率和降低成本。而排除对监察对象的偏见既是对监察对象权益的维护，也是程序上的公正对待。执法实践中，执法人员在办案中因涉及个人利益，或者本身与执法对象有着亲仇关系而不能做到公平对待，甚至徇私枉法的现象并不鲜见。监察工作要避免类似现象发生，就必须落实好回避制度。

再次，有利于确保监察机关和监察活动的公信力。习近平总书记指出，强化党内监督是为了保证党立党为公、执政为民，强化国家监察是为了保证国家机关依法履职、秉公用权，强化群众监督是为了保证权力来自人民、服务人民。监察委员会实质就是国家反腐败工作机构，推进国家监察体制改革，正是要从组织和制度上巩固党的十八大以来反腐败斗争取得的成果。反腐败压倒性态势已经形成，但反腐败斗争形势依然严峻。新时代反腐败机制建设必须走上法治化轨道才能满足人们的期待，才能确保监察机关和监察活动的公信力。回避制度的设立是反腐败机制法治化的重要体现，具有重要的时代意义。

二、监察人员回避的方式

监察法规定的回避方式有三种：一是自行回避。属于回避人员范围内的人员自行回避的，可以口头或书面提出，并说明理由。口头提出申请的，应记录在案。监察机关发现办理监察事项的监察人员存在法定回避情形的，应要求其回避。二是申请回避。据本条规定，能够提出回避申请的主体主要包括监察对象、检举人及其他有关人员。监察对象的申请回避的权利来源于他与案件处理结果有着直接利害关系。检举人则是指那些检举具体案件的人，即监察程序启动的案件线索来源之一。其他有关人员则对比参照前两者，与其具有相同性或相当性即可称为主体。知晓自己的权利是行使权利的前提，权利只有为享有者知晓时才能得到行使，因此，监察人员在各个监察阶段有义务告知监察对象、检举人及其他有关人员有申请回避的权利。监察对象、检举人及其他有关人员申请监察人员回避的，可以口头或书面提出，并说明理由。三是指令回避。是指监察人员有法定回避情形而没有自行回避，监察对象、检举人和其他有关人员也没有申请其回避的,由法定人员或者组织径行决定,令其退出监察活动。监察法中没有明确规定指令回避,正如我国刑事诉讼法中也没有明确规定指令回避,但是在最高法《解释》、最高检《规则》和公安部《规定》中均明确规定了指令回避。最高检《规则》第二十六条规定,应当回避的人员,本人没有自行回避,当事人及其法定代理人没有申请其回避的,检察长或者检察委员会应当决定其回避。因此,指令回避在《监察法》中也为应有之义。

从回避的执行考虑,借鉴司法回避制度的执行,监察人员的回避应该由本级监察委员会主任决定。这里的监察人员包括各级监察委员会副主任、委员、监察员等。监察委员会主任的回避由监察委员会委员大会决定。回避一经作出决定,即发生法律效力,应当回避的人员必须立即退出监察活动。但是鉴于监察工作的紧迫性和特殊性,为防止延误办案,对于监察人员的回避应参照我国《刑事诉讼法》第三十条第二款对于侦查人员的规定,对监察人员的回避作出决定前,监察人员不能停止对案件的调查。因此,法定的个人或组织依法对监察人员的回避作出准许决定以后,该监察人员才能停止对案件的调查工作,由其他监察人员立即接替其继续或重新开始调查工作。

三、监察人员回避的情形

法律意义上的“回避”一般有两种形态,分为有因回避和无因回避。有因回避又称为“附理由的回避”,是指只有在案件具备法定回避理由的情况下,回避人员范围内的人员才会回避的制度。无因回避则称为“不附理由的回避”或者“强制回避”,是指有权提出回避申请的人无须提出任何理由,一旦提出申请,就产生令被申请者回避的效果。我国监察法实行的是有因回避制度,并对回避的法定事由作出了明确规定。

一是是监察对象或者检举人的近亲属的。监察人员代表国家行使监察权力,其自身的角色定位应该是客观公正的,是维护国家公共利益的,首先的前提是监察人员自身不能是案件的当事人。其次,如果监察人员是监察对象或者检举人的近亲属,势必会导致其存在主观预判或者徇私情,失去客观公正的立场,使案件的处理产生偏差或者妨碍案件公正结果的达成,会造成对国家利益的损害或者造成冤假错案。即使监察人员的道德品质极高,但毕竟超出了普通人情推定的范围。公众对于其办案的公正性基于常情会持怀疑态度,结果会影响了监察机关的公信力。

二是担任过本案的证人的。曾担任过本案证人,已经参加了案件的某些活动,对案件事实或案件应当如何处理已经形成了一定的看法,可能会先入为主,形成预断。证人在证明过程中是具有方向性的,同时某个证人的证词具有主观性和片段性。这就决定了证人可能无法从案件全盘来考虑问题,难以客观地从事监察活动,不利于全面收集运用证据,最终影响正确认定案件事实,极可能出现误断,因此应当回避。但是,这一阶段的回避不影响其下一阶段仍担任证人。

三是本人或者其近亲属与办理的监察事项有利害关系的。监察人员虽然不是监察对象或者检举人的近亲属,但其本人或者他的近亲属可能与办理的监察事项有利害关系,即与本案的处理结果有利益牵连。比如监察人员或者其近亲属与监察对象有恋爱关系,案件的处理结果会直接影响到他们或其近亲属的利益,如果他们参加监察活动,就可能使案件得不到公正处理或者发生妨碍诉讼的可能。为避免监察人员或其近亲属从私利出发而影响其依法履行职责,公正处理案件,具有此种关系的人员应当回避。

四是有可能影响监察事项公正处理的其他情形的。由于社会关系的复杂性,法律无法将监察人员与案件之间可能存在的所有情形全部罗列出来,因此作此原则性规定。本条款的适用应明确两个内容:1. 其他情形是指前述三种情形以外的情形,如邻居、朋友、师生关系,某种经济利益关系或有事实证明监察人员与监察对象之间有亲密友好关系或不和睦的特殊关系等。参照我国《刑事诉讼法》第二十九条以及最高法《解释》的相关规定,有下列情形的,监察对象、检举人及相关人员有权申请其回避:(1)违反规定会见本案当事人及其委托人;(2)索取、接受本案当事人及其委托人的财物或者其他利益;(3)接受本案当事人及其委托人的宴请,或者参加由其支付费用的活动;(4)有其他不正当行为,可能影响公正审判的。2. 其他情形有可能影响监察事项公正处理。回避制度的目的重在预防,是为了防止影响案件公正处理的可能性转化为既成事实。因此,对于一般的其他情形应具体问题具体分析,不能简单做结论,只有在可能影响公正处理案件的情况下适用回避。而对于法定的情形,只要存在就可能影响案件的公正处理,也就满足了回避的条件,无须一定存在影响案件公正处理的既成事实。

第七节　监察人员保密规定

《监察法》第五十九条规定:"监察机关涉密人员离岗离职后,应当遵守脱密期管理规定,严格履行保密义务,不得泄露相关秘密。监察人员辞职、退休三年内,不得从事与监察和司法工作相关联且可能发生利益冲突的职业。"本条是关于监察人员脱密期管理和从业限制的规定,主要目的是加强对监察人员的保密管理和从业限制,防止发生失泄密问题,避免利益冲突。

一、监察人员保密规定法律含义

《中华人民共和国保守国家秘密法》第二条和第三条规定:国家秘密是关系国家安全和利益,依照法定程序确定,在一定时间内只限一定范围的人员知悉的事项。国家秘密受法律保护。一切国家机关、武装力量、政党、社会团体、企业事业单位和公民都有保守国家秘密的义务。任何危害国家秘密安全的行为,都必须受到法律追究。

监察工作涉及大量国家秘密和工作机密,要严格防范监察人员在工作中接触的秘密因为人员流动而流失,让保密责任与离岗离职的监察人员如影随形。相关人员要严格遵守保密法律和纪律,在脱密期内自觉遵守就业、出境等方面的限制性要求,有关部门和单位也要切实负起责任,加强对离岗离职后涉密人员的教育、管理和监督。

《中华人民共和国保守国家秘密法》第九条①规定:"政党的秘密事项中

---

① 下列涉及国家安全和利益的事项,泄露后可能损害国家在政治、经济、国防、外交等领域的安全和利益的,应当确定为国家秘密:(一)国家事务重大决策中的秘密事项;(二)国防建设和武装力量活动中的秘密事项;(三)外交和外事活动中的秘密事项以及对外承担保密义务的秘密事项;(四)国民经济和社会发展中的秘密事项;(五)科学技术中的秘密事项;(六)维护国家安全活动和追查刑事犯罪中的秘密事项;(七)经国家保密行政管理部门确定的其他秘密事项。政党的秘密事项中符合前款规定的,属于国家秘密。

符合前款规定的,属于国家秘密。"国家监察委员会是中国共产党领导下、依法独立行使国家监督权的反腐败专门机构。在职能上体现国法与党纪相衔接、国家权力监督与党的执政监督相结合。国家监督权既高于行政监察权,也区别于检察监督权。它是集行政执法、刑事执法为一体的复合型国家一般监督权。国家监察委员会的建立,创新了我国新的历史条件下的反腐体制,既是社会主义政治制度的内在要求,也是解决机构分散、打击不力等问题的对策选择,是实现国家腐败治理体系和治理能力现代化的组织保障。实行国家层面反腐败机构的集中统一,有利于使党的意志转化为国家意志,有利于使权力机关的工作监督通过法定程序落到实处。① 因此,监察机关的工作可能会涉及党的秘密,而政党的秘密事项中符合《中华人民共和国保守国家秘密法》第九条相关规定的属于国家秘密。

监察机关涉密人员在岗期间应严格遵守法律规定,监察机关应当建立健全涉密人员管理制度,明确涉密人员的权利、岗位责任和要求,对涉密人员履行职责情况开展经常性的监督检查。监察人员有泄露国家秘密或者监察工作秘密的行为,应当给予处分,构成犯罪的,依法追究刑事责任。监察机关涉密人员离岗离职后,应当遵守脱密期管理规定,严格履行保密义务,不得泄露相关秘密。《中华人民共和国保守国家秘密法》规定:涉密人员离岗离职实行脱密期管理。涉密人员在脱密期内,应当按照规定履行保密义务,不得违反规定就业,不得以任何方式泄露国家秘密。国家工作人员或者其他公民发现国家秘密已经泄露或者可能泄露时,应当立即采取补救措施并及时报告有关机关、单位。机关、单位接到报告后,应当立即作出处理,并及时向保密行政管理部门报告。脱密期应当是从涉密人员自监察机关批准其离开涉密岗位之日起计算。脱密期的管理规定大致包括:与原机关签订保密承诺书;作出继续履行保密义务、不泄露所知悉国家秘密的承诺;及时清退所有持有和使用的全部涉密载体和涉密信息设备,并办理移交手续等。

---

① 吴建雄、李春阳:《健全国家监察组织架构研究》,《湘潭大学学报(哲学社会科学版)》2017 年第 1 期。

二、监察人员辞职、退休后从业限制的规定

《监察法》关于"监察人员辞职、退休三年内,不得从事与监察和司法工作相关联且可能发生利益冲突的职业"的立法本意,一是保障办案和司法公正。监察人员在监察机关的工作经历使其熟悉监察工作程序,了解机制运行的现状与不足,并且与监察机关工作人员可能有着紧密的人情关系网,甚至因其原任职务对现任监察人员仍具有较大影响力,因此,监察人员离任后马上从事与监察和司法工作相关联的职业,有可能因其原任职务而影响监察机关和司法机关依法履行职责。立法规定监察人员离任三年内不得从事与监察和司法工作相关联且可能发生利益冲突的职业,有利于杜绝人情案、关系案。二是确保监察队伍的稳定。对于监察人员离任后的任职回避,使得现任监察人员意识到自身工作的重要性,在进行职业再选择时慎重考虑。同时,对监察人员的任职回避无期限地永久性限制缺乏公平、理性和科学。根据一般的经验,监察官离任三年后对原任职监察机关的影响已基本消除,即使其在原任职部门还有一定的影响,但此种影响与其原有权力已无直接的必然关系。以三年为限的有期限职业回避制度不会造成监察队伍的不稳定。监察人员离退休后经过三年年事已高,其原有影响已基本消除。

我国《法官法》、《检察官法》对法官和检察官的离任任职回避规定均为二年,《法官法》规定:"法官从人民法院离任后二年内,不得以律师身份担任诉讼代理人或者辩护人。法官从人民法院离任后,不得担任原任职法院办理案件的诉讼代理人或者辩护人。"《检察官法》规定:"检察官从人民检察院离任后二年内,不得以律师身份担任诉讼代理人或者辩护人。检察官从人民检察院离任后,不得担任原任职检察院办理案件的诉讼代理人或者辩护人。"而监察人员的离任任职回避为三年,主要因为国家监察委员会是坚持中国共产党对国家监察工作的领导的前提下,构建的集中统一、权威高效的中国特色国家监察体制。国家监察委员会行使的国家监督权,是监督国家公权力依法规范运转,发现、揭露、查处和预防公职人员违法犯罪的执法权力。各级监察委员会可以向本级中国共产党的机关、国家机关、经法律法规授权或者委托管理公共事务的组织和单位以及所管辖的行政区域、国有企业等派驻或者派出监察机构、监察专员。因此,监察机关的监察对象具有广泛性、职权具有权威性、职

能具有高效性,监察人员离任后的影响力更大、更持久,其离任任职回避的时间也应更长。

关于何谓"与监察和司法工作相关联且可能发生利益冲突的职业",监察人员应当履行谨慎注意义务,在辞职、退休三年内,如果打算从事的职业与监察和司法工作有关,且可能引致他人怀疑与原工作内容产生利益冲突的,应当事先征求原单位意见。本条款对于离任监察人员三年后能否担任原任职单位的与监察或司法工作相关联的工作没有明确说明。《法官法》、《检察官法》明确规定,对于离任的法官和检察官不得担任原任职单位办理案件的诉讼代理人或者辩护人。

第八节 被调查人申诉

《监察法》第六十条规定:"监察机关及其工作人员有下列行为之一的,被调查人及其近亲属有权向该机关申诉:(一)留置法定期限届满,不予以解除的;(二)查封、扣押、冻结与案件无关的财物的;(三)应当解除查封、扣押、冻结措施而不解除的;(四)贪污、挪用、私分、调换以及违反规定使用查封、扣押、冻结的财物的;(五)其他违反法律法规、侵害被调查人合法权益的行为。受理申诉的监察机关应当在受理申诉之日起一个月内作出处理决定。申诉人对处理决定不服的,可以在收到处理决定之日起一个月内向上一级监察机关申请复查,上一级监察机关应当在收到复查申请之日起二个月内作出处理决定,情况属实的,及时予以纠正。"本条是关于申诉制度的规定,主要目的是保护被调查人的合法权益,强化对监察机关及其工作人员的监督管理。

一、被调查人申诉的法律含义

申诉是宪法规定的公民基本权利,申诉权是一项基本人权。许多国际人权文件或公约中都明确规定要保障社会成员的申诉权,我国宪法对保障公民的申诉权也作出了规定。本条款是针对监察人员的工作程序进行监督,将监察机关履职的程序纳入法治的轨道,赋予被调查人申诉权,是对被调查人权利保障和救济,也是对监察机关程序公正的护航和法治反腐理念的践行。《监察法》规定,申诉的提起不仅包括被调查人而且包括其近亲属,采取留置措施后,除有可能毁灭、伪造证据,干扰证人作证或者串供等有碍调查情形的,应当在二十四小时以内,通知被留置人员所在单位和家属。赋予被调查人及其近亲属的申诉权利,是尊重和保障人权的宪法原则在监察活动中的重要体现。

在执法过程中对人的人权保障程度如何,是衡量一个国家人权保障水平的重要标志。监察活动中留置、查封、扣押、冻结等措施的实施,涉及被调查人的自由权和财产权等基本权利,如果出现留置法定期限届满,查封、扣押、冻结与案件无关的财物,应当解除查封、扣押、冻结措施而不解除等情形,应该及时改变相关措施,特别是出现贪污、挪用、私分、调换以及违反规定使用查封、扣押、冻结的财物和其他违反法律法规、侵害被调查人合法权益的行为的情形,更应该高度重视及时处置。被调查人及其近亲属有权向该机关申诉,就是要严格防止侵犯被调查人合法权益情形的发生,这充分体现了监察法对监察当事人人权的尊重和保障。

二、被调查人及其近亲属可以申诉的五种情形

(一)留置法定期限届满,不予以解除的

《监察法》第二十二条明确了留置适用的条件、范围,在国家监察法立法体系中,通过对留置措施的相关规定,既为限制和规范公权力的行使提供了手段和措施,同时又对监察权本身的行使设置了一套规范程序,是对监察权自身的约束和监督。《监察法》第四十三条规定,监察机关采取留置措施,应当由监察机关领导人员集体研究决定。设区的市级以下监察机关采取留置措施,应当报上一级监察机关批准。省级监察机关采取留置措施,应当报国家监察委员会备案。留置时间不得超过三个月。在特殊情况下,可以延长一次,延长时间不得超过三个月。省级以下监察机关采取留置措施的,延长留置时间应当报上一级监察机关批准。监察机关发现采取留置措施不当的,应当及时解除。本条款不仅明确了留置措施的适用程序,而且对留置措施的适用法定期限进行了规定,是有法可依的。

（二）查封、扣押、冻结与案件无关的财物的

监察人员在调查过程中查封、扣押、冻结财物应遵循严格的法律程序，不是随意为之。《监察法》第二十三条规定，监察机关调查涉嫌贪污贿赂、失职渎职等严重职务违法或者职务犯罪，根据工作需要，可以依照规定查询、冻结涉案单位和个人的存款、汇款、债券、股票、基金份额等财产。有关单位和个人应当配合。第二十五条规定，监察机关在调查过程中，可以调取、查封、扣押用以证明被调查人涉嫌违法犯罪的财物、文件和电子数据等信息。采取调取、查封、扣押措施，应当收集原物原件，会同持有人或者保管人、见证人，当面逐一拍照、登记、编号，开列清单，由在场人员当场核对、签名，并将清单副本交财物、文件的持有人或者保管人。在调查过程中或调查结束后，经查明查封、扣押、冻结的财物与案件无关的，应在规定时间内解除并予以退还。

（三）应当解除查封、扣押、冻结措施而不解除的

《监察法》规定冻结的财产经查明与案件无关的，应当在三日内解除冻结，予以退还。查封、扣押的财物、文件经查明与案件无关的，应当在三日内解除查封、扣押，予以退还。在法律规定的期限内应当解除查封、扣押、冻结措施而不解除的，被调查人及其近亲属可以申诉。

（四）贪污、挪用、私分、调换以及违反规定使用查封、扣押、冻结的财物的

《监察法》对查封、扣押、冻结财物的程序有严格规定，对财物的保全也有相关规定。如对调取、查封、扣押的财物、文件，监察机关应当设立专用账户、专门场所，确定专门人员妥善保管，严格履行交接、调取手续，定期对账核实，不得毁损或者用于其他目的。对价值不明物品应当及时鉴定，专门封存保管。监察机关查封、扣押、冻结财物，既是一种保全措施，是为了在案件调查期间，保证有关涉案财产不被转移、隐匿或者遭受损坏而影响最后判决的执行，也是为了进一步获取证明犯罪嫌疑人有罪或无罪的证据和固定证据的需要。监察人员不得贪污、挪用、私分、调换以及违反规定使用查封、扣押、冻结的财物。对于与案件相关的财物的后续处置，法律有明确规定，监察机关经调查，对违法取得的财物，依法予以没收、追缴或者责令退赔。对涉嫌犯罪取得的财物，应当在移送人民检察院依法提起公诉时随案移送。

（五）其他违反法律法规、侵害被调查人合法权益的行为

党的十八大以来，习近平总书记从发展中国特色社会主义的战略高度，提出了一系列新思想、新观点、新要求，形成了"强化反腐倡廉，全面深化改革"时代主题和当代中国的显著特征，构成了新的历史条件下我国反腐败斗争的指导方针。习近平总书记在党的十九大报告中指出："十八大以来的五年，是党和国家发展进程中极不平凡的五年。""全面从严治党成效卓著。""坚持反腐败无禁区、全覆盖、零容忍，坚定不移'打虎'、'拍蝇'、'猎狐'，不敢腐的目标初步实现，不能腐的笼子越扎越牢，不想腐的堤坝正在构筑，反腐败斗争压倒性态势已经形成并巩固发展。"习近平总书记在党的十九大报告中明确提出"制定国家监察法，依法赋予监察委员会职责权限和调查手段"。显而易见，一方面，国家通过立法的途径建立集中统一、权威高效的国家监察机构，赋予监察机关职责权限和调查手段。另一方面，通过立法，实现对监察机关自身的监督，使反腐败进入法治轨道。

国家监察机关在工作过程中，可能会存在超越权力、滥用权力，从而侵犯被调查人合法权益，导致错追错断的现象。除了本条规定的四种情形以外，在监察工作过程中，监察人员仍有可能出现相关侵权行为，特别是程序性违法行为，如讯问的程序性规定等。程序性权利是动态意义上的权利，是作为利益追求过程的权利，是人作为程序主体在实现实体权利或为保障实体权利不受侵犯时所享有的权利。以个人在程序中的尊严为例，假如法律承认与尊重参与者的个人尊严，那么程序参与者就有权要求法律以一种富有尊严的方式对待他们，这也就意味着个人有权要求法律程序提供充分的参与机会。这样程序参与者虽然不直接地对某种实体结果拥有权利，但却被赋予相应的程序权利，这就体现了法律程序的"过程价值"。①

三、被调查人及其近亲属申诉权的救济保障

有权利就有救济。法律救济的存在就是为了更好地保障权利的实现。

---

① 王锡锌：《行政过程中相对人程序性权利研究》，《中国法学》2001 年第 4 期。

假如没有最基本的权利救济机制，那么，任何权利外延的扩张都将变成一种权利的宣示而已。① 对公民权利侵害的救济是维护社会秩序的根本保证，也是公民幸福和社会和谐的保障。权利是人性尊重的表现，任何侵害不管是否存在损害后果都是对个人尊严和价值的贬损，都必须采取救济手段加以救济。按自然法学的观点，人类从自然状态走向人类社会的第一步是通过将防卫被侵害的权利让渡给国家。由国家负责保护每个人的自由、生命、安全和财产，这种保护是没有个体差别、类型差别的，只要是个体遭到侵害，就必须通过有效途径进行救济，才能符合当初社会契约的目的，侵害行为是对整个人类所订立的国家契约的侵犯，因而是必须加以制止和进行补救的。

被调查人及其近亲属发现有本条规定的相关法定侵权行为的，应当向作出该行为的监察机关提起申诉，受理申诉的监察机关应当及时处理。受理申诉的监察机关不及时处理或者被调查人及其近亲属对处理结果不服的，可以向上级监察机关申请复查。国家监察委员会实行垂直管理体制，接受人大及其常委会工作监督。国家监察委员会领导地方各级监察委员会工作，上级监察委员会领导下级监察委员会工作。因此，上级监察机关应当及时处理复查申请，情况属实的，有权予以纠正。本款规定受理申诉的监察机关应当在受理申诉之日起一个月内作出处理决定。申诉人对处理决定不服的，可以在收到处理决定之日起一个月内向上一级监察机关申请复查，上一级监察机关应当在收到复查申请之日起二个月内作出处理决定。从而明确了申诉受理，申诉人不服向上一级监察机关申请复查和上级监察机关受理申诉作出决定的时间限定，这是对监察申诉复查程序的刚性规定。凡在规定时间内提出的申诉，即为有效申诉，凡未在法定期限内作出申诉复查决定的，即为违反法定程序的复查工作情形，应依法纠正。需要注意的是，监察机关不是行政机关，被调查人及其近亲属对于上一级监察机关复查结果不服的，不能提起行政复议或行政诉讼。

---

① 陈瑞华：《论法学研究方法》，北京大学出版社 2009 年版，第 187 页。

第九节　监察违法的责任追究

《监察法》第六十一条规定："对调查工作结束后发现立案依据不充分或者失实，案件处置出现重大失误，监察人员严重违法的，应当追究负有责任的领导人员和直接责任人员的责任。"这是关于"一案双查"的规定，主要目的是强化对调查工作的监督管理，督促监察人员在立案审查前做实做细初步核实等基础工作，在立案审查后严格依法处置，严格自律。

一、监察违法责任追究的法律含义

习近平总书记指出："坚持全面从严治党，落实'三严三实'要求，严明党的纪律和规矩，落实党风廉洁建设主体责任和监督责任，强化责任追究。"①监察法关于违法责任追究的规定，为这一指示的落地见效提供了法治保障。

责任追究是监督管理的应有之义，没有责任追究，监督管理便形同虚设。监察违法责任追究规定主要包括三个方面内容：

一是关于立案依据不充分或者失实。监察工作中初核至关重要，如果初核不扎实、立案不准确，必然损害监察机关的公信力。承办部门应当提升初核质量，全面把握事实、性质、责任、情节，厘清是非轻重等关键问题后，才能依照程序报请立案。如果立案依据存在明显错误，影响案件调查审理，应当依法追究负有责任的领导人员和直接责任人员的责任。

二是关于案件处置出现重大失误。本法对案件调查处置的程序和权限等作了明确要求，如果在案件处置过程中，出现违法采取留置措施，甚至是违反规定发生办案安全事故等重大失误，应当依法追究负有责任的领导人员和直接责任人员的责任。

三是关于监察人员严重违法。办理案件的监察人员执法违法、失职失责，

① 参见《"十三五"关键词：习近平谈责任》，中国新闻网 http://www.china.com.cn/news/2016-03/24/content_38103293.htm。

肯定会影响办案的效果,也会对监察机关的形象造成损害,发生这种情况的,不仅严重违法的监察人员本身要受到严肃处理,负有责任的领导人员也难辞其咎,必须承担相应的领导责任。

需要注意的是,监察机关各级领导既要以身作则、遵纪守法,也要勇于担当,敢抓敢管。各级领导管理严格,从严要求,才能领好班子、带好队伍、促进工作。如果疏于管理,失职失责,就要受到严肃问责。①

二、监察违法责任追究的基本类型

(一)对调查工作结束后发现立案依据不充分或者失实的责任追究

对监察人员失职失责行为的追责,既追究直接责任,还追究有关领导人的责任,这是采用"一案双查"制,但须注意,采用"一案双查"制的前提是在调查工作结束后发现立案依据不充分或失实,案件处置出现重大失误,监察人员严重违法等情形。

调查工作结束后发现立案依据不充分或失实首先涉及的是立案标准的问题。《监察法》第三十九条规定,经过初步核实,对监察对象涉嫌职务违法犯罪,需要追究法律责任的,监察机关应当按照规定的权限和程序办理立案手续。监察机关主要负责人依法批准立案后,应当主持召开专题会议,研究确定调查方案,决定需要采取的调查措施。可以看出,监察法对于立案标准的表述是涉嫌职务违法犯罪,需要追究法律责任。立案是严肃慎重的监察活动,监察机关一旦立案,就意味着将要实施必要的调查行为,采取必要的调查措施,对有关单位和个人的权利形成一定的限制。对于监察机关立案的标准可以从两个层面来理解。首先,涉嫌职务违法犯罪可以理解为有违法犯罪事实,监察机关在初审后决定是否立案时应严格把握立案的先决条件:有无犯罪事实,正确区分罪与非罪,刑事责任与党纪、政纪处分、行政处罚的界限。违法犯罪事实是客观存在的,不能是监察人员的主观随意猜测,判断是否有违法犯罪事实必须建立在相关的证据材料基础之上。当然立案要求的有违法犯罪事实是指有

---

① 参见中共中央纪律检查委员会、国家监察委员会法规室编写:《〈中华人民共和国监察法〉释义》,中国方正出版社2018年版,第264—265页。

证据证明违法犯罪行为的存在,并不要求在立案审查阶段就查清犯罪过程、具体的情节等全部犯罪事实。但是,绝不是没有证据就可以立案。其次,需要追究法律责任。法律责任的范围比较宽泛,其中最为严重的是需要追究刑事责任,我国《刑事诉讼法》第十五条规定了不追究刑事责任的情形,要加以区分。

立案依据不充分或失实,是指立案的证据不足以证明有犯罪事实发生,达不到立案的标准。这是对立案审查人员的监督,监察机关应进行复查,并说明原因和法律依据。如有监察人员徇私枉法行为存在,必须予以追责。我国司法体系中,人民检察院行使法律监督职能,对立案、侦查等行使监督权,人民检察院认为公安机关对应当立案侦查的案件而不立案侦查的,或者被害人认为公安机关对应当立案侦查的案件而不立案侦查,向人民检察院提出的,人民检察院应当要求公安机关说明不立案的理由。人民检察院认为公安机关不立案理由不能成立的,应当通知公安机关立案,公安机关接到通知后应当立案。监察机关与人民检察院之间的主要业务对接是对被调查人涉嫌职务犯罪,监察机关经调查认为犯罪事实清楚,证据确实、充分的,制作起诉意见书,连同案卷材料、证据一并移送人民检察院,依法提起公诉。

(二)案件处置出现重大失误的责任追究

《监察法》第四十五条规定,监察机关根据监督、调查结果,依法作出如下五种处置:对有职务违法行为但情节较轻的公职人员,按照管理权限,直接或者委托有关机关、人员,进行谈话提醒、批评教育、责令检查,或者予以诫勉;对违法的公职人员依照法定程序作出警告、记过、记大过、降级、撤职、开除等政务处分决定;对不履行或者不正确履行职责负有责任的领导人员,按照管理权限对其直接作出问责决定,或者向有权作出问责决定的机关提出问责建议;对涉嫌职务犯罪的,监察机关经调查认为犯罪事实清楚,证据确实、充分的,制作起诉意见书,连同案卷材料、证据一并移送人民检察院依法审查、提起公诉;对监察对象所在单位廉政建设和履行职责存在的问题等提出监察建议。由此可见,监察机关作出的处置结果涉及多层级、多部门、多法律法规,不同的处置结果对接的部门和后续适用的法律均不相同,涉及不同监督方式。譬如对监察机关移送的案件,人民检察院认为犯罪事实已经查清,证据确实、充分,依法应当追究刑事责任的,应当作出起诉决定。人民检察院经审查后,认为需要补充核实的,应当退回监察机关补充调查,必要时可以自行补充侦查。人民检察院对于有刑事诉讼法规定的不起诉的情形的,经上一级人民检察院批准,依法作出不起诉的决定。监察机关认为不起诉的决定有错误的,可以要求复议。人民检察院在审查起诉的环节实际上实现了对监察机关处置结果的监督。本条所讲的监督,是监察机关内部的监督,监察机关的内部监督机构通过被调查人的申诉,核实案件处置出现重大失误,应作出相应处理措施。

(三)监察人员严重违法的责任追究

监察人员严重违法的情形可能出现在监察工作的各个环节,在实践中如何具体判断监察人员的违法行为,监察法尚未出台相关规定,但是可以对比《最高人民检察院关于对检察机关办案部门和办案人员违法行使职权行为纠正、记录、通报及责任追究的规定》,对监察人员严重违法的,可归纳为如下情形:1.侵犯举报人、控告人、申诉人合法权益,或者泄露、隐匿、毁弃、伪造举报、控告、申诉等有关材料的;2.违法剥夺、限制监察对象及相关人员人身自由,或者违反办案安全防范规定的;3.违法采取、变更、解除、撤销调查措施,或者超期留置被调查人,或者没有法定事由,超过法定办案期限仍未办结案件的;4.违法使用武器、警械警具,或者殴打、体罚虐待、侮辱监察对象及相关人员的;5.刑讯逼供、暴力取证,或者以其他非法方法获取证据的;6.讯问职务犯罪嫌疑人未按规定同步录音录像,或者录音录像不规范的;7.隐匿、毁弃、伪造证据,违背事实作出勘验、检查笔录、鉴定意见,包庇、放纵被举报人、被调查人、犯罪嫌疑人,或者使无罪的人受到刑事追究的;8.非法搜查,违法查封、扣押、冻结、处理涉案财物及其孳息的;9.具有法定回避情形而不回避的;10.违反法定程序或者办案纪律干预办案,或者未经批准私自办案的;11.私自会见案件当事人及其亲友、利害关系人,或者接受上述人员提供的宴请、财物、娱乐、健身、旅游等活动的;12.为案件当事人及其亲友、利害关系人、代理人打探案情、通风报信,或者泄露案件秘密的;13.利用监察权或者借办案之机,通过当事人、利害关系人或发案单位、证人等谋取个人利益的;14.越权办案、插手经济纠纷,利用办案之机拉赞助、乱收费、乱罚款,让发案单位、当事人、利害关系人报销费用,或者占用其房产或交通、通信工具等物品的;15.未依法对监察活动、行政机关违法行使职权或者不行使职权的行为履行监督职责,造成不良影响的;16.其他违法行使职权的情形。

（四）追究负有责任的领导人员和直接责任人员的责任

加强权力制约与监督,构建科学规范的权力运行体系,历来是我们党治国理政、反对腐败、从严治党的重要举措。2015年2月2日,习近平总书记在省部级主要领导干部学习贯彻十八届四中全会精神全面推进依法治国专题研讨班开班式上强调:"权力是一把双刃剑,在法治轨道上行使可以造福人民,在法律之外行使则必然祸害国家和人民。把权力关进制度的笼子里,就是要依法设定权力、规范权力、制约权力、监督权力。"①权力的制约和监督不是单方面的,而是机制化、体系化的整体架构,是由若干个对权力主体分配和行使权力的过程进行约束、限制、观察和纠正的机制相互联系而形成的一个统一体。因此,若干个权力运行制约和监督机制是权力运行制约和监督体系的基本构成要件。只有科学地设计出若干个权力运行制约和监督机制,才能在此基础上组合出权力运行制约和监督体系。监察委员会的内部监督是监察权力运行制约和监督体系中不可或缺的一环,是监察权科学运行的基本要求。

---

① 《习近平在省部级主要领导干部学习贯彻十八届四中全会精神全面推进依法治国专题研讨班开班式上发表重要讲话》,人民网 http://military.people.com.cn/n/2015/0203/c172467-26495348.html,最后访问时间 2017 年 12 月 11 日。

第八章　法律责任研究

第一节　监察处理决定的法律效力

《监察法》第六十二条规定："有关单位拒不执行监察机关作出的处理决定,或者无正当理由拒不采纳监察建议的,由其主管部门、上级机关责令改正,对单位给予通报批评;对负有责任的领导人员和直接责任人员依法给予处理。"这是关于对拒不执行处理决定或者无正当理由拒不采纳监察建议给予处理的规定,主要目的是保障监察机关作为行使国家监察职能的专责机关的权威性。

一、监察处理决定法律效力的含义

监察处理决定法律效力是指监察机关作出处理决定后,负有执行义务的单位拒不执行,或者收到监察机关依法作出的监察建议后无正当理由拒不采纳的,负有责任的领导人员和直接责任人员要承担的法律责任。法律责任是指因特殊法律事实所引起的特殊义务,包括违反了法定的义务和约定的义务。法律责任具有法定性、强制性和当为性的特点。监察处理决定法律效力规定主要包括两个方面内容。

一是对有关单位拒不执行监察机关作出的处理决定的处理。监察机关作出的处理决定一般是指监察机关依据本法第四十五条规定,根据监督、调查结果,向职务违法的监察对象作出警告、记过、记大过、降级、撤职、开除等政务处分决定;对不履行或者不正确履行职责负有责任的领导人员,按照管理权限对其直接作出问责决定,或者向有权作出问责决定的机关提出问责建议。监察机关作出的处理决定一经作出即产生法律效力,具有强制性,监察对象及有关单位必须执行,并且要将执行的情况通报监察机关。监察对象对监察机关涉及本人的处理决定不服的,应当依照本法第四十九条规定的法定程序提出。有关单位对监察机关作出的处理决定有异议的,应当依照法定程序提出。拒不执行处理决定的,应当依法承担相应的法律责任。

二是对有关单位无正当理由拒不采纳监察建议的处理。监察建议一般是指监察机关依据本法第四十五条规定,在监督、调查、处置的基础上,对监察对象所在单位廉政建设和履行职责存在的问题等提出监察建议。对于监察机关提出的监察建议,监察对象及其所在单位如无正当理由,应当采纳,并且将采纳监察建议的情况通报给监察机关。被监察对象所在单位未按照法定程序向监察机关提出异议,又拒不采纳监察建议的,应当追究所在单位及人员的法律责任。

需要注意的是,有关单位一旦发生上述违法行为,不但对单位要给予通报批评,对负有责任的领导人员和直接责任人员也要依法给予处理。[①]

二、拒不执行监察处理决定的处置要件

拒不执行的主体,即监察机关作出的处理决定的"有关单位",涉及监察机关的监察范围。根据《监察法》的规定,监察机关按照管理权限对下列公职人员进行监察:中国共产党的机关、人大机关、行政机关、政协机关、监察机关、审判机关、检察机关、民主党派和工商联机关的公务员及参照《中华人民共和国公务员法》管理的人员;法律、法规授权或者受国家机关依法委托管理公共事务的组织中从事公务的人员;国有企业管理人员;公办的教育、科研、文化、医疗卫生、体育等单位中从事管理的人员;基层群众性自治组织中从事集体事务管理的人员;其他依法履行公职的人员。《监察法》第六十八条规定,中国人民解放军和中国人民武装警察部队开展监察工作,由中央军事委员会根据

---

① 参见中共中央纪律检查委员会、国家监察委员会法规室编写:《〈中华人民共和国监察法〉释义》,中国方正出版社 2018 年版,第 267—268 页。

本法制定具体规定。

因此,根据国家监察法的立法旨意并结合上述法律条文的规定,本条所称"有关单位"是指:中国共产党的机关、人大机关、行政机关、政协机关、监察机关、审判机关、检察机关、民主党派和工商联机关,法律、法规授权或者受国家机关依法委托管理公共事务的组织,国有企业、事业单位,基层群众性自治组织,中国人民解放军和中国人民武装警察部队。

拒不执行的客体,是指拒不执行监察机关依法行使职权的正常活动。监察机关是我国行使监察权的唯一机关,它在依法履行监督、调查、处置职责时作出的处理决定,是代表国家行使监察权的具体形式。决定一经生效,就具有法律强制力,有关单位都必须执行,不允许抗拒执行。

拒不执行的内容,是指监察机关依法作出的、具有执行内容并已经发生法律效力的决定。这里包括两层含义:(1)是监察机关经过监督、调查后对被监察对象涉及的实体问题所作的决断性文件。(2)是具有执行内容。根据《监察法》第四十三条第一款第一项的规定,这里的执行内容就是指执行监察机关对违法的公职人员依照法定程序作出的警告、记过、记大过、降级、撤职、开除等处分决定。

需要注意的是,国家监察法讲究"令行禁止",对拒不执行的构成,并没有设定主观认识能力和客观执行能力等方面的可例外不执行条件,只要具有故意拒绝的心理态度和客观上未执行、选择性执行的客观事实,就构成拒不执行。国家监察法也没有设定拒不执行必须造成的后果程度。因为国家监察法强调的是通过无条件执行来保障监察权威。

监察法规定的监察建议,是指监察机关根据《监察法》第四十三条第一款第二项的规定,依照监督、调查结果,依法作出对监察对象所在单位廉政建设和履行职责存在的问题等提出的建议文件。

监察建议是监察机关行使监察权的主要方式,是加强廉政建设、促进依法履行公职的有效手段,具有法律上的执行性。但是,基于监察建议和监察处理决定在其形成基础和对外功能等方面存在差异,国家监察法采取了区别对待的原则,容许有关单位可以有条件地不采纳监察建议,但是必须持有并报告不采纳的正当理由。持有正当理由,是指有关单位在单位廉政建设和履行职责这两个方面不存在监察建议所针对的事实证据和规范性依据以及预防必要。报告正当理由，国家监察法没有明确报告的方式方法，但是，按照我国有关单位履行公职事务的一般程序理解，该报告应当是指符合我国现行公文规则的各类书面报告。对正当理由的认定权，当然属于作出监察建议的机关，在审查、认定的必要期间内，有关单位可以暂缓执行监察建议所涉及的内容。

对违反监察建议规定的有关单位进行追责，其执行主体不是作出监察决定或者监察建议的监察机关，而是有关单位的主管部门、上级机关。"对负有责任的领导人员和直接责任人员依法给予处理"中两类人员的界定，参照我国刑法关于单位犯罪的理论和法条，应当是指有关单位直接负责的主管领导和其他直接责任人员；其中的"依法给予处理"，根据我国立法法的规定和国家监察法的立法旨意，应当是指依照的法律、法规、规章及其他规范性文件，特别是应当包括中国共产党党内法规进行处理。

第二节　违反监察法行为的法律追究

《监察法》第六十三条规定："有关人员违反本法规定，有下列行为之一的，由其所在单位、主管部门、上级机关或者监察机关责令改正，依法给予处理：（一）不按要求提供有关材料，拒绝、阻碍调查措施实施等拒不配合监察机关调查的；（二）提供虚假情况，掩盖事实真相的；（三）串供或者伪造、隐匿、毁灭证据的；（四）阻止他人揭发检举、提供证据的；（五）其他违反本法规定的行为，情节严重的。"这是关于对阻碍、干扰监察工作的行为进行处理的规定，主要目的是克服和排除对监察机关依法行使权力的各种阻力和干扰，保证监察活动的顺利进行。

一、违反监察法行为法律追究的含义

违反监察法行为法律追究规定列举了五项属于阻碍、干扰监察机关行使职权的违法行为：一是不按要求提供有关材料，拒绝、阻碍调查措施实施等拒不配合监察机关调查的。这主要是指监察对象及相关人员有义务提供与监察事项有关的文件资料、财务账目及其他有关材料和其他必要情况;不得故意拖延履行或者拒绝履行,也不得拒绝、阻碍搜查、留置等调查措施实施。二是提供虚假情况,掩盖事实真相的。这主要是指在监察机关及其工作人员要求监察对象提供与犯罪行为有关的真实情况和违法犯罪事实时,故意提供虚假情况,或提供虚假证明,掩盖违法犯罪事实意图,阻碍监察机关调查,逃避法律追究。三是串供或者伪造、隐匿、毁灭证据的。"串供",包括监察对象与他人相互串通,捏造虚假口供,以逃避处罚的行为。"伪造、隐匿、毁灭证据",包括有关人员编造虚假证据,提供虚假的事实证明,或者将能够证明案件真实情况的书证、物证或其他证据予以毁灭或者隐藏起来使其不能证明案件真实情况的行为。"伪造"证据,包括伪造、变造和篡改证据等。四是阻止他人揭发检举、提供证据的。这主要是指监察对象通过种种方式为他人揭发检举、提供证据材料的行为设置障碍。五是其他违反本法规定的行为,情节严重的。对于有上述行为的人员,由有关单位依据管理权限责令改正,依法给予处理。这是为了保障监察工作顺利开展设置的兜底条款。由于监察工作所涉及的事项纷繁复杂,阻碍、干扰监察工作的行为在立法上不可能穷尽。因此,在立法上留有余地,除了前四项规定的情形外,如果有阻碍、干扰监察机关行使职权的其他行为,情节严重的,也要予以处理。比如为同案人员通风报信,为同案人员窝藏、转移赃款赃物等。[1]

二、违反监察法行为的法律追究的类型

监察法采用列举的方式,对违反监察法的行为予以法律追究,对妨害监察活动的违法行为后果进行了规定,并特别追加设定了最严厉的刑事责任作为惩戒方式,旨在有效地预付和制裁严重妨碍监察机关和监察人员依法行使职权的行为,保证监察活动不受非法干扰。监察法列举的五种严重违反监察法的行为:

---

[1] 参见中共中央纪律检查委员会、国家监察委员会法规室编写:《〈中华人民共和国监察法〉释义》,中国方正出版社 2018 年版,第 269—271 页。

（一）不按要求提供有关材料，拒绝、阻碍调查措施实施等拒不配合监察机关调查的

监察机关的调查措施，包括谈话、讯问、询问、查询、冻结、调取、查封、扣押、搜查、勘验检查、鉴定、留置等十二项，每一项措施的实施都应当得到强有力的法律支持和保障。任何人不得拒不配合，不得非法对抗、阻碍、破坏。这是专门对监察对象所属的有关人员故意违背监察机关的指示或者提示，不按要求提供有关材料，或者以拒绝、阻碍调查措施实施等故意拒不配合监察机关开展调查。

（二）提供虚假情况，掩盖事实真相的

《中国共产党纪律处分条例》第五十七条将"串供或者伪造、销毁、转移、隐匿证据的；阻止他人揭发检举、提供证据材料的"等五类对抗组织审查行为，定性为违反政治纪律的行为，相关人员即使没有其他需要追究纪律责任的违法违纪行为，也应当追究其纪律责任。从逻辑上讲，党员如果没有违纪违法行为，即使面临组织审查，也应当是积极配合调查清楚事实真相，还自身清白，不会有对抗组织审查的行为，确实无从谈起追究其"对抗组织审查"的纪律责任。但在执纪监督工作中，往往存在例外。比如在组织审查他人违纪问题期间，党员主动阻止他人揭发检举、提供证据材料，或者帮助被审查人串供，故意向组织提供虚假情况，掩盖事实真相等；又如在组织审查多人共同违纪案中，党员本身虽有违纪事实但情节轻微不需要追究纪律责任的，为掩盖共同违纪事实也有可能存在对抗组织审查的行为。

这一规定从党内法规借鉴而来，科学地凸显了纪律挺在前面、党纪严于国法，党纪国法相辅相成、相互促进、相互保障的关系。① 同时，本条款也规定了不属于监察范围但与监察活动相关的其他人员不履行配合调查、不真实陈述事实的法律后果，将认定、打击和制裁变得有章可循、有法可依。

（三）串供或者伪造、隐匿、毁灭证据的

被监察的部门和人员为了逃避监察机关的调查，或者为了包庇违法违纪

---

① 《关于〈中共中央关于全面推进依法治国若干重大问题的决定〉的说明》（2014 年 10 月 20 日），《中国共产党第十八届中央委员会第四次全体会议文件汇编》，人民出版社 2014 年版，第 85 页。

者,或者为了陷害他人而故意隐瞒真实情况,对与案件有重要关系的情节提供虚假情况,隐匿、销毁案件证据等是违反国家法律的行为。串供,是指违法违纪行为人之间,以及违法违纪行为人与案件其他有关人员之间,为了达到使违法违纪行为人逃避纪律法律责任追究目的,而统一口径,建立"攻守同盟"的行为。伪造证据,是指故意制造虚假的证据材料,包括模仿真实证据而制造假证据,或者凭空捏造虚假的证据,以及对真实证据加以变更改造,使其失却或减弱证明作用。销毁、转移、隐匿证据,是指故意将能证明事实情况的证据材料毁灭、转移、藏匿到监察机关不便或者不能搜集的地方。

监察机关是我国反腐败专门机关,调查职务违法和职务犯罪、开展廉政建设和反腐败工作,是监察机关的法定职权。特别是对职务犯罪的调查,直接对接刑事司法程序。因此,妨碍监察机关及时、顺利、全面、准确地收集证据的行为,必然严重影响监察程序和刑事司法程序,必须对这类行为严厉追责。

（四）阻止他人揭发检举、提供证据的

本条款是指监察机关及其工作人员或被调查单位和个人,以暴力、威胁、贿买等方法阻止他人揭发检举、提供证据的行为。检举人向监察机关及其工作人员揭发检举公职人员,是监督国家公职人员清正廉洁的重要形式,是监察机关受理线索、收集证据的重要途径,也是监察机关行使监察职能、开展监察活动的信息来源之一。包括监察机关在内的任何单位和个人不得采用任何形式的手段阻止他人揭发检举,更不能阻止检举人向监察机关提供书证、物证和视听资料。

我国刑法明确规定了妨害作证罪的几种情形,行为人非法劝止、阻止证人依法作证,采用暴力方式使证人人身自由受到严重限制而无法作证;或者威胁使证人不敢作证;或者采用金钱、财物或其他利益,或许诺钱财或其他利益使证人不愿作证;还有利用职务等身份迫使从属部下不要作证;等等。监察机关作为反腐败专职机关,受理的揭发检举和相关证据必然牵涉其他国家机关及其工作人员,也不排除监察机关收到涉及自身的揭发检举。

监察法这一规定既是对监察机关受理揭发检举职能的保护,也是对其自身监督的严格规定。无论任何单位和个人采用何种方式,只要主观上故意阻碍揭发检举,客观上实施了妨害证人依法作证的行为,都应当被追究。

（五）有其他违反本法规定的行为，情节严重的

这一规定是《监察法》第六十二条的兜底款项。因为前面列举的四项违反国家监察法应当承担法律责任的行为，不可能穷尽所有违反国家监察法和刑事法律的行为。监察工作涉及面广、专业性强，监察工作的开展涉及所有行使公权力的单位和个人。监察机关不仅在受理举报、处理线索、调查案件等监察事项中会遇到某些妨碍监察机关行使职权的违法行为，在处理案件以至移送案件中也可能发生某些阻碍监察机关正常履行职责的行为。对于这些行为，本条虽未能穷尽列举，但已设定义务性规范和强制性规范，以适用于其他违反国家监察法规定的行为并且达到了需要追究责任的情节。同时，本条也属于指引性条款，情节严重应当如何界定、违法行为适用哪些法律罪名待有权部门厘定。

第三节　报复陷害行为的法律追究

《监察法》第六十四条规定："监察对象对控告人、检举人、证人或者监察人员进行报复陷害的；控告人、检举人、证人捏造事实诬告陷害监察对象的，依法给予处理。"这是关于处理报复陷害和诬告陷害的规定，主要目的是保障公民的控告权和检举权，保证监察人员行使职权不受非法侵害。

一、报复陷害行为法律追究的含义

控告、检举、证实公职人员职务违法和职务犯罪，是宪法和法律赋予公民的基本权利。对监察人员而言，更是法律赋予的责任所在。对控告人、检举人、证人或者监察人员进行报复陷害，是严重的违法犯罪行为。报复陷害，包括国家机关工作人员滥用职权、假公济私，对控告人、检举人、证人或者监察人员实施报复陷害的行为，这里指构成报复陷害罪的行为；也包括非国家机关工作人员对控告人、检举人、证人或者监察人员的报复陷害，如果实施了报复陷害行为，应根据其行为的性质和侵犯的客体，构成什么罪，就以什么罪论处。

控告权、检举权是公民的基本权利,我国宪法规定,公民对于任何国家机关和国家工作人员的违法失职行为,有向有关国家机关提出控告或者检举的权利。但不得捏造或者歪曲事实进行诬告陷害。公民的申诉、控告和检举权,是我国公民享有的重要的民主权利,是公民行使管理国家权利的一个重要方面,受到国家法律的严格保护,任何人不得压制和打击报复,有关国家机关必须查清事实,负责处理。不论什么人,只要其对控告人、检举人报复陷害的行为已经超出了违反行政纪律的范围而触犯了刑法,都应当依据我国刑法和刑事诉讼法的规定,追究行为人的刑事责任。

同时,本条款规定也是对监察人员依法履行职务、正常开展监察活动的保护条款。监察人员在查办政纪案件和对监察事项进行监督、调查、处置过程中,不可避免地会遇到不同程度的抗拒,其中包括有人为了逃避制裁和出于受到制裁后的怨恨,而对监察人员进行报复陷害。对监察人员进行报复陷害的,必须依照法律法规给予处理,涉嫌犯罪的坚决科以刑罚。

二、报复陷害行为法律追究的基本情形

一是监察对象对控告人、检举人、证人或者监察人员进行报复陷害。报复陷害包括监察对象滥用职权、假公济私,对控告人、检举人、证人或者监察人员实施报复陷害等行为。控告权、检举权是宪法赋予公民的基本权利。同时,监察人员在办理监察事项过程中,不可避免地会触动一些人的实际利益,会遇到一些人不同程度的抗拒,其中包括为了逃避制裁和出于受到制裁后的怨恨,而对监察人员进行报复陷害。实践中,监察对象对控告人、检举人、证人或者监察人员打击报复的表现形式多种多样,如诬蔑陷害,围攻阻挠,谩骂殴打,无理地调动工作,压制提职晋级和评定职称等。监察对象对控告人、检举人、证人或者监察人员进行报复陷害的,应当依法给予政务处分;是党员的,依照《中国共产党纪律处分条例》追究党纪责任;构成犯罪的,依法追究刑事责任。

二是控告人、检举人、证人捏造事实诬告陷害监察对象。这主要是指控告人、检举人、证人捏造事实,告发陷害监察对象,意图使他受党纪政务处分或者刑事追究等行为。控告人、检举人、证人捏造事实诬告陷害监察对象,既包括

以使监察对象受刑事追究为目的,也包括以败坏监察对象名誉、阻止监察对象得到某种奖励或者提升为目的而诬告其有违法违纪行为。对于控告人、检举人、证人诬告陷害监察对象的,应当依法给予政务处分;是党员的,依照《中国共产党纪律处分条例》追究党纪责任;构成犯罪的,依法追究刑事责任。[①]

第四节 监察人员法律责任追究

《监察法》第六十五条规定:"监察机关及其工作人员有下列行为之一的,对负有责任的领导人员和直接责任人员依法给予处理:(一)未经批准、授权处置问题线索,发现重大案情隐瞒不报,或者私自留存、处理涉案材料的;(二)利用职权或者职务上的影响干预调查工作、以案谋私的;(三)违法窃取、泄露调查工作信息,或者泄露举报事项、举报受理情况以及举报人信息的;(四)对被调查人或者涉案人员逼供、诱供,或者侮辱、打骂、虐待、体罚或者变相体罚的;(五)违反规定处置查封、扣押、冻结的财物的;(六)违反规定发生办案安全事故,或者发生安全事故后隐瞒不报、报告失实、处置不当的;(七)违反规定采取留置措施的;(八)违反规定限制他人出境,或者不按规定解除出境限制的;(九)其他滥用职权、玩忽职守、徇私舞弊的行为。"这是关于对监察机关及其工作人员违法行使职权的责任追究的规定,主要目的是强化对监察机关及其工作人员依法行使职权的监督管理,维护监察机关的形象和威信。

一、监察人员法律责任追究的基本含义

习近平总书记指出,如果监察委员会不能够认真地履行好职责,甚至出现滥用权力的情况,就会辜负党和人民的信任。各级监察委员会一定要按照习近平总书记的要求,行使权力慎之又慎,在自我约束上严之又严。

监察机关及其工作人员规范执法,关乎监察机关职责使命的承担和实现。

---

① 参见中共中央纪律检查委员会、国家监察委员会法规室编写:《〈中华人民共和国监察法〉释义》,中国方正出版社 2018 年版,第 271—273 页。

监察机关及其工作人员公正廉洁、恪尽职守、不谋私利、保守秘密,是其必备的职业素养和基本底线。打铁还需自身硬。滥用职权、徇私舞弊、玩忽职守、泄露秘密,是包括监察机关及其工作人员在内的所有公职人员不可触碰的高压线。一旦有人以身试法,必须坚持零容忍,必须依法处理,直至追究刑事责任。

监察法列举了九项属于监察机关及其工作人员违法行使职权的行为。一是未经批准、授权处置问题线索,发现重大案情隐瞒不报,或者私自留存、处理涉案材料。监察机关对监察对象的问题线索,应当按照有关规定分类办理。监察机关及其工作人员在工作中发现重大案情应当按照要求及时上报,不得隐瞒。涉案材料包括在案件调查过程中形成的,与案件有关的所有书面资料、图片、声像资料,以及留存在电脑、移动硬盘等存储介质中的电子资料。涉案材料应当按照有关规定严格管理。二是利用职权或者职务上的影响干预调查工作,以案谋私。这种情形主要包括监察机关及其工作人员,利用职权或者职务上的影响力,在线索处置、日常监督、调查、审理和处置等各环节打听案情、过问案件、说情干预,通过案件谋求私利等。三是违法窃取、泄露调查工作信息,或者泄露举报事项、举报受理情况以及举报人信息。违法窃取、泄露调查工作信息,一般是指监察机关及其工作人员违法窃取其不应掌握的调查工作信息,或者向被调查人员或相关人员泄露其在工作中掌握的调查信息等。泄露举报事项、举报受理情况以及举报人信息,一般是指监察机关及其工作人员向被举报人员或相关人员泄露举报事项、举报受理情况以及举报人信息等。四是对被调查人逼供、诱供,或者侮辱、打骂、虐待、体罚或者变相体罚。这种情形下,被调查人往往迫于压力或者在被欺骗情况下提供相关口供,虚假的可能性非常大,容易造成错案。而且严重违背法治要求。五是违反规定处置查封、扣押、冻结的财物。对调取、查封、扣押的财物、文件、电子数据,监察机关应当设立专用账户、专门场所、专门存储设备,确定专门人员妥善保管,严格履行交接、调取手续,定期对账核实,不得毁损或者用于其他目的。六是违反规定发生办案安全事故,或者发生安全事故后隐瞒不报、报告失实、处置不当。监察机关在办案期间要严格依法依规,保障办案安全,对于发生被调查人死亡、伤残、逃跑等安全事故的,应当认真应对、妥善处置、及时报告。七是违反规定采取留置措施。监察法对留置措施实施的批准程序、期限、安全保障等都作了明确规定。对未经批准留置被调查人,或者超期留置被调查人等违反规定的行为,应当依法追究相关人员的法律责任。八是违反规定限制他人出境,或者不按规定解除出境限制。指违反《监察法》第三十条规定:"监察机关为防止被调查人及相关人员逃匿境外,经省级以上监察机关批准,可以对被调查人及相关人员采取限制出境措施,由公安机关依法执行。对于不需要继续采取限制出境措施的,应当及时解除。"九是其他滥用职权、玩忽职守、徇私舞弊的行为。除了前八项规定的情形外,对于监察机关及其工作人员在行使职权过程中其他滥用职权、玩忽职守、徇私舞弊的行为,也应当追究其相应法律责任。"滥用职权",主要是指监察人员违反法律法规的规定或者超越法定职责范围行使职权。"玩忽职守",主要是指监察人员严重不负责任、不履行或者不正确履行法定职责,致使国家、集体和人民的利益遭受损失的行为。"徇私舞弊",主要是指监察人员为了私利,用欺骗或者其他不正当方式违法犯罪的行为,包括监察人员利用本人职责范围内的权限或者本人职务、地位所形成的便利条件,为自己或者他人牟取私利,袒护或者帮助违法犯罪的人员掩盖错误事实,以逃避制裁,或者利用职权陷害他人的行为。监察机关及其工作人员一旦发生上述违法行使职权的行为,不但对直接责任人员依法给予处理,也要对负有责任的领导人员追究法律责任。①

二、监察人员法律责任追究的基本情形

(一)未经批准、授权处置问题线索,发现重大案情隐瞒不报,或者私自留存、处理涉案材料的

这是对监察机关及其工作人员违规违法处置问题线索和涉案材料的情形作出的规定。监察机关肩负对行使公权力的公职人员进行监察,调查职务违法和职务犯罪,使公权力始终置于人民监督之下的职责使命,监察机关本身更要以身作则,受到更为严格的监督。因此,国家监察法对监察机关及其工作人

---

① 参见中共中央纪律检查委员会、国家监察委员会法规室编写:《〈中华人民共和国监察法〉释义》,中国方正出版社 2018 年版,第 275—279 页。

员处置问题线索和涉案材料的权限和程序均作出了严格规定。

《监察法》第三十六条、第三十七条、第三十八条明确规定了监察机关处置问题线索的法定程序,属于强制性规范。线索处置是监察活动开展的源头,必须规范管理、依规处置,监察机关对监察对象的问题线索,应当严格按照程序开展工作。本条款中规定的未经批准、授权处置问题线索,是指监察机关及其工作人员违反法定程序,擅自处置问题线索。私自留存、私自处理涉案资料,是指与监察机关线索处置、案件调查相关的举报材料、书证物证、视听资料和其他涉案材料。根据《监察法》第三十三条规定,监察机关在收集、固定、审查、运用证据时,应当与刑事审判关于证据的要求和标准相一致。

(二)利用职权或者职务上的影响干预调查工作,以案谋私的

从大数据分析统计的情况看,监察机关及其工作人员违反有关规定干预调查工作主要有五种形式:在线索核查、立案调查、执行强制措施等环节为案件当事人请托说情;要求办案人员或办案单位负责人私下会见案件当事人或其近亲属以及其他与案件有利害关系的人;授意、纵容身边工作人员或者亲属为案件当事人请托说情;为私利,以听取汇报、开协调会、发文件等形式,超越职权对案件处理提出倾向性意见或者具体要求;采取其他违法方式干预调查活动、妨碍调查。

监察机关及其工作人员有上述所列行为之一,造成后果或者恶劣影响的,除了可依照《中国共产党纪律处分条例》、《行政机关公务员处分条例》等党内法规给予纪律处分外,还应当依据有关法律法规追究相应责任。对构成犯罪的,应当追究刑事责任。

(三)违法窃取、泄露调查工作信息,或者泄露举报事项、举报受理情况以及举报人信息的

这是对监察机关及其工作人员的保密责任规定,旨在使各级监察机关在开展调查工作和受理举报工作中维护工作秘密和举报人的安全,保证各项监察活动的顺利进行。

监察工作的保密,关系国家监察活动的安全和秩序,是依照法定程序确定,在一定时间内只限一定范围的人知悉的事项。这些事项既包括属于国家

秘密的监察事项,也包括属于国家秘密的其他事项。监察人员由于其反腐败工作的性质,其调查对象为所有行使公权力的单位和个人,其调查工作必然接触国家秘密。这些调查信息和秘密一经泄露,可能会给监察工作带来不便、给国家利益造成损失。因此,制订案件调查工作计划时要有具体保密措施,调查工作中的有关请示、报告及其他有关调查材料,应指定专人保管,采取调查措施的具体实施时间、方法,在实施前应严格保密。同时,由于反腐败工作的特殊性,受理的举报信息必然涉及掌握国家公权力的单位和个人,因此对举报人的姓名、工作单位、住址和举报内容应严格保密,严禁向被举报单位和个人及其他无关单位、人员泄露,以保障举报信息和举报人的安全。

监察人员对保守国家秘密负有特殊而重要的责任,必须严格保密调查工作信息。我国宪法、保守国家秘密法等规范性文件都明确了监察人员保守国家秘密的行为规范。凡是违反规定的,不论行为人是出于故意还是过失,都应当追究法律责任。本条款规定可能涉及的罪名有:泄露不应公开的案件信息罪、故意泄露国家秘密罪、披露报道不应公开的案件信息罪。

(四)对被调查人或者涉案人员逼供、诱供,或者侮辱、打骂、虐待、体罚或者变相体罚的

这是对监察机关及其工作人员对被调查人或者涉案人员采取强制手段的法律约束,旨在要求监察机关及其工作人员应当依法充分保障被调查人或者涉案人员,特别是被留置人员的合法权利。

监察法明确规定监察机关的职责权限和调查手段,同时作出多项规定严格规范权力行使,保障被调查人员特别是被留置人员的合法权利,明确规定关于证据的要求和标准应当与刑事审判相一致,解决了长期以来纪律与法律衔接不畅的问题。对收集证据的规定十分详细和严格,明确规定监察机关在收集、固定、审查、运用证据时,应当与刑事审判关于证据的要求和标准相一致。凡是伪造证据、隐匿证据或者毁灭证据的,无论属于何方,必须受法律追究。

《监察法》第三十三条明确规定,以非法方法收集的证据应当依法予以排除,不得作为案件处置的依据。第四十条进一步强调,监察机关依法收集、鉴别证据,形成相互印证、完整稳定的证据链。严禁以威胁、引诱、欺骗及其他非法方式收集证据,严禁侮辱、打骂、虐待、体罚或者变相体罚被调查人和涉案人

员。第四十七条明确规定,人民检察院经审查,认为需要补充核实的,应当退回监察机关补充调查,必要时可以自行补充侦查。

监察机关对被调查人或者涉案人员采取的强制措施属于法定的监管措施,监察机关及其工作人员必须遵守刑法规定,不得对被调查人逼供、诱供,或者侮辱、打骂、虐待、体罚或者变相体罚。本条款规定的行为可能构成刑讯逼供罪、暴力取证罪、虐待被监管人罪和破坏监管秩序罪。

(五)违反规定处置扣押、没收财物的

违反规定是指违反《监察法》第二十五条和第四十一条中对监察机关查封、扣押、没收财物的规定。违反上述规定的行为包括隐藏、转移、变卖、故意毁损已被监察机关扣押、没收的财产,情节严重的可能涉及非法处置查封、扣押、冻结的财产罪。监察机关在调查涉嫌贪污贿赂、失职渎职等严重职务违法或者职务犯罪时,可以根据工作需要行使调查权,对涉案单位和个人的财物采取冻结、查封、扣押等措施。所谓隐藏,是指将已被监察机关查封、扣押、冻结的财产隐蔽、藏匿起来意图不被监察机关发现的行为。所谓转移,是指将已被监察机关查封、扣押、冻结的财产改换位置,从一处移至另一处,意图使监察机关难于查找、查找不到或者使其失去本应具有的证明效力的行为。所谓变卖,是指违反规定,将已被监察机关查封、扣押、冻结的财产出卖以换取现金或其他等价物的行为。所谓毁损,是指将已被监察机关查封、扣押、冻结的财产进行损伤、损毁,使之失去财物或者证据价值的行为。

我国《刑法》第三百一十四条规定,非法处置查封、扣押、冻结的财产罪是指隐藏、转移、变卖、故意毁损已被司法机关查封、扣押、冻结的财产,情节严重的行为。该行为的构成要件包括以下三个方面:主观方面为故意,即明知司法机关已经采取强制措施的财产,仍故意转移毁损;侵害的客体是司法机关的公务活动和司法秩序,直接对象是已经查封、扣押、冻结的财产;客观方面表现为有隐藏、变卖、转移和故意毁损的行为,情节严重才构成非法处置查封、扣押、冻结的财产罪。

(六)违反规定发生安全事故,或者发生安全事故后隐瞒不报、报告失实、处置不当的

违反规定发生办案安全事故,是指办案人员违反法律或者监察机关办案

安全责任制规定而导致发生伤害、自残、突发疾病、逃逸、火灾、交通等方面的办案安全事故。主要包括以下情形：没有对可能发生的办案安全风险进行评估，没有制定安全防范预案；在讯问前没有认真了解讯问对象的健康状况、心理情绪；没有执行严禁被监察对象或证人携带安全隐患物品进入办案工作区；违法超时讯问、一个人讯问或者采取其他方式变相违法讯问；讯问被监察对象或者询问证人时疏于看管、陪护，使用暴力追供、取证；违反规定在办案工作区以外的地点进行讯问；将讯问变相为留置；没有严格执行办案交接班程序的规定，发生擅自离岗、脱岗；违反规定使用交通车辆；违反规定没有对办案安全进行检查、督导。办案安全事故发生后如实报告，及时处置是监察人员的应有的职业涵养和责任担当。如果在办案安全事故发生后，故意隐瞒事故，不予报告、报告不全面、报告不真实，或者对事故的处理措施明显违反法定程序要求、明显不符合办案安全责任制规定，都是严重不负责或失职渎职行为，应该受到纪律和法律责任的追究。

强化监察人员办案安全意识，落实监察人员办案安全主体责任。通过责任追究，将办案安全意识贯彻于调查、处置全过程，严格执行监察机关办案安全防范工作方面的规定，切实做到案前提醒，案中把握，一旦发现问题及时落实整改，从源头上防止办案安全事故的发生。调查中充分考虑办案安全工作由于被讯问人不同而具有特殊性、不确定性，制定不同环节安全防范措施，做到案前有预案、案中有检查、案后有总结，把办案安全防范工作贯穿整个查办案件始终，有效防止办案安全事故的发生。

（七）违反规定采取留置措施的

留置措施作为监察调查的强制性手段，适用时必须符合法定条件，严格依照规范程序。违反规定采取留置措施主要是指在实体或程序上违反规定。就实体而言，主要表现为被调查人不是涉嫌贪污贿赂、失职渎职等严重职务违法或者职务犯罪，监察机关没有掌握其部分违法犯罪事实及证据，没有可能逃跑自杀、可能串供或者伪造、隐匿、毁灭证据或者其他妨碍调查等行为迹象的情形。就程序而言，按规定监察机关采取留置措施，应当由监察机关领导人员集体研究决定；对于设区的市级以下监察机关，采取留置措施须报经上一级监察机关批准；留置时间一般不得超过三个月。如果在案件调查中采取留置措施未经集体研究,也未报经上级监察机关批准;留置时间超过三个月后仍未解除,也未报经上级监察机关办理延期手续等等,都属于违反规定采取留置措施的情形。留置措施作为惩腐的利器,也是一把双刃剑,使用不当,也会伤及无辜①。腐败治理唯有以法治模式推进,通过法律正当程序运行,才能实现对腐败行为的规范化惩治。

(八)违反规定限制他人出境,或者不按规定解除出境限制的

本条款规定的行为,至少包括四种情形:一是作出限制他人出境的决定时没有依照规定;二是作出解除限制他人出境的决定时没有依照规定;三是在执行限制出境决定时没有依照规定;四是在执行解除限制出境决定时没有依照规定。至于作为评判标准的"规定",当然是指监察法,还包括监察机关的工作制度。出境自由是法律赋予公民的基本权利之一。违反规定限制他人出境,是指违反相关法律规定限制被调查人及相关人员出境。监察机关为防止被调查人及相关人员逃匿境外,经省级以上监察机关批准,可以对被调查人及相关人员采取限制出境措施,限制出境措施是为防止被调查对象逃避调查,甚至潜逃境外,以及实施其他干扰监察工作顺利进行的行为,而赋予监察机关采取限制被调查人出境的权力。如果被调查人不存在干扰监察工作顺利进行的情况而被限制出境,即构成违反规定限制他人出境。对于不需要继续采取限制出境措施的,应当及时解除。不按规定解除出境限制,实际上是对公民出境自由权利的侵犯。限制出境制度是为维护国家安全和利益,保障公众的合法权益,并根据现实社会制度的发展要求而制定的。如果执行过宽,就可能损害国家的安全和利益,不利于社会秩序的稳定;反之如果执行过严,就可能侵犯公民的出境自由权,损害公民的权益。所以对于采取限制出境措施的决定机关应当增强法律意识,严格依法,防止超越职权和滥用职权;对于执法机关应当进行人权意识教育,转变传统的管理思想,尊重公民合法的出境权益,防止非法侵害公民出境权事件的发生。

(九)其他滥用职权、玩忽职守、徇私舞弊行为的

监察法所称滥用职权,是指不依法行使职务上的权限的行为,以不当目的

---

① 吴建雄:《试点地区用留置取代两规措施的实践探索》,《新疆师范大学学报(哲学社会科学版)》2018年第2期。

或者以不法方法,实施违反职务行为规定的活动。滥用职权属于故意行为,主要表现为以下几种情况:一是超越职权,擅自决定或处理没有具体决定、处理权限的事项;二是玩弄职权,随心所欲地对事项作出决定或者处理;三是故意不履行应当履行的职责,或者说任意放弃职责;四是以权谋私、假公济私,不正确地履行职责。只有当监察机关及其工作人员滥用职权的行为与公共财产、国家和人民利益造成的重大损失之间有必然因果联系时,才构成滥用职权罪,应当追究刑事责任。一般不构成滥用职权罪,而属于一般工作上的错误问题,应由监察机关进行纪律和组织处理。

监察法所称玩忽职守是指监察人员不负责任、不履行或不正确履行法定职责,致使公共财产、国家和人民利益遭受损失的行为。玩忽职守属于过失行为,有多种表现形式。比如,不履行监察职责,不实施职务上所要求实施的行为,对职责范围内管辖的事务不负责任,敷衍塞责;对于监察对象可能给公共财产、国家和人民利益造成损失的行为不及时采取有效措施加以制止;在履行监察职责过程中擅离职守;等等。对玩忽职守的监察人员追究责任,要注重主客观要件的统一,只有在造成了损失后果的情况下才追究责任。这个损失后果可能是因玩忽职守而造成的财物损失,也可能是该行为所造成的国家和人民财产利益以外的其他利益损失。如损害国家机关的声誉,妨碍监察机关职责的正常履行,给当事人造成严重精神创伤,等等。

监察法所称徇私舞弊是指为了私情和一己私利,用欺骗或其他不正当方式而违法乱纪的行为。监察人员利用本人职责范围内的权限或者本人职务、地位所形成的便利条件为自己或者他人谋取私利,袒护或者帮助违法违纪人员掩盖错误事实,以逃避制裁,或者利用职权陷害他人的行为都属于徇私舞弊行为。根据我国刑法的规定,徇私舞弊罪属于渎职类罪中的罪名。徇私舞弊作为一种行为动因,在滥用职权罪中转化为犯罪动机,而在玩忽职守罪中仅仅是种犯罪原因,尚不具备犯罪动机的性质。在徇私舞弊的滥用职权案中,徇私成为推动行为人滥用职权的直接动力,行为人为了徇私而滥用职权。而在徇私舞弊的玩忽职守案中,徇私仅仅是行为人不履行法定职责的一个原因,尚不具有刺激和推动行为人积极追求犯罪结果的作用,不能称其为犯罪动机,因此也反映不出行为人的主观恶性。因此应根据行为人的徇私舞弊情节的作用鉴别行为人是否构成玩忽职守罪或徇私舞弊罪。

对于监察人员违法行使监察权的行为,应当根据监察人员违法行使监察权的情节、性质、后果等严重程度,进行分类处理。对严重触犯党的纪律处分条例和国家法律法规的行为,应当严格依纪依法给予党纪政务处分和组织处理,对构成滥用职权罪、玩忽职守罪的行为,依法追究刑事责任。对调查工作结束后发现立案依据不充分或者失实,案件处置出现重大失误,监察人员严重违纪违法的,应当追究负有责任的领导人员和直接责任人员责任。

第五节　追究刑事责任的规定

《监察法》第六十六条规定:"违反本法规定,构成犯罪的,依法追究刑事责任。"这是关于构成犯罪追究刑事责任的规定,主要目的是打击犯罪,保障监察法各项制度顺利实施,维护监察法的权威性。

一、追究刑事责任规定的法律含义

依法追究刑事责任,是法律责任范畴最严厉的责任种类。这是由我国刑法的目的、功能所决定的。"良法善治"概念的本身,就包含有违法必究的原则。因此,对于违反监察法的行为,在依照监察法进行打击、追责的同时,并不能代替甚至排斥适用刑法。对违反监察法规定构成犯罪的,依法追究刑事责任。包括可以判处管制、拘役、有期徒刑、无期徒刑甚至死刑。另还可以判处罚金;剥夺政治权利;没收财产等附加刑。

违反监察法而可能构成犯罪的行为包括:拒不执行监察机关作出的处理决定,或违反本法规定的行为,情节严重的。监察对象对控告人、检举人、证人或者监察人员进行报复陷害的;控告人、检举人、证人捏造事实诬告陷害监察对象的。监察机关及其人员未经批准、授权处置问题线索,发现重大案情隐瞒不报,或者私自留存、处理涉案材料的;利用职权或者职务上的影响干预调查工作、以案谋私的;违法窃取、泄露调查工作信息,或者泄露举报事项、举报受理情况以及举报人信息的;对被调查人逼供、诱供,或者侮辱、打骂、虐待、体罚或者变相体罚的；违反规定处置查封、扣押、冻结财物的；违反规定发生办案安全事故，或者发生安全事故后隐瞒不报、报告失实、处置不当的；违反规定采取留置措施的；违反规定限制他人出境，或者不按规定解除出境限制的；其他滥用职权、玩忽职守、徇私舞弊行为等。

监察法通过指引性的规定，将某种严重违反监察法的行为同时纳入刑法的评判和考察，体现了中国特色社会主义法律体系的全面贯通，为取得反腐败压倒性胜利提供了最有力的法治保障。

二、追究刑事责任规定的基本情形

违反监察法规定，可能构成犯罪应依法追究刑事责任的，主要包括以下四种情形。

一是监察对象及有关人员违反《监察法》第六十三条规定，构成犯罪的，依法追究刑事责任。比如串供或者伪造、隐匿、毁灭证据的，可能涉嫌违反《中华人民共和国刑法》第三百零七条规定的"帮助当事人毁灭、伪造证据，情节严重的，处三年以下有期徒刑或者拘役"。阻止他人揭发检举、提供证据的，可能涉嫌违反《中华人民共和国刑法》第三百零七条规定的"以暴力、威胁、贿买等方法阻止证人作证或者指使他人作伪证的，处三年以下有期徒刑或者拘役；情节严重的，处三年以上七年以下有期徒刑"。

二是监察对象违反《监察法》第六十四条规定，构成犯罪的，依法追究刑事责任。监察对象对控告人、检举人、证人或者监察人员进行报复陷害，可能涉嫌违反《中华人民共和国刑法》第二百五十四条规定的"国家机关工作人员滥用职权、假公济私，对控告人、申诉人、批评人、举报人实行报复陷害的，处二年以下有期徒刑或者拘役；情节严重的，处二年以上七年以下有期徒刑"。

三是控告人、检举人、证人违反《监察法》第六十四条规定，构成犯罪的，依法追究刑事责任。控告人、检举人、证人捏造事实诬告陷害监察对象，可能涉嫌违反《中华人民共和国刑法》第二百四十三条规定的"捏造事实诬告陷害他人，意图使他人受刑事追究，情节严重的，处三年以下有期徒刑、拘役或者管制；造成严重后果的，处三年以上十年以下有期徒刑。国家机关工作人员犯前款罪的，从重处罚"。

四是监察机关及其工作人员违反《监察法》第六十五条规定,构成犯罪的,依法追究刑事责任。比如,泄露调查工作信息,可能涉嫌违反《中华人民共和国刑法》第三百九十八条规定的"国家机关工作人员违反保守国家秘密法的规定,故意或者过失泄露国家秘密,情节严重的,处三年以下有期徒刑或者拘役;情节特别严重的,处三年以上七年以下有期徒刑"。涉及其他滥用职权、玩忽职守、徇私舞弊行为的,可能涉嫌违反《中华人民共和国刑法》第三百九十七条规定的"国家机关工作人员滥用职权或者玩忽职守,致使公共财产、国家和人民利益遭受重大损失的,处三年以下有期徒刑或者拘役;情节特别严重的,处三年以上七年以下有期徒刑。本法另有规定的,依照规定。国家机关工作人员徇私舞弊,犯前款罪的,处五年以下有期徒刑或者拘役;情节特别严重的,处五年以上十年以下有期徒刑。本法另有规定的,依照规定"。[1]

第六节　适用国家赔偿的规定

《监察法》第六十七条规定:"监察机关及其工作人员行使职权,侵犯公民、法人和其他组织的合法权益造成损害的,依法给予国家赔偿。"这是关于监察机关国家赔偿责任的规定,主要目的是救济和保护公民、法人或者其他组织的合法权益,促进监察机关依法开展工作。

一、适用国家赔偿规定的法律含义

党的十九大报告指出,我们党来自人民、植根人民、服务人民,一旦脱离群众,就会失去生命力。凡是群众反映强烈的问题都要严肃认真对待,凡是损害群众利益的行为都要坚决纠正。

监察法所称侵犯公民、法人和其他组织的合法权益,造成损害的行为实质上是侵权行为,即由于监察机关及其工作人员的职务过错或过失侵害他人财

---

[1]　参见中共中央纪律检查委员会、国家监察委员会法规室编写:《〈中华人民共和国监察法〉释义》,中国方正出版社2018年版,第280—282页。

产或者人身权利,依法应当承担法律责任的违法行为。

监察法所称赔偿是承担侵权责任的补偿性方式。法律责任是指因违反了法定义务,或不当行使法律权利、权力所产生的,由行为人承担的不利后果。就其性质而言,法律关系可以分为法律上的功利关系和法律上的道义关系。与此相适应的是,法律责任方式可以分为补偿性方式和制裁性方式。但是,目前尚无明确的国家监察赔偿规范。根据《监察法》第三十三条的规定,监察机关在收集、固定、审查、运用证据时,应当与刑事审判关于证据的要求和标准相一致。因此,监察机关的赔偿可参照 2015 年 12 月 14 日由最高人民法院审判委员会第 1671 次会议、2015 年 12 月 21 日由最高人民检察院第十二届检察委员会第 46 次会议通过的关于办理刑事赔偿案件适用法律若干问题的解释来处理。

二、适用国家赔偿规定的基本条件

监察机关因其履行职责构成侵权,应承担赔偿责任时,一般要具备以下几个条件。

一是公民、法人或者其他组织受到的损害必须是监察机关或者监察人员违法行使职权所造成的。所谓"行使职权",一般是指监察机关及其工作人员依据职责和权限所进行的活动。监察人员在从事与行使职权无关的个人活动给公民、法人或者其他组织造成损害的,监察机关不承担国家赔偿责任。

二是损害事实与违法行使职权的行为之间存在着因果关系。违法行使职权的行为既包括侵犯公民、法人或者其他组织财产权的行为,如违法提请人民法院冻结案件涉嫌人员的存款等,也包括侵犯人身权的行为,如采取留置措施时超过法定期限等。

三是损害必须是现实已经产生或者必然产生的,不是想象的、虚拟的,是直接的,不是间接的。

四是赔偿是法律规定的。国家赔偿责任是一种法律责任,只有当法律规定的各项条件具备后,国家才予以赔偿。受损害人提出国家赔偿请求,应当在法定范围和期限内依照法定程序提出。对于不符合法定条件,或者不属于法定赔偿范围的,国家不负责赔偿。

监察法出台后,《中华人民共和国国家赔偿法》将作相应修改,对监察机关的国家赔偿责任相关内容作出规定。公民、法人和其他组织请求监察机关给予国家赔偿的具体程序,按照《中华人民共和国国家赔偿法》的有关规定执行。①

---

① 参见中共中央纪律检查委员会、国家监察委员会法规室编写:《〈中华人民共和国监察法〉释义》,中国方正出版社 2018 年版,第 283—284 页。

第九章　监察法附则研究

第一节　部队监察工作规定

《监察法》第六十八条规定："中国人民解放军和中国人民武装警察部队开展监察工作,由中央军事委员会根据本法制定具体规定。"这是关于中国人民解放军和中国人民武装警察部队开展监察工作的特殊规定,主要目的是对中国人民解放军和中国人民武装警察部队制定军事监察工作具体规定进行立法授权。

一、部队监察工作规定的法律含义

根据宪法规定,一切国家机关和武装力量、各政党和各社会团体、各企业事业组织都必须遵守宪法和法律。一切违反宪法和法律的行为,必须予以追究。因此,监察法作为全国人大通过的适用全国的法律,武装力量也必须遵守执行。但是,武装力量的监察工作具有一定特殊性。从实际出发,根据有关法律规定,本条授权作为军事立法机关的中央军事委员会按照法定程序起草军事监察工作的具体规定,作为监察法的配套法规。军事监察工作的具体规定,应当依据监察法的基本原则、精神,结合军事监察工作的特殊情况制定。[1]

---

[1]　参见中共中央纪律检查委员会、国家监察委员会法规室编写:《〈中华人民共和国监察法〉释义》,中国方正出版社 2018 年版,第 286 页。

二、部队监察工作规定的意义及重点

中国人民解放军和中国人民武装警察部队开展监察工作,由中央军事委员会根据本法制定具体规定。一方面是指中国人民解放军和中国人民武装警察部队开展监察工作,原则上要以本法为依据;另一方面,由于其主体性质的特殊性,需要制定具体的操作规范。这种区别对待,既符合全面从严治党的要求,也符合中国共产党实事求是、科学立法的品质。

党的十九大报告强调,要全面从严治军,推动治军方式根本性转变,提高国防和军队建设法治化水平,本条规定就是贯彻落实依法治军的要求。"根据本法制定具体规定",是深入推进军队和武警部队反腐败斗争的政治标准和政治要求。党的十八大以来,在党中央、中央军委和习近平主席的坚强领导下,立起高压严治的刚性标准,全军开启了一场除弊祛腐、激浊扬清的涅槃之变,彻底扭转了积重难返的局面。但也要清醒看到,我军作风建设和反腐败斗争形势依然严峻复杂,决不能有差不多、松口气、歇歇脚的想法,决不能有打好一仗就一劳永逸的想法,决不能有初见成效就见好就收的想法。否则,不正之风和腐败就会卷土重来,气焰更加嚣张,得来不易的反腐败斗争压倒性态势就会面临半途而废、前功尽弃的危险。

制定军事监察工作具体规定,要体现"严"字当头、一严到底,把严的标准、严的措施、严的纪律体现到日常监督抓早抓小上,体现到法纪标尺精准运用上,体现到责任压力一贯到底上,真正让高压严治成为常态,绝不能有腐败分子藏身之地。要坚持无禁区、全覆盖、零容忍,坚持重遏制、强高压、长震慑,坚持受贿行贿一起查,特别是要突出执纪审查重点,组织整合力量严查快办大案要案,持续用力全面彻底肃清郭、徐流毒影响,扎实搞好军级以上党委机关"两个清理"回头看,从严抓好专项巡视发现问题的整改纠治,严肃查处涉案涉圈人员问题线索,坚决查处不知戒惧、以身试法的顶风行为,切实做到除恶务尽、不留隐患。

制定军事监察工作规定,要紧盯"四风"顽疾,按照党的十九大后习近平主席和军委立的新规矩提的新要求,分析开列形式主义和官僚主义多样性变异性的问题清单,一个问题一个问题解决;密切关注享乐主义、奢靡之风新动向新表现,找出可能反弹的风险点,一个节点一个节点坚守,真正在常和长、严和实、深和细上狠下功夫,努力管出习惯、抓出成效。

第二节　监察法施行的规定

《监察法》第六十九条规定："本法自公布之日起施行。《中华人民共和国行政监察法》同时废止。"这是关于监察法的施行日期以及《中华人民共和国行政监察法》的废止日期的规定，主要目的是确保实现两部法律在时间上的无缝衔接，避免出现法律适用上的真空或者冲突。

法律的施行日期不同于法律的通过日期和公布日期，它是法律正式生效的唯一标志。比如，2010年6月25日第十一届全国人民代表大会常务委员会第十五次会议审议通过，同日中华人民共和国主席令第三十一号公布的《全国人民代表大会常务委员会关于修改〈中华人民共和国行政监察法〉的决定》（以下简称《决定》）明确规定："本决定自2010年10月1日起施行。"2010年10月1日是《决定》的施行日期，即《中华人民共和国行政监察法》修改的内容此时生效。该法修改内容从通过公布到正式施行，中间大约有三个月的时间。

根据本条规定，监察法生效时，《中华人民共和国行政监察法》同时废止。法律的失效方式，一般有三种：一是制定、颁布了新的法律，原法律的全部或部分内容与新的法律相抵触，而全部或部分自然失效；二是新的法律载明原法律失效或部分失效；三是对不合时宜的法律在清理之后公告失效。这些方式同样适用于监察法。《中华人民共和国行政监察法》于1997年5月9日正式发布实施，2010年6月25日修改，明确规定了我国监察机关的性质、工作原则、领导体制、管辖、职责、权限、监察程序和法律责任等内容。监察法通过后，监察机关性质、职能、监察对象、监察权限和程序等均发生重大调整。因此，在本法生效的同时，原《中华人民共和国行政监察法》已不具有实际作用，也就丧失了其法的效力，有必要宣布对其予以废止。

后　记

　　本书是国家社科基金特别委托项目"中国特色社会主义国家监察制度研究"阶段性成果(项目批准号17@ZH020)。全书以习近平新时代中国特色社会主义思想为指导,对十三届全国人大一次会议通过的宪法修正案和监察法进行了认真的学习研究。在中共中央纪律检查委员会、国家监察委员会法规室编写的《〈中华人民共和国监察法〉释义》的基础上,对监察法的法律条文进行学理性分析。旨在统一思想,凝聚共识,营造贯彻实施监察法的良好氛围。由于作者研究视野、认知局限等原因,书中观点和表述可能会有不当、疏漏、谬误之处,敬请读者批评指正。

　　本书由国家社科基金特别委托项目首席专家吴建雄教授主编,对全书进行策划、统稿和定稿。参与写作的作者分工如下:

导论、第一章

吴建雄　中国反腐败司法研究中心主任,湘潭大学"反腐败司法研究基地"教授、博士生导师,全国检察业务专家

第二章

李春阳　湖南省人民检察院检察官,湘潭大学"反腐败司法研究基地"博士研究生

第三章

李世锋　湖南省高级人民法院法官,湘潭大学"反腐败司法研究基地"博士研究生

第四章

吕晓刚　中国反腐败司法研究中心研究员,湘潭大学"反腐败司法研究基地"法学博士

林艺芳　中国反腐败司法研究中心研究员,湘潭大学"反腐败司法研究
　　　　基地"法学博士

第五章

穆远征　湘潭大学法学院副院长,中国反腐败司法研究中心研究员,湘潭
　　　　大学"反腐败司法研究基地"副教授

谭　曼　中国反腐败司法研究中心研究员,湘潭大学"反腐败司法研究
　　　　基地"博士研究生

田　坤　中国反腐败司法研究中心研究员,湘潭大学"反腐败司法研究
　　　　基地"法学博士

第六章

张咏涛　中国反腐败司法研究中心研究员,湘潭大学"反腐败司法研究
　　　　基地"博士研究生

第七章

刘　峰　湖南省社科联研究员,湘潭大学"反腐败司法研究基地"博士研
　　　　究生

彭江辉　中国反腐败司法研究中心研究员,湘潭大学"反腐败司法研究
　　　　基地"法学博士

第八章、第九章

杨　剑　中国反腐败司法研究中心法务律师,湘潭大学"反腐败司法研
　　　　究基地"研究员

吴建平　中国反腐败司法研究中心研究员,湘潭大学"反腐败司法研究
　　　　基地"研究员

国家社科基金特别委托项目"中国特色
社会主义国家监察制度研究"课题组
2018 年 3 月